MATTHES & SEITZ BERLIN

PAPERBACK

Bernd Mattheus

CIORAN

Portrait eines radikalen Skeptikers

Matthes & Seitz Berlin

Inhalt

»Es ist unglaublich, daß die Aussicht, einen Biographen zu haben,
noch keinen darauf verzichten ließ, ein Leben zu haben.«

Cioran

Abb. Irmeli Jung, Cioran, Paris 1988.

Prolog
Begegnungen mit einem freundlichen Misanthropen

Mit der ihm eigenen Ironie betitelte Cioran die Sammlung seiner literarischen Portraits 1985 als »Exercices d'admiration« – »Anbetungs-Exerzitien«, »Bewunderungsübungen« –, aus welchen in der deutschen Ausgabe »Widersprüchliche Konturen« wurden. Da ich nicht beabsichtige, mich in Bewunderungsübungen zu ergehen, muß ich gleichwohl das Motiv benennen, ein intellektuelles Portrait des rumänischen Denkers skizzieren zu wollen. Es hat etwas mit den persönlichen Begegnungen zu tun, den Erschütterungen, die sie auszulösen vermögen. Gemeint ist selbstverständlich nicht das Vorrecht einer intimen Vertrautheit, auf die andere Anspruch erheben können, sondern die gleichzeitige Konfrontation mit dem Werk und seinem Autor. Denn nur ausnahmsweise beugen sich Berufsphilosophen über Cioran, um ihn aus sicherer Distanz zu gewichten und zu bewerten. Schwerlich ist er einer der ihren, seine Leser sind vielmehr die Verunsicherten, die Zweifelnden, jene, die alles in Frage stellen, ja die Verzweifelnden, Suizidanten gar. »Seit einiger Zeit«, wird er zu Protokoll geben, »habe ich Gespräche mit einer 19jährigen, die einen Selbstmordversuch unternommen hat. Als sie gerettet wurde, sagte sie, die düsteren Stellen in einem meiner Bücher hätten sie dabei bewegt. Auf Veranlassung von Bekannten sprach ich dann drei Stunden lang mit ihr und erklärte ihr, wie ich den Selbstmord verstehe. Ich zeigte ihr, warum für mich die Idee (nicht die Tat!) des Selbstmords so wichtig ist. Gerade der Gedanke, daß ich mein Leben beenden kann, hilft mir, am Leben zu bleiben.«[1]

Mit etwas Glück entdeckt man ihn in jungen Jahren — wie etwa Rimbaud, Artaud, Bataille. Eine den Geist der Revolte wider alle und alles befeuernde Stimme, eine persönliche Ansprache und ein Lektüre-Erlebnis, von dem man ahnt, daß es sich nicht ohne weiteres wiederholen wird.

Meine erste Begegnung — nicht mit Cioran, sondern mit seinen »Syllogismen der Bitterkeit«, war von Sympathie, Zustimmung, Begeisterung getragen. Ich registrierte das Paradox – wie einstmals beim Lesen Abū l-'Alā' al-Ma'arrīs oder Manlio Sgalambros –, wie sehr mich der schwärzeste Skeptizismus zu erheitern vermochte! Cioran als Tonikum: »Kürzlich traf ich den österreichischen Lyriker Ernst Jandl hier in Paris nach einer Lesung, und er sagte zu mir: Ich lese Ihre Bücher immer, wenn ich depressiv bin.«[2] Gelegentlich sprach Cioran von Lesern, denen er indirekt das Leben gerettet hatte. In dieser Hinsicht erfüllen seine »Aveux et anathèmes« (dt. Der zersplitterte Fluch) wohl eine ähnliche Funktion wie die *songs* Leonard Cohens: einigen wenigen verhilft er dazu, die Nacht, den nächsten Tag durchzustehen, aber im diametralen Gegensatz zur Aufklärer-Rhetorik Camus' und Sartres: einmal Lehrer, immer Lehrer. Der kathartische Effekt des Dialogs zwischen dem einen und dem anderen Verzweifelten verdankt sich dem Umstand, daß der eine noch über Worte oder Töne verfügte, statt Amok zu laufen oder ersatzweise Hand an sich zu legen. Ciorans Gleichstellung von Schreiben mit Aufschub des Suizids bzw. der tätigen Rache war dermaßen entwaffnend, daß ich mich fragte, welches Thema unser Gespräch überhaupt noch tragen könnte, sollten wir uns jemals begegnen, nach einer so grundsätzlichen Bejahung seiner Position. Wie wesentlich das Ersatzhandeln für den Schriftsteller Cioran sein wird, möchte meine Studie u. a. darlegen.

Anfang der achtziger Jahre ergab es sich, daß der Rumäne in der Wohnung einer gemeinsamen Bekannten aufkreuzte. Er hatte zuvor angerufen und gefragt, ob es opportun sei, nach 20 Uhr wen auch immer anzurufen. Nach einigem Wortgeplänkel war klar, daß er mich als designierten deutschen Übersetzer seines jüngsten Opus', »Écartèlement« (dt. Gevierteilt), nicht nur kennenlernen, sondern auch prüfen wollte.

»Wie würden Sie *cafard* übersetzen?«

»Das ist ein Knoten...«, murmelte ich.

»Als ›Knoten‹ also...?«

Erst Jahre später erfuhr ich, wie sehr dieses zufällige Zusammentreffen arrangiert war. Teils streute Cioran Bemerkungen zu meiner Belustigung ein (beispielsweise »Nietzsches Fötus«, um Gabriel Marcel zu charakterisieren), teils ging er auf meine Themen – Artaud und Bataille – ein, wenn er sich nicht in der Selbstherabsetzung übte: Bin ich als Rumäne in den Augen der Franzosen denn etwas anderes als ein diebischer Zigeuner? Habe ich mich mit dem Verlagswechsel nicht schuldig gemacht, mich illoyal verhalten? Zwar lesen ihn jetzt die Frauen im Friseursalon, aber sei er nicht dennoch ein »Verräter« gegenüber seinem ersten deutschen Verleger?

Sowohl Artaud als auch Bataille hätte er noch kennenlernen können, aber zu deren Lebzeiten habe er die Gesellschaft von Schriftstellern am wenigsten gesucht. (Im Laufe der Jahre staunte ich, wen er doch alles kannte und mit welchen Vorurteilen er rang.) Als die Rede auf Henri Thomas kam, äußerte er sich emphatisch über dessen erste Frau Colette (1918–2006), eine außergewöhnliche Schönheit, die fragile Kindfrau in Person. Zu diesem Zeitpunkt dürfte die Schauspielerin und Schriftstellerin, die in den fünfziger Jahren einen nicht unbeträchtlichen Erfolg hatte, wie Artaud, bereits zwei Jahrzehnte in der Psychiatrie verbracht haben.

Georges Bataille beneide er seiner Ausführungen über die Langeweile wegen, die er eines Tages im Radio gehört habe. Ein von akademischen Philosophen in der Regel vernachlässigtes Problem. Cioran spielte auf ein 25minütiges Gespräch mit Bataille an, in dem dieser auf Fragen zu seiner Vita geantwortet hatte. In seinem Brief vom 22. Januar 1982 an mich sprach er abermals davon, daß er »ein sehr eindrucksvolles Gespräch mit einem Unbekannten hörte. Es war Bataille.« Radio France hatte den Beitrag im Rahmen der Reihe »Qui êtes-vous?« am 15. Juli 1951 um 20 Uhr 30 gesendet. In der Transkription heißt es auf die Frage nach seiner Kindheit: »vor allem entsinne ich mich, daß ich sehr faul war, und ich kann nicht behaupten, daß ich mich gerne langweilte, aber die tiefe Langeweile, in der ich gelebt habe, verweist hinreichend darauf, daß das, was ich gerne tat, irgend etwas war, das mich zerstreuen konnte. (...) Die Langeweile ist bereits eine Ziellosigkeit. (...) meine Erziehung war nicht eine der Zwänge. Dagegen war sie vielmehr eine Erziehung der Verlassenheit. Meine Eltern kümmerten sich nicht besonders um mich, und in dieser Langeweile litt ich darunter, allein zu sein. Ich erinnere mich sehr gut an die im Halbdunkel verbrachten Stunden, die wirklich zu den schmerzlichsten meines Lebens zählten.«[3]

Die eine Stunde im Juni 1981 hatte nicht jene einschneidende Enttäuschung zur Folge, die mit dem Wunsch nach einer lückenlosen Koinzidenz von Vita und Œuvre verbunden ist. Allerdings war mancher Besucher, vor allem die Schreibenden unter ihnen, mit dem Eindruck zurückgekehrt, daß die konziliante Heiterkeit einen starken Kontrast bildete zum skeptischen, ja manchmal misanthropischen Opus des Exilrumänen. Man vergißt dabei zum einen, daß er sich im Alter zunehmend zu öffnen begann, gleichwohl aber einer Autorengeneration angehörte, die sich, von überschaubaren Ausnahmen abgesehen, noch nicht notorisch medial selbst inszenierte, also sich als Person zu ›verkaufen‹ verstand.

Ciorans Taschenbücher in den Händen von Frauen, die sich beim Coiffeur giftige Aphorismen lesend die Wartezeit verkürzen: diese Fehleinschätzung war verzeihlich, und von dritter Seite erfuhr ich, daß seine Tantiemen, einschließlich derjenigen aus Übersetzungen, sein Leben nicht trugen. Noch 1968 beliefen sich seine gesamten Tantiemen, notiert er in seinen »Cahiers«, auf 80 000 alte Francs. Immerhin sollte er bei einem *rating* der Zeitschrift LIRE, einer sog. Bestenliste, in den achtziger Jahren sogar Lévi-Strauss, Lacan und Barthes aus dem Felde schlagen!

Zerreißung

Es kommt vor, daß die Bücher, die unsere gegenwärtige Stimmung treffen, uns geradezu zufliegen — *sie* suchen uns. »Écartèlement« gehörte zweifellos zu diesen, und Übersetzungsprobleme inaugurierten meine Korrespondenz mit dem Autor. Er verwarf manchen meiner Vorschläge, artikulierte Alternativen und untersagte mir insbesondere, die gefundenen Quellen anzugeben. Am meisten beschäftigte ihn die Titelfindung für die deutsche Ausgabe, wobei er mehrere Vertraute um Rat fragte: »*Gerädert* scheint mir bis jetzt der beste, obwohl *gerädert* ist nicht *écartelé*«, schreibt er am 17. November 1981. »*Zerreißung, Zerrissenheit* erinnern zu sehr an [Die Lehre vom] *Zerfall. – Hin und Her* – oder einfach: *Hin*«, heißt es in seinem Brief vom 18. Dezember des Jahres an mich. Dennoch war diese Zerrissenheit allein in den abgehackten, aber schwungvollen Linien seiner Handschrift sichtbar. Und wie wichtig es ihm war, die totale Kontrolle über das Unternehmen zu bewahren, geht aus der folgenden – fast imperativen – Einladung hervor: »(...) ich glaube doch, dass es gut wäre, wenn Sie einen kleinen Aufenthalt in Paris (3–4 Tage) machen könnten. Sie würden beherbergt von Verenas Freunden, und Sie könnten bei mir essen (schlecht, aber gesund). Ende Februar wäre vielleicht ein guter Termin. Kassel ist zu abseits für mich, obwohl ich, wegen meines Alters, nur die Hälfte der Reise bezahlen würde.«[4]

Da ich verhindert war, lernte ich niemals die Kochkünste des Autors bzw. seiner Lebensgefährtin kennen. Dritte riefen ihm schließlich »Gevierteilt« als den definitiven Buchtitel zu. Aus meinem von ihm in Rot korrigierten Typoskript geht hervor, daß er gelegentlich seinen französischen Text auf deutsch neu dachte, reformulierte, statt die Übersetzung zu präzisieren. Die Streichung des Aphorismus: »Sobald man auf die Straße geht, ist *Ausrottung* das erste Wort, das einem beim Anblick der Leute einfällt« (Kap. »Ansätze zum Taumel« II) in der deutschen Ausgabe verdankte sich seiner (?) ihm inzwischen möglichen Diplomatie. Er wolle nicht mit Pol Pot verwechselt werden, antwortete er, als ich ihn später darauf ansprach (diesen Vergleich hatte der NOUVEL OBSERVATEUR angebracht). Trotzdem veröffentlichte er in »Aveux et anathèmes« eine Variante dieser Invektive: »Kaum auf der Straße, rufe ich aus: wie perfekt ist doch diese Parodie der Hölle!«

Jede Großstadt bietet unendlich viele Anlässe zu Ausrufen dieser Art, sofern man sie nicht nur als Tourist erlebt. Weniger durchsichtig sind für mich dagegen die Gründe für die zahlreichen Streichungen in der deutschen Ausgabe von »Le mauvais démiurge«, »Die verfehlte Schöpfung«.

Darüber hinaus leistete sich Cioran den Luxus, erst nach zwanzig Jahren einen Text in eines seiner Bücher zu integrieren. So war der Essay »Dringlichkeit des Schlimmsten« (in »Gevierteilt«) bereits 1960 unter dem Titel »La clef de l'abîme« in dem Sammelband »L'Apocalypse« vereint worden, allerdings nur als Buchunikat sowie im gleichnamigen Ausstellungskatalog, so daß man eigentlich nicht von einer Veröffentlichung sprechen kann.

»Gevierteilt« hatte eine gewisse Mißstimmung aufkommen lassen, wenngleich mir Patrick Waldberg versicherte, Cioran spreche mit »estime« von mir. (Im Nachhinein konnte ich von den schlechten Erfahrungen lesen, die alle bisher mit den designierten deutschen Übersetzern gemacht hatten.) Um die gegenseitigen narzißtischen Kränkungen aufzulösen, adressierte ich an den Rumänen einen Brief, in dem ich darzulegen versuchte, wie wenig die entstandenen Wolken zwischen uns mit ihm persönlich etwas zu tun hatten oder gar mit Arroganz meinerseits, ganz im Gegenteil. »Mon cœur mis à nu« brachte mir die unerwartete Antwort Ciorans vom 26. August 1984 ein, der aus seiner gewohnten Sommerzuflucht im Seebad Dieppe schrieb, wo er eine

Dachkammer bewohnte: »Ich verstehe die Stimmung[,] in der Sie vor drei Jahren waren[,] um so mehr [,] als ich mich heute in einer ähnlichen wie der Ihrigen befinde. Damals war ich kampfes- und übersetzungslustig. Jetzt scheint mir alles egal. Vielleicht durch Müdigkeit.

Wegen einer dummen Voreingenommenheit gegen alle Franzosen meiner Generation, habe ich nie richtig Bataille gelesen. Was ich bedauere[,] ist[,] dass ich nicht versucht habe[,] ihn irgendwie zu treffen.«

Uns trennten mehr als fünfzig Jahre Lebenserfahrung, aber *cafard* und Depression spiegeln einander, man versteht sich.

Als im Frühjahr 1984 der erste Band meiner Bataille-»Thanatographie« erschienen war, gab es ermutigende Reaktionen seitens Maurice Blanchots oder Jean Piels — aus dem *inner circle* Batailles also. Ciorans Lektürenotiz vom 22. September 1984 dagegen, war eine brisante Mischung aus Anerkennung meiner Leistung und der psychoanalytischen Frage nach dem, was einen Bio-thanatographen ausmacht: »Danke für den Band über Bataille. Sie geben darin so viele bedeutende Auskünfte über die Persönlichkeit, daß mein Bedauern, sie nicht gekannt zu haben, dadurch abgemildert wird. Es besteht kein Zweifel, daß er mehr war als ein Schriftsteller oder ein Denker: ein *Aber* [*mais*]. Aus einem dummen Grund habe ich nie versucht, ihm zu begegnen: ich verübelte ihm, daß er die Soziologie ernst genommen hatte, eine Disziplin, für die ich immer eine tiefe Verachtung empfand. Es ist leichter, ein Laster abzulegen als ein Vorurteil.

Wie konnten Sie, der Sie zurückgezogen leben und ohne sichtbaren Wunsch, sich zu zeigen, kurz gesagt: ein ›Leben‹ zu haben, diese beachtliche Arbeit leisten, die ausgerechnet einem ›Leben‹ gewidmet ist?

Es stimmt, und darin liegt die Hauptbedeutung des Werkes, daß Sie stets das Ereignis und die Idee, die Biographie und die Philosophie miteinander verbinden, so daß der Leser, durch unzählige Details aufmerksam geworden, dem Verlauf eines intellektuellen Dramas beiwohnt.«

Bei der Definition Batailles als »Aber« dürfte sich Cioran mitgemeint haben, im Sinne von permanentem Einspruch und Widersprechen. Mit Denker und Philosoph verband er eher negative Attribute, sei es das Abgehobensein (der erlöste Weise, der keine Fragen mehr stellt), sei es die Elaboration eines kohärenten philosophischen Systems. Mir entging nicht die Zweideutigkeit des Wortes *vie*, das sowohl Leben als auch Biographie meint, dennoch konsternierte mich Ciorans Frage – eigentlich ein Befund – dermaßen, daß ich zu einer ausführlichen Replik ausholte.[5] Seinerzeit ahnte ich kaum, daß der Denker womöglich Eigenes auf mich projizierte,[6] noch wie sehr er sich Becketts Wahlspruch zu eigen gemacht hatte, daß unser Leben zu kurz sei, um sich um anderes als um sich selbst zu kümmern und sich etwa der Erforschung anderer Biographien zu widmen. Mein Tun war in seinen Augen einfach pervers, verrückt oder unverständlich, die mich bewegende Frage eben, wie wird man Artaud, wie Bataille? Ganz offensichtlich hatte er sich ein Bild von mir gemacht, das mir wenig schmeichelte.

Rue de l'Odéon Nr. 21, 5. Stock rechts

Noch immer in Sachen Bataille-»Thanatographie« in Frankreich unterwegs, verabrede ich eine Zusammenkunft mit Cioran in dessen Pariser Domizil, 21, Rue de l'Odéon, Ende März 1985. Über der Klingel in der 5. Etage rechts ein für Paris unüblicher Zettel mit seinem Namen. Mit einer Handbewegung rät er mir, obwohl wir beide nicht groß sind, mich unter der niedrigen Wohnungstür zu ducken. Seine Begrüßungsformel »Vous avez bonne mine« kommt mir wie blanker Hohn vor, habe ich doch eine zwölfstündige Fahrt im Auto mit peniblen Zollkontrollen, Schneestürmen, einem übermüdeten Fahrer etc. hinter mir. Noch tief in der Nacht hatten Omnibusse den Place de l'Odéon, wo ich wohnte, befahren. Obwohl ich eine Nachteule war, sollte ich bald einsehen, daß sich Ruhe in Paris auf ein ganz schmales Zeitfenster von wenigen Stunden beschränkte, also in der Regel ein Desiderat war. Ein permanentes Hintergrundgebrumm – und sei es nur das Hantieren eines Bäckers mit frischem Teig, der um vier Uhr morgens sein Handwerk beginnt –, das durchaus beruhigend sein konnte, gehörte zum Sound der Metropole. In dieser könne man nicht mehr leben, bemerkt der Schriftsteller. Er beklagt New Yorker Verhältnisse, den zur Normalität werdenden Straßenraub und erzählt von gerade eingetroffenen osteuropäischen Emigranten, die – den Traum ihres Lebens – Paris erreicht, auf der Stelle ihrer ganzen Barschaft nebst Papieren beraubt wurden. »Sie hätten den Boden küssen mögen vor Glück, um dann auf der Gendarmerie belächelt zu werden: ›Hier kommen ganze Lastwagen mit leeren Brieftaschen an...!‹« Unwillkürlich fragte ich mich, ob Cioran zur Anlaufstelle von Opfern und Gestrandeten aller *couleur* geworden war. Er berichtet empört von der Aggression wider eine befreundete Ärztin, die eine Gruppe Schwarzer mit dem Spruch »die Métro ist für uns da!« aus dem Waggon vertrieben hatte. (Es gibt wahrlich umgekehrten Rassismus: als wir das Hotel bezogen, mußten wir ungewöhnlich viel Gepäck aus dem Wagen in die Zimmer umladen. Der Concierge, ein Algerier, verzog keine Miene, als wir mehrmals bepackt die Treppe erklommen. Seine Rache für unser spätes Eintreffen bestand darin, uns nicht auf das Vorhandensein eines Fahrstuhls hinzuweisen. Und in der Goutte d'Or- oder Pigalle-Gegend wähnte man sich praktisch in Afrika und als Weißer in der Minderheit, der auf dem Trottoir auszuweichen hatte. Und ich konnte erleben, wie ich in einem Bistro des Quartiers nach einer gewissen Zeit mit Bestimmtheit zum Zahlen und Gehen aufgefordert wurde. Ich paßte nicht ins Bild. Zum Ausgleich dagegen dieser andere nordafrikanische Hotelportier, der seine paar Brocken Deutsch zur Anwendung bringt — im Gegensatz zur Mehrheit der Franzosen, die sich nicht dazu herabläßt, irgendeine Fremdsprache zu benutzen; der arabische Kellner, der einen mit »mon ami« anspricht, ganz zu schweigen von den ungezählten aufmerksamen Blicken und dem angedeuteten Lächeln der Frauen mit dem café-crème-Teint.)

Ciorans Alptraum ist eine Moschee in jedem Quartier. Er spielt mit dem Gedanken, sich einen »letzten Wohnsitz« zu suchen, was er mit Lebens-Sinn in eins setzt. Sein gegenwärtiger Traum ist das Dresden vor der Zerstörung — welch unvermutetes Faible für Deutschland! Hatte er nicht Saint-Germain-des-Prés seit 1937 nie verlassen und sich praktisch nur innerhalb ein und desselben Planquadrats um den Jardin du Luxembourg herum bewegt? Von einem der kleinen Ein-Sterne-Hotels, deren ›Komfort‹ bekannt ist, ins andere: Hôtel Marignan, Rue du Sommerard 13; Hôtel Racine, Rue Racine 23; die nächsten fünfzehn Jahre schließlich, vor der Mansarde in der Rue de l'Odéon, im Majory, Rue Monsieur-le-Prince, das auch als Stundenhotel genutzt wurde. Der Wilhelmshöher Park, meint er, sei schon Grund genug, in Kassel zu leben. (Ich vergesse zu fragen, wann und warum er dort war. Ich weiß vom einstigen Romantiker-Treffpunkt, von Huysmanns' Besuch der Gemäldegalerie, noch nichts dagegen von Becketts regelmäßigen Visiten in den dreißiger Jahren.) Und die dortigen minimalen Kontakte könne ich auch als Vorteil betrachten. In einer Stadt wie Berlin hätte ich allerdings mehr Freunde. Ich wende ein, an den West-Teil denkend, der allein mir vertraut ist, daß dort entweder ausschließlich Genies (verkannt oder nicht) oder Rentner leben.

Cioran lacht gerne und häufig, während er peinlich darauf achtet, daß keine heiteren und gelösten Fotoportraits von ihm veröffentlicht werden. Sein imposanter Haarschopf erinnert an denjenigen Strindbergs. Er hat eine hohe, altersdünne Stimme, die merkwürdigerweise tiefer klingt, wenn er französisch spricht. Trotz vier Dezennien Praxis klingt sein Französisch so ›balkanesisch‹ wie nur möglich. Sein Deutsch dagegen ist makellos, die Satzstruktur freilich beeinträchtigt durch das sprachliche Fremdgehen. Im Grunde stottert und hechelt er, was seinen eigenen Reiz hat. Ich muß darauf achten, diese abgehackte Melodie nicht zu übernehmen.

Während ich am Portwein nippe, dreht er sein leeres Glas in den Händen. Ein von 1960 datierendes Foto zeigt ihn noch mit der Zigarettenspitze im Mund, neben sich die Packung »Gitanes« auf dem Tisch. Sehr *dandylike*. Mein Blick schweift zu einer geöffneten Hand ab, dem einzigen Bild an den Wänden. Ich denke, daß es die Darstellung der Hand eines geliebten Menschen sein könnte, also eine Zeichnung mit einem gewissen Fetischaspekt, so schlicht sie ist. Tatsächlich handelt es sich um eine Cioran gewidmete Radierung Eduardo Chillidas, »Main XXV«[7] von 1979, eines der für ihn typischen Motive. Er dürfte den Basken während einer seiner Spanienreisen kennengelernt haben.

Wir sitzen praktisch im spärlich möblierten ›Salon‹ des Appartements, dessen Glanzpunkt nicht die Campingmöbel bilden, sondern der winzige ins Dach eingelassene Balkon, der das Pariser Schornsteinmeer überragt. In sein Arbeitszimmer, ein besserer Verschlag mit Schlafgelegenheit, hatte er mir nur einen Blick zu werfen gewährt. Für Fotositzungen dagegen sollte er gerade jenen Raum wählen. Alles wirkte so improvisiert wie bei einem Studenten, der sich nicht dazu entschließen konnte, der Wohnung welchen Stil auch immer zu geben. Rohre und Stromkabel teilen vertikal die Wände. Auffällig die wenigen Bücher, abgesehen von jenen, die sich auf dem Fußboden stapeln. Hinter seinem Schreibtisch ein spärlich gefülltes Regal. Kurios die drei kleinen, über seiner Liegestatt an der Wand befestigten Spiegel. Darunter eine von Reißnägeln gehaltene Papierbahn mit Notizen — gewiß die Frucht »weißer Nächte«? (Nein, die Fotokopie eines *objet trouvé*, lese ich anderswo, das der Graphismen wegen – von wessen Hand? – dort hängt.) Die das Bett flankierende Wandseite ist in halber Höhe mit Stoff bespannt, am Kopfende ein Kelim. Zu Füßen des Bettes erhellt ein kleines Fenster die Kammer. Später sollte eine gerahmte Ikone hinzukommen. Eines Tages soll Ciorans Lebensgefährtin das Chaos dieses Schlaf- und Arbeitsraums nicht einmal mehr betreten haben.

Im Hintergrund des ›Salons‹ ist die Gegenwart eines weiteren Menschen zu vernehmen. Es kommt vor, daß Cioran die Schiebetür öffnet, hinter sich schließt, ein paar heftige Worte zischt, um sich dann wieder an den Tisch mit dem Salzgebäck und den dekorativen Alkoholflaschen zu begeben (zu den Insignien eines großbürgerlichen Salons gehört offenbar ein mit Spirituosen überladener Beistelltisch, was nicht impliziert, daß man diese auch nur anrührt). Kein Wort über seine Lebensgefährtin, Simone Boué, so als störe frau das Bild vom Solitär.

Das momentane militante aufklärerische Klima in Deutschland vergleicht er mit den sechziger Jahren in Frankreich, als Sartre noch als ›Meisterdenker‹ galt. Im Grunde registrierten wir ein letztes, oft selbstgerechtes Sichaufbäumen einiger engagierter wie frustrierter Intellektueller vor dem endgültigen Desaster gesellschaftspolitischer Utopien des vergangenen Jahrhunderts.

»Debatten über die Atombombe überlasse ich den Putzfrauen!« Cioran gelingt es immer wieder, den Glauben an die Allmacht der Geschichte, der Politik, des Sozialen in einem sarkastischen Gelächter zerplatzen zu lassen. Seines Erachtens müßte ein Gang über den Friedhof eigentlich jeden Fanatiker abkühlen, ernüchtern. Dabei steht er keineswegs über den pragmatischen Alltagsdingen. »Kann man eine Einladung ins Berliner Wissenschaftskolleg annehmen?« will er wissen. Inzwischen ist mir bekannt, wie indiskutabel solche Ehrungen für ihn sind und mache mich über das obligatorische Ritual der gemeinsam eingenommenen Mahlzeiten der *fellows* lustig. Aber Cioran hat sich mehr als zwölf Jahre lang in Mensen verköstigt und weiß besser als ich, daß es uneigennützige Generosität nicht – mehr – gibt, er folglich mit seinem Namen zu ›zahlen‹ hat. Seine Unbestechlichkeit in diesem Punkt imponierte mir über alle Maßen. Ein skeptisches Werk konnte mit einem üppigen Stipendium nur annulliert, die Glaubwürdigkeit seines Autors durch einen Preis nur fragwürdig werden.

Als ich mein bevorstehendes Rendezvous mit Laurence Bataille erwähne, fragt er mich, ob er eine Petition für Judith Millers Mann, Jacques-Alain Miller, unterzeichnen solle (Judith ist die Tochter von Sylvia Bataille und Jacques Lacan). Als ein bezüglich Politik gebranntes Kind wird er es nicht tun. Als ich frage, ob er an etwas schreibe, winkt er ab: »Ich bin *erledigt.*« Er sei alt geworden, während Schreiben doch stets ein Neuanfang sein müsse. Dafür lese er viel, die typographischen Mikroben von Taschenbüchern ausgenommen. (Neben den Memoiren seiner Leib- und Magen-Autoren des 17. und 18. Jahrhunderts werden dies z. B. die Tagebücher Jules Renards sein — dasselbe Genre also, eines, das mehr oder weniger glaubwürdig ist.) Schwinde dieses Interesse auch noch — sei man tot.

Beim Abschied löscht er die Kerze mit den Fingern und möchte mir Mut machen: »Geben Sie die Hoffnung nicht auf, Sie werden sich durchsetzen als Autor.« (Nach einer gewissen Zeit hilft es nicht mehr, die Galerie der zu ihren Lebzeiten Erfolglosen durchzugehen, sagen wir mal: von Nietzsche bis Wittgenstein und Jürgen von der Wense.) An der Wand des so kurzen wie schmalen Flurs lehnen zu ebener Erde frankierte Briefcouverts. Neben der Wohnungstür der mit Blumen bepflanzte Ausguß, der vom kargen Luxus vor etwa hundert Jahren zeugt. Wie selbstverständlich gab es in Paris noch Eigentumswohnungen mit improvisierter Dusche und Außentoilette.

Am 13. Mai 1986 schrieb mir der Rumäne auf französisch über seine Lektüreeindrücke der »Heftigen Stille«, meiner zweiten Sammlung von Notizen, die unlängst erschienen war. Immerhin hatte das Buch ein gewisses Bild von mir zurechtgerückt, denn ich las:

»Lieber Freund,

ich weiß nicht, warum Sie für mich das Modell des Introvertierten waren. Ihre Zurückhaltung, Ihr Schweigen, Ihre mißtrauische und schüchterne Art müssen etwas damit zu tun haben.

›Heftige Stille‹ (das Adjektiv ist bezeichnend) hat mir jemanden gezeigt, der von dem Bild, das ich mir von Ihnen gemacht hatte, sehr verschieden ist. Da ist, habe ich mir gesagt, ein Beobachter, ein Geist, für den die Außenwelt existiert und für den die anderen keine Marionetten sind, da ist ein Psychologe und ein Moralist. Sie sind ein Lateiner geworden mit einem Zusatz von

Innerlichkeit, der anderswoher kommt. Ich danke Ihnen für die Stunden, die ich in Gesellschaft Ihres Buches verbracht habe.

Herzliche Grüße

Cioran.«

Abermals erwies er sich als gnadenloser Psychologe, der mit der Souveränität seiner Jahre Urteile fällte, diese aber auch zu revidieren bereit war. Interessant ist nicht allein sein Lapsus, sondern vor allem seine Akzentuierung der Schüchternheit — aus ihm nur allzugut vertrauten Gründen. Ich muß zugeben, daß mein Äußeres damals die widersprüchlichsten Reaktionen provozierte. Zwei Jahrzehnte lange Haare, das bedeutete öffentliche Beschimpfung, Anmache von Schwulen, die nachdrückliche Anrede mit »Madame« seitens französischer *crétins*, die Frage nach meiner Volljährigkeit bis hin zum Penner, der mich auf dem Bahnhof um Insidertips angeht. Das Tabu hat heute – zum Glück – der Gleichgültigkeit Platz gemacht. Was den »Lateiner« angeht, so handelt es sich um ein ambivalentes Kompliment, wenn ich heute lese, daß Cioran ihn mit dem Schwätzer identifiziert, dem Menschen des Südens, der sich schreibend lediglich wiederholt, weil er alles mehrmals schon mündlich von sich gegeben und erörtert hat.

Am 30. Juni 1987 schreibt er mir aus Dieppe: »Wie Sie wissen, in Paris kann man alles finden, nur Ruhe nicht. In jedem Haus, in jeder Wohnung gibt [es] Fernsehen, das heisst die Hölle. Es muß selbstverständlich Ausnahmen geben.«

Im übrigen rät er mir, mich an öffentliche Institutionen zu wenden. Zwar hatte ich ein Stipendium, aber kein akzeptables Quartier. Das leicht zu findende erwies sich als Lärmfalle in unmittelbarer Nähe zur Autobahn — eine kleine Hölle eben, um die sich niemand recht riß. Aber Cioran konnte nicht wissen, daß deutsche Einrichtungen in Paris für einen wenig prominenten Autor keine Hand zu rühren bereit waren. Am 7. Oktober laufe ich ihm in der Rue de l'Odéon direkt über den Weg. Allein die für Paris auffällige mangelnde Eleganz des Osteuropäers hätte mich ihn bemerken lassen. Er trägt eine Schirmmütze, einen kurzen Übergangsmantel aus den sechziger Jahren und führt einen Schirm mit sich. Ich begleite ihn zur Wäscherei, wo er seinen Stoffbeutel abgibt und nach einem Quartier für mich fragt, dann zurück zu seiner Mansarde. Selbstverständlich gibt es dort keinen Fernseher. Daß er das Telefon toleriert, erstaunt mich, gedacht an Becketts Selbstschutzeinrichtung: der Apparat, den man nicht anwählen kann und nur von dem Schriftsteller nach draußen hin zu gebrauchen ist.

Ciorans Xenophobie, insbesondere seine Wut auf den lethargischen, unfähigen, aber gewitzten Durchschnittsfranzosen scheint so groß wie nie zu sein. Das Französische sei eine agonisierende Sprache, die bald nur noch die Schwarzen sprächen, die *Grande Nation* habe halt nur Primitive zu unterwerfen vermocht. (Gewiß, in den achtziger Jahren ist die Metropole spürbar härter, kälter geworden. Flimmernde Monitore in den Métroschächten; Riesenplakate, die für Telefonsex werben; ›Minitel‹ und auch das noch so winzigste Restaurant erstellt gedruckte Rechnungen. Geblieben sind die gelegentlich liebenswürdige Schlamperei, die spontanen Métrostreiks, die Arroganz der Taxifahrer etc. Viele Jahre später gab es eine Kampagne, die um mehr Freundlichkeit Touristen gegenüber warb...) Umgekehrt schwärmt er von der zwar oberflächlichen, aber brillanten *monde* der Salons des 19. Jahrhunderts, einer untergegangenen Einrichtung. (Wer das »Journal« der Brüder Goncourt gelesen hat, kann nicht anders, als sich nostalgischen Sehnsüchten hinzugeben. Allerdings klagten die Geistesaristokraten nicht selten über die Neureichen ihrer Epoche! Ein *fin de siècle* gleicht dem anderen!) Außerdem frage ich mich, wie sich der emotionale, der extravertierte Osteuropäer Cioran mit dem pariserischen *esprit* wie auch mit der verhüllenden, indirekten Redeweise arrangierte.

Er entsinnt sich, Georges Batailles Vortrag über »Das Böse im Platonismus und im Sadismus« besucht zu haben. Zur Enttäuschung der Hörer brach er seine Ausführungen nach etwa zwanzig Minuten mit dem Kommentar »unnütz, fortzufahren« ab.

(Das war am 12. Mai 1947. In der Rue de Rennes Nr. 44 hielt das von Jean Wahl ins Leben gerufene ›Collège Philosophique‹ seine Veranstaltungen ab. Die *crème* französischen Geisteslebens, Sartre ausgenommen, belebte dieses Forum. Sogar Martin Buber trat als Gastredner auf. Dem überlieferten Manuskript entnehme ich, daß Batailles Vortrag darauf abzielte, sowohl eine allgemein verbindliche Moral als auch Vernunft radikal in Frage zu stellen. Seine antiplatonischen Argumente bestimmen das Immanente als das Sakrale. Die Moral des Augenblicks oder die Souveränität solle nur das umfassen, »was frei ist«, was »direkt im Augenblick existiert«. »Die Entfesselung der Leidenschaften ist das einzige Gute (...) von dem Augenblick an, da die Vernunft nicht mehr göttlich ist, von dem Augenblick an, da es keinen Gott mehr gibt.«[8])

Mein Vorschlag, ein Gespräch mit ihm für das Fernsehen aufzuzeichnen, stößt auf alles andere als auf Gegenliebe, da er sich vor mehr als zehn Jahren zu einem solchen habe überreden lassen, unter dem Vorwand, man werde ihm in Deutschland keine fünf Minuten Sendezeit einräumen. Der Interviewer – es handelte sich um Leonhard Reinisch (1924–2001) – sei von Anfang an betrunken gewesen, doch nach dem kontroversen Gespräch hätten sie Freundschaft geschlossen. Seinerzeit schrieb er an den Bruder: »Einer der beiden Gesprächspartner war betrunken und hat mir immer nur das Wort abgeschnitten, wenn ich anfing, etwas Sinnvolles zu sagen. Außerdem tauge ich nicht für diese Art von Dingen. Ich habe aus Schwäche akzeptiert. Um so schlimmer — für mich. Je älter man wird, desto weniger achtet man sich selbst. Daher die Konzessionen, die man macht und die man unweigerlich bereut. Wenigstens habe ich die Gelegenheit ergriffen, ein wenig über Sibiu zu sprechen.«[9] Immerhin hatte sich Cioran bereits 1970 für das Schweizer Fernsehen (15 Minuten mit François Bondy), dann 1973 zu einem weiteren Interview – diesmal für das belgische Fernsehen – hinreißen lassen. In seiner Einführung warnt der Interviewer, Christian Bussy, die Zuschauer vor dem Tempo des Cioranschen Französisch. Am peinlichsten wirken in den 30 Minuten der Versuch, den Rumänen zu einer Selbstdefinition zu bewegen: sei er nun Skeptiker, Zyniker oder Nihilist? Beim Stichwort »Verzweifelter?« wendet Cioran lachend den Kopf ab, sein Gesprächspartner hat ihn offensichtlich mißverstanden. Zwar sei er ein Verneiner, damit ist er einverstanden, aber kein Aufständischer, denn dieser müsse ja eine Botschaft haben.

Allerdings ist er der Ansicht, daß ein kurzes Statement im französischen Fernsehen den Verkauf seiner »Aveux et anathèmes« gefördert habe (die Rede ist von 20 000 Exemplaren des Taschenbuchs — für deutsche Verhältnisse eine unvorstellbare Zahl angesichts der verbreiteten Aversion Aphorismen und Fragmenten gegenüber).

Auf dem Couchtisch L'ÉGOÏSTE (Nr. 10, 1987), ein aufwendig gestaltetes Foto- und Modejournal. Darin ein paar Zeilen Ciorans sowie mehrere Fotoportraits von Richard Avedon. Auf einem davon steht der Rumäne im Wintermantel da, während er mit größter Konzentration ins Objektiv blickt. Wie Fremdkörper ragen seine gefurchten, fleckigen Hände – im Kontrast zum Antlitz sichtbar alt – aus den Ärmeln hervor. Den Daumen seiner Linken krümmt er gegen den Zeigefinger. Für mich ist dies das gültigste und das beeindruckendste von allen früheren oder späteren Portraits, selbst wenn es sich reflexhaft überlagert mit der Aufnahme Andy Warhols im selben Heft, der seine Operationsnarben auf seinem Oberkörper vorzeigt, die er von dem Mordanschlag Valerie Solanas' zurückbehalten hat. Ich denke, daß beide auf ihre Weise ihre ›Wunden‹ zeigen. Cioran qualifiziert das Heft als »Sauerei«, zumal dort auch Aktaufnahmen von Amateuren abgebildet sind.

Er wolle sich nun gänzlich aus der Öffentlichkeit zurückziehen. (Wider den Zeit-»Geist«, der Bedeutung nach der Frequenz der Talkshow-Auftritte der betreffenden Person zu messen beginnt.) Die Briefe junger Leser, die ihm zugeschickten Bücher empfindet er bloß noch als Last. Was mein Wohnungsproblem vor Ort angeht, so rät er mir, es wie in seinen jüngeren Jahren zu halten, nämlich nach Südfrankreich aufzubrechen und mir eine schöne Zeit zu machen, statt zu arbeiten. Am Ende unserer Unterhaltung hat er sich die Haare zerrauft!

Im Rückblick konstatiere ich, daß wir nie explizit intellektuelle Gespräche führten oder gar philosophierten. Alles machte sich an Anekdoten, an Alltagsgegenständen fest, der Gegenwart. Gewiß waren dieser oder jener Autor, Journalist, Gesprächspartner etc. ebenfalls Thema, aber gleichsam wie Vorwände.

Im April 1988 empfängt er mich im Bademantel, weil er versucht, ein leckes Wasserrohr selbst zu reparieren. Aufgeregt berichtet er, daß eine amerikanische Presseagentur das Gerücht verbreitet hat, er habe sich getötet. (Der Grund bestand einfach darin, daß er seiner Heimwerkerei wegen nicht ans Telefon gehen konnte.) Seitdem stehe das Telefon nicht mehr still, bis 3 Uhr nachts erkundige man sich, ob er noch lebe: »Es ist wie im KZ!« Daß er jedoch seine Suizidprophylaxe, das Schreiben, eingestellt hat, klingt bedenklich.

Am 11. April begleite ich Cioran in den Luxembourg. Während er eine Besorgung macht, betrachte ich in der Auslage einer Buchhandlung Erotika. Zwar handelt es sich um bibliophil aufgemachte Bände, nicht zu vergleichen mit den Billigpornos in den einschlägigen Boutiquen im Hallenviertel, aber er nimmt meine Zerstreuung mit Unmut zur Kenntnis.

Im Park selbst kommen wir von der ›Heidegger-Affäre‹ auf die sanitären Verhältnisse in Frankreich zu sprechen. Ich dürfte von meinen allerersten Schocks und Mißverständnissen erzählt haben, während er mir entgegenhält, daß in den dreißiger Jahren die Hotels im Midi überhaupt keine WCs gehabt hätten. (Wir finden kaum ein Ende: hätte uns ein Dritter belauscht, würde er an unserer Zurechnungsfähigkeit gezweifelt haben.)

Er bereut es, die Einladung eines Anwalts zum *dîner* angenommen zu haben, da die Gespräche sich fast ausschließlich um Fernsehsendungen gedreht hätten. Somit war er ausgeschlossen. (Insgeheim frage ich mich, was er, bei seinem Faible für hoffnungslose Fälle und gesellschaftliche Outsider, ausgerechnet in der Bourgeoisie suchte, die zwar ihrerseits von literarischen Salons träumte, geistig aber nicht mehr zu bieten hatte als der Durchschnitt.)

Der bevorstehende Besuch seines Bruders Aurel ängstigt ihn wegen des finanziellen Risikos. Denn dieser sei unlängst Patient in einer rumänischen Nervenklinik gewesen, und sollte sich dies in Paris wiederholen, sei er, Cioran, ruiniert, denn einen über Siebzigjährigen aus dem ›Ostblock‹ könne man nicht mehr krankenversichern. Zu seinen Ängsten zählt auch der Fahrstuhl, den man im Haus einzubauen gedenkt, d.h. die Mieterhöhung in der Folge davon. Überhaupt bedrückt ihn das Gefühl, daß die Vermieter ihn gerne aus der Wohnung hätten, um endlich eine angemessene Miete kassieren zu können.

Ich hatte mir vorgenommen, Cioran die Frage zu stellen, ob man nicht im Alter zu größerer Gelassenheit fände. Unsere Gespräche haben die Frage von selbst beantwortet.

Auf der Rückreise aus der Auvergne fotografieren wir im Mai 1988 Batailles letzten Wohnsitz in Paris. Von der Rue St. Sulpice stoßen wir auf die Rue de l'Odéon. Vor der Haustür Cioran, lebhaft schwatzend mit Simone Boué. Heiter, gelöst. Meine Begleiterin rät mir aufgeregt: steig aus und verabschiede dich von ihm, ich fotografiere euch! Ich weigere mich, das Auto zu verlassen, im Hinterkopf Ciorans Vergleich eines Telefonanrufs mit Hausfriedensbruch. Als ich an der Place de l'Odéon wohnte, hatte ich ihn häufig mit Leuten palavernd auf der Straße gesehen, aber darauf verzichtet, mich bemerkbar zu machen. 1966 hatte er sich vorgenommen, eine der folgenden Warnungen an seiner Tür zu befestigen:

»Jeder Besuch ist eine Aggression
oder
Treten Sie nicht ein, seien Sie barmherzig
oder
Jedes Gesicht stört mich
oder

Ich bin nie zu Hause
oder
Verdammt sei, wer klingelt
oder
Ich kenne niemanden
oder
Gefährlicher Irrer.«[10]

Mein letztes Bild von Cioran: für wenige Sekunden sein besorgtes Gesicht auf ARTE, nach dem Sturz Ceauşescus im Dezember 1989. Das MAGAZINE LITTÉRAIRE sollte seine Äußerungen gegenüber dem NOUVEL OBSERVATEUR vom 28. Dezember 1989[11] wie folgt kommentieren: »Er merkt an, daß die Revolte in Temesvár aufgekommen ist, bevölkert von 30% Ungarn, und meint, daß die Mehrzahl der Rumänen dies als einen Affront empfunden hat. Er hat stets Zuneigung für dieses Volk empfunden, für die Bauern und Analphabeten. Er beklagt das Verschwinden der Analphabeten, der ›Spur einer primitiven Menschheit, welche der Zivilisation vorausging‹. Unter diesem Gesichtspunkt hätte die von Ceauşescu geschaffene Gesellschaft wohl alle seine Wünsche erfüllt. Unglücklicherweise wollte der abgesetzte Diktator nur Sklaven. ›Wenn ein Volk vor Hunger stirbt, opfert es die Kultur, aber es besitzt sie nie. Im rumänischen Drama gibt es ein Problem der Entkräftung. Der Hunger ruft eine erhöhte Impotenzrate hervor, vor allem unter den jungen Leuten. Was sind schon Bücher angesichts dieser Lage?‹«[12]

Gewiß war Cioran nicht der Rousseau des endenden 20. Jahrhunderts, aber selten geht es gut aus, wenn ein Denker sich politisch exponiert.

Mit seinem Tod gab es für mich keine ultimative Adresse mehr. Denn wer hätte mehr Unbestechlichkeit bewiesen und auf mehr abgelehnte – statt empfangene – Preise verweisen können als er?

I
Vom Mißgeschick, geboren zu werden

»In dieses Haus des Unheils kam ich unter Zwang...«
Abū l-'Alā' al-Ma'arrī

Wer kann schon von sich behaupten, eine glückliche Kindheit gehabt zu haben? Ausgerechnet Emil Cioran, geboren am 8. April 1911 im siebenbürgischen Răşinari (Reschinar), mitten in den Karpaten. Beim Anblick dieser alpinen Landschaft versteht man Ciorans Emphase: »Wenn das Wort ›Paradies‹ einen Sinn hat, dann ist es auf diese Zeit meines Lebens anzuwenden.«[1] Emil ist das zweite Kind von Emilian Cioran (1884–1957) und Elvirei (1888–1966), einer geborenen Comaniciu. Die lateinische Namensgebung der Kinder entspringt einem vorsätzlichen Protest gegen die ungarische Vorherrschaft der Zeit[2] — einer Epoche, in der die Rumänen lediglich die größte Minderheit im Fürstentum Siebenbürgen unter habsburgischer Herrschaft sind. Deshalb trägt die ältere Schwester den Namen Virginia (1908–1966), genannt Gica, der jüngere Bruder (geb. 1914) wird Aurel (genannt Aureliu, Relu) getauft. Emils Vater ist Pope der orthodoxen Gemeinde ›Sf. Paraschiva‹ des 6000 Seelen bewohnenden Răşinari, etwa 10 km von Sibiu (Hermannstadt) entfernt gelegen.

So oft er kann, verläßt Emil das Pfarrhaus – das größte Gebäude im Ort –, um in der Natur umherzustreunen. »Die Hälfte des Dorfes hielt sich im Gebirge, in den Karpaten auf. Befreundet war ich mit den Hirten, die ich sehr mochte. Sie repräsentierten eine andere Welt, jenseits der Zivilisation. Lebten sie doch in einem Niemands-Staat, gutgelaunt, als wäre jeder Tag ein Feiertag. Der Beginn der Menschheit kann demnach nicht so schlimm gewesen sein. (...) Das Primitive, das ich da erlebte, erscheint mir als einzig mögliches Leben. Was zählt, ist die Vorgeschichte, also die Zeit, bevor man ins Bewußtsein, in die Geschichte eintritt, das unbewußte Leben.«[3] Selbst der Umstand, daß die Eltern während des Ersten Weltkriegs zwangsweise umgesiedelt werden – der Vater nach Sopron (Oedenburg), die Mutter nach Cluj (Klausenburg) –, schmälert nicht das Glück des Knaben: »Ich konnte nach dem Frühstück einfach bis mittags verschwinden und eine Stunde später, nach dem Mittagessen, war ich wieder verschwunden; ich wanderte durchs Gebirge, ging einfach überall hin (...). Ein weiterer ›Vorteil‹ bestand darin, daß meine Eltern als Rumänen während des Krieges von den Ungarn deportiert wurden, so daß wir Kinder, meine Schwester, mein Bruder und ich, bei meiner Großmutter blieben, und bei ihr waren wir wirklich völlig frei. Es war eine ideale Epoche für mich. Während dieser Zeit mochte ich vor allem die Bauern. Die einfachen Schäfer; ich hegte einen regelrechten Kult für sie (...). Im Grunde genommen ist die primitive Welt die einzig wahrhaftige Welt, eine Welt, in der alles möglich ist und nichts erneuert wird.«[4] Ein weiterer magischer Ort ist ihm der Friedhof, der unmittelbar an den elterlichen Garten angrenzt: »so kam es, daß ich als Kind gut befreundet war mit einem fünfzigjährigen Totengräber. Er reagierte wie eine Frohnatur, wenn er Gräber aushob und mit Totenschädeln Fußball spielte. Ich habe mich immer gefragt, wie er so zufrieden sein konnte jeden Tag. (...) Ich fragte mich, warum man das alles im Leben erfahren soll. Nur um als Leiche zu enden? Diese Eindrücke prägten mich sehr stark, irgendwie.«[5]

In seinen »Syllogismen der Bitterkeit« wird er auf diese Erlebnisse zurückkommen, um hinzuzufügen, daß er auch selbst mit seinen Spielkameraden Totenschädel als Fußball mißbrauchte: »Das war für uns eine von keinem Todesgedanken getrübte Freude. Viele Jahre lang habe ich in einer Umgebung von Priestern gelebt, die Tausende und Abertausende von Letzten Weihen zu ihrem Aktivbestand zählen konnten; und doch habe ich keinen gekannt, dem der Tod problematisch vorgekommen wäre.«[6]

Cioran sollte die Gewohnheit beibehalten, auf Reisen stets auch den jeweiligen Gottesacker aufzusuchen. Eine Übung, sein Temperament abzukühlen, eigenen Problemen angesichts der Überzahl der Toten andere Proportionen zu geben. So erinnert er sich an die Ferien im Dorf Rîul-Sadului, unweit von Sibiu, 1930, wo er eines Morgens nach schlafloser Nacht den kleinen, von Unkraut überwucherten Friedhof besuchte. Selbst die Holzkreuze hatte die Vegetation zurückerobert. Auf einem davon erkennt er keinen Namen, dafür aber den ihn ergreifenden Spruch: »Leben ist Hoffnung, Tod ist Vergessen«.[7] Der ungepflegte Friedhof illustrierte gewissermaßen die Maxime. In einem Augenblick seines Lebens, da er aus Enttäuschung die Entzauberung des einstigen Erdély oder Ardeal, bevölkert von Thrakern, Slawen, Römern, Ungarn, Zigeunern, bis zum Haß steigert, wird er die verkommenen Friedhöfe zum sprechenden Symbol der Heimat erklären: »(…) schiefe Holzkreuze, die Wache halten bei Toten ohne Stolz. Auf den Dorffriedhöfen begreifst du die Sinnbilder des Landes selbst, denn in keinem Weltwinkel hat so viel Unkraut das Andenken an die Gewesenen mit einer so großzügigen Bekundung des Vergessens überzogen.«[8] Die Kluft zwischen der in der ›Wildnis‹ verbrachten paradiesischen Kindheit und dem apodiktischen Ausruf: »Niemand erholt sich von der Krankheit, geboren zu werden, dieser wahrhaft tödlichen Verwundung«[9], wirkt unüberbrückbar. Der Psychoanalytiker Otto Rank hatte 1924 dem »Trauma der Geburt« eine recht spekulative Theorie – gar eine Monographie – gewidmet. Fast könnte der Eindruck entstehen, daß Cioran die These »Vom Nachteil, geboren zu sein« Buch für Buch wiederholen wird, eine Einsicht, die der Stoa geläufig war und die im Buddhismus lebendig ist. »Ich komme aus einer Gegend, die von jenen Thrakern heimgesucht wurde, die die Menschen bei der Geburt beweinten und sich bei deren Tod freuten.«[10] Unversöhnlichkeit über den eigenen Tod hinaus demonstrierte der blinde arabische Dichter und

Philosoph Abū l-'Alā' al-Ma'arrī (973–1057), der sich die Verfluchung seines Lebens und folglich seiner Erzeuger zum Grabspruch wählte: »Dieses Verbrechen hat mir mein Vater angetan; / ich habe niemandem ein solches Verbrechen / angetan.«[11]

Es fehlt bei Cioran nicht an Echos. Wenn er die Kindheit eine »idiotische Zeit, die durchgemacht zu haben man sich schämt«[12] nennt, wenn er konstatiert: »Dennoch ist die Geburt wirklich ein Abgrund, ein Loch.«[13]

»Als Kind hattest du kein Sitzfleisch. Du suchtest das Weite. Du wolltest *außerhalb* sein, fern von zu Hause, fern von den Deinen.«[14] Die Äußerungen über Eltern und Geschwister sind äußerst rar, denn Cioran schämt sich der Durchschnittlichkeit seiner Erzeuger: »Wenn man nicht in der Glückslage ist, Alkoholiker als Eltern zu haben, dann muß man sich das ganze Leben lang Gifte zuführen, um das dumpfe Erbe ihrer Tugenden zu kompensieren«[15], heißt es sarkastisch. Keines der überlieferten Gruppenfotos verrät etwas von der Atmosphäre des Unglücks, die Emil evoziert. Dagegen erkennt man auf ihnen eine gelassene, fast heitere Familie — sei es bei Wanderungen, sei es beim Essen in der Natur. Der reitende, der skilaufende Emil wirkt nicht ausgesprochen melancholisch. Dennoch beteuert er: »Die Müdigkeit ist die Spezialität meiner Familie«[16], und weiter: »In unserer Familie war das *nenorocul* [Unglück] kein leerer Begriff, sondern etwas ganz Konkretes.«[17] Als weiteres familiäres Gebrechen benennt er die Unzufriedenheit: »es ist dies ein Übel, an dem wir in unserer gequälten, geängstigten Familie stets gelitten haben.«[18] Emils Vater konnte für die Verkörperung der Wirkungslosigkeit von Gebeten stehen, während seine irreligiöse Mutter es bereut haben könnte, ›unter Stand‹ geheiratet zu haben, denn ihr Vater, ein Notar, hatte von der k. und k.-Regierung den Baronstitel erhalten. An Elvirei, deren weiche Gesichtszüge der junge Emil noch aufweist, erinnert sich der Sohn als außergewöhnlich, aber auch als eitel, vor allem aber denkt er »an ihre Melancholie, deren Geschmack und Gift sie an uns weitergegeben hat«[19]. Entscheidend ist m. E. letztere Aussage, benennt sie doch, was als eine Art mütterliche Transfusion über nationales emotionales Erbe hinausgeht, wie in Portugal die *saudade*, d. h. die kollektive tradierte sehnsuchtsvolle Melancholie. Gleichwohl bleibt er ihr affektiv verbunden, ja hält sie für die am wenigsten an bürgerlichen Konventionen orientierte Person im Familienverbund, denn unmittelbar nach ihrem Tod notiert er: »Alles Gute und Schlechte, alles, was ich bin, habe ich von meiner Mutter. Ich habe von ihren Krankheiten, ihrer Melancholie, ihrer Widersprüchlichkeit, von allem etwas geerbt. Körperlich gleiche ich ihr bis ins Kleinste. Alles, was sie war, hat sich bei mir verschärft und verschlimmert. Ich bin ihr Erfolg und ihr Fehlschlag.«[20] Cioran übernimmt hier den um die Jahrhundertwende in Mode gekommenen Biologismus, trifft aber dennoch den Kern der Sache. »Angst — sie war der *Unterton* meines Lebens«[21], wird er einmal bilanzieren.

Dem ›Gift‹ extrem neurotischer Mütter verdankt allein die Literatur die Werke eines Beckett, Bataille oder die einer Duras — was nichts über deren persönliches, privates Glück sagt, zu schweigen von den Namenlosen, bei denen die Transfusion von Melancholie nicht Kreativität initiiert, sondern zum Scheitern disponiert, wenn nicht zur tödlichen – selbstzerstörerischen – Form dieser Intoxikation. Sie steht Cioran vor Augen, wenn er über seine ältere Schwester Virginia schreibt: »(...) eine Verrückte, eine Unglückliche, ein unmöglicher Mensch.«[22] »Bei einem Bluthochdruck von 250 rauchte meine Schwester hundert Zigaretten am Tag: ein Selbstmord oder geradeso wie einer; ihr Sohn, er hat sich kurz entschlossen umgebracht, während ich mich am anderen Ende Europas mit der bescheidenen Rolle des Selbstmordtheoretikers begnügte.«[23] Über seinen Bruder Aurel schreibt er: »Wir litten beide am selben Übel, aber ihm, von Geburt an schweigsam, steht das Wort nicht zur Verfügung, während ich als aufdringlicher Schwätzer meine Nöte ausbreitete; und indem ich sie in Kapricen verwandle, kompromittiere ich sie dadurch gerade.«[24]

Zum frühreifen Philosophen aber macht Cioran die Erfahrung der Langeweile. »Meinen ersten Langeweile-Anfall, an den ich mich perfekt erinnere, in Drăgăşani, während des Weltkriegs. Ich muß fünf Jahre alt gewesen sein; ein Nachmittag einer leeren, aber unvergeßlichen Erschütterung. Meine Langeweile vermischt sich womöglich mit meiner Weltangst, mit meinem Zurückweichen vor allem, was mit der Welt zusammenhängt.«[25] Die Nähe zur Angst unterscheidet das von Cioran geschilderte Gefühl deutlich vom *ennui* etwa eines Baudelaire, der gleichsam zum Stil der Dandys oder Aristokraten zählte. (Zwar hat der französisch schreibende Cioran keine Alternative zum Terminus *ennui*, aber es wird sich erweisen, daß er *cafard* fast synonym gebraucht.) Es fragt sich, was an der Langeweile, von der Romantik bis zur Aufklärung, Mode, Erfindung, kreative Energiequelle war — und was *mal du siècle*. Sollte die von Rousseau über Chateaubriand (»Attala«), Benjamin Constant, Maine de Biran bis zu Taine und Flaubert artikulierte Langeweile eine Begleiterscheinung der *lumières* und der Revolution sein, also der radikalen Vereinsamung des modernen Individuums?[26] Jedenfalls dürfte die quälende »Langeweile, die mir das Leben unerträglich macht«[27], einer Maria von Herbert andere innere Ursachen haben als der *ennui* einer Mme du Deffand, einer Zeitgenossin Voltaires, die in ihren Briefen beklagt, daß der Zustand der Langeweile, »Zeit, die nicht verstreicht«, sie zum »Vegetieren« verurteile. Die Skrupel der Herbert, kein gottgefälliges Leben zu führen, dürften der du Deffand bereits fremd gewesen sein. Ciorans konziseste Definition lautet: »Die Erfahrung der Langeweile ist das Ergebnis der Verzweiflung an der Zeit.«[28]

In seiner Antrittsvorlesung von 1929 – »Die Grundbegriffe der Metaphysik. Welt – Endlichkeit – Einsamkeit« – hatte Heidegger die tiefe, gegenstandslose Langeweile als Grundstimmung der Erkenntnis definiert: »Die tiefe Langeweile, in den Abgründen des Daseins wie ein schweigender Nebel hin- und herziehend, rückt alle Dinge, Menschen und einen selbst mit ihnen in eine merkwürdige Gleichgültigkeit zusammen. Diese Langeweile offenbart das Seiende im Ganzen.«[29]

Bemerkenswerterweise verschwenden Berufsphilosophen selten einen Gedanken an die Langeweile, der Denker Georges Bataille ausgenommen, war doch dessen Kindheit und Adoleszenz ähnlich belastet wie diejenige des Rumänen. Im Rückblick auf jenen ersten Anfall führt Cioran näher aus: »Die Erfahrung der Langeweile, nicht die vulgäre aus Mangel an Gesellschaft, sondern die absolute, war wichtig. Wenn jemand sich von seinen Freunden verlassen fühlt, so ist das nichts. Die Langeweile an und für sich geschieht grundlos, ohne äußere Einwirkungen. Damit verbindet sich das Gefühl leerer Zeit, so etwas wie Leerheit, die ich immer gekannt habe. (…) Es war gegen drei Uhr nachmittags, als mich so ein Gefühl des Nichts, der Substanzlosigkeit beschlich. Es war, als wenn alles plötzlich irgendwie verschwunden sei (…), der Einstieg in die Nichtigkeit und der Anfang meiner philosophischen Reflexion. Dieser intensive Zustand des Alleinseins machte mich so betroffen, daß ich mich fragte, was er zu bedeuten habe. Sich nicht dagegen wehren und sich nicht davon durch Reflexion befreien zu können, und die Ahnung, daß es wiederkehrt (…), das verunsicherte mich so sehr, daß ich es als Orientierungspunkt akzeptierte. Auf dem Gipfel der Langeweile erfährt man den Sinn des Nichts, insofern ist dies auch kein deprimierender Zustand, da es für einen Nicht-Gläubigen die Möglichkeit darstellt, das Absolute zu erfahren, so etwas wie den letzten Augenblick.«[30]

An die Erfahrung der Vergänglichkeit/Nichtigkeit der menschlichen Existenz auf den Friedhöfen und an diejenige des Nichts im Zustand der Langeweile schließt sich die Erfahrung der Trennung an, welche für Cioran gleichbedeutend ist mit der Vertreibung aus dem kindlichen Paradies. Als der Zehnjährige auf das »Gheorghe Lazăr«-Gymnasium von Sibiu geschickt wird, entläßt man gleichsam einen ›Barbaren‹ in die Zivilisation: »Als ich es [Răşinari] verlassen mußte, um das Gymnasium in Sibiu besuchen zu können, brach in mir eine Welt zusammen. Ich werde nie den Tag oder besser die Stunde vergessen, zu der mich mein Vater nach Sibiu brachte: Wir hatten dafür einen Pferdewagen gemietet und während der ganzen Fahrt weinte ich, weinte ohne Unterlaß, denn ich hatte eine Art Vorahnung, daß das Paradies verlorengegangen war. (...) daß für mich etwas Unwiederbringliches zerbrochen wäre.«[31]

Bis Emils Vater 1924 zum Erzpriester von Sibiu ernannt wird und samt Familie in die Stradă Tribunei 21 einzieht, wohnt der Gymnasiast mit dem Kameraden Bubu Albu als Pensionär bei einer sächsischen Familie (Stradă Mâcelarilor), d.h. zwei alten Jungfern, die den Knaben vom Dorf als unkultiviert betrachten und bei denen er nebenbei alltagstaugliches Deutsch lernt. Er belegt Französisch als Fremdsprache, besucht dafür aber die deutsche Bibliothek, der ein Philosoph vorsteht.

Hermannstadt, eine Gründung siebenbürgischer Sachsen, war bis 1920 eine bedeutende Garnisonsstadt des österreichisch-ungarischen Kaiserreichs. Cioran betont die repressive Toleranz, unter der er als Angehöriger einer nationalen Minderheit litt, angefangen von der Angst des Knaben vor dem ungarischen Polizisten bis hin zu der Nötigung der Eltern, nicht Rumänisch zu sprechen, sondern Ungarisch. »Die Rumänen waren so etwas wie Sklaven — nicht der Deutschen, aber der Ungarn. Zwischen Rumänen und Deutschen gab es keine Beziehungen. Aber über das kulturelle Leben dieser Stadt sagt es vielleicht etwas aus, wenn man weiß, daß Rudolf Steiner dort den ersten Vortrag seines Lebens gehalten hat. (...) Als kleines Land waren wir mit allem außerhalb in Verbindung. Ich war weltoffener als später, wie man allem offener ist, wenn man in einem kleinen Land lebt. Hermannstadt war mit einer Schweizer Provinzstadt zu vergleichen. Daß ich nicht Deutsch gelernt habe auf der Schule, war einer der größten Fehler meines Lebens, aber immerhin habe ich damals viel deutsche Philosophie gelesen.«[32]

Als passionierter Leser greift er schon um drei, vier Uhr morgens zum Buch: Joseph Conrad gehört damals zu seinen Favoriten. Wenn es das Wetter zuläßt, sitzt er auf gleicher Höhe des ehemaligen Wehrrings der 60000 Einwohner zählenden Stadt. Er liest – auf rumänisch oder französisch – Kant, Lichtenberg, Schopenhauer, Nietzsche, Diderot, Balzac, Flaubert, Tagore, Eminescu, Dostoevskij, die Religionsphilosophen Solov'ëv und

Šestov.[33] Er bewundert Nietzsche, »weil er bei allem, was er getan hat, bis zum Äußersten gegangen ist. Seiner exzessiven Seite wegen.«[34] Lev Šestov »war der Philosoph meiner Generation, der es nicht gelang, sich auf spiritueller Ebene zu verwirklichen, die aber die Sehnsucht nach einer solchen Verwirklichung stets aufrechterhielt. Šestov (...) hat in meinem Leben eine wichtige Rolle gespielt. Ich bin ihm sehr treu geblieben, obwohl ich nicht das Glück hatte, ihn persönlich kennenzulernen. Er dachte zu Recht, daß die eigentlichen Probleme sich dem Philosophen entziehen. Was tun diese im Grunde anderes, als die wirklichen Qualen wegzuzaubern?«[35] »Vor allem entdeckte ich ihn aber zu einem Zeitpunkt, da ich von der Philosophie enttäuscht worden war. Und was ist Šestov letztlich seinem ganzen Wesen nach anderes als die Insuffizienz der Philosophie selbst? Er hat die Philosophie als Philosoph verklagt.«[36] Merkwürdige Koinzidenz: der jüdische Philosoph Šestov (eigtl. Jehuda Leib Schwarzmann, 1866–1938) wird der einzige Berufsphilosoph sein, den Georges Bataille jemals im Pariser Exil konsultieren wird. Er lernt den Russen indes als unbeirrbaren Platon-Adepten kennen.[37]

Den Übertritt von der unbezähmten Natur in die Kultur – und folglich die Horizonterweiterung durch Lektüren – wird Cioran niemals rückhaltlos affirmieren können: »Als ich mein Dorf verließ, hörte ich auf, primitiv zu sein. Zuvor gehörte ich zur Schöpfung dazu wie die Tiere, zu denen ich eine persönliche Beziehung hatte, nun befand ich mich außerhalb, in Distanz.«[38] Sollte das geistige, das reflektierte Leben nichts als die Angst erschließen? »Jenseits meiner Jahre in Răşinari habe ich in der Ängstlichkeit gelebt, in der Furcht vor... der Angst. Wer hat, wer wird jemals eine Kindheit wie die meine haben, eine *gekrönte* Kindheit?«[39] »Ich erinnere mich an Zeiten, wo ich unter *gehöriger* Langeweile litt: als Jugendlicher — Stunden in den Parks von Sibiu mit einem Buch in der Hand; im *Stadtpark* — das Piano machte mir Höllenangst (...).«[40]

Der Cioran dieser Zeit zeichnet sich selbst als arrogant, »unglücklich und lechzend nach Unglück«[41], als Verehrer des Todes wie zugleich auch der Sonne. Der Angst, der Langeweile, der Leere begegnet er mit dem Naturerleben, Lektüren, Musik und Tränen der Ergriffenheit. Die Rede ist von Büchern, über denen er beinahe geweint hätte, von »Sonaten, die dich des Atems beraubten« und von »verstimmten Klavieren der Provinz mit verkrüppelten Tonleitern, über denen du in endlosen Nachmittagen schluchztest«.[42]

Der exemplarische *outsider* (der jeder Heranwachsende mehr oder weniger ist) sucht sein Heil nicht mehr nur länger in der Natur, sondern in den Räuschen des Alkohols und des Geschlechtlichen. Cioran schreibt von »Parfüms, die dir vom Entsagen wispern, die zwischen Leib und Seele verwirrten Frauen«[43], von »verlassenen Jungfrauenaugen« — die ihm freilich nur die Leere, »die der Welt« und seine eigene offenbaren konnten. Bitter kommentiert er seine Versuche, Angst in Ekstase zu transformieren: »Bist du wach, so macht dich die Langeweile zunichte. Die jähzornige Leere des schmerzhaften Vaterlands und die Wüste, welche die Seele seiner Söhne durchweht, treiben dich in die Kaschemmen und in den Puff, damit du in Trancen der Randständigkeit die jahrhundertealte Bitternis des Landes und die Schmucklosigkeit der Wappen und Steppen des Herzens vergißt. So besäufst du dich und fluchst, um nicht ins Knie zu sinken und zu beten. Vergrämt von so vielen Unmenschen, betrügst du mit Waldlichtungen und Obstgärten die heimatliche Ödnis. Im Walde hat sich der Walache über das Unheil getröstet.«[44]

Den Stimulanzien Tabak (bis zu drei Packungen Zigaretten täglich) und Alkohol weicht Cioran nicht gerade aus, im Gegenteil. »Ich war sogar quasi überzeugt davon, Säufer zu werden, so sehr liebte ich den Zustand der Bewußtlosigkeit und des verrückten Stolzes des Säufers. In Răşinari, wohin ich während der Ferien zurückkehrte, bewunderte ich die klassischen Säufer, jene, die sich täglich betrinken, riesig.«[45] Stellt er doch einen Zusammenhang her zwischen Leiden und Luzidität, nicht aber zwischen Enthaltsamkeit oder gar Askese und Erkenntnis. Insofern ist der junge Cioran eine Art Anti-Nietzsche: »ich war ein ausgesprochener Trinker. Nicht aber ein Alkoholiker, denn, aus Mangel an Geld, konnte ich nicht regelmäßig trinken, aber wenn ich es tat, dann richtig. (…) Ich könnte Memoiren schreiben über meine Zechereien, besonders in meiner Jugend. (…) Die ›Syllogismen‹ geben teilweise ein Bild meines ehemaligen Lebens. Was ich nicht verstehen kann, ist, warum ich mich nicht *gründlich* zerstört habe, warum ich die Chance einer frühen und totalen Verkommenheit nicht ausgenutzt habe.«[46] Doch er wendet das Trinken auch in selbsttherapeutischer Absicht als *Gegenmittel* an, wenn die Langeweile ihn zu »verwüsten« droht: »Eine Leere, die den Raum entleert und vor der mich nur der Alkohol schützen konnte.«[47]

Zu den Originalen, in deren Gesellschaft Cioran gerne zechte, zählte der sogenannte »Omul mumii« (Mumienmensch), den er sehr bewunderte. Auf dessen Einfluß wird er sein Grauen vor der Ehe zurückführen.[48] »Ich habe immer (…) verrückte Freunde gehabt, denen ich aus einer Passion für gescheiterte Existenzen heraus helfen wollte. Ich habe sehr begabte und sehr belesene Freunde gehabt, die nichts im Leben unternahmen. Sie wollten schreiben, haben aber absolut nichts getan, eine rumänische Spezialität. (…) Ich denke da immer an zwei meiner Freunde. Der eine, hochintelligent und begabt, war ein Trunkenbold, der sich immer vornahm, vom nächsten Morgen an zu schreiben, und am Tag darauf noch betrunkener war. (…) Er war so etwas wie ein untätiges Genie. Mit dem anderen, ebenfalls außerordentlich begabt, konnte man stundenlang diskutieren. Über ihn wollte ich ein Buch schreiben.«[49] Es gibt bei Cioran ein enthusiastisches Ja zum Exzeß, das im gedruckten Werk eher selten anzutreffen ist: »Wenn du den Mut hättest, deinen geheimsten Wunsch zu formulieren, würdest du sagen: ›*Ich würde gerne alle Laster haben.*‹«[50]

Zwar verzichtet der Bohèmien nicht auf erotische Ekstasen, aber seine Schüchternheit vereitelt es, daß er sich ein Mädchen seines Alters zur Geliebten macht. Ein weiteres Schlüsselerlebnis: »Alles, was wahr in mir ist, kommt von der Schüchternheit meiner Jugend. Ich verdanke ihr, der zu sein, der ich bin, im guten

Sinne des Wortes. Ohne sie wäre ich genau genommen nichts und würde nicht zur Ruhe kommen, mich meiner selbst zu schämen. Was ich doch in meiner Jugend ihretwegen leiden konnte. Und jetzt sind es jene Leiden, die mich in meinen eigenen Augen entschädigen.

(Neulich erinnerte ich mich an einen wichtigen und besonders schmerzhaften Moment meiner Jugendzeit; ich liebte heimlich ein junges Mädchen aus Sibiu, Cela Schian, die 15 sein durfte; ich war 16. Für nichts auf der Welt hätte ich es gewagt, sie anzusprechen; meine Familie kannte die ihrige; ich hätte Gelegenheiten gehabt, mich ihr zu nähern. Aber das ging über meine Kräfte hinaus. Zwei Jahre lang machte ich Höllenqualen durch. Eines Tages, mitten im Wald in der Gegend von Sibiu, wo ich mich mit meinem Bruder aufhielt, bemerkte ich dieses Mädchen mit einem Schulkameraden, dem unsympathischsten von allen. Das war für mich ein kaum zu ertragender Schlag. Sogar jetzt schmerzt er mich. Von diesem Augenblick an beschloß ich, daß man dem ein Ende bereiten mußte, daß es meiner unwürdig war, den ›Verrat‹ wegzustecken. Ich begann, mich von dem Mädchen zu lösen, sie zu verachten und schließlich zu hassen. Ich entsinne mich, daß ich in jenem Augenblick, da das junge ›Paar‹ vorbeiging, Shakespeare las. Ich gäbe viel darum zu wissen, welches Stück. (…) dieser Augenblick entschied über meine ›Laufbahn‹, über meine ganze Zukunft. Es folgten Jahre vollständiger Einsamkeit. Und ich wurde der, der ich werden mußte.)«[51] Zu allem Überfluß trug Ciorans Rivale den sprechenden Spitznamen »die Laus«… Bemerkenswert scheint mir Emils Kränkung angesichts einer niemals erklärten Liebe. »Es war wie ein Erdbeben. Fünf oder sechs Jahre lang sprach ich nicht mehr mit Mädchen (…).«[52] In diesem Moment, als er im Wettkampf mit einem unattraktiven Geschlechtsgenossen eine Niederlage erleidet, dürfte er sich entschlossen haben, mit anderen Mitteln um Anerkennung, Beachtung zu kämpfen — und zwar nicht allein um die eines einzigen weiblichen Wesens. Ließ sich die hehre Liebe nicht ohnehin reduzieren auf den fragwürdigen Versuch der Beteiligten, mangelndes Selbstwertgefühl in Eigenregie zu heilen, war sie jemals etwas anderes als dieses »stillschweigende Bündnis zweier Unglücklicher mit dem Ziel, sich gegenseitig zu überschätzen, sich schamlos Lob zu spenden«[53]?

Für eine weitere narzißtische Kränkung sorgt Ciorans Mutter. Er ist zwanzig, studiert im 6. Semester Literatur und Philosophie: »Ich erinnere mich ganz genau, und daß ich das tue, zeigt, wie außerordentlich wichtig dieses Erlebnis für mich war und noch ist — daß wir, meine Mutter und ich, eines Nachmittags allein zu Hause waren und ich mich plötzlich auf ein Sofa warf und sagte: ›Ich kann nicht mehr weiterleben, ich halte es einfach nicht mehr aus.‹ Worauf meine Mutter erwiderte: ›Hätte ich das damals gewußt, hätte ich (dich) wohl abgetrieben.‹ Das machte einen ungeheuren Eindruck auf mich, jedoch keineswegs einen negativen. Statt mich zu empören, lächelte ich bloß, und diese Szene war eine Art Offenbarung für mich. Das Ergebnis des Zufalls und nicht der Notwendigkeit zu sein, bedeutete eine gewisse Befreiung und dieses Gefühl hat bis heute fortgewirkt.«[54] Die Reaktion der Mutter auf den suizidalen Sohn legt dieser sich nicht als Fluch, Abwertung, Verurteilung oder Wunschphantasie aus, ein nach ihren Maßstäben mißlungenes Dasein rückgängig, ungeschehen zu machen, sondern als ernüchternde Erkenntnis und Chance. »Ich war unglücklich, aber ich habe dieses Unglück als eine unerträgliche Chance betrachtet.«[55] Man kann annehmen, daß er seit seinem 17. Lebensjahr Melancholie und Depression als treue Begleiterinnen hat: »In meiner Jugend dachte ich jeden Augenblick an den Tod. Es war eine Zwangsvorstellung, sogar wenn ich aß.«[56] Seine nachträglichen Versuche, den Euthanasiegedanken seiner Mutter ins Positive zu wenden, wirken mitunter rührend. »Was bin ich denn anderes als ein Glücksfall unter den unendlichen Wahrscheinlichkeiten, nicht gewesen zu sein!« wird er 1936 ausrufen.[57] Unter biologischen Gesichtspunkten trifft dies ja für jeden von uns zu, aber Cioran scheint das Faktum zu benutzen, um eine Kränkung zu rationalisieren. Denn die Mutter Elvirei ist offensichtlich zu Mitgefühl oder Verständnis außerstande, sondern transformiert auch nur den Anflug von Mitschuld am Zustand ihres Sohnes auf sadistische Weise in ein ›nachträgliches‹ Todesurteil. Der Unerwünschte, Ungeliebte, Mißratene führt seine Todesobsession lieber zurück auf die »Rache der Toten gegen mich«[58] — da ja der Knabe im Heimatdorf pietätlos mit deren Schädeln und Knochen Fußball gespielt hatte. Wenn er nicht gar den *cafard* als Buße für die gesamte glückliche Kindheit interpretiert: »man muß immer bezahlen.«[59] Kafka, der es wissen mußte, notierte einmal: »Es gibt eine Kunst, die aus Kränkung entspringt.«

Cioran erwirbt am 28. Juni 1932 das Diplom für Gymnasiallehrer (Fächer: Philosophie und Literatur) mit einer Schrift über den Intuitionismus Henri Bergsons. Das Diplom entspricht dem deutschen Staatsexamen für das höhere Lehramt (»magna cum laude«). Bis dato gibt es nur spärliche Zeugnisse Dritter über die Zeit seines Studiums in Bukarest. Philosophie hatte er bei Nae Ionescu (1890–1940), Dimitrie Gusti, Constantin Rădulescu-Motru sowie Todor Vianu belegt, Geschichte bei Nicolae Iorga. Nach den ersten zwei Semestern besucht er die Vorlesungen immer sporadischer in der Überzeugung, daß ihm ein akademischer Grad kein besseres Leben als das eines »Bettlers« gewähren wird. Der 1930 gefaßte Plan, über Kant zu promovieren, wird nicht realisiert. Zu seinen Lektüren zählen u.a. Hume, Lenin, Ernst Troeltsch (1865–1923) und Henri Massis (1886–1970).

Er schließt Freundschaft mit dem Studienrat für Französisch und angehenden Schriftsteller Eugen Ionescu (1909–1994) – er wird sich erst im Exil Eugène Ionesco nennen –, dem Dramatiker und Romancier Mihail Sebastian (eigtl. Iosif Hechter, 1907–1945), dem Publizisten Arşavir Acterian (1907–1997) und dessen Bruder Haig (1904–1943), ein Schriftsteller und Theatermann, sowie deren Schwester Jeni (Eugenia Maria, 1916–1958), die wie Cioran Philosophie studiert. Schließlich mit dem Dichter Emil Botta (1911–1977), dem Dichter und Mathematiker Ion Barbu (alias Dan Barbilian, 1895–1961), dem Publizisten und Übersetzer Nicolae Argintescu-Amza (1904–1973), dem Schriftsteller und Übersetzer Petru Manoliu (1903–1976), der Schauspielerin Marietta Sadova (Haig Acterians Frau, 1897–1981), dem Romancier und Religionswissenschaftler Mircea Eliade (1907–1986), den Philosophen Nicolae Tatu (geb. 1910), Bucur Ţincu (1910–1987), Mircea Vulcănescu (1904–1952), Constantin Noica (1909–1987), Mircea Zapraţan (1908–1963) sowie dem »Sokrates von Bukarest«, Petre Ţuţea (1902–1991). Außer dem Letztgenannten und Noica verdienen die meisten als Gymnasial- bzw. Hochschullehrer ihr Brot. Gleich dem würdevollen »Omul mumii« (Mumienmenschen) und Sorin Pavel (Petre Pandrea, eigtl. Petre Marcu Balş), von Cioran als »walachischer Stavrogin« apostrophiert, zählt Ţuţea zu jenen Exzentrikern, die er sich zum Vorbild nimmt. Den einstigen Studenten Nae Ionescus nennt er einen »genialen Freund« und bezeichnet ihn als den »außergewöhnlichsten Menschen, den ich jemals kennengelernt habe«.[60] Ţuţea, ein orthodoxer Denker, der nur wenig publiziert,[61] wird später sein Engagement für die »Eiserne Garde« mit 13 Jahren Haft abbüßen. Cioran schwärmt Bucur Ţincu gegenüber: »Wie du bewahre ich für Petrica die gleiche Bewunderung. Was für ein ungewöhnlicher Mann! Mit seinem unvergleichlichen Elan hätte er heute, wenn er in Paris gelebt hätte, weltweites Ansehen erlangt. Ich spreche oft von ihm als einem Genie unserer Zeit oder vielmehr als dem einzigen genialen Geist, dem im Leben zu begegnen mir gegeben war.«[62]

In seinen »Erinnerungen« erwähnt Eliade, daß Cioran im September 1932 gleich zweimal das mehr als kritische Symposium zum Thema »Freud und Psychoanalyse« besucht,[63] das im Rahmen der »Criterion«-Gruppe abgehalten wird. Im Oktober 1933 erhält Cioran in Sibiu – wohin er zurückgekehrt ist, da er ohne Anstellung ist – Besuch von der Schauspielerin Sorana Ţopa (1898–1986), die die sprichwörtliche Schulter zum Ausweinen sucht. Cioran hatte mit ihr, die er als Metaphysikerin bezeichnet, über seine Schlaflosigkeit, seine »Conditio als Irrer ohne Irrsinn«[64] korrespondiert. Eliade kommentiert: »Sie sagte ihm, ich wolle mich von ihr trennen und suche seit Monaten nach einem Vorwand dafür. Cioran war zutiefst beeindruckt von

Soranas Leid und zu Recht erbost über meine Grausamkeit und Unüberlegtheit. Er konnte nicht verstehen, wieso ein intelligenter Mann, der das Glück hatte, von einer solchen Frau geliebt zu werden, die Trennung wünschen und herbeiführen konnte. Die einzig plausible Erklärung für ihn war geistige Trägheit und Unfähigkeit, das Risiko einer Leidenschaft einzugehen, an deren Ende mich vielleicht Wahnsinn oder Tod erwartet hätten — mit einem Wort: meine Mittelmäßigkeit und Unehrlichkeit. In den Artikeln, die Cioran in jenem Sommer und Herbst in VREMEA veröffentlichte, las ich ständig zwischen den Zeilen Anspielungen auf meine Phantasielosigkeit und meinen mangelnden Mut heraus. Im September und Oktober erschien der außergewöhnliche Artikel ›Mensch ohne Schicksal‹, in dem ich mich sofort wiedererkannte und der für Sorana zweifelsohne wie tröstender Balsam war.«[65] Im November 1933 hört Cioran in Bukarest einen Vortrag Eliades: »Einmal, nach einer Vorlesung über die Upanishaden, kam Emil Cioran ins Professorenzimmer und gestand mir, daß ich mit solcher Begeisterung und in einem solchen Tempo gesprochen hatte, daß er, wenn ich noch zehn Minuten fortgefahren wäre, entweder explodiert wäre oder sich auf der Stelle umgebracht hätte (…).«[66]

Cioran bleibt bis auf weiteres dem akademischen Milieu treu, und auch dem Kontrastprogramm ›Bücher–Bordell–Flasche‹. Kein Hinweis auf eine tiefere erotische Bindung zu einer Frau – da diese ja seine Luzidität hätte gefährden können (um so perfider seine Kritik an Eliades Feigheit!) –, dafür veröffentlicht er ab 1931 in Zeitschriften Essays und Rezensionen. »Der Wille zum Glauben« (MIŞCAREA vom 25. Februar 1931) dürfte seine erste Publikation überhaupt sein. Deutlich ist Oswald Spenglers Schatten in diesem Beitrag zur ›Bewegung‹, der die religiöse Orientierung der ›Jungen Generation‹ entschieden kritisiert.

Mit Jahresbeginn 1932 hält Cioran philosophische Vorträge in den Kultur- und Philosophie-Vereinen, die seine Altersgenossen gegründet haben, so am 25. Februar im ›Allgemeinen Philosophieverein‹ (mit nur zwei Hörern, Mircea Vulcănescu und Petru Comarnescu (1905–1970)). Im April des Jahres spricht er im soziologischen Seminar Prof. Dimitrie Gustis über philosophische Anthropologie, und am 29. November trägt er im Rahmen der »Criterion«-Gruppe mit einigem Erfolg ein Referat über Henri Bergson vor. Fernziel seiner Aktivitäten ist ein Auslandsstipendium.

Seit dem Frühjahr 1932 möchte sich der von Schlaflosigkeit Geplagte aufs Land zurückziehen, um etwas Zusammenhängendes zu schreiben, und zwar »mit Blut, d.h. konkret, im Wortsinne«.[67] Im Sommer schickt der Akademische Verband Cioran, Noica und weitere frisch Promovierte nach Genf, um der Abrüstungskonferenz des Völkerbunds beizuwohnen. Bei einem Zwischenaufenthalt in Wien kommt er zu der Einsicht, ein »lächerliches Dasein«[68] zu führen.

Wenn ich Ciorans Denken ein »viszerales« nenne, so versteht sich darunter, daß diesem stets ein geistig-körperlicher Ungleichgewichtszustand zugrunde liegt, die Qual, der Schmerz, das Zerrissensein. Die Frage, ob Schreiben (oder jede andere Kunstübung) nun Symptom oder vielmehr Selbstheilungsversuch sei oder beides zugleich, vermag ich lediglich im Falle Ciorans halbwegs schlüssig zu beantworten. Célines Diktum »man schreibt, weil man unglücklich ist«, klingt wie ein psychologischer Gemeinplatz, ist jedoch auch, neben dem Rachemotiv und der symbolischen Destruktion, eine (vielleicht letzte?) Verbeugung vor der romantischen Konjunktion von Schmerz und Erkenntnis. Nun, Cioran benennt die Langeweile, die Melancholie, die Lebensmüdigkeit, die Schlaflosigkeit teils als etwas, das ihn leiden läßt (das Pathologische), teils als Stigmata, die ihn von allen anderen Sterblichen unterscheiden, also nicht nur brandmarken (diskriminieren), sondern eben auch herausheben, auszeichnen und diesen überlegen macht. Vom selbstzufriedenen Gesunden wären nichts als Banalitäten oder Kitsch zu erwarten. In diesem Sinne verstehe ich auch die gelegentlichen Anspielungen Ciorans auf die Epilepsie, eine in manchen Kulturkreisen als sakral geltende

Krankheit (der Ausdruck *haut mal* bewahrt diese Bedeutung). Nietzsche pflegte diesen Kultus, indem er die großen Lenker der Menschheitsgeschichte mit deren Epilepsie in Zusammenhang brachte (gleich der Phrenologie eine Marotte der Epoche).

Als er im Frühjahr 1933 in Sibiu »Pe culmile disperării« (Auf den Gipfeln der Verzweiflung) zu schreiben beginnt, wählt er bezeichnenderweise eine rumänische Redewendung, die geläufig war, um in der Presse einen Suizid zu umschreiben. Denn der Autor erleidet einen Zusammenbruch, der sich als unbesiegbare Schlaflosigkeit manifestiert. »Ich habe den Schlaf verloren. Alle meine Nächte wurden schlaflose Nächte, ich war Tag und Nacht ununterbrochen wach. (...) Ich ging bei Nacht spazieren, ich wurde zu einem Gespenst, so daß die Leute in der Kleinstadt glaubten, ich sei geistesgestört. Und dann habe ich mir gesagt: Du mußt ein Buch schreiben! So entstand mein erstes Buch. Der Titel ist pompös und zugleich banal: ›Auf den Höhen der Verzweiflung‹. Das war damals eine übliche journalistische Redewendung in der Rubrik ›Verschiedenes‹. Wenn jemand Selbstmord beging, hieß es, er habe es ›auf der Höhe der Verzweiflung‹ getan. Ich hatte mehrere Titel im Kopf, aber ich konnte mich nicht entscheiden. Ich habe es mehrmals so gemacht: ich ging ins Café und fragte einen Kellner: Welchen von diesen drei oder vier Titeln würden Sie wählen? So war es bei meinem ersten Buch und beim nächsten auch. Nachdem ich dieses erste, dieses extreme Buch geschrieben hatte, war ich absolut überzeugt, daß ich entweder Selbstmord begehen würde oder daß etwas passieren mußte.«[69]

Unter *insomnia noctis* litten so unterschiedliche Geister wie Sappho oder Caligula und Hitler, und Joseph de Maistre, Puškin, Kipling, Mallarmé, Nietzsche, Kafka, Klages, Max Weber, Ernst Bloch, Annette von Droste-Hülshoff, Céline, Maurice Ravel, Fernando Pessoa, Robert Walser, Gottfried Benn, Samuel Beckett, Glenn Gould, Marie Luise Kaschnitz oder Alejandra Pizarnik.

Einen Verwandten im Leiden erkannte Cioran erst nach dessen Suizid: den Maler russischer Herkunft Nicolas de Staël

(1914–1955), dem er um 1950 mehrmals in Paris begegnet war. Erst nach der Lektüre von dessen Korrespondenz[70] wurde ihm klar, daß er einen »Eingeweihten«, einen »Komplizen« (Schlaflosigkeit, zwei Suizidversuche) kennenzulernen versäumt hatte. Daher beginnt sein Statement über den Künstler mit dem Eingeständnis eines Schuldgefühls: »Er hat mich aufgefordert, sein Atelier zu besuchen. Versprochen habe ich es, aber nicht getan. Da ich seine inneren Nöte nicht erspürt habe, führte ich nie ein tiefergehendes Gespräch mit ihm. Sein Freitod hat uns alles bestürzt.«[71]

Kam Joseph de Maistre täglich mit 3–4 Stunden Schlaf aus, so bemühten sich die anderen darum, dem leidvollen Zustand abzuhelfen: Gottfried Benn und Ludwig Klages laborierten lebenslang mit allen auf dem Markt verfügbaren Somnifera. Bei Ernst Bloch schlug selbst Opium nicht an… Zwar ist Schlafentzug zweifellos ein Körper und Geist extrem zermürbendes Phänomen, aber nicht gerade eine Art göttliches Gebrechen, das das Opfer hervorheben würde aus der Masse der Sterblichen, da diese Erfahrung vorübergehend wohl jeder einmal gemacht hat. Und wurde bewußter Schlafentzug nicht Depressiven als Therapie empfohlen (mit welchem Erfolg)? Es ist durchaus möglich, den Tag nach einer ›weißen Nacht‹ als rauschhaft zu erleben, aber als Dauerzustand läßt sich ein so umfassend beeinträchtigtes Bewußtsein nur schwer ertragen. Die intellektuelle Trägheit bei sensorischer Überempfindlichkeit, die gereizte Ermattung erinnern an die Folgen einer schweren Intoxikation. Erzwungene absolute Schlaflosigkeit soll innerhalb weniger Tage zum Tod führen, man wendet sie zur Folterung an. Schlafentzug wie Schlafsucht dürften nur Varianten ein und desselben Symptoms sein, das in der Depression wurzelt. Ein Übermaß an offenen Fragen, ein Exzeß an Kränkungen und Demütigungen, ein Zuviel an Zweifeln und Ängsten.

»Während jener zwei oder drei furchtbaren Jahre der Schlaflosigkeit wurde ich von der Verneinung angesteckt und kristallisierte sich in mir der Stolz aus, von dem ich sprach. Mein Anspruch auf Luzidität, die Gewißheit der Unbeständigkeit der Dinge, das Bewußtsein der Illusion, in welcher meine Mitmenschen leben — all das entstammt jener Erfahrung der verlängerten Schlaflosigkeit, die ich als entscheidend erlebte. Das Problem des Bewußtseins hat mich am meisten stutzig gemacht, da ich mich gewissermaßen in die Philosophie vergraben hatte. Die Idee des Bewußtseins als Fatum – *Bewußtsein als Verhängnis* – wurde zu einer Obsession von mir. Mein Interesse für die Philosophie begann und endete mit dieser Frage. Im Grunde ist der Mensch ein wachendes Wesen. Und die Schlaflosigkeit bestätigt diesen philosophischen Trieb.

— Die Sühne des Wachseins?

— Ja, in dem Maße, in dem mir derjenige, der nicht das Drama des Bewußtseins kennengelernt hat, unendlich naiv vorkommt. In gewissem Sinne verweisen das Übermaß an Bewußtsein, das Leben ohne Vergessen auf meine morbide Seite. Als ich unter Schlaflosigkeit litt, verachtete ich absolut jedermann, in meinen Augen waren meinesgleichen Tiere.

— Weil sie sich den Luxus erlaubten, in regelmäßigen Abständen dem bewußten Zustand zu entfliehen?

— Genau (...).«[72]

Cioran übergeht hier den Anteil des Traums und dessen Bedeutung in archaischen Gesellschaften, lange vor der »Traumdeutung« und der Etablierung der Psychoanalyse. Sollte es im Grunde nicht Vernichtungsangst sein, die ihn wachhält, infolge des mütterlichen Fluchs? Die Wahrnehmungsverschiebung, die Schlaf- und Traumentzug bewirkt, ließe sich als Derealisierung kennzeichnen. Cioran wird die depressive Grundierung, immer in Alarmbereitschaft zu sein, eines Tages selbst konstatieren: »In mir gab es immer einen Hang zur Schwermut. Doch war das eher wie ein Vorgefühl. Als ich den Schlaf verlor, habe ich die andere Seite des Lebens entdeckt. (...) Wenn das monatelang anhält, jahrelang, bekommt man eine ganz andere Sicht auf das Leben. Ich war ein Aussätziger geworden. Ich verbrachte die Nächte in Sibiu, wohin ich, beschäftigungslos, zurückgekommen war, indem ich stundenlang herumlief. Alles, was ich vergöttert hatte, war weg, ich hatte das Gefühl, unheilbar zu sein, jedenfalls war ich nicht mehr wie die anderen (...). Wenn Sie (...) nicht schlafen, dann beginnt auch nichts: um acht Uhr morgens sind Sie der, der Sie um acht Uhr abends gewesen waren. Leben ist nur auszuhalten in Diskontinuität; Schlafen ist Vergessen, und Sie vergessen nicht, wenn Sie nicht schlafen. Sie haben den Eindruck, Sie lebten in einer kontinuierlichen Zeit, und das ist eine unheimliche Erfahrung. (...) Wenn ich eine andere Optik des Lebens gehabt habe, so kam das nicht durch Lektüre, nicht durch Nachdenken, nicht durch Philosophie, sondern nur durchs Erlebnis. Alles, was ich denke, kommt aus dem Erleben.«[73] In einem anderen Kontext – ekstatisch, erotisch – mag die Erfahrung der Kontinuität der Zeit oder der Zeitlosigkeit im Gegenteil etwas Berauschendes, Beglückendes sein, aber beim Schlafentzug dominieren die Defizite.

»Pe culmile disperării« wurde im Sommer 1933 im Bergdorf Păltiniş-Şanta abgeschlossen. Es vereint in 42 knappen Kapiteln Argumente wider das Leben. Cioran scheint sagen zu wollen: da es im menschlichen Leben Elend, Einsamkeit, Unglück, Leiden, Krankheit, Verzweiflung und Tod gibt, finden sich »keinerlei Argumente für das Leben«.[74] Es ist dies im wesentlichen die Lehre Buddhas, ohne deren Schlußfolgerungen zu übernehmen. Im Gegenteil, Christentum wie auch Buddhismus werden bündig degradiert zu Religionen für Menschen des Ressentiments,[75] nach Nietzsches Vorbild. Allein die Kapitelüberschriften lassen keinen Zweifel daran, daß hier einer seine Version der »Krankheit zum Tode« schreibt: »Nicht mehr leben können«; »Alles ist nichtig!«; »Vom Tode«; »Die Melancholie«; »Apokalypse«. Auf dem Gipfel der Verzweiflung ist Leben eine Folter, nichts als eine »langwierige Agonie«[76]. Da die »Immanenz des Todes im Leben« den Triumph des Nichts über das Leben darstellt, kulminieren Ciorans Reflexionen in einer Apotheose von Wahnsinn, Apokalypse und Tod: »Mein Tod sei mein Triumph.«[77] Eingangs wundert sich der Autor selbst über seine Todesfaszination: »Mir ist seltsam zumute, wenn ich bedenke, daß ich bereits zu einem Spezialisten des Todes geworden bin.«[78]

Der Skeptiker verneint den Sinn von Geschichte schlechthin,[79] geißelt unsere Zeitverfallenheit,[80] stellt die Existenz der einen, unbezweifelbaren Wahrheit in Frage, mehr noch, er ruft aus: »Ich will nichts mehr wissen«[81]. Klages' Geist-Seele-Dualismus schuldet Cioran apodiktische Formulierungen wie: »*Wahre Erkenntnis ist tiefste Finsternis.* (...) *Der Geist erhebt nicht, sondern zerfleischt.*«[82] Im Kontrast zu Nietzsche, der als Psychologe und Dichter-Philosoph in mancher Hinsicht mit Ciorans Aphoristik zu vergleichen wäre, der mit der Konzeption seines Übermenschen seine persönlichen Gebrechen wenigstens auf dem Papier zu überwinden trachtete, umkreist der Rumäne explizit all das, was ihm das Leben zur Folter macht: sei es die Angst (S. 83 f.), die »schwarze Schwermut« (S. 27), die Schlafstörungen (S. 24, 117 f.) oder die Besessenheit vom Suizid (S. 76, 147). Auf diese Weise erklärt er darüber hinaus psychische Defekte bzw. Ungleichgewichts-Zustände nicht zum Hindernis, sondern zur Voraussetzung jeglicher Erkenntnis. Melancholie, psychischer Schmerz, Depressionen wären nach dieser Lesart Privilegien, wenn nicht Garanten der Luzidität, wohingegen der ausgeglichene, gesunde Kopf Illusionen verhaftet bleibt, folglich Seichtheiten gebiert. Ciorans Eloge auf den authentischen, den »organischen Menschen, der kraft seines vitalen Ungleichgewichts denkt«[83], verneint den abstrakten Menschen, wie ihn der Berufsphilosoph verkörpert, der die Inspiration (so vorhanden) zugunsten der Systematik verwirft. Es versteht sich fast von selbst, daß der Häretiker akademischen Philosophierens vor einem allzu reflektierten Leben warnt: »Leben wir, weil das Leben keinen Sinn hat!«[84] Daß sich Cioran überhaupt zu Formeln des guten oder richtigen Lebens herabläßt, verblüfft angesichts des Tenors seiner übrigen Ausführungen. So setzt er auf den Enthusiasmus, denn dieser überwinde den Dualismus, »indem er das Leben ohne Dramatik verwirklicht, Inbrunst ohne Tragik atmet und jenseits der Sexualität lebt«[85]. Klages' »Kosmogonischer Eros« scheint katalytisch gewirkt zu haben.

Seine Kritik an der Psychologie läuft darauf hinaus, daß analytisches resp. psychoanalytisches Denken den anderen Menschen entzaubere, so daß der Psychologe notwendigerweise als Skeptiker enden müsse.[86] Ciorans Überschätzung dieser Disziplin (Denkschule) verleiht dem Psychoanalytiker eine Allmacht, die ihrerseits mythisch ist. Beim Thema Erotik und Frau erweist er sich als Zeitgenosse Otto Weiningers. Das Weib sei zu metaphysischen Offenbarungen nicht imstande, denn bedeutende Philosophinnen oder Künstlerinnen suche man vergebens. »Neben der Erfüllung geschlechtlicher Bedürfnisse scheint mir der einzige Sinn des Weibes in der Welt darin zu bestehen, daß es dem Manne Gelegenheit gibt, dem marternden Druck des Geistes zeitweise zu entfliehen.«[87] Moniert er am Berufsphilosophen das notorische Abstrahieren bzw. Universalisieren, so legt er der Frau dagegen Subjektiviät als malus aus: »Es gibt keine Frauen, die in ihrem persönlichen Leid das *Wesen* des Leidens entdecken, denn gegenüber dem Universalen sind sie stumpf.«[88] Kurz: Frau sei ein in seinen intellektuellen Möglichkeiten äußerst defizitäres Wesen. Und das Mysterium der Liebe kann der Refüsierte, ein Opfer seiner Schüchternheit, wie wir wissen, nur als Illusion dekuvrieren: »Der absurde Reiz der wahren, heftigen Liebe besteht darin, daß man das Geheimnis in einem einzigen Wesen findet, eine Unendlichkeit in einem individuellen Dasein von beunruhigender Endlichkeit enthüllt — oder, genauer, *erfindet.*«[89] Selbst Ciorans erste erotische Niederlage, die ihn ja schreiben läßt, findet Eingang in sein Buch: »Doch wenn du aus Unschlüssigkeit und Unsicherheit, aus Verzagtheit und Trägheit im Jünglingsalter deine Liebe nicht kundgetan, sondern die erotischen Regungen in dir abgetötet und dich einer rückhaltlosen Hingebung verschlossen hast, was könntest du dann noch von der Liebe erhoffen? Wehe denen, die kein einziges Wort mit ihrer ersten Geliebten gewechselt haben! (...) Denn anhaltende Betrübnis und Trauer lähmen den Liebeselan dermaßen, daß sich die Frage aufdrängt, ob nicht etwa der Gram ein Widerschein des Todes sei wie die Liebe einer des Lebens.«[90] Zumindest bleibt er dem Mythos von der Einzigartigkeit der ersten Liebe treu, ohne gleichzeitig der idealen Fernenliebe ein intellektuelles Opfer zu bringen. Sagen wir gleich, daß die Lebenserfahrung seine misogynen Tendenzen annullieren wird.

Der Subtext seines Erstlings spielt den Tod gegen das als Qual empfundene Leben aus; er gilt seiner Todesbegeisterung, im engeren Sinne seiner Suizid-Besessenheit. »Ich bewundere nur zwei Kategorien von Menschen: die jederzeit von Sinnen geraten und die jeden Augenblick Selbstmord begehen können.«[91] Cioran schließt sich der Weltanschauung des Poeten Theognis von Megara (ca. 540–480 v. Chr.) an, von dem die Sentenz überliefert ist, daß es das Beste ist, nicht geboren zu sein — wenn man aber geboren ist, so eilig als möglich zu den Toren des Hades zu streben. Theognis' Einsicht wiederholen Sophokles (»Oedipus auf Kolonos«), Seneca, Hegesias von Magnesia (ca. 320–280 v. Chr.), genannt »Peisithanatos«, der Todesprediger. Epikur zitiert den Satz in einem Brief an Menoikeus einschließlich der kritischen Einwendung, die auch Cioran oft zu hören bekommen sollte, nämlich warum der Dichter angesichts dieser Erkenntnis nicht aus dem Leben scheide — andernfalls könne man unterstellen, daß er Spott treibe. Auch Chamfort teilt diesen Pessimismus: »Leben ist eine Krankheit, bei welcher der Schlaf uns alle sechzehn Stunden Linderung verschafft. Er ist ein Palliativ. Der Tod das Heilmittel.«[92] Die Vorstellung vom Leben als Strafe oder Prüfung (Illusion) begegnet man im Buddhismus, im Islam, im Christentum wieder, allerdings nicht die Befürwortung der Selbsttötung. Das japanische Harakiri wird nur im Kontext einer Kultur verständlich, in der man die Selbstentleibung dem Gesichtsverlust oder der Demütigung vorzog. Der für unser Verständnis subjektivste Akt, der Suizid, zählte im Fernen Osten eher zum gesellschaftlichen Kodex souveränen Verhaltens (um sich zumindest der Demütigung, Knechtung auf diese Weise zu entziehen).

»Ich habe, obgleich sehr jung, mit dem Tod gelebt. (…) In meiner Jugend war die Vorstellung vom Tod eine mich von früh bis spät in Besitz nehmende Obsession. Als Kern der Wirklichkeit besaß er eine ungeheure Präsenz, losgelöst von literarischen Einflüssen. Alles drehte sich um ihn, jenseits von Ekel und Angst, wenn auch pathologisch. (…) Zu dieser Zeit schrieb ich ›Auf den Gipfeln der Verzweiflung‹. (…) Des Nachts zog ich durch die Stadt umher. Meine Mutter weinte vor Verzweiflung, und ich stand, gerade 21 Jahre alt, kurz davor, Selbstmord zu begehen. Warum ich es unterließ, bleibt mir bis heute verborgen. Möglich, daß ich mir den Willen zum Selbstmord von der Seele schrieb.«[93] Schreiben ist für Cioran Therapeutikum, Ersatzhandlung, aufgeschobener Suizid. Der Monolog bewirkt bei ihm mit der Zeit das gleiche wie die psychoanalytische *talking cure*:

»(…) die Dinge sind dergestalt, daß, wenn man sie einmal zum Ausdruck gebracht hat, man an sie etwas weniger glaubt. (…) Weil das Faktum des Schreibens dennoch eine Profanierung darstellt. Nehmen wir zum Beispiel den Suizid. Der Selbstmord hat mich umgetrieben bis zu dem Augenblick, da ich über ihn geschrieben habe. Danach dachte ich weniger an ihn. In diesem Sinne ist Schreiben eine Profanierung: Sie tötet das Thema. Sämtliche Themen, die ich behandelt habe, habe ich halbwegs umgebracht. Meine fixen Ideen sind weniger geworden.

— Warum haben Sie nicht Suizid begangen?

— Gerade die Idee, die Zwangsvorstellung des Suizids hat mich gerettet. Es ist eine positive, stimulierende Idee, ohne die ich das Leben nicht ertragen hätte. Das Christentum hat einen gewaltigen psychologischen Fehler begangen, indem es den Suizid verwarf. Es trägt die schwere Verantwortung, diese Idee diskreditiert zu haben, die für mich mit der Idee der Freiheit verbunden ist. Heute kann ich alles ertragen, da alles von mir abhängt.«[94]

›Wenn ich schon meine Geburt nicht selbst bestimmen kann‹, so Ciorans Philosophie des Suizids, ›kann ich mich wenigstens zum Herrn über das Ende meines Lebens machen‹. Eine so absolute wie schwindelerregende Autonomie, durch die der Selbstmörder alles revidiert, was Zufall, Laune, ›Unfall‹ an seinem Dasein war. (Eine mit dem Buddhismus inkompatible Vorstellung, denn tot waren wir ursprünglich alle *vor* unserer Geburt, und das Nirvana, Erlösung und Beendigung des Kreislaufs der Wiedergeburten, läßt sich nicht durch den Akt der Selbstentleibung gewinnen.)

Zum Lesen und Schreiben hat er nach Möglichkeit die Einsamkeit des Gebirges gesucht. »Übrigens habe ich alles, was ich geschrieben habe, in Augenblicken der Depression geschrieben. Keines meiner Bücher habe ich geschrieben, um ein Buch zu machen, sondern stets mit einer therapeutischen Absicht.«[95] Zumindest erklärt dies teilweise, warum Cioran seine Bücher überlebt bzw. jenseits gewisser Erkenntnisse lebt, keine Konsequenzen aus ihnen zieht. In seinen eigenen Worten: »Hätte ich nicht in meiner Jugend dies Geheul produziert, seit langem hätte ich die *Bühne* verlassen.«[96]

»Auf den Gipfeln der Verzweiflung«, Frucht einer Krise, eines Zusammenbruchs, zeitigt im engeren Umkreis des Autors jedenfalls bestürzte Reaktionen. Eine so heftige Negativität, diese so ausgeprägte Lebensmüdigkeit konnte nur pathologisch sein. Abermals erstickt die Mutter sich entfaltendes Selbstwertgefühl im Keim, indem sie den Sohn zu einer Blutuntersuchung auf Syphilis nötigt. »(...) dieses erste Buch war von einer höllischen und dadurch provokativen Aufrichtigkeit. Ein Bekannter erzählte mir: Meine Frau hat Ihr Buch ins Feuer geworfen, sie sagte: Es hat mich so bedrückt, ich konnte es nicht mehr aushalten. Meine Mutter war besonders beängstigt: Was wird aus dir werden? Wer so etwas geschrieben hat, der ist verdammt. Ich werde einen Arzt rufen. Der Arzt kam, er stellte mir Fragen, und danach hat er meiner Mutter gesagt: Ihr Sohn ist höchstwahrscheinlich Syphilitiker. Damals stand die Syphilis im Ruf einer Prestigekrankheit, wenn man die kleinste Extravaganz zeigte, hieß es gleich: er hat Syphilis.«[97]

Cioran ist hier im doppelten Sinne Opfer der pseudowisssenschaftlichen Mythologie der Zeit, die mal einen Zusammenhang zwischen Genie und Wahnsinn, mal einen solchen zwischen Genialität und Syphilis konstruierte. Am nachhaltigsten wirke Cesare Lombrosos Degenerationstheorie, dargelegt in dem Opus »Genio e follia« (1864; dt. Genie und Irrsinn, 1887), das Cioran kannte. Antonin Artaud erging es ähnlich, d.h., man behandelte seine ›Neurasthenie‹ auf Verdacht hin auch mit Quecksilber- und Wismutpräparaten, da man eine hereditäre Syphilis vermutete.[98] Die luetische Paralyse zeitigt zwar Symptome, die den Betroffenen als wahnsinnig erscheinen lassen, ist und war allerdings alles andere als ein Privileg genialer Kreativer. Franz Schubert erlag wohl dieser Geschlechtskrankheit, daß Nietzsche eines ihrer Opfer war, konnte man in den 1930er Jahren noch nicht rekonstruieren, zumal der Mythos vom wahnsinnig gewordenen Genie alles andere überstrahlte. Als Cioran von seinem Testergebnis erfährt, das negativ ausfällt, sieht er seine Genialität in Frage gestellt: »Ich habe damals ein Buch gelesen, dessen Verfasser ein Jugoslawe war, es hieß ›Le génie et la syphilis‹. Ich erinnere mich sogar seines Namens, er hieß Smiljanič. Er wollte beweisen, daß für jemanden, der nicht das Glück hat, an Lues zu leiden, es keinen Zweck hat, Ansprüche zu stellen. Und dann zitierte er viele Namen von hochbegabten und angesteckten Geistern. Ich war beeindruckt. (…) Meine Einstellung war zwiespältig, einerseits wünschte ich mir diese unverhoffte Chance, andererseits auch wieder nicht. Als ich bald darauf zu dem Arzt zurückkam, sagte er triumphierend: Ihr Blut ist rein. Sind Sie nicht froh darüber? — Eigentlich nicht, war meine Antwort.«[99]

»Pe culmile disperării« wird mit dem ersten Preis der Königlichen Akademie für junge Autoren ausgezeichnet — die Rede ist von Emil Cioran als einem »vielversprechenden Autor«. Das Buch erscheint zur gleichen Zeit wie Eugen Ionescus Essays »Nu« (Nein) und Constantin Noicas »Mathesis, sau Bucuriile simple« (Mathesis oder Die Freuden der Einfachheit) in der Bukarester Editura Fundaţia pentru literatura şi artă »Regele Carol II«.

Im Abstand der Zeit schwankt auch das Urteil des Autors über sein Buch aus der »heldenhaften« Lebensepoche. Zerrissenheit charakterisiert am prägnantesten jene Befindlichkeit, die Cioran schildert: »(…) jeden Augenblick spürte ich, daß der folgende Augenblick sehr wohl niemals stattfinden könnte. Wenn es etwas Unerklärliches in meinem Dasein gibt, so ist es die Tatsache, daß ich so viel Fieber, Ekstase und Wahnsinn überleben konnte. Keine Zwangsjacke wäre stabil genug gewesen, um meinem Wahn Widerstand zu leisten. Ich verfügte über übernatürliche Kräfte und gleichzeitig war ich die schwächste Kreatur. Ich zitterte Tag und Nacht, ich verbreitete mit meinen Worten und meinen Gesten meinen Mangel an Schlaf, ich war freigebig mit meiner Verwirrung, ich schwitzte meine Schrecken aus.«[100] Es drängt sich der Eindruck auf, daß sich der Denker wenn nicht mit dem Etikett des Wahnsinnigen – trotz des negativen ›Wassermann‹-Tests –, so doch wenigstens mit dem des Außenseiters arrangiert hatte. Er nennt sein Buch »die Reaktion eines Aussätzigen, eines geistig Aussätzigen, der nicht mehr der Menschheit angehören kann, ein Gefühl also von völliger Einsamkeit. Meine Vision des Lebens ist dieselbe geblieben. Ich kann die Art, wie ich das Leben gesehen habe, nicht ändern. (...) Ich hatte damals, mit 21 Jahren, den Eindruck, daß ich nicht mehr vom Leben geblendet sein könne. Der Selbstmord schien mir die einzige Lösung. (...) Zumindest war es kein Zufall, daß mein erstes Buch ein Buch der totalen Verzweiflung war. Das Nichts lag in mir selbst, ich brauchte es nicht zu entdecken.«[101]

Nach der erneuten Lektüre seines ersten Buchs, im Alter von 70, heißt es lakonisch: »Das einzig Intelligente, das ich in meinem Leben getan habe, war, meinen Ursprüngen den Rücken zuzukehren.«[102] Im Vorwort zur französischen Übersetzung bezeichnet er das Buch als Produkt eines Täuschungsmanövers sowohl seinen Eltern als auch sich selbst gegenüber. Da ihn mit dem Schlaf auch der Glaube an die Philosophie verlassen hatte, stand eine Dissertation oder gar Promotion nicht mehr zur Debatte. So war dieses Werk für ihn eine Art »heilsame Befreiung und Explosion. Wenn ich es nicht geschrieben hätte, würde ich sicher meinen Nächten ein Ende bereitet haben.«[103] Bei anderer Gelegenheit kommt er auf den Dandyismus zu sprechen, der trotz aller authentischer Verzweiflung in Ciorans Haltung hineinzuspielen scheint: »Ich habe mich der Romantik, vor allem der deutschen, sehr verwandt gefühlt. (...) Vom grundlegenden Gefühl in mir, dem *Weltschmerz*, der romantischen Langeweile, bin ich noch nicht geheilt. Meine Leidenschaft für die russische Literatur rührt zum großen Teil daher. Am stärksten geprägt im Leben hat mich die Literatur. Und vor allem das, was man den russischen Byronismus nennt. Durch seinen Einfluß war Byron m.E. in Rußland interessanter als in England. Jenen Byron-Anhängern in Rußland fühle ich mich am meisten verwandt, und darin empfinde ich mich überhaupt nicht als Westeuropäer. (...) so bewundere ich von allen Personen Dostoevskijs Stavrogin am meisten und glaube, ihn am besten zu verstehen. Es ist eine im Grunde romantische Person, die unter Langeweile leidet.«[104]

Verführt die Adoleszenz zum Pathos, so verleiht die rumänische Sprache in »Auf den Gipfeln der Verzweiflung« einen Lyrismus, von dem sich der Autor mit dem Wechsel der Sprache lösen wird. Cioran braucht gut 50 Jahre, bis er sagen kann: »Es ist ein sehr schlecht geschriebenes Buch, ohne jeglichen Stil, ein verrücktes Buch, doch all das Spätere steht schon dort. (...) meine späteren zentralen Themen wie die Obsession des Selbstmordes usw. findet man bereits in jenem Werk eines Zwanzigjährigen.«[105] Im Rückblick begreift er selbst nicht mehr, wie kathartisch das Schreiben für ihn selbst gewesen sein muß: »Alles[,] was ich später geschmiert habe[,] steht drin im Keim. Ich hätte damals mich wegmachen müssen, und es ist unerklärlich[,] wie ich nach einer solchen krampfhaften Auseinandersetzung mit der Existenz weiter existieren konnte. Eines fehlt in dem Buch: Humor. Alles ist Ernst, Größenwahn und Selbsthaß, Verherrlichung der Liebe und Verachtung der Frau (...).«[106] Allein die Formulierung, daß er sich hätte »wegmachen müssen«, verweist auf das nachträgliche ›Todesurteil‹ der Mutter, die sehr wahrscheinlich diesen Ausdruck für die Abtreibung Emils benutzt hatte. Deshalb wird er noch in den Jahren der Reife notieren: »Der Grund der Verzweiflung ist der Zweifel an sich selbst. (...) Unzufriedenheit mit mir selbst (...). Schrecken vor sich selbst, Schrecken vor der Welt.«[107]

Nicht zu vergessen die allumfassende Angst — nicht etwa allein vor der Zukunft, sondern vor allem, was sich bewegt: »Die Angst ist die Grundlage all meiner Erfahrungen; sie ist nicht Teil meiner Bestimmung, sie ist meine Bestimmung.«[108]

In der Öffentlichkeit gab Cioran gern ein Baudelaire-Zitat preis: »Schon als Kind habe ich in meinem Herzen zwei einander widerstreitende Gefühle empfunden: den Schrecken des Lebens und die Ekstase des Lebens.«[109] Bereits 1933 hatte der Kritiker Eugen Lovinescu (1881–1943) Cioran mit dem ›Kompliment‹ bedacht, daß sein pessimistisches Philosophieren »gewöhnlich« sei.[110]

Im Dezember 1935 schreibt Cioran an Eliade aus der Kaserne in Sibiu von seinem Lebensekel, seiner Schreibblockade und der Obsession vom Paradies. »Alles, was nicht Poesie, Musik oder Mystik ist, ist Verrat.« Und bedenkt man seine nicht seltenen misanthropischen Phasen, gibt folgender Satz zu denken: »Ich würde gerne alle Wunden der Welt heilen«.[111]

»Cartea amăgirilor« (Das Buch der Täuschungen) schreibt Cioran ab 1936, im Intervall zwischen Militärdienst und der episodischen Tätigkeit als Studienrat für Philosophie in Braşov (Kronstadt) 1936/37. Anders als bei »Pe culmile disperării« gibt er nun seine Lektüren preis: es sind dies Pascal, Baudelaire, Rilke, Teresa von Ávila, eine Riege unglücklicher liebender Frauen (Sappho, Mariana Alcoforado[112], Julie de Lespinasse, Gaspara Stampa), (nicht zitiert werden Proust und die französischen Moralisten). Blaise Pascal hatte er bereits zu Beginn seines Studiums für sich entdeckt. Den skeptischen, den zerrissenen Denker, vor dem Sprung in den Glauben. Im Briefwechsel stößt er auf die Replik Pascals an seine Schwester Gilberte, die ihm empfohlen hatte, sich zu schonen: »›Sie kennen nicht die Unannehmlichkeiten der Gesundheit und die Vorteile der Krankheit.‹ Das hat mich verblüfft! Das war in etwa mein damaliges Lebensgefühl.«[113] Erneut Shakespeare (jedoch nicht im Original), dann Léon Bloys Tagebücher, in extenso während der Wehrpflichtzeit in Sibiu verschlungen. Er benennt sogar seine Idole: »Shakespeare, Bach, Beethoven, Dostoevskij und Nietzsche sind das einzige Argument wider den Monotheismus.«[114] Dieses ›Buch der Unruhe‹ ist spürbar vom Geist des Voluntarismus getragen und vom Versuch, das Leben zu verklären — deshalb weitaus weniger pessimistisch als das Debüt des Autors. Cioran erklärt hier Mystik, Musik (Bach, Mozart, Beethoven, Schubert, Brahms) und Erotik zu den Königswegen zum Absoluten.[115] »Liebe ist ein Seinsquell. Wir *sind* durch sie da und suchen sie, um dem Absturz ins Nichts durch die Scharfsinnigkeiten der Erkenntnis zu entrinnen. *Wir sehnen die Liebe herbei, um nicht von Wahrheit und Erkenntnis verfälscht zu werden.* Denn wir leben von unseren Illusionen, Verzweiflungen und Irrtümern, weil nur sie das Individuelle zum Ausdruck bringen.«[116] Eine vergleichbare Funktion hatte Nietzsche, der Musikbegeisterte, der Kunst zugeschrieben. Von der Lebensphilosophie eingenommen, setzt Cioran zwar auf die Intensivierung des Daseins, aber im Kräftefeld zwischen Nietzsche und Klages einerseits, Pascal und den Mystikern andererseits manifestiert sich immer wieder die eigentliche Zerrissenheit des Autors. Allein stilistisch oszilliert »Das Buch der Täuschungen« zwischen längeren, ausgearbeiteten Fragmenten oder Kurzessays und elliptischer Aphoristik, kleinen Abhandlungen und Interjektionen. Dem beschwörenden ›habe ein Schicksal und sei ein solches für andere!‹ folgt die Verachtung des Lebens als »Firlefanz«[117] oder »langwierige Krankheit«.[118] Ratschläge, den Pessimismus zu überwinden, wechseln sich ab mit Bekenntnissen zum Mystizismus: »Entweder sterben oder leiden«[119]; »Brüder, sterbet am Leben!«[120] Die zentrale These des Buchs besteht darin, Existieren zum Glaubensakt zu deklarieren, d.h. den Illusionismus fatalistisch zu bejahen. In diesem Moment nähert sich der Rumäne am deutlichsten dem Dichterphilosophen aus Röcken und dessen Affirmation des Fatums. Das Credo des Irreligiösen – denn nur der Christ verachtet und verneint das irdische Hier und Jetzt – lautet deshalb: »Wir können uns nicht vor den Täuschungen retten, ohne uns zu enttäuschen. Wir können uns indessen vor den ewigen Werten retten, ohne daß uns dieses All von Täuschungen peinigte. Was bleibt dem Menschen noch übrig? Die Täuschung in alle Ewigkeit anzunehmen. Ist das Resignation? Im Gegenteil, höchster Mut. Es ist keine Ergebung, denn die Täuschungen sind ein Irreparables, das wir vermeiden könnten, indem wir die trübe Einwilligung widerrufen, die wir dem Leben gegeben haben. Schließlich schickst du dich in das, was du nicht liebst.

Aber ich glaube nicht, daß ich die Täuschungen nicht liebe.«[121] Nicht ein Gedanke wird an die wünschbare Welt verschwendet, die Utopien, das Prinzip Hoffnung wären ihrerseits nichts als Metastasen des nämlichen Illusionismus, scheint Cioran unausgesprochen zu sagen. Aber eine dezidiert skeptische Position ist dies nicht: treu bleibt der Autor nur den Schwankungen.

Wenn er neben der Individuation die Welt der Erkenntnisse, der Ideen kritisiert,[122] den Begriff der Weisheit unter Wahnsinnsverdacht stellt,[123] schwört er erneut der Philosophie als solcher ab, also dem analytischen, reduktionistischen Geist einschließlich der Tendenz, das Leben zu desakralisieren.[124] Der zerebralen, rein intellektuellen Weltbemächtigung (gelehrte Unwissenheit) stellt er den Exzeß (S. 85), die Zerreißung (S. 198, 201), die Affirmation des Lebens im Augenblick (S. 31), das ekstatische »Allsein« (S. 34) im Musikerleben, die Todesfreude (S. 10) entgegen. Das recht ausführliche Plädoyer für die Unwissenheit (Agnosie), das sich auf Pascal, Meister Eckhart und nicht wenige Mystiker berufen könnte, gipfelt in der Behauptung: »Die letzte Luzidität ist die Gleichung: Sinn = Unsinn.« (S. 211) Verblüffend die fast wörtliche Übereinstimmung mit dem Denken des späten Bataille, seines Systems des *non-savoir*,[125] desgleichen die bekräftigte Lossagung von der Schulphilosophie (des Systems, der Gleichung Sein = Sinn). Cioran warnt seine künftigen Exegeten: »Die heilige Teresa von Ávila – das Weib, welches ein verdammtes Geschlecht rehabilitiert – hat mich in irdischen, aber vornehmlich in himmlischen Dingen mehr gelehrt als alle großen Philosophen. Es würde mich stören, als Anhänger Schopenhauers oder Nietzsches bezeichnet zu werden; doch würde ich meiner Freude Herr werden können, wenn man mich *der Heiligen Jünger* hieße?«[126]

Im »Buch der Täuschungen« finden sich Elemente, die sich mit dem zeitgleich erschienenen nationalistischen Pamphlet »Schimbarea la faţă a României« (Die Verklärung Rumäniens) decken, aber auch das ganze Gegenteil. »Ein Volk, das in seinem geschichtlichen Dasein nicht die Tragödie der Geschichte erduldet, kann sich nicht zu Messianismus und zu Universalismus erheben.«[127] Und weiter unten widerruft Cioran selbst die Voraussetzungen solcher Ansprüche.

Cioran läßt Teile des Buchmanuskripts in Zeitungen drucken und finanziert den Druck seines Buches vor. Mircea Eliade bittet er, an seiner Stelle vom Verleger Georgescu Delafras die ausgelegten 5000 Lei zurückzufordern. Sollte dieser nicht zahlen wollen, werde er sich rächen.[128]

Über das knappe Jahr als Philosophie-Lehrer in Braşov wird er später stöhnend ausrufen: »es war unerträglich!«[129] Gilt ihm doch der Arbeitende als »Verdammter«[130]. »(...) ich persönlich habe den Eindruck, ich bin aus der Hand Gottes gefallen. Also ich glaube, daß der Mensch, der von morgens bis abends sich betätigt (...), ein verdammter Mensch ist, er gehört der Hölle [an]. Das ist kein Leben. (...) Ich habe immer den Eindruck, daß das Leben, das wir leben, nicht das richtige Leben ist.«[131]

Unter Kollegen fällt sein bizarres Verhalten auf: »Ich war so begeistert von Shakespeare, daß ich sagte: Ich will mit niemandem mehr sprechen als mit ihm. (...) Ich ging jeden Tag in ein Café, wo ich allein sein konnte. Da kam einmal ein Kollege, ein Turnlehrer. Ich fragte: Wer sind Sie? Er sagte einen rumänischen Namen. Ich sagte: Sie sind also nicht Shakespeare? Er: Nein, wie kommen Sie darauf? Ich: Sind Sie nun Shakespeare oder nicht? Er: Nein. Ich: Dann hauen Sie ab! — Ich war wie verrückt, und jedermann in Braşov glaubte das auch. Was mich faszinierte an Shakespeare? Alle seine Helden gehen zu weit, Hamlet, Macbeth, alle. Jeder Held bei Shakespeare zieht die letzte Konsequenz aus seinem Leben; wenn er stirbt, ist er am absolut letzten Ende seiner Bahn. Jeder geht bis zum Absoluten, dann ist es aus.«[132] Ein solcher kann schwerlich bis zum Rentenalter Studienrat bleiben. Cioran war wenig älter als seine Eleven, muß diese im übrigen ermahnen, nach Schulschluß nicht das Bordell aufzusuchen, um peinliche Begegnungen mit ihm zu vermeiden. »(...) das Bordell wurde das Zentrum meines Lebens. Wenn ich einen *cafard* hatte — ab in den Puff. (...) Ich hatte Angst, durch eine Liebschaft in eine Falle zu gehen. Das ist geblieben. Die Frauen im Bordell lebten, ähnlich wie ich, außerhalb der Gesellschaft. Was ich von Menschen gelernt habe, habe ich von Außenseitern gelernt.«[133] Das gilt auch in Bezug auf ›orale Philosophen‹: »Die einzigen Wesen, mit denen ich mich wirklich verstanden habe, haben kein Werk hinterlassen. Sie waren keine Schriftsteller, zu ihrem Glück oder Unglück. Sie waren etwas mehr: Meister des Überdrusses. Nie, nie werde ich vergessen die schwindelerregende Unterhaltung, die ich mit ihm eine ganze Nacht lang (...) in Braşov, Siebenbürgen, geführt habe. Nach so einem Ideenaustausch schien es mir ebenso unnötig, zu leben wie zu sterben. Wenn man nicht die Gier nach Unlösbarem in sich hat, kann man sich nicht vorstellen, zu welchen Exzessen die Negation, diese unerbittliche Klarsicht, fähig ist.«[134]

Im übrigen gilt als zweifelhaft, was er unterrichtet, man habe ihn letzten Endes des Wahnsinns bezichtigt: »Eines Tages wurde ich dabei überrascht, wie ich meinen Schülern lehrte, daß alles krank sei einschließlich des Identitätsprinzips.«[135] Eine Variante dieser Begebenheit lautet: »Seit dem Alter von siebzehn Jahren lebte ich, als ob ich einen epileptischen Anfall haben könnte, einen, den ich meinen täglichen epileptischen Anfall nenne. Ein Jahr lang war ich Studienrat gewesen: die Schüler nannten mich den geisteskranken Irren... (...) Ich war ausgesprochen unglücklich. (...) Ich ging in die Klasse, blieb nur eine halbe Stunde, sagte provozierende Dinge, die alle meine Schüler verwirrten. Beispielsweise fragte ich einen: ›Warum kann man nicht psychologische Phänomene, sondern muß psychische Phänomene sagen?‹ Der Schüler antwortete: ›Ein psychisches Phänomen ist instinktiv, normal.‹ Ich: ›Das stimmt nicht, alles Psychische ist anormal, nicht nur das Psychische, sondern auch das, was logisch ist‹ (...).«[136]

Da Cioran ohnehin der Philosophie abgeschworen hat, wäre ihm nur die Schizophrenie geblieben, die Fron auf sich zu nehmen, etwas zu lehren, woran er nicht mehr glaubt — das Charakteristikum des bürgerlichen Lebens schlechthin. »Zu dieser Zeit wurde mir bewußt, daß ich nicht arbeiten wollte. Nicht einmal fünf Minuten lang. (...) Als ich Braşov verließ, hat sich der Rektor des Lyzeums einen angetrunken, so froh war er, mich losgeworden zu sein.«[137] Hatte André Breton einst das Arbeitsverbot als Direktive für die Surrealisten lanciert, um die Kunstübung vor der Korruption zu bewahren (was einzuhalten sich selbstredend kaum einer leisten konnte), so geht es im Falle Ciorans vielmehr um die tiefgreifende Erfahrung des Nichts, der Leere und der Nichtigkeit, die er als Langeweile empfindet, in der alles Handeln obsolet – sinnlos – wirkt: »Die Langeweile ist ein Taumel, aber ein *ruhiger, monotoner* Taumel; sie ist die Offenbarung der universellen Bedeutungslosigkeit, sie ist die bis zur Betäubung oder bis zur höchsten Klarsicht getriebene Gewißheit, daß man weder in dieser noch in der anderen Welt etwas tun kann, tun soll, daß es auf der Welt nichts gibt, das uns passen oder befriedigen könnte. Dieser Erfahrung wegen (...) konnte ich in meinem Leben nichts Ernsthaftes tun. (...) Seit jeher war es mein Traum, nutzlos, unbrauchbar zu sein. Dank der Langeweile habe ich ihn verwirklicht.«[138]

Die eindeutige Option für eine souveräne Existenz mit den Möglichkeiten, gleich einem Clochard oder einem Heiligen zu leben. Cioran liest immerhin die spanischen Mystiker und schreibt »Lacrimi şi sfinţi« (Von Tränen und von Heiligen). Über diese Zeit notiert er: »in Braşov, oben auf dem Livada Poştii, brauchte ich nur die Dienstmädchen singen zu hören, um mich weinend auf mein Bett zu werfen«[139] — aus Sehnsucht, Einsamkeit und exzessivem *ennui*, würde ich hinzufügen. Im übrigen ist er empfänglich für melancholische Volksmusik: »Das melancholischste Volk, das ich kenne, ist das ungarische, die Zigeunermusik beweist es hinreichend. Brahms war in seiner Jugend ganz davon fasziniert. Daher rührt der anschmiegsame Zauber seiner Musik.«[140]

II
Der Gedanke, sein Leben irgendwie zu verunstalten

»Gefühl eines armen Teufels – und Gefühl eines Gottes – andere Gefühle habe ich nicht gekannt. *Punkt* und *Unendlichkeit*: meine Daseinsdimensionen, meine Daseinsweisen.«
Cioran

»Mir mißfallen Propheten und gleichermaßen blinde Fanatiker, die niemals an ihrem Glauben und ihrer Mission gezweifelt haben. Den Wert der Propheten ermesse ich an ihrer Fähigkeit zu zweifeln, an der Häufigkeit der wahren Augenblicke der Pein, der marternden Luzidität. (…) Alles übrige ist Absolutismus, Predigt, Moral und Pädagogik. Sie wollen andere schulmeistern, erlösen, ihnen den Weg zur Wahrheit aufzeigen, fremde Schicksale irreführen, als ob ihre Wahrheiten besser wären als die der Belehrten.«[1]

Daß der junge Cioran kurz nach der Veröffentlichung seines ersten Buches, 1934, zum Anhänger der »Eisernen Garde« (Gardă de fier) mutieren sollte, gehört zu den nicht wenigen Paradoxien seiner Biographie. Gleichwohl verweist nichts in seinem Erstling, »Pe culmile disperării« (Auf den Gipfeln der Verzweiflung), auf den sich verschärfenden Nationalismus des Denkers, der gut sieben Jahre währte. Das Buch ist gleichsam das *Ecce homo* des Rumänen, Anfang und Ende seines skeptischen Philosophierens, bevor der Studienrat für Philosophie zu jenem auf französisch schreibenden Häretiker E. M. Cioran wurde, als den wir ihn kennen.

Im Alter von 22, 23 Jahren der Mit- und Umwelt Konformismus, Seichtheit und Mittelmaß vorzuwerfen, ja die durch ungeliebte Arbeit sich einstellende Vertrottelung zu geißeln, gehört gewissermaßen zu den Minimalvoraussetzungen jeder adoleszenten Revolte. Ciorans Rede jedoch von der »Apotheose des Nichts«[2], sein radikalisiertes heideggern – »hat es überhaupt Sein geben müssen?«[3] – macht das Buch zu einem Brevier des Nihilismus. Da hat jemand das philosophische Pflichtprogramm absolviert, ohne es zu verinnerlichen. Mühelos ließe sich nachweisen, was Cioran den Stoikern, Nietzsche, den Phänomenologen, insbesondere der damals angesagten ›Lebensphilosophie‹ verdankt. Doch der Siebenbürger läßt sich auf nichts ein, was Theorie, Lehre, Spekulation, Utopie, Heilsbotschaft sein könnte. Indem er extrem subjektiv argumentiert, verstößt er gegen eherne philosophische Tabus. Geständnis, Provokation, Fluch sind seine Ausdrucksweisen. Das Zerrissensein zwischen Ohnmacht und destruktiven Allmachtsphantasien kennzeichnet »Auf den Gipfeln der Verzweiflung«: »Ich fühle augenblicklich das Bedürfnis zu schreien, ein Gebrüll auszustoßen, das der ganzen Welt Grausen einjagte, das alle zittern und zucken und in einem Schauderwahn bersten ließe. Ich fühle einen schrecklichen Donner in mir schlummern und wundere mich, daß er nicht losbricht, um diese Welt zu vernichten, die ich für immer und ewig in meinem Nichts verschlingen wollte. Ich fühle mich als das zerstörungswütigste Geschöpf, das jemals in der Geschichte weste, eine apokalyptische Ausgeburt voller Flammen und Finsternis, von Wucht und Verzweiflung beseelt. Ich bin ein Untier mit groteskem Lächeln (...), taumelnd zwischen der Hoffnung des Nichts und der Verzweiflung des Alls (...).«[4]

Pyrrhonistisch lesen sich die Wünsche dieses »Untiers«, das sich von der akademischen Philosophie verabschiedet hat, wenn es ausruft: »Ich fühle, wie mit mir die ganze Welt zittert (...) und wie sich ein Weltuntergangsrausch meiner bemächtigt. Ich wünsche, daß diese ganze Welt von ihrer eigenen Fatalität, von einem immanenten, fortwirkenden und tiefverwurzelten Wahnsinn, von einer innewohnenden und verlassenen Dämonik in die Luft gejagt werde, daß alles angesichts der letzten Augenblicke erbebe, daß wir, von der Vision der endgültigen, allerletzten Agonie des Weltalls benommen, aufwirbeln. Alles verliere den Grund in sich selbst, gerate aus den Fugen und werde augenblicklich zunichte. Schlürfen wir das Nichts, vom teuflischen Strudel der letzten Stunde ergriffen.«[5]

Dieser verbale Katastrophismus hat wenig gemeinsam mit dem Denken jener Autoren, die der vielsprachige Cioran seit seinem 14. Lebensjahr regelrecht verschlungen hat. Vom skeptischen Nationaldichter Mihail Eminescu über Flaubert, Baudelaire, Rimbaud, Maurice Barrès[6] und Dostoevskij bis hin zum philosophischen Kanon der Zeit: Ludwig Klages, Oswald Spengler, Otto Weininger, Georg Simmel, Ernst Troeltsch, Lev Šestov. Die Lektüre der Klassiker Kant, Hegel, Fichte, Kierkegaard, Nietzsche, Husserl können wir als Selbstverständlichkeit voraussetzen. Daß Ciorans Examensarbeit von 1932 ausgerechnet den Intuitionismus Henri Bergsons thematisierte, ist kein Schlüssel zu dem hochgespannten Ton, den er in seinem ersten Buch anschlägt. Neben juveniler Omnipotenz, die die Welt herauszufordern gedenkt, charakterisiert »Auf den Gipfeln der Verzweiflung« eine alttestamentarische Wucht und Unbedingtheit, eine Raserei, die einem etwa in den Roman-Pamphleten Léon Bloys oder Stanisław Ignacy Witkiewicz' begegnen. Was Ciorans Zeitgenossen in Frankreich veröffentlichen – man denke nur an die so unterschiedlichen Feuerköpfe Artaud, Bataille, Céline –, kommt schwerlich in Bukarest an, ist aber von einem vergleichbaren Furor der Grenzüberschreitung getragen.

Verfiel Georges Bataille nach dem Studium Nietzsches zunächst in ein »wütendes Schweigen«, weil er nicht wußte, was er selbst diesem Denken noch hinzufügen könnte, so löste sich für ihn die Blockade kurz darauf dank der Lektüre von Bergsons akademischer Zergliederung des Lachens (»Le Rire«, 1901). Könnte Lachen nicht Denken sein, lautet fortan seine Devise, die er allem methodischen Philosophieren à la Bergson entgegenhält.

Cioran indes identifizierte sich mit Dostoevskijs Protagonist Stavrogin aus »Besy« (Die Dämonen): »Meine Revolte ist ein Glaube, zu dem ich mich bekenne, ohne daran zu glauben. Aber ich bin nicht imstande, mich nicht dazu zu bekennen. Nie genug bedenkt man das Wort von Kirillov über Stavrogin: ›Wenn er glaubt, dann glaubt er nicht, daß er glaubt, und wenn er nicht glaubt, dann glaubt er nicht, daß er nicht glaubt.‹«[7]

Prinz Heinrich alias Stavrogin, ein mit der Anarchie liebäugelnder Dandy, demütigt sich selbst, indem er eine körperbehinderte »exaltierte Idiotin« ehelicht, bevor er sich schließlich tötet. In seinem Roman zeichnet Dostoevskij eine zynische Figur, die von anderen mehr gefürchtet als geschätzt wird. Oszillierend zwischen Exzessen und Lebensekel, der Lust am Untergang, könnte sie durchaus bei der Gestaltung der Person Henris in Batailles Roman »Le Bleu du Ciel« (Das Blau des Himmels), 1935 geschrieben, eine Rolle gespielt haben.

Auch diese Seite war Cioran nicht fremd. Denn ebenso häufig, wie der Student in der Bibliothek der königlichen Stiftungen saß, frequentierte er das Bordell und das Café, wo er trinkend und rauchend mit Freunden diskutierte. »Als ›Humanist‹ gegen den Strich, in meinem noch ungebrochenen Stolz, stellte ich mir vor, es sei der höchste Rang, den man anstreben könnte, ein Feind des Menschengeschlechts zu werden. Ich trachtete danach, mich mit Schande zu bedecken, ich beneidete alle jene, die sich den Sarkasmen und dem Geifer der anderen aussetzten, Schande auf Schande häuften und keine Gelegenheit zur Vereinsamung verfehlten.«[8]

Mit 21 Jahren beschließt Cioran, vom philosophischen Jargon regelrecht vergiftet, diese Disziplin hinter sich zu lassen: »in diesem Augenblick wurde mir klar, daß die Philosophie den Menschen, die sich mit ihren – offensichtlich inneren – Schwierigkeiten herumschlagen, nichts zu sagen hat. Ich begriff, daß sie lehrt, Probleme aufzuwerfen und Fragen zu stellen, aber daß sie einen darauf dem eigenen Schicksal überläßt, weil ihre Antworten immer zweifelhaft sind. Außerdem steckt in ihr etwas sehr

Gefährliches: sie bläht einen auf vor Stolz, sie macht einen größenwahnsinnig. Gerade deshalb sind die Philosophen die allerunerträglichsten Menschen, und ich war der am meisten unerträgliche von allen.

Als ich Kant las (...), hatte ich den Eindruck, ein Gott zu sein... Die Welt, die Frauen, ich selbst — alles war mir gleichgültig. Ich hatte etwas von einem Monstrum. Die Krise war sehr ernst.«[9]

Die Besessenen

Man darf den Ketzer nicht allzu wörtlich nehmen, schreibt er doch ab 1931 für Bukarester Zeitschriften regelmäßig Aufsätze, die immerhin noch den Anhänger der Lebensphilosophie verraten. Ihre programmatischen Titel: »Schreiben als Mittel der Befreiung«, »Genug mit der Klarheit!«, »Eloge auf die leidenschaftlichen Menschen«, »Die Offenbarungen des Schmerzes«, »Über depressive Zustände«, »Bewußtsein und Leben«, »Die Ideokratie«.[10] Genuin Cioransche Themen, deren geheimer Leitfaden Ludwig Klages' Thesenbuch »Der Geist als Widersacher der Seele« zu sein scheint. Nur sind diese Zeitschriften mit so unverfänglichen Titeln wie ACTA, AZI (Heute), CALENDARUL (Kalender), FLOREA DE FOC (Feuerblume), GÎNDIREA (Das Denken) oder VREMEA (Die Zeit) nicht einfach Foren für Intellektuelle, sondern auch Sprachrohre der radikalen und antisemitischen Rechten, so GÎNDIREA, MISCAREA (Bewegung) und VREMEA. Nicht zu unterschätzen für das ›verführte‹ Denken Ciorans ist der bestimmende Einfluß Nae Ionescus, der an der Bukarester Universität Logik und Metaphysik lehrte und in dem Ruf stand, der ›Meisterdenker‹ der »tinara generaţie« (Junge Generation) zu sein, der auch Cioran einschließlich des engsten Freundeskreises zuzurechnen ist. In seinen »Erinnerungen« hebt Eliade das Charisma dieses Dozenten hervor, der durch seinen Lehrstil bestach: statt regelrechte Vorlesungen zu halten, führte er scheinbar improvisierte Gespräche. In der von ihm herausgegebenen Zeitschrift CUVÂNTUL (Das Wort), für die auch Eliade und Sebastian schrieben, vertrat er eine konservative, nationalistische Linie, um der vermeintlichen Verwestlichung des Landes sowie der drohenden bolschewistischen Machtübernahme Paroli zu bieten. In der Rückbesinnung auf die unverfälschten rumänischen Werte, wurzelnd in der Tradition des Dorfes wie auch der griechischen Orthodoxie, erblickte er das Heil. In seinen Überzeugungen bestärkt haben dürfte Ionescu ein Aufenthalt in Hitler-Deutschland 1933. Eliade notiert: »Er war aus Deutschland zurückgekehrt, schien sehr beeindruckt von der ›Revolution‹, die dort begonnen hatte, und glaubte, daß Ähnliches eines Tages auch in Rumänien stattfinden müßte. Er befand sich in ständiger Opposition zum ›Palast‹. Schon lange hörte König Carol nicht mehr auf seine Ratschläge.«[11]

Wie wir wissen, kehrten nicht allein rumänische Geistesarbeiter begeistert aus dem nationalsozialistischen ›Reich‹ zurück. In Frankreich versuchten u.a. Charles Maurras' »Action française« und General François de La Rocques »Croix-de-Feu« (Feuerkreuzler), ferner faschistoide Ligen wie »Jeunesses patriotes«, »Redressement français«, »Solidarité française« die Demokratie zu stürzen. Sie stießen jedoch, anders als in Rumänien die »Eiserne Garde«, auf den wirksamen Widerstand linker Gruppierungen. Nicht zu vergessen Polen, Ungarn, Spanien, Portugal, Italien mit ihren je eigenen Varianten des Faschismus.

Warum der Anarch Cioran, der gemäß Max Stirners »Eigners« leben wollte, »Gardist« wurde, erzählt er mehr als fünfzig Jahre nach den Ereignissen als Anekdote: »Ich hatte zwei Freunde aus Kindheitstagen (...), der eine war apolitisch und der andere militanter Kommunist, er hatte mit sechzehn über den ›Tod der kapitalistischen Kultur‹ geschrieben. (...) In dieser Zeit gab es eine Organisation, die eine sehr merkwürdige Mischung aus Faschismus, Mystizismus und orthodoxem religiösen Fanatismus war, die ›Erzengel Michael‹ hieß. Einer der Anhänger der Bewegung war Marin Ştefănescu, ein Philosoph, der vor dem Ersten Weltkrieg in Paris studiert hatte. Das war jemand von Rang, aber er wurde im Krieg verwundet und halbwegs verrückt. Er hielt Reden der Art: ›Kein bewußter Mensch kann Kommunist sein; Platon hatte Bewußtsein, also konnte er kein Kommunist sein.‹ Absurde Schlußfolgerungen, ich und meine beiden Freunde machten uns über diese Idiotie lustig. An einem Sonntagnachmittag gingen wir zu dritt zu einer Begegnung mit dem Philosophen. Wir setzten uns in die Mitte eines großen Saals und immer, wenn er eine seiner Ideen vorbrachte, lachte ich wie ein Irrer. In einem bestimmten Augenblick sagte er: ›Unser Land ist bedroht, wir werden uns alle für das Vaterland opfern.‹ Alle standen auf, außer mir. Ich blieb sitzen und krümmte mich vor Lachen. Er sagte noch andere Dummheiten, und ich weiter: ›Ha, ha, ha!‹ Da wurde ich umzingelt, ich war erledigt! (…) Ich hechtete über die Leute weg, erreichte einen Gang und floh. Vier Typen stürzten sich auf mich, aber es war Polizei da, die mich rettete. Ich mußte mich etwa einen Monat lang verstecken, weil man mich suchte. Dann kam ein psychologisches Problem ins Spiel: ich hatte so viel Angst gehabt, daß ich mich für diese Gruppe zu interessieren begann, und da sie gegen die Person kämpfte, die ich am meisten auf der Welt haßte, das heißt der König, hegte ich Sympathie für sie.«[12]

Welcher Voraussetzungen bedurfte es, um der ›Legion‹, die sich erst »Erzengel Michael« (Arhanghelul Mihail), dann »Eiserne Garde« nannte, im Rumänien der dreißiger Jahre Popularität zu verschaffen? Die demographischen Daten allein reichen nicht aus, das Phänomen zu erklären. Zwar sind 43% der Bevölkerung Analphabeten und 80% lebt in Armut, letztendlich macht sich jedoch die 1927 gegründete Legionärsbewegung die Tatsache zunutze, daß im Land ein Drittel nationale Minderheiten leben. Ein Gemisch aus Xenophobie, Ressentiments, Antisemitismus, Nationalismus und antiwestlicher Modernisierungsfeindlichkeit kennzeichnet die rumänische Variante des Faschismus. Dieser unterscheidet polemisch zwischen produktiven Mitgliedern der Gesellschaft, das sind Bauern und Handwerker, auf der einen Seite — Parasiten auf der anderen, womit Händler und Spekulanten gemeint sind, selbstverständlich Fremde und Nicht-Orthodoxe. Das universelle Schwarz–weiß-, Gut–böse-Schema, die paranoide Heterophobie, die vorgibt, alles Übel, die Krankheit komme von außen.

»Die Legion ›Erzengel Michael‹ zielt darauf ab, mit der Zeit eine allgemeine Organisation des rumänischen Volkes zu werden, versammelt zu einem neuen Leben im Rahmen der Prinzipien von Glaube, Ordnung, Arbeit, Hierarchie, Disziplin mit dem Ziel der Verteidigung und Reinigung der Erde unserer Urahnen, auf die fremde Elemente eingedrungen sind«[13], schreibt Corneliu Zelea Codreanu (1899–1938) 1927 in der Hauszeitschrift der ›Legion‹ namens »Pământul strămoşesc« (Erde der Vorfahren). Codreanu, ein Jura-Student, dessen Vater Professor war, hatte sich bereits im Alter von 21 als politischer Mörder profiliert. Der Kopf und zukünftige Märtyrer der Bewegung kann freilich auf das Werk von Vordenkern aufbauen. Zu ihnen zählen neben dem Dichter Mihail Eminescu der Historiker Nicolae Iorga (1871–1940). Beide heben auf die Kränkung der Nation ab, sei doch das Land nach der Knechtung durch die Türken seit 1878 abermals dem Ausland unterworfen. Gemeint ist die Klausel des Berliner Kongresses, welche die Unabhängigkeit Rumäniens an die Bereitschaft knüpfte, Nicht-Orthodoxen die rumänische Staatsbürgerschaft zu gewähren. Dadurch werde, argumentieren die Nationalisten, die brillante rumänischsprachige Intelligenzija mit bäuerlichen Wurzeln gegenüber den frankophilen Söhnen von Bojarden (Großgrundbesitzern) wie auch den Juden und Ausländern benachteiligt.[14] Insbesondere Eminescus Verklärung der heimatlichen Scholle eignete sich bestens zur ideologischen Vereinnahmung durch die ›Legion‹. So heißt es im unvollendeten Roman »Geniu pustiu« (Der unfruchtbare Genius): »Wäre ich in meinen Bergen geblieben, so daß sich mein Herz an den Weisen und mein Kopf an den Dunstgebilden der Märchenwelt entzückt hätten.«[15] Expliziter war der Publizist Eminescu, der 1881 schrieb: »Das eingewanderte Judentum überschwemmt die Städte Rumäniens und hat unsere Bevölkerung mit seiner moralischen und physischen Dekadenz angesteckt. (...) Wenn es um den Schutz der rumänischen Rasse (...) auf diesem Fleckchen Erde geht, sollten wir vor keinem Mittel zurückschrecken und es zum gegebenen Zeitpunkt einsetzen.«[16]

Im Juni 1930 tauft Codreanu, der sich den Titel »căpitan« (Hauptmann) zulegt, die ›Legion‹ in »Eiserne Garde« um. Man hat sich eine paramilitärische Organisation vorzustellen, eher eine Schule und Armee denn Partei, die in ihren Anfängen gerade einmal 1000 – meist jugendliche – Anhänger um sich schart. Gleich den meisten faschistischen Bewegungen funktioniert die »Eiserne Garde« nach dem autoritären Führerprinzip. Was Riten und Symbole angeht, so überrascht deren Austauschbarkeit nicht gerade. Zur Uniform trägt der Gardist ein grünes Hemd, auf dem ein weißes Kreuz prangt – weil Grün der Farbe der Heimat entspricht, aber auch, um sich von den Braun- und Schwarzhemden anderer Länder zu unterscheiden – mit Schulterriemen. Zivil rumänische Nationaltracht, eine Art Bauernkittel mit Zierborten, einschließlich des um den Hals getragenen Beutelchens mit geweihter Heimaterde. Das Emblem der »Garde«, ein griechisches Kreuz, gemahnt durch die verdreifachten Streben an ein Gefängnisgitter. In den quasi-religiösen Versammlungsstätten des ›Ordens‹ wird eine Ikone des Erzengels Gabriel Tag und Nacht bewacht. Und glaubt man Augenzeugen, so hatten Codreanus Auftritte sogar dann etwas Theatralisches, wenn er, hoch zu Roß, um die Gunst des Landmanns warb.

Obwohl immer wieder verboten, existiert die »Eiserne Garde« fort und entwickelt sich zur Terrororganisation, die nicht davor zurückschreckt, politische Gegner zu liquidieren. Auch Fememorde sind ihr nicht fremd. Gezielt wird das Selbst-Opfer heraufbeschworen, das die ersehnte Einheit der Volksgemeinschaft verlangt: »Der Legionär liebt den Tod, denn sein Blut wird dem Mörtel des legionären Rumäniens die Bindekraft geben«[17], heißt es im Organ der »Eisernen Garde«. Unablässig wird der gesuchte Tod beschworen, aber auch die Militanz, mit welcher die »Garde«

vorzugehen gedenkt. So heißt es in der »Imnul Tinereţii Legionare« (Hymne der Gardistenjugend): »(…) Mit der Stirn wie ein Bergsee der Karpaten / Die Arme erheben wir zur Sonne / Gebete für die Ewigkeit / Wir erbauen sie aus Felsen, aus Feuer, aus dem Meer / Und entschlossen bestreichen wir sie mit dakischem Blut… // (…) Der Tod, nur der gardistische Tod / Ist uns die teuerste Hochzeit der Hochzeiten / für das heilige Kreuz, für das Vaterland / Besiegen wir Wälder und unterwerfen Berge / Kein Kerker macht uns Angst / Keine Qual, kein feindlicher Schneesturm / Wenn wir alle besiegt fallen / Ist uns der Tod für den Hauptmann lieb // Heilige Gardistenjugend / Besteigen wir Kirchen und bleiben mutig in Gefängnissen… / Egal wie bitter die Verfolgung / Wir singen und denken an Nicadori / Tragen bei Schneesturm und bei Sonnenschein / Lichter für die Sieger / Für die Tapferen errichten wir Altäre / Und für Verräter haben wir nur Kugeln übrig.«[18]

Sei es im Italien Mussolinis, sei es im Deutschland Hitlers: die gleiche Verehrung des Totenkopfsymbols, die gleiche ideologische Instrumentalisierung der Opferung, die ursprünglich das Sakrale begründete. Rumänismus, jenes Amalgam aus Mystik und rechtsextremer Politik, vermag sich durchaus unzweideutig zu artikulieren. Codreanus Losung »Rumänien den Rumänen, Juden nach Palästina«[19] stellt nur den Auftakt zu diversen Gewaltexzessen dar. Bemerkenswert die substanzielle Hohlheit der »Garde«, deren politisches Programm primär in dem zu bestehen scheint, was sie bekämpfen will. Es sind dies Marxismus wie auch demokratischer Liberalismus, Sozialismus wie auch Kapitalismus, der nivellierende Egalitarismus, kurz: die auf Verträgen basierende Gesellschaft als solche. Als neue Werte auf den Schild gehoben werden die gerechte, organische Gemeinschaft des ›neuen Menschen‹ mit der Kirche und den geistigen Eliten als deren Zentrum. (Populistische Maßnahmen wie Gaststätten, in welcher jeder entsprechend seinen Einkommensverhältnissen die Mahlzeit bezahlte, gehörten auch zum Programm.)

»Ich neigte zum Exzeß, ich wäre irgend etwas Exzessivem beigetreten, sogar einer morbiden religiösen Sekte«[20], wird Cioran im Rückblick eingestehen. Ausführlicher äußert er sich im Brief an den ehemaligen Gesinnungsgenossen Constantin Noica: »Ich war jung, ich konnte keine anderen Wahrheiten zulassen als die meinigen und keinem Gegner das Recht einräumen, die seinigen zu haben, sich mit ihnen hervorzutun und sie zur Geltung zu bringen. Daß Parteien einander gegenübertreten, ohne sich gegenseitig zu vernichten, dies überstieg meine Begriffsmöglichkeiten. Die parlamentarische Regierungsform betrachtete ich als eine Schande unseres Geschlechts, als das Symbol einer blutarmen Menschheit, die weder Leidenschaften noch Überzeugungen mehr besaß und zum Absoluten unfähig war, zukunftslos, in jeder Hinsicht beschränkt, unfähig, sich auf die Höhen jener Weisheit zu erheben, die mich lehrte, das Ziel einer Diskussion sei die Zermalmung des Widersachers. Dagegen erschienen mir die Systeme, die sie abschaffen wollten, um sich an ihre Stelle zu setzen, ohne Ausnahme *schön*, in Übereinstimmung mit der Bewegung des Lebens, das damals meine Gottheit war.«[21]

»Die Legion glich mehr einem Orden als einer Partei. Ihrem Selbstverständnis gemäß bildete sie den Zusammenschluß einer auserwählten Minderheit, berufen, das Land zu erretten. Ihren Mitgliedern versprach sie Harmonie und Geborgenheit angesichts einer feindlichen Umwelt, aber auch die Befriedigung eines aufregenden und aktiven Lebens.«[22] Just jene Motive dürften für Ciorans Beitritt zum ›Orden‹ Codereanus ausschlaggebend gewesen sein, weniger die als Anekdote geschilderte ambivalente Haltung von Spott und Angst. Im zitierten Brief an Constantin Noica geht Cioran nämlich auf die Nachteile freier Gesellschaften ein, womit er indirekt auf den Punkt bringt, was ihn zum ›Legionär‹ werden ließ: »(...) die liberale Gesellschaft eliminiert das ›Mysterium‹, das ›Absolute‹, die ›Ordnung‹, sie besitzt ebenso wenig echte Metaphysik wie echte Polizei, darum wirft sie das Individuum auf sich selbst zurück und entfernt es von dem, was es ist, von seinen eigentlichen Tiefen.«[23]

Cioran greift hier die im Deutschland der zwanziger Jahre virulenten Diskussionen um das Heilige, die Gemeinschaft im Gegensatz zur liberalen Vertragsgesellschaft auf. Der Faschismus nach italienischer und deutscher Fasson pervertierte Gemeinschafts- und Ordnungsbedürfnisse auf je eigene Weise, die *religiöse* rumänische Variante stellt insofern eine Ausnahme dar. Das Nebeneinander von öffentlichen Gebeten, Aufmärschen, Kundgebungen mit ausgestrecktem Arm und dem Terror erinnert an die Kreuzzüge.

Ein geläuterter Cioran wird folglich sein politisches Engagement nicht mehr auf hehre Ideale oder Ziele zurückführen, sondern auf Stimmungen, eine seiner Sinnkrisen: »Wenn ich an die Momente eines wütenden Enthusiasmus zurückdenke, an diese unsinnigen Spekulationen, die meinen Geist verheerten und umnebelten, dann schreibe ich sie heute nicht mehr den Träumen von Philanthropie und Zerstörung zu, nicht mehr der Besessenheit von irgendeiner Reinheitsvorstellung, sondern einer tierischen Traurigkeit, die sich unter der Maske der Inbrunst verbarg und sich auf meine Kosten entfaltete, obgleich ich ihr verbündet war und froh, nicht wie so viele andere zwischen der Lauheit und dem Grimm wählen zu müssen.«[24]

In seiner gründlichen Untersuchung gelangt Armin Heinen zu dem Schluß, daß die »Gardisten« keine ausgesprochene Rassentheorie hatten, der Jude inkarnierte dagegen Dekadenz, Werteverfall, Orientalismus, Liberalismus, d.h. die Herrschaft der »Politikaster«. Dennoch wird der Antisemitismus von Codreanus Schergen militante Formen annehmen.

Daß der »Garde« ausgerechnet Intellektuelle zulaufen, begründet sich zum Teil aus einem Akademikerüberschuß, der sich um jegliche Zukunft beraubt sah. Neben Cioran traten u.a. Nae Ionescu, Ion Barbu, Constantin Noica, Petre Ţuţea, Haig Acterian und Lucian Blaga der »Garde« bei. Da nun die Juden auch in den akademischen Berufen überrepräsentiert schienen, eigneten sie sich bestens als Feindbild. Im Abstand der Jahrzehnte wird Cioran zur Anfechtbarkeit »ermüdeter Intellektueller« durch

Doktrinen treffend bemerken: »Man suche den Ursprung von Kirchen, Ideologien, Totalitärstaaten viel eher in dem Grauen, das der Intellektuelle für seine eigene Luzidität hegt, als in der Abgestumpftheit der Massen.«[25]

1933 wird die »Eiserne Garde« abermals verboten, es kommt zu Verhaftungen. Aus Rache erschießt ein »Gardist« den liberalen Ministerpräsidenten Ion Gheorghe Duca. Mircea Eliade, den eine »Legionärsaristokratie« durchaus faszinierte, der aber zu Lebzeiten seine aktive Verstrickung in die Belange der »Garde« verschwieg, kommentiert in seinen Memoiren die Ereignisse folgendermaßen: »Nae Ionescu zeigte seine Gegnerschaft zur königlichen Politik jetzt ganz offen. In einer Reihe von Artikeln stellte er sich gegen die Regierung Duca und machte auf die Risiken aufmerksam, die die Auflösung der ›Eisernen Garde‹ mit sich brächte. Er hielt die Auflösung nicht nur für gesetzwidrig, sondern auch für sinnlos, denn entweder handelte es sich um eine künstliche Bewegung, die nicht im öffentlichen Leben Rumäniens wurzelte, und dann war ein Verbot sinnlos, weil sie von allein verschwinden würde, oder, im Gegenteil, die Bewegung war echt, stark und im Wachsen begriffen, und dann konnte sie von keinem Ministeriumsbeschluß aufgelöst werden. (…) Erst am Tag darauf wurden mir die Folgen des Attentats [vom 29. Dezember 1933 auf Duca] bewußt. CUVÂNTUL wurde verboten, Nae Ionescu wurde verhaftet. Ebenso verhaftet wurden die führenden Köpfe der Legionäre — aus der ›Criterion‹-Gruppe Mihail Polihroniade und Alexandru Tell.«[26]

Mircea Eliade schildert ausführlich seine Initiativen im Rahmen der »Criterion«-Gruppe, deren Vorträge in den Räumen der Stiftung König Carols abgehalten wurden. Das Themenspektrum reichte von Freud, Gide, Lenin über Jazz und Chaplin bis hin zum Buddhismus. Erstaunlicherweise kamen dort der Kommunist neben dem »Gardisten«, der orthodoxe Christ neben dem jüdischen Intellektuellen zu Wort. Gleichzeitig aber gehörte es zum Alltag, daß jüdische Studenten von Nationalisten angepöbelt wurden.

Als der Romancier und angehende Religionswissenschaftler die Thesen seines Vortrags über Freud zusammenfaßt, verrät er sich: »Die Psychoanalyse entspreche dem Hunger des jüdischen Wesens nach dem Absoluten, nach dem Glauben an die Existenz eines einzigen menschenwürdigen geistigen Weges und verrate die typisch hebräische Abneigung gegen Pluralismus, Polytheismus und Idolatrie.«[27]

Der schlaflose Agitator

In dieser Situation, d.h. seit Oktober 1933, befindet sich Cioran gemeinsam mit dem Soziologen Anton Golopenţia (1909–1951) in Berlin. Unter dem Vorwand, seine Promotion in Psychologie vorzubereiten, hat sich der stellungslose Studienrat für Philosophie erfolgreich um ein Stipendium der Humboldt-Stiftung beworben. An der Friedrich-Wilhelms-Universität belegt er Soziologie, Religionsphilosophie und Kunstgeschichte, vor allem aber hört er Nicolai Hartmann über Metaphysik.

Im Selbstgespräch seiner »Cahiers« erinnert sich Cioran drei Jahrzehnte später zuerst an seine mentale Ausnahmesituation, um seine politische Publizistik unerwähnt zu lassen: »Ich habe dort das Leben eines Irren, eines Wahnsinnigen geführt, in einer fast totalen Einsamkeit. Wenn ich nur den Mut oder das Talent hätte, den Alptraum heraufzubeschwören! (…) Es ist das negative *summum* meines Lebens.«[28]

Aus dem Studentenwohnheim in der Schumannstraße 2 schreibt er am 15. November 1933 an Eliade: »Ich fühle mich in Berlin sehr wohl und bin sogar von der hier herrschenden politischen Ordnung begeistert.«[29] Derselbe politische Tenor findet sich in seinen Briefen vom Dezember 1933 an Nicolae Tatu wieder, dem er schreibt: »Nur eine Diktatur kann mich noch erwärmen, Menschen verdienen keine Freiheit.« Nicolae Argintescu-Amza bestärke ihn in seinem Antisemitismus.[30] Gleichzeitig erfahren wir etwas über seinen Alltag. Obwohl sich die Freunde Petre Ţuţea und Sorin Pavel ebenfalls in Berlin befinden, lebt er sehr zurückgezogen und geht offenbar nicht aus, sondern hört dafür Musik in seinem Zimmer. Andererseits weiß er von sympathischen Deutschen zu berichten, um hervorzuheben, daß die Frauen in Berlin zugänglicher seien als in Bukarest. Petru Comarnescu gegenüber bekennt er am 27. Dezember 1933: »Einige unserer Freunde meinen, daß ich aus Opportunismus Hitleranhänger geworden bin. Um Dir die Wahrheit zu sagen: es gibt hier Dinge, die mir gefallen und ich bin mir gewiß, daß es einer Diktatur gelingen würde, unseren autochthonen Marasmus zu besiegen.«[31] Diametral entgegengesetzt die Eindrücke Antonin Artauds, der sich in diesen Jahren mehrmals zu Dreharbeiten in Berlin aufhielt.

Kaum in Berlin eingerichtet, entfaltet er in der Bukarester Wochenschrift VREMEA seine polemischen Talente. So wertet er Nicolai Hartmann, das Musterbeispiel für akademisches Philosophieren, gnadenlos ab. Im Vergleich zu Heidegger oder Klages gebreche es diesem an Prophetismus und existentiellem Pathos. In seiner Eloge auf Ludwig Klages heißt es dagegen: »Klages, mit seinem Aussehen eines protestantischen Pastors und dem Temperament eines Kondottieres, überschäumend, aufbrausend, redegewandt und prophetisch, geheimnisvoll und gleichzeitig gelehrt, ist der gelungenste Mensch, dem ich bisher begegnet bin. Dieser Mann gleicht einem Zauberer und sein Charme ist unwiderstehlich.«[32] Der ›Kosmiker‹ war Privatgelehrter und zu keiner Zeit ordentlicher Professor. Die Verknüpfung von heidnischer Mystik mit biologistischer Metaphysik, Kulturkritik und Lebensphilosophie dürfte Cioran bestochen haben. Nur, der glänzende Rhetoriker und Dandy Klages kam auch nicht ohne einschlägige rassistische Infamien aus, die er seit der Jahrhundertwende formulierte: der Jude sei der »Vampyr der Menschheit«, »die Lüge selbst«, der Jude sei »überhaupt kein Mensch«.[33]

Cioran hatte schon vorher mit Begeisterung Heideggers »Sein und Zeit« gelesen. Er sieht die »Enthüllungen über den Tod und das Nichts« der Philosophie Heideggers in Ferdinand Bruckners Stück »Krankheit der Jugend« (1926) als dramatisches Äquivalent (GÎNDIREA, vom Dezember 1932). Erst im Abstand der Jahre wird sich Cioran entschieden von der Verbalmagie Heideggers distanzieren: »Die Faszination, die die Sprache ausübt, erklärt meiner Meinung nach den Erfolg Heideggers. Er ist ein Manipulator ohnegleichen; sein Verbalgenie ist außergewöhnlich, aber er treibt es zu weit, er räumt der Sprache eine schwindelerregende Bedeutung ein. (...) Die Nichtigkeit einer solchen Übung sprang mir in die Augen. Ich hatte den Eindruck, man wolle mich täuschen mit all den Worten.«[34]

In der Weihnachtsausgabe 1933 von VREMEA nimmt der ›Auslandskorrespondent‹ Cioran zum Thema »Deutschland und Frankreich oder die Friedensillusion« Stellung. Die These von zwei unterschiedlichen, gänzlich unversöhnlichen Kulturen gipfelt in einer Apologie des ›Führers‹. Die deutsche Seele, der deutsche Charakter, als mystisch und tragisch apostrophiert, wird ausgespielt gegen die vernunftbetonte französische Kultur des Stils. Vermittle der Führerkult den Deutschen nicht ein Sicherheitsgefühl, das der Gewißheit vergleichbar sei, ein großartiges Schicksal zu haben? »Ich liebe die Anhänger Hitlers wegen ihres Kults des Irrationalen, ihres exaltierten Vitalismus an sich, einer Virilität ohne jeglichen kritischen Geist, ohne Rücksicht und ohne Kontrolle.«[35] Zwar ahnt er die »unendliche Tragödie«, die aus dem Kult des Irrationalen, der Verherrlichung der Lebenskraft resultieren könnte: entspricht dieser NS-Kult aber nicht seiner zeitweiligen Diskreditierung des »Kults der Wahrheit«, dieser »Pubertätsmacke« oder dem »Symptom von Senilität«?[36]

Abgesehen vom anti-intellektuellen Affekt, den die Hitlerei bestärkt, quält Cioran Rumäniens historische Bedeutungslosigkeit. Man ersetze Hitler durch Codreanu und Deutschland durch Rumänien in seinem Text. Wie wird ein Land vom Objekt zum Motor der Geschichte? In seinem mit »Romania in fața strainatații« (Rumänien von außen betrachtet)[37] überschriebenen Artikel vom April 1934 macht Cioran seinen Landsleuten deren sklavische Natur bewußt. Ganz im Gegensatz zum angemaßten Herrenrasse-Status der Nazis geißelt er die »untermenschliche Feigheit« des Rumänen: »Es ist nicht möglich, mit einem solchen Menschenmaterial eine einzige maßlose Hoffnung zu hegen. Aber aus Neigung und Geschmack habe ich stets die Maßlosigkeit gesucht und geschätzt«[38], wird er noch 1970 schreiben. 1934 empfiehlt er den Knechten einer »französischen Kolonie«, sich zumindest zu einem Macht-Kultus aufzuraffen. Seine praktischen Vorschläge zur gänzlichen Veränderung des Antlitzes Rumäniens lauten: rasche Industrialisierung, Verdoppelung der Bevölkerung. Zynismus der Geschichte: es wird dies mehr oder weniger das Programm der Kommunisten sein, nach dem Zweiten Weltkrieg, mit den bekannten katastrophalen Folgen.

»Mein Nationalismus, Militarismus«[39]

Fotos aus der Zeit zeigen einen elegant gekleideten jungen Mann von kleiner Statur, der auch einmal eine Vorlesung beim Psychiater Karl Bonhoeffer in der Charité besucht. Der von Lombroso, dann von Wilhelm Lange-Eichbaum konstruierte Zusammenhang von Genie, Wahnsinn und Verbrechen treibt ihn um. Aber nicht etwa, um den Nazismus zu verstehen, sondern sich selbst, unterstelle ich, denn weiterhin plagen ihn Phasen extremer Schlaflosigkeit, die auf seine Depressivität hinweisen. Noch 1965 erinnert er sich an die Falldemonstration bei Bonhoeffer in Berlin, weil er sich mit der Verweigerungshaltung des internierten Studienobjekts identifiziert: »Ich will meine Ruhe haben.«[40]

Kaum vereinbar mit dem Elan des Pamphletisten wirkt es, wenn er den Studienaufenthalt im ›Reich‹ »die düsterste Zeit meines Lebens (auch die anregendste)«[41] nennt oder an anderer Stelle detailliert eine ekstatische Erfahrung gerade in Berlin schildert. Im Brief an Nicolae Tatu vom 28. Januar 1934 heißt es, daß er keinen Gedanken mehr an eine akademische Karriere verschwende. Vielmehr stellt er sich seine Zukunft als Musikkritiker vor. Seiner Ansicht nach hätten die Deutschen große Hoffnung in die »Eiserne Garde« gesetzt.[42]

Im April 1934 schreibt sich der Student der Philosophie an der Münchner Ludwig-Maximilians-Universität ein, wo er u.a. Vorlesungen des Kunsthistorikers Heinrich Wölfflin besucht, der seinerseits Ludwig Klages schätzt.

In seinen »Eindrücken aus München. Hitler im deutschen Bewußtsein«, abgedruckt in Vremea vom 15. Juli 1934, preist Cioran seinen Landsleuten abermals Hitler als Vorbild an: »Hitler hat die politischen Kämpfe mit glühender Leidenschaft erfüllt und mit messianischem Hauch eine Gesamtheit von Werten dynamisiert, die vom demokratischen Rationalismus zu Plattheiten und Trivialitäten erniedrigt worden waren. Wir alle brauchen Mystik, weil wir der vielen angeblichen Wahrheiten müde sind, die kein Feuer hervorbringen. (...) Es gibt keinen Politiker in der heutigen Welt, der mehr Sympathie und Bewunderung in mir hervorruft als Adolf Hitler. (...) Der Führer-Mystizismus ist voll gerechtfertigt, es ist Hitlers Leistung, daß er den kritischen Geist einer ganzen Nation ausgemerzt hat.«[43] Während der Semesterferien (Juli–Oktober) hält er sich in Rumänien auf.

In seinem Artikel vom 5. August 1934 ergreift er Partei für den nationalsozialistischen Wertekanon, indem er den Humanismus als »Illusion«, den Pazifismus als »politische Masturbation«, Werte an sich als »Absurdität« und Freiheit für alle als demokratische Illusion, ein »beschämendes Vorurteil« denunziert. In Ciorans Augen entspricht »anarchistischer Optimismus« nicht der menschlichen Natur, um so mehr müsse alles dem Sieg der ›Bewegung‹ subordiniert werden. Folglich kann er auch die blutige Niederschlagung des Röhm-Putsches begrüßen: »Ich frage alle, was verliert die Menschheit, wenn einigen Dummköpfen das Leben genommen wird (...). Das Leben solcher Leute zu beenden, das Blut solcher Kreaturen zu vergießen, ist Pflicht. Oh, dieses Vorurteil vom Wert eines Menschenlebens an sich! Wert an sich! So etwas ist reine Feigheit!«[44] Immerhin gesteht er zu, daß es ein Verbrechen wäre, einen Richard Strauss, einen Furtwängler oder Klages zu ermorden, nicht aber das Dasein von Individuen zu beenden, die lediglich ihren Willen zur Macht nicht befriedigen konnten.

Cioran bedient sich hier der Rhetorik des Totalitarismus aller Zeiten, welcher die Unterwerfung des Individuums unter das kollektive Ziel der vermeintlich besseren neuen Ordnung fordert. Sicher konnte er nicht die Zeit der KZs noch jene der sowjetischen GULags vorhersehen, aber die *Terreur* der Französischen Revolution mußte ihm geläufig sein. Wenn sich Denker politisch vereinnahmen lassen, geht es selten gut aus. Sartre, der fast zeitgleich mit Cioran in Berlin weilte, um sich in Husserl und Heidegger zu vertiefen, wird später die stalinistischen Schauprozesse rechtfertigen, weil sie der Utopie dienen — ganz zu schweigen vom Konformismus des Parteigenossen Martin Heidegger.

Im fortgeschrittenen Alter wird Cioran seine fehlende Luzidität als pathologisch bezeichnen: »Meine krankhafte Bewunderung für Deutschland hat mir mein ganzes Leben vergiftet. Es ist der schlimmste Irrsinn meiner Jugend. Wie konnte ich einer im Grunde so wenig interessanten Nation einen Kult widmen? Äußerst starrköpfige, mittelmäßige Menschen ohne die geringste geistige Unabhängigkeit. (…) Wenn ich von einer Krankheit geheilt bin, dann von dieser. Wenn ich sie eines Tages im Detail beschreiben würde, und wie ich sie gelebt habe, würde man mich in einer Irrenanstalt einsperren, man würde mich bestrafen, *weil ich verrückt gewesen bin.*«[45]

Der pseudoreligiöse Aspekt des Faschismus erschließt sich Cioran, wenn er im Selbstgespräch seiner Tagebücher 1966 notieren wird: »Um 1934 befand ich mich in München. Ich lebte dort in einer Anspannung, die mich sogar jetzt, wenn ich daran denke, zittern läßt. Es schien mir damals so, daß nicht viel fehlte und ich eine Religion gestiftet hätte, und diese Eventualität flößte mir den allergrößten Schrecken ein.«[46] Zur Entspannung liest er im Englischen Garten Proust.

Von München aus besucht er Bayreuth. Sein Eindruck besteht aus einer »Mischung aus Stupidität und Erhabenheit (sehr deutsch)«[47]. Entscheidender werden die vier Wochen in Paris sein, eine Erfahrung, die er als »Liebe auf den ersten Blick«[48] zusammenfassen wird. Von der Schmähung der Kolonisatoren Rumäniens zur frankophilen Begeisterung: solche Schwankungen bestimmen das Temperament des jungen Cioran, insbesondere aber das des Journalisten.

1935 finden wir Cioran wieder in Berlin, wo er sich, angeregt durch Eliades Vorträge in Bukarest, in Buddhismus-Lektüren vertieft, um sich »vom Hitlertum nicht vergiften oder anstekken zu lassen«[49]. Zunächst bedeutet dies nichts weiter, als daß er eine Anthologie rezipiert, während er sich gleichzeitig betrinkt.

In Vremea vom 17. Februar 1935 polemisiert er abermals »Für ein anderes Rumänien«. Er entflammt für Extremisten, mögen diese nun den Namen Hitler oder Lenin tragen, da diese imstande seien, Geschichte zu machen und die »Mystik einer allgemeinen Mobilmachung« zu verwirklichen. »Rumänien wird nur unter der Bedingung in der Geschichte weiterbestehen, daß diesem Land von Schlitzohren, Skeptikern und Resignierten ein spartanischer Geist eingehaucht wird.«[50] Selbst die Hitlerjugend begeistert ihn als eine Organisation, die den Deutschen ab dem Alter von fünf Jahren (!) Parteimitglied werden lasse.

Der politisierte Denker grenzt sich, weil er Gesetzgeber sein will, nun sogar von den Skeptikern ab. Seinem Bruder Aurel rät er von Berlin aus zu einer *vita activa*, als er erfährt, daß dieser Theologie studiert. In einem Brief vom 31. März 1935 warnt er ihn, in seine Fußstapfen zu treten, »denn es sind Spuren, die nicht verschwinden, sondern Dich verfolgen«. Weiter heißt es: »Laß, wenn Du kannst, Dein Innenleben beiseite, denn wenn Du Dich maßvoll darin vertiefst, hat es keine Bedeutung, und wenn Du es bis zum Höhepunkt gebracht hast, wird das Innenleben Dich zerstören. (...) Die Tat als Selbstzweck stellt das einzige Mittel dar, sich ins Leben zu reintegrieren. (...) Die Politik, die große Politik ist der Wissenschaft weit überlegen. Die einzige Art und Weise, den Abgründen der Innerlichkeit zu entkommen, besteht darin, einen anderen Weg einzuschlagen, der sich wesentlich unterscheidet.«[51] Aurel Cioran wird dann der »Garde« Codreanus beitreten.

Im April 1935 weilt Cioran abermals in München und besucht seinen Freund Bucur Țincu, der dort als Stipendiat lebt.

Dresden besucht er im Juni, auch weil hier Schopenhauers »Die Welt als Wille und Vorstellung« entstand.

Im August 1935 frequentiert Mircea Eliade die Berliner Staatsbibliothek, um dort die Bibliographie seiner Dissertation über den »Yoga« auf den neuesten Stand zu bringen. Wie um die *political correctness avant la lettre* vorwegzunehmen, mokiert er sich in seinen Memoiren über die Allgegenwart des Nazismus und erklärt originellerweise, sich dem Anblick von Braun- und Schwarzhemden sowie der Hakenkreuzfahne konsequent entzogen zu haben, indem er nur nachts ausgegangen sei![52] Nach der Lektüre der »Yoga«-Studie erklärt Cioran später dem Autor apodiktisch, dem »einfachsten Bolschewiken oder Hitleranhänger näher zu sein als der Meditationstechnik«.[53]

Nach Rumänien zurückgekehrt (Juli 1935) ist Cioran genötigt, Ende 1935 bis Anfang 1936 seinen Militärdienst abzuleisten. Er veröffentlicht Politisches wie auch Philosophisches in ACTIUNEA (Aktion), einem in Sibiu erscheinenden Blatt. Während dieser Zeit vollzieht er eine erste Distanzierung von der »Eisernen Garde«, denn am 9. Dezember 1935 schreibt er aus Sibiu an Eliade: »Ich habe endgültig darauf verzichtet, mich aktiv politisch zu betätigen. Obwohl ich den Eindruck habe, die Politik recht gut zu verstehen, würde ich darunter leiden, mich mein Leben lang zu einem ganz äußerlichen Ruhm verurteilt zu wissen, und im übrigen findet kein politischer Wert meine letzte Zustimmung. (...) Der Unterschied zwischen mir und unseren Nationalisten ist so groß, daß meine Tätigkeit sie nur verwirren könnte. Mit den Nationalisten teile ich nur das Interesse an Rumänien. Kannst Du Dir vorstellen, daß man eine reaktionäre Mentalität reformieren könnte?«[54] Er könne keine militanten Artikel mehr schreiben, aber auch kein Pazifist werden. Alles in allem verabscheue er die Welt: »Wenn es keine Religion und Musik gäbe, würde ich Bordellaufseher werden.«[55]

Am 12. April 1936, den 1. Osterfeiertag, besucht er in Begleitung von Jeni und Arşavir Acterian eine Bukarester Irrenanstalt.

Als im Dezember 1936 sein Pamphlet »Schimbarea la faţă a României« im Verlag seiner Hauszeitschrift VREMEA erscheint, wirkt Cioran als Studienrat für Philosophie am »Andrei Şaguna«-Gymnasium von Braşov. Unterdessen schreitet die »Garde« zu öffentlichen Bücherverbrennungen, wenn sie nicht gerade marschiert, Angst und Schrecken verbreitet oder die eigenen Reihen von Verrätern säubert.

»Die Verklärung Rumäniens« – die deutsche Übersetzung des Titels schlug der Autor selbst vor – meint weniger Glorifizierung denn Appell zu einem Gesichtswandel des Landes, zum Aufstand der rumänischen Volksseele: »Die Fanatisierung Rumäniens ist die Verklärung Rumäniens. (...) *Ich kann nur ein Rumänien lieben, das sich im Fieberwahn befindet.* (...) Ich träume von einem Rumänien, das das Schicksal Frankreichs und die Bevölkerung Chinas hätte.«[56] Cioran imaginiert ein Rumänien, das selbst Maßstab, identisch mit unbezweifelbaren Werten wäre. Jene prophetische Nation, lautet seine megalomanische Utopie, soll einst zur Stellvertreterin der ganzen Menschheit werden.[57] Ein Größenwahn, der im wesentlichen der Abwehr eines verinnerlichten Minderwertigkeitskomplexes dient, denn Jahrzehnte darauf wird er noch bekennen: »Ich haßte die Meinen, mein Land, die zeitlosen Bauern, die ihren Stumpfsinn über alles stellen, geradezu berstend vor Erstarrung, ich schämte mich, von ihnen abzustammen, verleugnete sie, ich verweigerte mich ihrer negativen Ewigkeit, ihrem versteinerten Lemurendenken, ihrem geologischen Halbschlaf. Vergebens suchte ich in ihren Zügen die flackernde Grimasse der Revolte: in ihnen, ach! kaum eine Spur vom Affen.«[58]

Der die Mittel heiligende Zweck

»Die Verklärung Rumäniens« feiert deshalb denn auch den Arbeiter-Souverän. Analog zu Ernst Jünger hat man sich den Arbeiter als »akosmisches Wesen«, einen neuen Menschentyp vorzustellen, wohingegen vom Bauern allenfalls der Eintritt in die Weltgeschichte durch die Hintertür erwartet wird.[59] »Alle Mittel sind legitim, wenn sich ein Volk einen Weg in die Welt bahnt. Terror, Verbrechen, Bestialität und Perfidie sind nur in der Dekadenz niedrig und unmoralisch nur, wenn sie der Inhaltsleere zu Hilfe kommen; wenn sie dagegen dem Aufstieg eines Volkes helfen, verwandeln sie sich in Tugenden. Alle Siege sind moralisch.«[60]

Was Ciorans antisemitische Tiraden angeht, so greift er auf tradierte Klischees zurück. Der Jude steht für Materialismus, »Vampirismus«, »ekelhafte Melancholie und abstoßende Ironien, die in der Dunkelheit des Gettos entstanden«[61]. Der Jude sei nicht unser »*alter ego*, unser Nächster«, behauptet er: »Der Jude ist nicht wie wir unser Nachbar (…), wie vertraut wir mit ihm auch werden können, es ist, als stammten wir von einer anderen Affenart ab. (…) Wir können ihm nicht als *Mensch* begegnen, weil der Jude zuerst Jude ist und dann ein Mensch.«[62] Das sind fast wörtliche Klages-Zitate. Der Rassismus des ›Kosmikers‹ liegt wie Mehltau auf einem Werk, das sogar Walter Benjamin inspirierte.

Bei Cioran kommen die Ungarn, die größte Minderheit im Land, kaum besser weg. Spürbar ist die den Autor aufreibende Ambivalenz zwischen der Absicht zur Herabsetzung und der Angst vor – womöglich überschätzter – geistiger Überlegenheit, bestätigt er doch, daß die Juden das »intelligenteste, begabteste und hochmütigste Volk«[63] der Welt seien. Schließlich erklärt er die Überfremdung zum Menetekel: »Ein gesunder nationaler Körper beweist seine Lebenskraft durch den Kampf gegen die Juden, vor allem, wenn diese durch ihre Anzahl und ihre Unverschämtheit ein Volk überfluten. (…) die Juden, die durch die Geschichte die Obskuritäten des Gettos mit sich schleppen und dessen ekelhafte Trauer und abstoßende Ironien in sich führen, was sie längst aus der Natur ausgestoßen hat, sie aber weiterhin abschreckend in der Geschichte bewahrt.«[64] Konkret ergeht an das Volk Israels der Vorwurf, »Verräter«, »Todfeinde« des Nationalgedankens zu sein. Denn als Entwurzelten diene den Juden die Religion, entbehre sie auch der »Transzendenz«, als Heimatersatz: »Ich kritisiere insbesondere das Judentum der Nachkriegszeit. Hat es sich nicht allen Bemühungen widersetzt, unser Land zu erneuern? Die Juden haben aus ein paar Verrückten und Degenerierten, denen es gelang, eine bereits korrumpierte Demokratie in Mißkredit zu bringen, ihr Herrschaftsinstrument gemacht und so auf nicht wiedergutzumachende Weise das ganze Land geschmäht. (...) Wir müssen endgültig begreifen, daß die Juden kein Interesse daran haben, in einem starken und selbstbewußten Rumänien zu leben.«[65]

Daß Cioran die bewährte Sündenbock-Rhetorik nicht bruchlos übernimmt, entkräftet nicht die Vehemenz seiner rassistischen Sophismen, aber mehrmals hebt er hervor, daß die Juden »keineswegs für unser Elend, unser altes Elend verantwortlich« sind. »Der Antisemitismus ist weder imstande, die nationalen noch die sozialen Probleme eines Volkes zu lösen. Das sind nichts weiter als Fragen der *Reinigung*. Unsere angeborenen Laster bleiben seit allen Zeiten dieselben.«[66] »Das Problem Rumäniens wäre nicht weniger ernst, wenn wir alle Fremden beseitigen würden. Es würde nur erst beginnen. Es ist evident, daß die Fremden neutralisiert werden müssen; aber es kann nicht die hauptsächliche Mission unseres Nationalismus darstellen, denn wenn wir uns zu lange von dieser Aufgabe blenden ließen, würden wir unsere eigene Wirklichkeit und unser Elend nicht mehr sehen.«[67]

Marta Petreu weist nach, wie sehr Cioran von Eugen Lovinescus pro-westlicher Haltung beeinflußt war.[68] Obwohl er den Essayisten persönlich kannte, zitiert ihn Cioran nicht, um die Originalität seiner eigenen Ausführungen nicht zu schmälern.

Ciorans Kampfschrift, von Vladimir Tismăneanu als eines der »wichtigsten Manifeste des europäischen Faschismus in seiner ›nationalbolschewistischen‹ Version«[69] bezeichnet, enthält trotz seiner Kruditäten und tradierten Ressentiments gewissermaßen auch den Schlüssel zum Verständnis dieser verbalen Paroxysmen. Es ist der Minderwertigkeitskomplex kleiner Nationen, begleitet von Paranoia. Angelehnt an den vom jüdischen Philosophen Theodor Lessing konstatierten »jüdischen Selbsthaß«, der sich bei Otto Weininger als Misogynie manifestierte, könnte man meinen, daß Cioran den rumänischen Selbsthaß geißelt, wenn er schreibt: »Wie könnte unser elendes Volk das unbändigste ethnische Phänomen der Geschichte verarbeiten? (…) Die jüdische Vitalität ist so aggressiv und seine Gier so beharrlich, daß unsere Toleranz hinsichtlich dieses fleißigen und ausbeuterischen Volkes uns mit Sicherheit in den Ruin führen würde. Was weiß denn das rumänische Volk im Vergleich zum jüdischen? Ich bin überzeugt, daß die Juden, ließen wir ihnen völlige Freiheit, in weniger als einem Jahr sogar den Namen unseres Landes ändern würden. Alles in allem müssen wir einsehen, wenn auch betrübt, daß der Antisemitismus immer nur die größte Ehrbezeugung gegenüber den Juden gewesen ist.«[70] Câpitan Codreanu bedankt sich beim Autor persönlich für das Buch, gratuliert ihm und schließt sich dem Wunsch an, »daß dieses Volk seine Zwergentracht ablegt, um eine Weltreichstracht anzulegen«. Der Brief ist gezeichnet mit der Floskel: »Ein Kämpfer für die Zukunft Rumäniens schüttelt Ihnen die Hand.«[71]

In welchem Maße der Cioran jener Jahre mehrere Personen in einer zu sein scheint, belegt die Tatsache, daß er gleichzeitig zu der »Verklärung Rumäniens« in seiner Aphorismensammlung »Das Buch der Täuschungen« schreibt: »Ein Volk, das nicht glaubt, ein Monopol auf die Wahrheit zu haben, wird keinerlei Spuren in der Geschichte hinterlassen.« Im selben Fragment aber auch: »Ich kenne nur zwei Zerreißungen: die jüdische und die russische (Hiob und Dostoevskij).«[72] Vollends aporetisch wird es, wenn der Autor weiter unten bekennt: »Abscheu gegen alles Erhabene, Gute, Wahre und Schöne. Wenn du bedenkst, daß im Namen dieser Werte oder Hirngespinste Kriege geführt, gedankliche Systeme geschaffen wurden und daß durch sie die Geschichte gerechtfertigt wird!«[73] Gleichzeitig postuliert Cioran den Willen zur Macht, nämlich daß der Mensch »nur darauf aus [ist], entweder Gott oder Politiker zu werden«[74].

Noch weniger vereinbar mit seiner ultranationalistischen Publizistik wirkt seine intensive Auseinandersetzung mit der christlichen Mystik, woraus 1937 das Buch »Lacrimi şi sfinţi« (Von Tränen und von Heiligen) hervorgehen wird. Cioran ist nicht gläubig, gerade weil er der Sohn eines Popen ist und ihn die Extremisten und Zweifler faszinieren. Die stramme Orthodoxie, zu der sich die »Eiserne Garde« bekennt, ist daher eigentlich nicht seine Welt. Rückblickend heißt es über diese Lebensphase: »In dem Alter, da ich (…) ›Cartea amăgirilor‹ schrieb (…), lebte ich so intensiv, daß ich im Wortsinne befürchtete, als Religionsstifter zu enden… In Berlin und in München habe ich häufig Ekstasen erlebt — die für immer die *Gipfel* meines Lebens bleiben werden.«[75] »Wenn ich daran denke, daß ich 1934 in München mit einer solchen Intensität lebte, daß ich zu dem Schluß kam, auf dem Balkan würde eine neue Religion zum Vorschein kommen, so sehr verlieh mir mein Fieber Selbstvertrauen. Ein Vertrauen, das mich ängstigte, denn ich glaubte nicht, daß ich eine derartige Anspannung noch länger ertragen könnte.«[76]

So wird Cioran von den Polen Mystik und Macht gleichermaßen angezogen, wenn er gesteht: »In meiner Jugend strebte ich das Tamtam an, ich wollte, daß man von mir spricht, ich wollte Einfluß haben, mächtig sein, beneidet werden, es gefiel mir, aggressiv zu sein, die Leute zu demütigen etc., etc.«[77]

1937 hat sich Codreanus »Eiserne Garde« in die Partei »Totul pentru Ţară« (Alles für das Land) umbenannt, ist nun eine von mehreren rechten Organisationen, die 250000 Mitglieder zählt und bei den Wahlen vom 20. Dezember 1937 eine halbe Million Stimmen gewinnen wird, somit die drittstärkste Partei darstellt.

In einem am 21. Februar 1937 in Vremea gedruckten Artikel über Hitler-Deutschland, »Am Vortag der Diktatur«, betrachtet Cioran kritisch die Verwandlung eines ganzen Volkes in einen »fanatischen Wald« und vergleicht die Begeisterung der Deutschen für die Ziele des ›Führers‹ mit einer »Wollust am Niederknien«, einer seltsamen »Unterwerfungswut«[78]. Diese angebrachte Ironie wendet er indes nicht auf Rumänien an, im Gegenteil: »In unserem Land wird buchstäblich nach der Diktatur gerufen, es herrscht ein unbändiger Haß auf die unnötige Freiheit. (...) Deshalb soll die Diktatur errichtet werden«[79], proklamiert Cioran in der März-Ausgabe von VREMEA. »Verzicht auf die Freiheit«, sein Beitrag vom 21. Juli 1937 in dieser Zeitschrift, könnte eine Art Glosse zu Georges Batailles Analyse »La structure psychologique du Fascisme« (Die psychologische Struktur des Faschismus, 1933) sein. Die wahrgenommene unbewußte Komplizenschaft zwischen Opfer und Henker veranlaßt ihn allerdings nicht dazu, vor dem ›Mussolini Rumäniens‹ zu warnen. Im Gegenteil, Cioran begrüßt die vermeintliche Sehnsucht der Massen nach Knechtschaft oder nur Abhängigkeit: »Seit es die Welt gibt, haben die Menschen nach Freiheit gestrebt und immer frohlockt, wenn sie sie verloren haben. (...) Die Sterblichen haben immer nur jene angebetet, von denen sie in Ketten gelegt wurden. Wen haben sie zum Mythos erhoben? Die Henker ihrer Freiheit. (...) Jeder Diktator hat eine messianische Henkerseele, die mit Blut und Himmel beschmutzt ist. Die Masse verlangt danach, daß sie befehligt wird. Die sublimsten Visionen, die von Engelsflöten verströmten Ekstasen vermögen nicht so zu begeistern wie ein Militärmarsch. Adam war ein Feldwebel.«[80]

Im Juni desselben Jahres bewarb sich Cioran beim Bukarester Institut français um ein Paris-Stipendium, indem er fingiert, eine Dissertation über Henri Bergson schreiben zu wollen. Auch dies gehört zu den zahlreichen Ungereimtheiten in Ciorans *Vita*. Im April 1937 hatte er von Braşov aus Mircea Eliade gefragt: »Was soll ich hier tun? Von dem Moment an, wo ich mich nicht aktiv in die nationalistische Bewegung integrieren kann, bin ich in Rumänien nicht von praktischem Nutzen.«[81]

Im »Mittelpunkt der Welt«, der für ihn Paris darstellt, einmal niedergelassen, wird er im Brief vom 13. Dezember 1937 an Eliade seine Ansicht bekräftigen, Rumänien könne sich »vor dem Westen nur durch eine Revolution von rechts behaupten. Mehr denn je bin ich davon überzeugt, daß Rumäniens letzte Chance die Eiserne Garde ist... Jede Geste, die die Lunte an die Demokratie in Rumänien legt, ist ein kreativer Akt.«[82]

Spielte Cioran mit dem Gedanken, wieder in Rumänien zu leben, d.h. in einem künftigen Legionärs-Staat, als er im Winter 1940 nach Bukarest reist? Mitnichten, er will lediglich Fragen zu seinem Militärdienst klären (einem eventuellen Stellungsbefehl vorbeugen).

1940 veröffentlicht er als Privatdruck in Sibiu die Aphorismensammlung »Amurgul gîndurilor« (Gedankendämmerung) und 1941 kommt die zweite Auflage seiner »Verklärung Rumäniens« heraus. Politisch erwartet ihn eine Militärdiktatur unter dem Conducător (Führer) Ion Antonescu, der im Herbst König Carol II. zugunsten seines Sohnes Mihai zur Abdankung genötigt hatte. Im Radio Bukarest liest Cioran am 27. November 1940 eine flammende Rede zum zweiten Todestag des Câpitans Codreanu, der während der sog. ›Königsdiktatur‹ Carol II. am 30. November 1938 ermordet wurde: »Er hat einer Sklaven-Nation Ehre eingehaucht; er hat einem rückgratlosen Haufen den Sinn für Ehre wiedergegeben. (...) Vor Corneliu Codreanu war Rumänien eine bevölkerte Sahara. Diejenigen, die sich zwischen Himmel und Erde befanden, hatten keinen anderen Lebensinhalt als das Abwarten. Jemand mußte kommen. (...) Er wollte nicht das Elend unserer Existenz verbessern, sondern das Absolute in den täglichen Atem Rumäniens einführen. (...) Der Hauptmann hat den Rumänen einen Sinn gegeben. Vor ihm war der Rumäne nur Rumäne, also eine aus Erstarrung und Wehmut bestehende Materie. Der Legionär ist eine Rumäne mit Substanz. (...) Seine [Codreanus] Lösungen sind gültig im Jetzt und in der Ewigkeit. Die Geschichte kennt keinen Visionär mit stärkerem Geist und so viel Weltkenntnis, gestützt auf eine heilige Seele. (...) Der Glaube eines Menschen hat eine Welt erschaffen, die die antike Tragödie und Shakespeare hinter sich läßt. Und das auf dem Balkan! Jedenfalls würde ich, wenn ich zwischen Rumänien und dem Hauptmann wählen müßte, keinen Augenblick zögern.

Nach seinem Tod haben wir uns alle einsamer gefühlt. Außer Jesus war kein Toter gegenwärtiger unter den Lebenden. (...)

Von jetzt an wird das Land von einem Toten regiert werden, sagte mir ein Freund an den Ufern der Seine. Dieser Tote hat ein Parfüm der Ewigkeit über unsere menschliche Spreu verbreitet und den Himmel über Rumänien wiederhergestellt.«[83]

Cioran erliegt hier dem Führerkult, den er 1937 in bezug auf Hitler als »kollektiven Wahn« qualifiziert hatte, gegen den er eine »Buddhismus-Kur« empfahl.[84] Eines Tages wird der ernüchterte Denker notieren, was auch für diese seine Apologie eines mystischen Revolutionärs gilt: »Wenn die Menschheit dermaßen die Retter liebt, Verrückte, die sich eine Sendung anmaßen und die fanatisch an sich selbst glauben, so deshalb, weil sie sich vorstellt, daß diese an die Menschheit glauben.«[85] Ciorans Schwanken belegt überdies sein Artikel »Siebenbürgen — ein rumänisches Preußen« (ÎNALTAREA, 1. Januar 1941), in welchem er den ›Legionären‹ nahezulegen versucht, daß das multikulturelle Siebenbürgen ein Modell für die künftige Entwicklung Rumäniens darstelle, da bürgerliche Werte wichtiger wären als rassische.[86]

Am 2. Januar 1941 läuft Cioran in Bukarest dem jüdischen Schriftsteller Mihail Sebastian über den Weg, den er aus den Tagen von Eliades »Criterion«-Kreis kennt. Sebastian wird ihn in seinem Tagebuch als »strahlend« schildern. Die gute Laune Ciorans verdankt sich der Tatsache, daß ihn Horia Sima (1906–1993)[87], Kommandant der Legionärsbewegung, also Codreanus Nachfolger, zum Kulturattaché an der rumänischen Botschaft in Vichy ernannt hat. Sebastian attestiert Cioran eine »doppelte Portion Zynismus und Feigheit«[88]. Cioran notiert später: »Um 1940 war es mein Ideal, Geld zu haben, mich in einem prächtigen Hotel niederzulassen, in mein Zimmer einen dicken und weichen Teppich legen zu lassen, mich auf diesen hinzulümmeln und zu weinen.«[89]

Nach dem Putschversuch der »Statul National Legionar« (Nationalen Legion) um Horia Sima, am 21. und 22. Januar 1941, den General Antonescu mit Hilfe deutscher Truppen niederschlagen kann, rettet Cioran seine Haut, indem er fluchtartig nach Frankreich zurückkehrt. Als prominenter »Gardist« mußte er um sein Leben bangen, da Antonescu zur Vergeltung Hunderte ›Legionäre‹ liquidieren ließ. Immerhin klingt es nicht nach Billigung der Massaker seiner Gesinnungsgenossen, wenn Cioran sich später dem Kommunisten Herbert (Belu) Zilber gegenüber äußert, die ›Legion‹ »prügele sich mit dem Land«[90]. Drei Tage lang waren die ›Legionäre‹ brandstiftend, plündernd und mordend — insbesondere durch die von Juden bewohnten Stadtviertel Bukarests gezogen. 120 Tote gehen auf ihr Konto.[91] Einige von ihnen finden nach Folterungen im Schlachthof den Tod: an die an Fleischerhaken aufgehängten nackten Leichen hat man den Zettel »Koscheres Fleisch« befestigt.

Mea culpa

In seinen Briefen aus der Nachkriegszeit distanziert sich Cioran des öfteren beiläufig von einstigen Vorurteilen. So schreibt er 1946 an die Familie, nachdem er einen großzügigen jüdischen Rumänen in Paris kennengelernt hat: »Im Grunde sind alle Ideen absurd und falsch, was bleibt, ist der Mensch, wie er ist, unabhängig von Glaube und Herkunft.«[92] Und in seinen an den Bruder Aurel adressierten Zeilen bekräftigt er: »Außer Poesie und Musik ist alles Lüge oder vulgär.«[93] Ja, er bekennt sich erneut zu den Werten des Skeptikers, der »Auf den Gipfeln der Verzweiflung« geschrieben hatte: »Außer Poesie, Metaphysik und Mystik hat nichts einen Wert.«[94] 1948 bekundet er seinen Eltern gegenüber: »Alles Unglück im Leben rührt von der Teilnahme an irgendwelchen Gruppen her.«[95]

»Wir waren eine Bande von Verzweifelten im Herzen des Balkans. Und wir waren zum Scheitern verurteilt; und unser Scheitern ist unsere einzige Entschuldigung«[96], schreibt Cioran 1949 in seinem ersten *mea culpa*. Weiter heißt es zur »Eisernen Garde«: »Zu jener Zeit gründete sich eine Art Bewegung — die alles reformieren wollte, *sogar die Vergangenheit*. Aufrichtig glaubte ich nicht einen Augenblick daran. Doch diese Bewegung war der einzige Anhaltspunkt dafür, daß unser Land etwas anderes sein konnte als eine Fiktion. Es war eine grausame Bewegung, eine Mischung aus Vorgeschichte und Prophetie, Mystik des Gebets und des Revolvers, und die von allen Autoritäten verfolgt wurde und anstrebte, verfolgt zu werden. Denn sie hatte den unsühnbaren Fehler begangen, eine Zukunft für etwas zu entwerfen, was keine hatte. Sämtliche ihrer Führer wurden geköpft, ihre Leichname auf die Straße geworfen: *sie* hatten ein Schicksal, was es dem Land ersparte, selbst eines zu haben. Sie wogen ihr Vaterland mit ihrem Irrsinn auf. Denn es waren blutrünstige Märtyrer. Sie glaubten an den Mord: darum wurden sie getötet. Und in ihren Tod nahmen sie die Zukunft mit, die sie ungeachtet des gesunden Menschenverstandes, der Evidenz, der ›Geschichte‹ entworfen hatten. Die Bewegung wurde schikaniert, zerstreut, halbwegs zerstört. Sie hatte das Schicksal eines grausamen Port-Royal. Sie gründete sich auf grausamen Ideen: sie verschwand in der Grausamkeit.«[97]

Man nimmt Cioran die Zerknirschung ab, die ihn im geistigen und zeitlichen Abstand »Die Verklärung Rumäniens« als »Elaborat eines rasenden Irren« apostrophieren läßt. Desgleichen sagt er sich vom politischen Aktivismus seiner zwanziger Jahre los, vom Willen, »Geschichte zu machen«: »Wenn ich all diese Leidenschaften überdenke, den ganzen Wahnsinn meines damaligen Ichs, meine Fehler und mein Aufbrausen, meine Träume von Intoleranz, Macht und Blut, den übernatürlichen Zynismus, der sich meiner bemächtigt hatte, meine Qualen im Nichts, mein verzweifeltes Wachen, kommt es mir vor, als ob ich mich über die Besessenheiten eines Fremden beuge (...).«[98] Zwei Jahrzehnte darauf fällt sein Urteil nicht anders aus: »Ich war dreiundzwanzig und ich war verrückter als alle Welt; ich habe gestern dieses Buch [Die Verklärung Rumäniens] durchgeblättert; es schien mir so, daß ich es in einem vorigen Dasein geschrieben habe, jedenfalls erkennt mein gegenwärtiges Ich den Autor nicht wieder. Man sieht, wie sehr das Problem der Verantwortung unentwirrbar ist. Wie viele Dinge ich doch in meiner Jugend glauben konnte!«[99]

Seine öffentliche Abbitte an die Juden, 1954 geschrieben und 1956 in den Band »La tentation d'exister« (Dasein als Versuchung) aufgenommen, stilisiert das »Volk von Einzelgängern« zu »Meistern der Existenz«, deren Intelligenz er uneingeschränkt bewundert. Dennoch gesteht er sich ein: »Mit zwanzig Jahren liebte ich sie [die Juden] zwar so sehr, daß ich bedauerte, keiner der Ihrigen zu sein, doch etwas später konnte ich ihnen nicht verzeihen, daß sie eine Hauptrolle im Lauf der Zeiten gespielt hatten, und verfiel darauf, sie mit der ganzen Wut einer Haßliebe zu verabscheuen. (…) Zu dieser Zeit hatte ich übrigens nur ein angelesenes Mitleid mit ihrem vergangenen Leiden und konnte die ihnen bevorstehenden nicht ahnen.«[100] In seinen Tagebüchern liest man sogar: »Die einzigen guten Leute in Deutschland waren die Juden. Seit sie verschwunden sind, blieb nur noch eine Art monströses Belgien übrig.«[101]

Damals konnten nur Eingeweihte, die von Ciorans »Gardisten«-Zeit wußten, mit dieser vagen Aussage etwas anfangen. Zwar trifft es zu, daß der Autor, nachdem er 1949 die »Précis de décomposition« (Lehre vom Zerfall) herausgebracht hat, nach Möglichkeit sein rumänisches Werk verschweigt. Um so mehr zeugen seine intimen Notate, die nicht für die Öffentlichkeit bestimmt waren, von einer realen Wandlung und echtem Erschrekken über den ehemaligen Chauvinismus. So schreibt er in seinen »Cahiers«: »Die Eiserne Garde? ›Die Dämonen‹ von rechts, Anhänger der Orthodoxie, die ideologisch im Gegensatz zu jenen stehen, die Dostoevskij angeprangert hatte, aber psychologisch gesehen sich recht ähnlich sind. Kein rumänisches Phänomen. Außerdem war der Führer der E. G. [Eisernen Garde] Slawe.«[102]

»Ich denke an die Jahre 1933–34–35, an den Irrsinn, der sich meiner bemächtigt hatte, an meine maßlosen Ambitionen, an den ›politischen‹ Wahn, an meine wirklich wahnsinnigen Ansichten — welch Vitalität in der Überspanntheit! Ich war verrückt, ohne erschöpft zu sein.«[103]

Insbesondere seine »Verklärung Rumäniens« wird Cioran als alters- und stimmungsbedingtes Opus seiner Selbstkritik unterziehen. Bei der erneuten Lektüre im Jahre 1969 erkennt er sich selbst nicht wieder und staunt über seine damalige Naivität.[104]

»Manchmal frage ich mich«, heißt es im Brief vom 2. November 1973 an seinen Bruder Aurel, »ob ich wirklich der bin, der diese Phantastereien, die man zitiert, geschrieben hat. (...) Jede Beteiligung am Jahrmarkt der Zeiten ist eine leere Erregung. (...) Ich wäre heute viel weiter, hätte ich dies schon mit zwanzig Jahren gewußt. (...) Der Enthusiasmus ist eine Form des Wahns. Wir haben diese Krankheit durchgemacht, von der geheilt zu sein uns niemand zugestehen will.«[105]

Auch 1990, als er der Eitelkeit erliegt, einer rumänischen Neuauflage der »Verklärung Rumäniens« zuzustimmen, erklärt er im Vorwort »Leidenschaft«, »Stolz« und »Hysterie« zur affektiven Folie des Buchs, um hinzuzufügen, daß er es für seine Pflicht hielt, einige »prätentiöse, törichte Seiten« wegzulassen.[106] Im Gespräch mit dem Freund Eugène Ionesco gesteht er sich *»geistige Scham«*[107] ein, der »Garde« angehört zu haben, während er sich in einem Zeitungs-Interview mit François Bondy um eine psychologische Deutung seiner Faszination von jener »irren Sekte« bemüht: »Man sprach dort weniger vom ›nationalen Erwachen‹ als von der Herrlichkeit des Todes. Die Rumänen sind im allgemeinen skeptisch, erwarten sich wenig vom Schicksal. So war die intellektuelle Verachtung der Garde allgemein, aber psychologisch lag die Sache anders. Es gab eine Wirkung des Wahnsinns in einem tief fatalistischen Volk. (...) Die ›Eiserne Garde‹ galt irgendwie als Remedur gegen alle Übel, auch die Langeweile, auch den Tripper. Bei der Neigung zu etwas Extremen hätte auch der Kommunismus viele angezogen, doch war er kaum existent, kein eigentliches Angebot. Ich habe damals erfahren, was es bedeutet, mitgerissen zu sein ohne eine Spur von Überzeugung.«[108] Im Gespräch mit Fritz J. Raddatz wird er das ästhetische Motiv betonen: »(...) ich habe mich nicht für seine Idee [den rumänischen Faschismus], sondern für seine Exaltiertheit interessiert. Das hat zwischen diesen Leuten und mir eine Art Verbindung hergestellt. Eine pathologische Geschichte im Grunde. Denn durch meine Bildung und Auffassung war ich ganz anders. (...) denn zugleich habe ich, der Sohn eines Pfarrers, an allen Sitzungen des Jüdischen Weltkongresses in Bukarest teilgenommen, als einziger Nicht-Jude. Und ich war fasziniert. Das ist die andere Seite meiner Natur. (...) meine Einstellung war immer eine ästhetische, nicht eine politische — ich habe vorhin von Laune gesprochen.«[109]

Halten wir uns freilich an das Ästhetische, wie es Cioran im zitierten Brief an Constantin Noica 1957 definiert hatte,[110] so umfaßte dieses durchaus politische Aspekte. Wir können nur spekulieren, ob die jüdischen Freunde Ciorans (Benjamin Fondane, Piotr Rawicz, Armel Guerne, Primo Levi, Elie Wiesel, Jakob Taubes et al.) Kenntnis hatten von dessen legionsbewegter Publizistik, ausgenommen Mihail Sebastian und den Philosophen Imre Toth (geb. 1921). Das Faktum an sich bezeugt mehr als Worte den Gesinnungswandel.

Es liegt nahe, Ciorans französisches Exil in einen ursächlichen Zusammenhang zu stellen mit dessen politischer Metamorphose. Sein rumänisches aphoristisches Werk, bis hin zum letzten, der 1940 in Sibiu gedruckten »Amurgul gîndurilor« (Gedankendämmerung), hat rein gar nichts mit den nationalistischen Tiraden des »Gardisten« zu tun. Ursprünglich sollte das Buch den Titel »Brevier des Grams« tragen. Der »Îndreptar pătimaş« (Leidenschaftliche Leitfaden), an dem er in Paris während der Jahre 1940 und 1945 in der Muttersprache schreibt, stellt insofern eine Zäsur dar, als das Manuskript seinem Anspruch nicht genügt. So manches erinnert noch an »Die Verklärung Rumäniens«, diesmal jedoch dominiert der Haß auf die Gräber, d.h. auf Vorfahren, Herkunft, Vergangenheit. Die ›Legion‹ bzw. die »Garde« hatte sich dagegen auf die rückwärts gewandte Utopie eingeschworen, Dacien wiederzugewinnen, vor der Eroberung durch die Römer im 1. Jahrhundert n. Chr.[111]

Der »Leidenschaftliche Leitfaden« zeugt aber auch von Ciorans eremitischer Existenz in der Fremde, von seiner Einsamkeit und dem Schweigen, für das das lange unveröffentlichte

Manuskript steht, bevor er das Idiom wechseln, auf französisch schreiben und zum skeptischen Aphoristiker werden sollte. Handelte es sich wirklich um eine bewußte Absage an allen Illusionismus und Messianismus — oder nur um die resignative Zustimmung zu einer *vita contemplativa*, weil die Kräfte weder für einen Autokraten noch gar einen Tyrannen ausreichten?

»Durch die Unmöglichkeit zu töten oder mich zu töten, habe ich mich in die Literatur verirrt. Einzig diese Unfähigkeit hat aus mir einen Schreiber gemacht.«[112]

Schreiben als Ersatzhandlung, wenn nicht aufgeschobene Aggression, alle Künste ein gehemmtes Begehren, die Kultur an sich eine »Leistung« von Triebkontrolle, Verzicht oder ›Sublimierung‹: in diesem Punkt stimmt Cioran Freud unfreiwillig zu. Als notorischer »rasender« Skeptiker wird er keine Lehre mehr gelten lassen. Sein Metier sind forthin Flüche, allenfalls ironisch gebrochene Bewunderungsübungen.

III
Exil

»Ein Mensch, für den es auf der Erde keine Heimat gibt.«
Cioran

Cioran hatte sich mit dem Leiter des Französischen Kulturinstituts in Bukarest, Alphonse Dupront (1905–1990), befreundet, da es sein Wunschtraum ist, in Paris zu leben. »Als ich jung war, stellte ich mir vor, daß ich ein außergewöhnlicher Kerl würde, indem ich mich im ›Mittelpunkt der Welt‹ niederließ.«[1] Seit dem Mittelalter genoß Lutetia diesen Ruf. Die Stadt versprach geistige, künstlerische Freiheit und Karriere, bis sie in den Vorkriegsjahren zu einem der wichtigsten Emigrationszentren wurde. In seiner Bewerbung vom 15. Juni 1937 um das Paris-Stipendium behauptet Cioran, er habe das »Studium der Unterschiede zwischen intuitiver und rationaler Erkenntnis fortgesetzt. Der Umgang mit der Bergsonschen Philosophie hat mir auf dem Gebiet der Erkenntnistypen Perspektiven eröffnet. In Frankreich würde ich mich gern näher mit diesem Problem befassen und eine Dissertation vorbereiten über die Bedingungen und Grenzen der Intuition. Gleichzeitig werde ich versuchen, die Ideen über die Intuition mit einer bestimmten Kategorie von Problemen zu verbinden, die der zeitgenössische Intuitionismus besonders erhellt hat: die gnoseologische Bedeutung der Ekstase; das Transzendente im intuitiven Erkenntnisakt; die Bedeutung der Verbindung Plotin–Eckhart–Bergson. In dieser Hinsicht waren mir die Arbeiten von Édouard Le Roy, Henry Delacroix, Jean

Baruzi etc. äußerst nützlich. Die Möglichkeit, ihre Vorlesungen in Paris zu besuchen und bei ihnen zu arbeiten, wäre für mich eine große intellektuelle Befriedigung.«[2] Cioran schätzt den Stilisten Bergson, nicht den Philosophen: »Gerade Simmel hat Bergson vorgeworfen, er habe übersehen, daß das Leben ›sich zerstören muß, um weiterzubestehen‹. Bergson hat wirklich die tragische Seite der Existenz außer acht gelassen. (…) Man kann nicht ungestraft eine innere Krise vernachlässigen.«[3] Nicht zufällig erinnert Simmels Skeptizismus an denjenigen seines Bewunderers Cioran, so wenn er konstatiert, daß der »Apfel vom Baum der Erkenntnis (…) unreif war« oder das Ganze des Lebens pessimistisch als »Verhängnis« bezeichnet, »das nicht zu dem Leben hinzukommt, sondern welches das Leben selbst ist«.

Im Sommer 1937 unternimmt er eine zweite Paris-Reise.

Unter der Bedingung, pro Semester zwei professorale Empfehlungsschreiben vorzuweisen, wird Cioran ein dreijähriges Stipendium gewährt, das sich auf 1000 Francs monatlich beläuft. Vergebens suchen wir nach Ausführungen des Rumänen über Bergson oder den Intuitionismus, aber das Buch über Mystik und Ekstase hat er bereits geschrieben, als er im November 1937 in Paris eintrifft. »Es regnete jeden Tag, ich war enttäuscht und verzweifelt.«[4] In rumänischen Zeitschriften wird er von der »traurigsten Stadt, die er je gesehen habe«[5], berichten. In den »Fragmenten aus dem Quartier Latin«[6], notiert am 15. Januar 1938, werden Rilkes »Aufzeichnungen des Malte Laurids Brigge« zitiert: »Kommt man hierher zum Leben, ich glaube, es stürbe sich eher.« Indem er den Befund des Dichters als übertrieben qualifiziert, relativiert Cioran ihn. Zitiert werden in diesem knappen Artikel des weiteren Chamfort, Heine, Baudelaire, Maurice Barrès, Proust und Hiob. Nachdem er die illusorischen Glücksversprechungen der Stadt und deren Opfer, die Gescheiterten heraufbeschworen hat, kehrt er zu Rilke zurück, der 1902–14 als Rodins Sekretär in Paris gelebt hatte. Wem es an Musik und Poesie gebreche, um dem »Vampirismus« der Metropole zu widerstehen, fände hier wenigstens das geeignete Ambiente zum Sterben. »Sie sind erschöpft? Dann ist Paris der ideale Rahmen für eine Agonie, und Rilke hat es ganz einfach geschildert.« Dieses ambivalente Verhältnis, diese Haßliebe wird sich als dauerhaft erweisen. Im Rückblick übertreibt Cioran das Echo auf seine pessimistische Optik: »der [Artikel] hätte ganz schlimme Folgen für mich haben können (...). Für die Rumänen, die in Paris lebten, war diese Stadt wie *lumière* und weiß Gott was — ich habe geschrieben: Es ist die traurigste Stadt der Welt. (...) Und das hat in Rumänien einen ganz schlechten Eindruck gemacht. Sogar der Direktor des Französischen Institutes war empört: Es sei unmöglich, so etwas zu schreiben. Paris war für mich eine faszinierende Hölle.«[7]

An der Sorbonne belegt er pro forma Literatur und Philosophie. Das Hotel Marignan nahe dem ›Collège de France‹ (Rue du Sommerard Nr. 13, V. Arrondissement) ist sein erstes Logis. Es kostet ihn fast die Hälfte seines Stipendiums.

Um »La crimi şi sfinti« (Von Tränen und von Heiligen) 1937 in Bukarest zu veröffentlichen, noch dazu auf seine eigenen Kosten, bedurfte es einiger Pirouetten. »Damals habe ich über die Heiligen ein Buch geschrieben, das einer tiefen religiösen Krise entsprungen ist. Ich habe es einem Verleger in Bukarest gegeben, der nahm es an, ohne es gelesen zu haben. (...) Zwei Monate später sagte er mir, daß er das Buch um nichts in der Welt veröffentlichen werde. Warum nicht? fragte ich. Der Setzer hat es gelesen und mich gewarnt, es sei ein schreckliches Buch. Sie müssen mich verstehen, ich bin reich, mein Vermögen habe ich mit Gottes Hilfe gemacht. Aber Sie haben so fürchterliche Dinge über Gott und die Religion geschrieben. Ich will das Buch nicht — nehmen Sie es zurück. Das Buch ist dann zwei Monate später anderswo erschienen, als Privatdruck, ohne daß ein Verlag dahinterstand, in meiner Abwesenheit.«[8] Ein russischer Typograph, den er recht gut kennt, fertigt schließlich den Privatdruck.

»Von Tränen und von Heiligen« entstand während des Winters 1936/37 in Braşov, »ganz oben auf dem Hügel (Livada Poştii), von dem aus ich die Berge sehen konnte. Welch Einsamkeit! Das war die Hochzeit meiner Laufbahn als elegische Mißgeburt.«[9] Retrospektiv wird der Autor bemerken: »Alles, was ich geschrieben habe, läuft hinaus auf *aggressive* Tränen. *Ein Troglodyt und ein Ästhet.*«[10]

Sicher wurde Cioran zu seinem Thema auch durch eine Vorlesung Nae Ionescus über Mystik angestoßen, aber er kann sich durchaus auf eigene ekstatische Erfahrungen berufen. Daß letztere nicht zwangsläufig mystischen Charakters sind, gilt es dabei zu bedenken. Wie lassen sich Visionen bzw. Auditionen von Halluzinationen abgrenzen? Euphorie, Trance, Rausch, Ekstase, Hysterie, Wahn: die Übergänge zwischen den Zuständen, welche diese Begriffe umreißen, sind mitunter fließend, und noch zweifelhafter ist die spirituelle Genese der Zustände an sich. Welche Gewißheit habe ich, eine authentische Ekstase erfahren zu haben? Das Bewußtsein weder durch Drogen transformiert noch durch körperlichen Streß aus der Bahn geworfen. Die profane Natur jener Ekstasen, die quasi äußerlich induziert werden, mit Hilfe von körperlichen Übungen, Sexualpartnern, Drogen, Askese etc., dürfte einleuchten. Ekstasen also, die gesucht, angestrebt wurden (vom Junkie bis zum Extremsportler), wären keine authentischen, zumal sie selten wie eine Zäsur erlebt werden, sondern wie etwas, das sich nötigenfalls beliebig wiederholen läßt. Aber gilt dies nicht auch für archaische Ekstasetechniken? Die asiatische Meditation (Yoga), die Derwischtänze, den Schamanismus wie auch den Candomblé? Cioran, der seine Ekstasen exakt beziffern kann, schildert das Erlebte als ein plötzliches Ereignis, das sich für ihn insbesondere als Aufhebung der Zeit manifestiert, und zwar fast regelmäßig im Zusammenhang mit Phasen großer Einsamkeit. Da die meisten Sterblichen ohne auch nur eine einzige Ekstase in ihrem Leben auskommen müssen, darf man bei Cioran von einer Frühbegabung sprechen. Sein Bericht beginnt mit der Schlaflosigkeit:

»Das war zwischen 1920 und 1927, eine Epoche ständigen Unbehagens. Jede Nacht irrte ich, finsteren Obsessionen ausgeliefert, in den Straßen umher. Während dieser Zeit innerer Anspannung habe ich mehrmals die Erfahrung der Ekstase gemacht. Auf jeden Fall habe ich Augenblicke erlebt, in denen man aus der Welt des Scheins herausgerissen wird. Eine unmittelbare Ergriffenheit überwältigt einen ganz plötzlich. Man findet sich in eine ungeahnte Fülle getaucht, oder eher in eine triumphale Leere. Das war eine grundlegende Erfahrung, die unmittelbare Offenbarung der Nichtigkeit all dessen, was existiert. Diese Erleuchtungen führten mich zur Erkenntnis des höchsten Glücks, wovon die Mystiker sprechen. Außerhalb dieses Glücks, zu dem wir nur ausnahmsweise und kurz geladen sind, besitzt nichts eine wirkliche Existenz; wir bewegen uns im Reich der Schatten. Wie auch immer, aus dem Paradies oder aus der Hölle kehrt man nie unverändert zurück.«[11] Der extreme Atheismus des jungen Cioran verunmöglicht, was auch nur entfernt an eine *unio mystica* erinnern könnte. Die Äquivalenz von Fülle und Leere (»Nichtigkeit«) in der Schilderung des Erlebnisses gleicht eher der in zen-buddhistischen Meditationsübungen angestrebten Bewußtseinsebene. Selbstverständlich ist Ciorans retrospektive Darstellung gefärbt durch entsprechende Lektüren. Halten wir fest, daß der ekstatische Bewußtseinswandel für ihn nicht ein Verschmelzungserlebnis mit dem Absoluten impliziert, sei dies nun der Kosmos oder Gott selbst, sondern primär die radikale Desillusionierung meint. »Höchstes Glück« wäre nicht so sehr das Alleinheitserlebnis in der beseligenden Entgrenzung – eine der klassischen Definitionen –, sondern allein das Moment der Erleuchtung (*satori*) über den illusorischen Charakter alles Wirklichen — jenes Wirklichen, das uns leiden läßt, wenn wir es nicht durchschauen und somit zerstören. Man könnte vom nihilistischen Aspekt des Buddhismus sprechen: »Der Glaube an die Unwirklichkeit der Welt«, muß Cioran eines Tages zugeben, »zerstört aber nicht die Furcht.«[12]

Das ekstatische Herausfallen aus der Zeit situiert er im winterlichen Berlin der Jahre 1934/35: »Meine Einsamkeit in Berlin kann sich ein normaler Mensch nicht vorstellen. Wie konnte ich *nervlich* durchhalten? Nie war ich dem Sturz und der Heiligkeit so nahe… Ich glaube, daß ich, begünstigt durch einige außergewöhnliche, beispiellose Augenblicke, jene Grenzen gestreift habe, die die Heiligen oft erreichten und die aus ihnen *positive* Monstren macht, Monstren, die zum Glück und Unglück nicht nachzuahmen sind.«[13]

Präziser heißt es zu dieser Überwältigung durch die Erfahrung eines intensiven Anderen später: »(…) eines Morgens, es war kurz vor 11 Uhr, nahm ich an der Station *Bellevue* die S-Bahn, als mich plötzlich ein ›übernatürlicher‹ Schauder ergriff, die Gewißheit, daß die *ganze* Zeit sich seit jeher in mir konzentriert hatte, in mir gipfelte und daß ich sie voranschreiten ließ, daß ich zugleich Schöpfer und Träger der Zeit war. Dieses Gefühl dauerte nicht lange: ein Blitz, aber von einer Helligkeit und einer Intensität, die kaum zu ertragen waren, obwohl das Gefühl mit dem Eindruck beispiellosen Glücks verbunden war. (…) die ekstatischen (oder quasi-ekstatischen) Zustände in meinem Leben waren verbunden mit meiner Schlaflosigkeit, mit der Vergiftung durch das Wachsein, mit dem Irrsinn und dem Wahnsinn der schlaflosen Nächte, die mich tagsüber in einen fieberhaften Zustand versetzten, der äußerst erschöpfend war.«[14]

Seine ekstatische Erfahrung schließt also nicht die typische Aufhebung der Subjekt-Objekt-Spaltung ein, sondern einzig diejenige der dreigeteilten Zeitempfindung. »Erlösung in Augenblicken« nennt er an anderer Stelle die als Kontinuum wahrgenommene Zeit. Da er selbst kein Mystiker ist, gebraucht er weder die Ausdrücke Unendlichkeit noch Ewigkeit, sondern spricht lediglich vom »höchsten Glück« — im Augenblick, unbelastet von Vergangenheit und der Sorge um die Zukunft. Jahre später wird er im Gespräch diesen »Höhepunkt« seines Lebens folgendermaßen schildern: »ich habe erlebt, daß ich das Zentrum der Zeit bin, daß Vergangenheit, Gegenwart und Zukunft in mir kulminierten. Es war ein so starkes Erlebnis, daß ich die Faust in den Mund stecken mußte, um nicht zu schreien. Dostoevskij würde gesagt haben: ›Passen Sie auf, das könnte Epilepsie sein!‹«[15] (Den Epileptikern wird nachgesagt, leichter Elevationen zu erleben als Gesunde.) Den privilegierten Augenblick erlebt er als Selbstauflösung: »Die Seligkeit der Ekstase ist schier unerträglich. Man hat den Eindruck, daß alles aufgehoben, aufgelöst ist und daß dem Werden kein Sein mehr anhaftet. Das sind außergewöhnliche Augenblicke, die das Leben freikaufen und die man sehnlichst herbeiwünscht.«[16] Doch Cioran unternimmt nichts, um diese spontane Erfahrung, die er auch als »Erfüllung *durch die Zerstörung des Bewußtseins*«[17] definiert, zu provozieren und somit zu wiederholen. Im Gegensatz zu ungezählten Schreibenden (Rimbaud, Baudelaire, Huxley, Witkiewicz, Artaud, Burroughs, Roger Gilbert-Lecomte, Ernst Jünger, René Daumal, Henri Michaux et al.) reizen ihn bewußtseinsverändernde Drogen nicht als ›Fahrzeug‹, die Pforten der Wahrnehmung zu öffnen, begreift er doch die Ekstase als ein Phänomen, das zwar die Fähigkeit zur Selbstentgrenzung voraussetzt, letztendlich aber bloß »an die Stelle des beliebigen Wahns, auf dem ihr Leben gründete, einen anderen, allerhöchsten setzen, in dem alles entschieden, alles überholt ist. Da ist der Geist aufgehoben, das Denken eingestellt und mit ihm die Logik der Verwirrung.«[18]

Der »Höhepunkt« seines Lebens erweist sich indes nicht als Zäsur mit entsprechenden Konsequenzen für sein weiteres Handeln. Die Auseinandersetzung mit Heiligen überrascht schon deshalb, weil der Autor in seinem Erstlingswerk gerade die »Erleuchtungen und Verklärungen« der Wüstenheiligen, Eremiten und Asketen in Frage gestellt hatte.[19] Dieselbe vehemente Ablehnung der Heiligkeit begegnet uns noch im »Buch der Täuschungen«.[20] Sollte die Lektüre von Hagiographien, Biographien oder Viten Cioran umgestimmt haben? Denn es trifft ja zu, daß der Amtskirche Mystiker stets suspekt waren, und die eventuelle Heiligsprechung unterstand und untersteht einzig ihrer Autorität. Suspekt die intimen Gotteserfahrungen, suspekt die selbstauferlegten Martern, desgleichen die bewirkten ›Wunder‹ wie Spontanheilungen. Jakob Böhme, Meister Eckhart liefen stets Gefahr, als Extremisten der Häresie beschuldigt zu werden.

Eine weitere Inspirationsquelle erwähnt der Autor später: Rilkes »Stunden-Buch« (Vom mönchischen Leben / Von der Pilgerschaft / Von der Armuth und vom Tode).[21]

Obgleich Cioran bei der Neuauflage seines »Heiligen«-Buchs gerade einmal die Hälfte seiner ursprünglichen Fragmente gelten läßt, wird dennoch deutlich, wie sehr die Kritik an Kirche und Theologie das Opus dominiert, bis hin zu Äußerungen, die für den Klerus rundweg blasphemisch sein müssen.[22] Zwar geht Cioran rhapsodisch auf die unvergänglichen Menschheitsfragen wie Sterben, Tod, Jüngstes Gericht oder Unsterblichkeit ein, aber die polemischen Passagen sind sonder Zahl: »Es gibt Augenblicke, wo ich in mir einen mörderischen Haß gegen alle ›Agenten‹ des Jenseits aufwallen fühle und sie unerhörten Torturen aussetzen könnte.«[23] »Hätten die Heiligen gewußt, wie viel das Poetische durch das Hereinbrechen des Göttlichen einbüßt, so hätten sie auf die Heiligkeit verzichtet und wären Dichter geworden.«[24] Oder: »Was mich an der Heiligkeit interessiert, könnte wohl der Größenwahn sein, den sie in Sanftheit verschleiert, der maßlose Appetit, den die Demut verdeckt, das Unbefriedetsein, das die Nächstenliebe tarnt.«[25]

Dachte er an Joris-Karl Huysmans (der zeitweise an ein und demselben Tag religiöse wie sexuelle Bedürfnisse befriedigte), als er notierte: »Die Obsession des Absoluten ist nicht vom Hang zur Selbstzerstörung zu trennen. Daher die Verführungskraft des Klosters und des Bordells. ›Zellen‹ und Frauen auf beiden Seiten. Der Lebensekel gedeiht im Schatten der Heiligen wie der Huren gleich gut.«[26] Die Eloge auf das Scheitern resp. den Zynismus dürfte sich der Begegnung Ciorans mit dem bereits erwähnten Priesterkandidaten verdanken, die in Braşov stattfand. »Das Scheitern ist ein Paroxysmus der Klarsicht; die Welt ist den unerbittlichen Augen desjenigen durchsichtig geworden, der, steril und blasiert, an nichts mehr haftet. Der Gescheiterte *weiß* alles, selbst wenn er ungebildet ist, er sieht durch die Dinge hindurch, entlarvt und annulliert die gesamte Schöpfung, er ist ein La Rochefoucauld ohne Genie.«[27] Cioran übt sich bisweilen selbst in dieser Kunst, so wenn er die Nächstenliebe verhöhnt, die Existenz des anderen bündig verneint: »Das Universum ist ein Hohlraum, und die Geschöpfe sind nur da, um unsere Abgeschiedenheit zu bezeugen und zu verstärken. Ich bin niemals jemandem begegnet, ich bin nur über affenähnliche Schatten gestolpert.«[28] Und als begabter Psychologe ahnt der Autor, welcher Konflikt sich hinter glühendem Atheismus verbirgt, wenn er behauptet: »Alle Nihilisten haben mit Gott ein Hühnchen zu rupfen. Noch ein Beweis für die Nähe, die zwischen ihm und dem Nichts besteht. Nachdem wir alles mit Füßen getreten haben, bleibt uns nur noch übrig, diesen letzten Vorrat an Nichts zu zerstören.«[29]

Wenngleich Cioran der Ansicht ist, die gekürzte Ausgabe seines »Heiligen«-Buchs sei mangels der ursprünglichen Unverschämtheiten quasi »der Substanz beraubt«[30], so lassen sich dennoch die negativen Reaktionen nachvollziehen, als in Bukarest die Erstausgabe kursierte. Von Mircea Eliades Nihilismus-Vorwurf weiß er in Paris nichts, aber er kennt die Kritiken seines Freundes Arşavir Acterian in VREMEA. Die Rede war sogar von einem begangenen Sakrileg. Hatte Cioran nicht einstmals seinem Bruder unter der Androhung, andernfalls nie wieder mit ihm zu reden, davon abgebracht, Mönch werden zu wollen?[31] Insofern bleibt er sich mit »Von Tränen und von Heiligen« selbst treu. »Das Buch wurde stark angegriffen von allen meinen Freunden, niemand hat es verstanden, ausgenommen eine junge armenische Freundin. Meine Mutter, traurig und ratlos, hat mir einen Brief geschrieben: So ein Buch hättest Du erst nach unserem Tode veröffentlichen dürfen, denn die Leute werden empört sein. Ich: Sage diesen Leuten, das ist das einzige religiöse Buch, das man jemals auf dem Balkan geschrieben hat.«[32]

Die erwähnte einzige positive Reaktion gab es von Jeni Acterian, die sagte, »es sei das traurigste Buch, das man je geschrieben hätte«[33]. Die Freundin mag an Aphorismen wie diesen gedacht haben: »Ich glaube, keine Gelegenheit verpaßt zu haben, traurig zu sein (meine Berufung als Mensch).«[34] Die religiöse Krise endete zunächst in einer großen Ernüchterung. Cioran spricht von einer »Niederlage, die mir jedoch beibrachte, daß ich nicht dafür geschaffen war. Ich fühlte zwar eine religiöse Unruhe, ein Gären in mir, doch wußte ich genau, daß ich den Glauben nicht besaß, und ich wußte auch, daß ich ihn nie besitzen würde. Ich hatte natürlich auch die Mystiker gelesen, doch was mir in ihren Werken gefiel, war das Exzessive und ganz Persönliche an ihnen sowie die Tatsache, daß die Mystiker mit Gott sozusagen wie von Mensch zu Mensch sprachen. (...) Doch ich begriff zugleich, daß der Glaube für mich unmöglich war, ich konnte mich quälen, so viel ich wollte, es war einfach nichts zu machen.«[35] Ihm fehlt die Begabung zum Glauben an den einen persönlichen Gott, was auch eine Frage des Stolzes ist, da er Glauben mit Demut gleichsetzt.[36] Dies mag auch jener siebzehnjährigen Armenierin aufgefallen sein, die Cioran zitiert, weil sie ihm einen »ergreifenden« Leserbrief schrieb.[37] »Ich erinnere mich, daß ich damals eine Freundin hatte, die sich ganz der mystischen Glut hingab. Sie brachte es auf diesem Wege sogar recht weit. Sie war ein schlichter Mensch, unkultiviert, aber mit einer wachen Intelligenz begabt. Sie hatte erfaßt, daß ich auf diesen Wegen irrelief und daß ich gezwungen sein würde, Abstriche zu machen. Ihre Ahnungen waren richtig: Seit meiner Ankunft in Frankreich, 1937, ist die Versuchung verblaßt, das Bewußtsein des Scheiterns überwältigt mich, und ich verstehe, daß ich nicht zu denen gehöre, die finden, sondern daß es mein Los ist, mich zu quälen und mich zu Tode zu langweilen.«[38] Cioran wäre nicht als explizit areligiöser oder gar atheistischer Mensch zu begreifen, sondern als jemand, der eine Art »atheistische Religiosität«[39] lebt, so paradox dies prima vista auch klingt. Maria Daraki benutzt diesen Terminus auch in ihrem Buch über die Stoa, »Une religiosité sans Dieu«,[40] des weiteren kreierte Fritz Mauthner mit »gottloser Mystik«[41] ein weiteres Synonym für das Gemeinte.

Selbst in der ›entschärften‹ Fassung von Ciorans »Heiligen«-Buch finden sich keine Anzeichen für eine mystische Krise, im Gegenteil. So ist es denn nicht der »Glaube, sondern der *ennui*«, der ihn das »Wesentliche erahnen« ließ. »Obwohl die religiöse Haltung meiner Natur fremd ist, bleibt sie in mir als Versuchung.«[42] Allenfalls steht »Von Tränen und von Heiligen« als Datum für den Kampf »zwischen der Versuchung zu glauben und deren Verweigerung (…). Dennoch konnte ich nie den Zweifel überschreiten. Die Faszination des Negativen ist mir so wesensgemäß, daß ich unaufhörlich ihr Vorhandensein in mir spürte.«[43]

Trotz aller Selbstkasteiungen und Martyrien, die manche Mystiker auf sich nahmen, reibt sich Cioran an deren Hybris, d. h. der »Kühnheit (…), sich mit Gott zu vergleichen«.[44] Im Alter dann der entscheidende Satz: »Gott ist unnütz. Und ich bin genauso unnütz wie Gott. Ich spreche von Gott nicht als Gott, dem Gott der Religionen. Ich spreche von Gott als einem einsamen Wesen. Für mich ist Gott eine Art Bezugspunkt. Man kann seine eigene Einsamkeit nicht ohne die Idee Gottes verstehen, der das einsamste Wesen schlechthin ist. Gott ist für mich, der ich nicht gläubig bin, das aufs äußerste gesteigerte Ich. Gott ist der höchste Grad meiner eigenen Einsamkeit. Gott ist die Einsamkeit in ihrer vollkommenen Verwirklichung. Wir sind unvollkommen, aber Gott ist vollkommen allein.«[45] Ciorans Akzentuierung der Einsamkeit des Vollkommenen gleicht der skeptischen Betrachtung der Unsterblichkeit der Götter. Ist das eine wie das andere nicht auch ein Los im Sinne von Bürde?

Daß er 1937 brieflich Mircea Eliade gegenüber von der Absicht berichtet, aus anthropologischer Sicht über das Christentum schreiben zu wollen, klingt wie ein Konzept, seine extrem subjektive Auseinandersetzung mit dem Monotheismus objektiver zu gestalten. Er wolle sich auf Karl Barth und Friedrich Gogarten beziehen.[46]

Im Abstand der Jahrzehnte beurteilt Cioran »Von Tränen und von Heiligen« zumindest mit gemischten Gefühlen. Das Urteil reicht von »sehr schlecht geschrieben« bis hin zu »Inflation altmodischer Poesie«: »Ich gestehe, daß dieses Erzeugnis aus der Zeit, da ich zur ›Jungen Generation‹ gehörte, mir widersprüchliche Gefühle einflößt: es gelingt mir weder, es zu verwerfen noch zu akzeptieren«[47], heißt es im Brief an Arşavir Acterian. Dem Bruder gegenüber bedauert er den Verlust der einstigen *frénésie*: »Mit dem Alter wird man kälter, sogar der Irrsinn gefriert in einem.«[48]

»Wer soll dich von dir selbst heilen?«[49]

In seinen ersten Pariser Jahren sucht Cioran eine »verrückte, teuflische, zerstörerische Langeweile«[50] heim. Was ihm in Berlin widerfuhr, wiederholt sich. Zwar gedenkt er keinesfalls, die versprochene Habilitation auch nur in Angriff zu nehmen, sondern bereist zunächst mit dem Fahrrad ganz Frankreich, von Jugendherberge zu Jugendherberge. Die oft mehr als 100 km pro Tag gefahrenen Strecken sind eine Art Selbst-Therapie, um die quälende Schlaflosigkeit zu überwinden. (Für Nietzsche gehörten Gehen und Denken zusammen, offenbar auch für Jürgen von der Wense, der Strecken von 60 km täglich marschierte und noch die Erschöpfung genoß.) Dabei reizt ihn insbesondere die Möglichkeit, Unbekannte anzusprechen und mit unendlich vielen Leuten zu reden, »selbstverständlich nicht mit Intellektuellen. Ich mag die Gespräche mit einfachen Leuten, mit dem Volk (...) und ich tue es noch weiterhin und quatsche nach wie vor mit jedermann, unabhängig vom intellektuellen Niveau, im Gegenteil, mir sind die Ungebildeten viel lieber.«[51] Im übrigen hält er sich in den Jugendherbergen an den Lehrerinnen schadlos.

»In Wahrheit wollte ich nicht nach Paris gehen«, sondern nach Spanien: »Zwei Monate vor Ausbruch des Bürgerkriegs bat ich bei der Botschaft um ein Stipendium. Natürlich bekam ich keine Antwort. Spanien... ich war von dem Land behext. Ich hatte den ganzen Unamuno gelesen... (...) Spanien faszinierte mich, denn es bot das Beispiel für das allerbemerkenswerteste Scheitern. Eines der mächtigsten Länder der Welt gerät in eine solche Dekadenz!«[52]

Melancholisch lesen sich seine ausnahmsweise recht ausführlichen Briefe, die er an Jeni Acterian richtet, eine glutäugige, etwas füllige Schönheit. Bemerkenswert der freundschaftliche Ton — aber er schätzt die junge Frau ja auch als ein sehr intelligentes (trotz ihres Geschlechts) und feinfühliges Wesen. Im Brief vom 28. März 1938 geht er auf ihre Kritik an seinem »Heiligen«-Buch ein, um im übrigen seine misanthropische Stimmung zu betonen: »Leben ist Durst nach Unglück.« Er sei apathisch und arbeitsunfähig.[53] Und er beklagt sich über *cafard*, als er ihr am 17. Juli 1938 von der Ile de Bréhat (Bretagne) schreibt.

Wie so manches Mal begibt er sich auf literarische Spurensuche: Chateaubriands Geburtsort Combourg und dessen Grabmal auf der Ile du Grand-Bé. »Wenn ich Ihnen sage, daß eines der ersten Dinge, die ich in Frankreich gesehen habe, Combourg ist, das Schloß Chateaubriands (...)! Das hat doch eine Bedeutung, nicht wahr? Weil ich eine Leidenschaft für seine Schwester, Lucile de Chateaubriand, hegte. Ich habe alles über sie gelesen, ich hätte sogar ein Buch schreiben können. Meines Erachtens ist sie die schönste Gestalt der französischen Romantik. Sie hinterließ nur kurze Texte; das macht nichts.«[54] Aus dem Projekt einer Biographie Lucile de Chateaubriands (1764–1804) wird nichts, da er sich dazu nicht durchringen kann. Jeni Acterian schreibt er, daß er irgendwo fern von Menschen, Gott, dem Meer und sich selbst sein wolle. Ihn beherrsche das Gefühl, keine Freunde mehr haben zu können. Nur die Lepra sei imstande, seinen Durst nach Einsamkeit zu stillen. Aber die Angst vor sich selbst läßt ihn menschliche Gesellschaft suchen. Er flirtet mit Frauen und macht sogar vage Heiratsversprechungen.[55]

Die Ambivalenz des Verlangens nach Einsamkeit *und* nach Gesellschaft gehört zu seinem Wesen. In der Reflexion gelingt ihm eine Analyse des anscheinend paradoxalen Verhaltens: »Die Versuche, die Einsamkeit zu überwinden, verschärfen sie nur noch. Wenn wir uns von uns selbst durch Liebe, Rausch oder Glauben entfremden wollen, gelingt es uns lediglich, unsere Identität zu vertiefen. Du bist mehr *du selbst* in der Nähe des Weines, des Alkohols oder Gottes. Sogar der Selbstmord ist eine negative Huldigung an uns selbst.«[56]

Von der Côte d'Azur (Antibes) meldet sich im Frühjahr 1939 ein offenbar bestens gelaunter Cioran. In seinem Reisegruß an Mircea Zaprațan faßt er seine aktuelle Philosophie dahingehend zusammen, daß der mediterrane Zauber die alten Sorgen vertreibe: »Zum Glücklichsein gehören das Meer und die Frau. Dann der Nihilismus. (...) Stelle Dir einen sinnlichen Buddhismus vor.«[57] Heiter blickt Cioran neben seinem Rennrad aus dem zeitgenössischen Foto, das in Nizza gemacht wurde.

Das Resümee seiner dreimonatigen Reise durch die Pyrenäen wirkt dagegen abermals skeptisch. Im Brief vom 26. Juli 1939 an Jeni Acterian bekennt er, daß er sich durch Reisen von sich selbst ablenken wolle, das Leid ihn folglich temporär zum Nomaden mache. Resignativ fügt er hinzu, daß er fast nichts in die Tat umsetze, kein Schriftsteller sei und auch keiner werden wolle.[58] Dabei schreibt er an der »Amurgul gînduirilor« (Gedankendämmerung), seinem vorletzten Buch im heimatlichen Idiom (allerdings kann man bei diesem Privatdruck kaum von einer Veröffentlichung sprechen). Der Titel orientiert sich an Nietzsches »Götzen-Dämmerung«, dem ersten Buch der geplanten »Umwertung aller Werte«. Auch Cioran philosophiert mit dem Hammer, unter dem die Welt zum »Nichts als allgegenwärtiges *Nirgends*«[59] wird und das Leben zu einem Ort der Abschiede (»Ewigkeit des Sterbens«). Wie in seinen vorausgegangenen Schriften wechseln Konfessionen, Postulate und Paradoxien einander ab. Auf die Klage »niemals dünkte mich das Leben lebens*wert*«[60], folgt apodiktisch: »Das Dasein ist nur auf Grund seines Nichtseins-Koeffizienten erträglich.«[61] Mal lobt er die Schüchternheit als »Waffe, die uns die Natur reicht, um unsere Einsamkeit zu verteidigen«[62] und wertet dementsprechend Kommunikation als ›Entselbstung‹, Preisgabe der wesentlichen »Abgeschiedenheit«[63] ab — um sich an anderer Stelle nach den eventuellen narzißtischen Motiven zu fragen: »Sollte die Sehnsucht nach Einsamkeit denn nichts anderes sein als poetische Verkleidung der Selbstsucht?«[64] Für Cioran gilt Unglück als »der poetische Zustand schlechthin« (S. 39), »Schwermut ist Traumzustand der Ichsucht« (S. 45), und Philosophieren wird zur »poetischen Betrachtung des Unglücks« (S. 62). Das solipsistische Statement »von den Menschen trennen mich *alle* Menschen« (S. 38) fügt sich bruchlos in die übrigen Reflexionen ein.

Indem Cioran Säufer wie Heilige, Verliebte wie Dichter zu Ekstatikern erklärt (S. 13), annulliert er moralische Kriterien und arbeitet unter dem Aspekt der Intensität Äquivalenzen heraus. Verdanke sich die Unterscheidung zwischen Leben und Sterben (S. 209), Mensch und *Un*mensch (S. 151), Wahrheit und Irrtum unserem eingefleischten Illusionismus, so gelte das um so mehr für das Streben nach Luzidität: »Die Luzidität ist ein Reflex der täglichen Sünde, zu sein, die Erkenntnis eine vulgäre Form der Sehnsucht.« (S. 143) Die geheime These seines Buchs – seiner Bücher – scheint ›Bewußtsein als Verhängnis‹ zu lauten. Was der Titel von Alfred Seidels (1895–1924) 1927 posthum erschienenem Opusculum verspricht, aber nicht einlöst, das wird Cioran sukzessive tun. »Die Tragödie des Menschen ist das Erkennen. Ich habe immer bemerkt, daß alles, was ich im Bewußtsein habe, als Empfindung vermindert wird. (...) Das Buch [»Bewußtsein als Verhängnis«] stammt von einem Deutschen, und es ist nicht gut, aber der Titel ist das Resumee, die zusammenfassende Formel meines Lebens.«[65] In der »Gedankendämmerung« heißt es hierzu: »Die Weisheit — dieser Tod der Reflexe« (S. 238), oder: »Wer sich sein Lebenlang in Hellsicht übt, wird zum *Klassiker* der Verzweiflung« (S. 35), oder auch: »Die Erkenntnis hat einen unüberwindlichen Wall zwischen Mensch und Glück aufgerichtet« (S. 249). Inkonsequenterweise verwendet der Autor einiges an intellektueller Energie auf das Themenfeld Liebe/Erotik/Frau. Dabei läßt er es nicht an Sarkasmus fehlen, definiert Liebe als »Betrug der doppelten Ohnmacht« (S. 77), als »Höchstmaß an Leben und Tod« (S. 55), während das Leiden der unglücklichen Liebe einem von Cioran unterstellten masochistischen Sühnebedürfnis entspreche. Das erotische Begehren reduziere sich auf das Verlangen, der Langeweile zu entfliehen, dennoch sieht der Denker die Frau in der Rolle der Retterin und Heilerin — des Mannes: »Ohne Weib – im Fleisch verirrte Musik – wäre das Leben selbsttätige Selbsttötung.« (S. 91) Weiter oben heißt es jedoch: »Die Asketen hätten ihr Verlangen nach Wüste in der Nähe des Weibes leichter zu befriedigen vermocht, wenn die Höllenangst vor der ›Sünde‹ sie nicht der geheimnisvollen Abgründe der Geschlechtlichkeit beraubt hätte.« (S. 46) Zwar subordiniert Cioran die erotischen Ekstasen – da er Wollust als bloß ephemere Erfahrung von Erfüllung und Erlöschung begreift – denjenigen der Mystik, der Musik und der Poesie, muß aber eingestehen, daß es »in der Nähe der Frau *keine Zeit mehr gibt.* (...) Es gibt Umarmungen, in denen die Zeit abwesender ist als in einem toten Gestirn. Da die Liebe schmerzhafte und paradoxe Begegnung des Glücks mit der Verzweiflung ist, sprengt ihr unmenschliches Unmaß die Zeit.« (S. 170) Von der Blasiertheit so mancher französischer Moralisten, die sich rühmten, während des Aktes Rechenaufgaben lösen zu können, trennen ihn diese Aussagen deutlich.

Ein Aphorismus bezieht sich explizit auf sein einstiges politisches Engagement: »Politische Rührigkeit ist mehr als alles andere unbewußte Sühne.« (S. 18)

In der »Gedankendämmerung« finden sich überdies Hinweise auf die Etappen seiner Reisen bis 1940: der Mont-Saint-Michel, Combourg, Saint-Malo, die Alpen, die Pyrenäen, Italien, Ibiza.[66] Letztendlich fasziniert ihn das Meer der bretonischen, der normannischen Küste stärker als das der Côte d'Azur oder Ibizas. Den grauen Himmel zieht er einem strahlend blauen vor. Sucht er die intensivsten Erfahrungen zu wiederholen, die er im rumänischen Păltiniş-Şanta einst machte?[67]

In den ersten Pariser Jahren lebt Cioran extrem isoliert. Zwar war Constantin Noica 1938 ihm gefolgt, kehrte jedoch alsbald nach Rumänien zurück. Da er an der Sorbonne nur die Mensa frequentiert, beschränken sich seine Sozialkontakte auf Zufallsbegegnungen im Quartier oder seine Reisebekanntschaften.

In der Bibliothek der rumänischen orthodoxen Kirche liest er Zeitungen aus der Heimat und abermals Eminescus Dichtungen. »All unsere volkstümliche Dichtung ist mit Sehnsucht durchtränkt, mit einer undefinierbaren Zerrissenheit, die auf rumänisch ›dor‹ heißt und der deutschen ›Sehnsucht‹ ähnelt, besonders aber der portugiesischen ›saudade‹.«[68]

Von Schlaflosigkeit umgetrieben, hält er Ausschau nach anderen Freunden der Morgendämmerung. »Ich hatte damals eine merkwürdige Angewohnheit: ich konnte nur ins Hotel zurück, wenn ich gewiß war, der letzte zu sein; wenn da noch ein Schlüssel am Schlüsselbrett hing von einem anderen Zimmer konnte ich auf keinen Fall schlafen gehen. (...) ich streifte also damals nächtelang kreuz und quer durch die Stadt, und machte da auch wichtige Bekanntschaften. Eines Abends sprach ich eine Frau an und bot ihr an, sie nach Hause zu begleiten; wir gingen zu Fuß durch die halbe Stadt, und sie erzählte mir in dieser Zeit ihr Leben, erzählte von ihrer Einsamkeit. Ein Wecker, hat sie mir gesagt, sei ihr einziger Gefährte.«[69] Es handelte sich um eine ehemalige Schauspielerin, die anschaffen ging: »(...) mit der ich kleine Gespräche über alles mögliche führte. Wir lachten viel. (...) Wenn ich sie gegen 3 Uhr morgens auf dem entleerten Boulevard Saint-Germain traf, beschimpfte sie die Anwesenden als Nullen und eingeschlafene Idioten und zeigte dabei gen Himmel, eine unglaubliche Person.«[70]

Ciorans Exkursionen führen ihn bis nach Korsika und England. Praktischerweise reist er im Winter gen Süden, im Hochsommer ins Gebirge oder an die Atlantik-Küste. Doch bevor er sich wieder auf Achse begibt, muß er sich die jährlichen universitären Empfehlungsschreiben beschaffen, um sich sein rumänisches Stipendium zu sichern. Ein Freund empfiehlt ihm als Professor den Spiritualisten Louis Lavalle (1883–1951), den Cioran zu Hause aufsucht. Dieser hat den Rumänen natürlich noch nie gesehen, der aber brilliert mit seinen Kenntnissen in deutscher Philosophie, daß sich Lavalle geschlagen gibt und den begehrten Brief aufsetzt. Der Versuch, Jean Baruzi (1881–1953), den bedeutendsten Kenner spanischer Mystik, auf die gleiche Weise zu überrumpeln, schlägt zwar fehl, aber er wird einen anderen Fürsprecher finden. Der Student Cioran sprach Baruzi im Jardin du Luxembourg an, wo er ihn in ein anderthalbstündiges Gespräch verwickelte.[71] »Man ließ mir schließlich das Stipendium, weil man fand, Frankreich unter die Beine zu nehmen, das sei auch lobenswert.«[72] Aus dem einen Jahr werden ganze sechs Jahre werden. Um Details wegen des Promotions-Stipendiums zu klären, reist er im Herbst 1939 nach Rumänien. Er verbringt einige Tage in Bukarest, wo er sich mit Jeni Acterian trifft. In Sibiu ist ihm Pierre Chanier, Mitarbeiter am Französischen Kulturinstitut, bei administrativen Problemen behilflich.

Dennoch ergeht er sich in Grübeleien, befallen ihn Anwandlungen von Verzweiflung. »Wenn ich nicht ständig unzufrieden wäre, wäre ich ein sehr glücklicher Mensch«, heißt es im Brief vom 15. Januar 1940 an Jeni Acterian.[73] Eine Note drastischer äußert er sich gegenüber Mircea Eliade: »Mein Hauptfehler ist, daß ich nichts Effektives gegen mich unternehme.« Er ist sich bewußt, daß er jegliche Verantwortung flieht und macht sich entsprechende Vorwürfe: »Ich habe die Einsamkeit und die egoistische Melancholie so sehr geliebt, daß ich alle Bemühungen und Freundschaften um mich herum enttäuscht habe.«[74] Und am 20. Februar 1940 heißt es aus Antibes: »Nur in mediterranen Gewässern kann man seine Existenz vergessen.« Gleichzeitig fügt er auf der Ansichtskarte selbstkritisch hinzu, daß er die äußerste Grenze der Nutzlosigkeit erreicht habe.[75] Die Koinzidenz mit der analytischen Lebensbilanz frappiert: »Es gibt nichts, was ich ernstgenommen habe. Das einzige, was ich ernstgenommen habe, das war mein Konflikt mit der Welt. Alles andere ist für mich nur Vorwand. (…) Es ist das Unbehagen in der Existenz, nicht nur in der Kultur, in der Existenz überhaupt. (…) Obwohl gesellig, habe ich mich immer einsam gefühlt, zerrissen zwischen Selbstverachtung und Selbstvergötzung.«[76] Cioran verfügt über eine außergewöhnliche Fähigkeit, seine ›Defekte‹ nicht nur zu sehen, sondern sich zu diesen sogar zu bekennen. So durchschaut er im Tagebuch Hybris als Strategie, die vermeintliche Inferiorität zu überspielen: »Das Gefühl meines Nichts läßt mich überheblich sein.«[77] Daß jenes Gefühl der Nichtigkeit auf die ›innere Mutter‹ zurückzuführen wäre und nicht so sehr auf seine tatsächlichen Qualitäten und Leistungen — diese Einsicht verschließt sich ihm.

»Metaphysik des Abschieds«[78]

Da er Schreiben offensichtlich nicht als Arbeit betrachtet, wird sich Cioran stets brüsten, nie für seinen Lebensunterhalt gearbeitet zu haben. Um sich seine geistige Unabhängigkeit zu bewahren, darf er einfach nicht an die späteren Leser, die Buchauflage, den wirtschaftlichen Gewinn, das Renommee etc. denken. »Im Augenblick, da Sie schreiben, sind Sie nur mit sich selbst allein, oder Sie mit Gott, selbst wenn Sie nicht gläubig sind. Meiner Meinung nach ist das wirklich der Akt des Schreibens, ein Akt enormer Einsamkeit. Nur unter diesen Bedingungen hat der Schriftsteller eine Bedeutung. Was Sie danach tun, ist Prostitution. Doch ab dem Augenblick, da Sie zu existieren akzeptiert haben, müssen Sie die Prostitution akzeptieren. Für mich hat sich jeder Typ, der nicht Suizid begeht, gewissermaßen prostituiert. Es gibt Grade der Prostitution. Aber es ist evident, daß alles Handeln zum Strich gehört.«[79] Cioran unterschlägt bei seinen Überlegungen den *modus vivendi* indischer Bettelmönche, die nicht arbeiten, wird aber immer mit großer Bewunderung von der Souveränität der europäischen Straßenbettler sprechen. Sein radikaler Ansatz meint im Grunde, daß jeder suspekt sei, der sich nicht verhungern läßt. Noch dem Bettler eignete deshalb ein Minimum an Opportunismus. Zwar arbeitet er nicht, aber er schließt einen Kompromiß mit dem Leben — und sei es das nackte Überleben. »Die Freiheit ist im Leben meine einzige Religion gewesen und an erster Stelle: nicht von meiner Karriere abzuhängen. Ich begriff sehr früh, daß das Leben nur Sinn hat, wenn man machen kann, was man will. Das ganze Problem bestünde für mich darin, mir meine Freiheit zu bewahren. Das Vorkriegs-Paris war die ideale Stadt für Gescheiterte; insbesondere die Rumänen waren in dieser Hinsicht berühmt. So daß ich alles tat, um die Demütigung einer Karriere zu vermeiden. Und ich vermied sie um den Preis anderer Demütigungen. Ich zog es vor, eher ein parasitäres Leben zu führen als einen Beruf auszuüben. Dieses Prinzip hatte für mich dogmatische Bedeutung. (…) Ich habe einem gewissen Elend zugestimmt, nur um mir meine Freiheit zu bewahren. Das Leben eines Parasiten – das heißt das paradiesische Leben –, ein aus unvollendeten Plänen bestehendes Leben erschien mir als das einzig erträgliche.«[80]

Während der deutschen Okkupation, im Juni 1940, kommt es für Cioran zu einem heiklen Zwischenfall. Als er auf dem Boulevard Saint-Germain ein Grüppchen französischer gefangener Soldaten ausmacht, die von einem Deutschen bewacht werden, eilt er ins nächste ›Café Tabac‹, kauft zwanzig Päckchen Zigaretten und wirft sie aus einiger Entfernung den Franzosen zu: »Alle stürzten dann los, um sie an sich zu nehmen, während der Deutsche zur Waffe griff und auf mich zielte. In diesem Moment hat mich mein Deutsch gerettet: ›Ich bin Ausländer!‹ rief ich ihm zu oder etwas in dieser Art. Und immer noch auf deutsch: ›Aus Menschlichkeit!‹ Das hat mich gerettet.«[81]

Ende 1940 kehrt Cioran ein letztes Mal nach Rumänien zurück und geht am 1. März 1941 als Kulturattaché an die rumänische Botschaft in Vichy, von wo er aber wegen »Nutzlosigkeit« nach zehn Wochen wieder entlassen wird. Aus Vichy schreibt er dem Freund Petru Comarnescu: »Ich würde gerne eine ›Philosophie des Scheiterns‹ schreiben mit dem Untertitel: ›Zum ausschließlichen Gebrauch des rumänischen Volkes‹, glaube aber nicht, daß ich dazu imstande bin.«[82] Cioran haßt die Mittelmäßigkeit seiner Landsleute in der Botschaft, die ideologischen Differenzen dürften seine Entlassung beschleunigt haben. Just in diesem Jahr bringt er »Despre Franta« (Über Frankreich)[83] zu Papier, Meditationen über die Dekadenz des Landes und dessen unvermeidbares Ende. Die »Anämie« Frankreichs, außerstande, sich für die Ideale von 1789 zu schlagen, wird kontrastiert mit der Vitalität der Slawen und Deutschen. Das Übermaß an Kultur (gemäß der Gleichung: überzivilisiert = verwundbar, wehrlos = erschöpft, dekadent) wäre die Prämisse für ihren Untergang. Hier greift Cioran Motive seiner Vordenker Edward Gibbon oder Oswald Spengler auf, ohne sie jemals zu revidieren. Selbstkritisch notiert er zu dem

Text: »Falsche Begriffe, irrige Betrachtungen. Alles muß unter einem anderen Gesichtspunkt neu geschrieben werden. Frucht einer ungenügend beherrschten Melancholie.«[84]

Nach der Tätigkeit an der rumänischen Botschaft in Vichy läßt er sich definitiv in Paris nieder. Im Hôtel Racine (23, rue Racine, VI. Bezirk), einem Zwei-Sterne-Haus mit 23 Zimmern, bezieht er zwei Räume. Hier schreibt er vier Jahre lang an den »Îndreptar pătimaş« (Leidenschaftlichen Leitfaden) — ein letztes Mal in der Muttersprache. Es entstehen sogar zwei Fassungen, aber das Buch bleibt Fragment, ein 5. Kapitel wird nicht ausgeführt. »Ich las täglich die Bibel (in unserer Sprache, versteht sich). Ich erinnere mich, daß ich in die Kirche in der Rue Jean de Beauvais ging (ich wohnte nebenan), um dort ›religiöse‹ Bücher zu suchen. So bin ich zu den Quellen der Sprache zurückgekehrt.«[85]

Wie im vorigen Kapitel gestreift, nutzt Cioran den »Leitfaden«[86] zu einer vehementen Abrechnung mit Rumänien, das als »oberflächlicher Totenacker«[87] geschmäht wird. Kein Wort über den Krieg, die Okkupation, dafür Meditationen zu den »*positiven* Übeln«[88] Einsamkeit und Hochmut: »ich bin mehr als die Welt, und die Welt ist nichts!«[89] Hybris ist nur eine Art und Weise, das Illusionäre des Wirklichen zu denunzieren. Selbst der Wahnsinn wäre den Trugbildern vorzuziehen, die ein saturiertes Leben zu gewähren versprechen. In einem Dialog rät der Autor der Geliebten, die unter seiner Negativität leidet:

»Betrachte das Unwirkliche allerorts. So vergißt du das *scheinbar* Bejahende des Leidens.

Und sie:

— Aber wie lange denn?

Bis du den Verstand verlierst.«[90]

Trifft sich diese Sicht nicht im Grunde mit Novalis' Aussage: »Diese Ansicht des Lebens, als zeitliche Illusion, als Drama möge uns zur andern Natur werden«[91]? Ciorans Echo klingt radikaler: was des Sinns, der Existenz entbehrt, kann mich nicht mehr leiden lassen. »(...) die einzige Möglichkeit, das Leben auszuhalten, ist in letzter Konsequenz das Bewußtsein vom Nichts. Anders ist das Leben nicht zu ertragen, doch wenn man jene Perspektive des Nichts besitzt, dann kann, geschehe was wolle, nichts einem etwas anhaben, auch das Allerwidrigste erscheint dann irgendwie normal und erfährt nicht jene schmerzliche Deformation, die ihm die absolute Verzweiflung verleiht, die Verzweiflung, die stets übertreibt.«[92] Cioran entgeht, daß er mit der Setzung des Nichts die zweifelnde Position aushöhlt, denn indirekt kommt dies ja einem negativen Glaubensbekenntnis gleich. Die Gewißheit des Nichts — beerbt sie nicht den Glauben an das Jenseits und die Überzeugung von der Eitelkeit/Nichtigkeit alles Weltlichen? Das Postulat »die Wirklichkeit ist verfestigter Schein«[93], paraphrasiert ein zen-buddhistisches Axiom. Auf welcher Seite aber befindet sich derjenige, der dies behauptet? Auf der Seite der Erkenntnis, des Wahren, der Erleuchtung? Indem Cioran den Sinn dieser Begriffe per se verneint, tut er dies ›im Stande‹ des Irrtums und der Täuschung: »Es gibt weder Wahrheit noch Irrtum, weder Gegenstand noch Vorstellung.«[94] Da Objektivität zum einen unrealisierbar erscheint, zum anderen das Risiko geistiger Sterilität und in der Folge davon: die Gefahr der Paralysierung des Lebens birgt, sollten wir uns damit begnügen, uns im Irrtum zu »üben«[95], denn in seinen Augen erfüllt sich der »›Sinn‹ des Lebens« in der »Ekstase (der) Unvollkommenheit«. Ein Plädoyer für die Intensität — nicht die Weisheit, nicht die Vollendung. »Ich habe größte Nachsicht und Mitleid mit den Säufern, den Drogenabhängigen und Wüstlingen. Die Laster kommen aus unseren Tiefen; sie sind *wir selbst*. Wir können nicht von ihnen genesen, ohne uns zu zerstören.«[96] Der Mystiker des Exzesses wie Georges Bataille oder auch Ernst Jünger teilten diese Position. Mit seinen Attacken wider den analytischen Intellektualismus – der Geist wird als »Verfechter der Sache des Nichtseins« desavouiert – gibt sich der Denker erneut als vitalistischer Antiphilosoph zu erkennen. Buddhistisch inspiriert wirkt der Wunsch, »nichts und alles (zu) sein im Schaum des Unmittelbaren«, doch Cioran bleibt die Prämisse der Überwindung des Ich verwehrt. Er verneint Gott nicht einmal, er beharrt vielmehr auf seiner Unversöhnlichkeit mit allem, Gott eingeschlossen. In dieser Perspektive wird Frömmigkeit oder nur Weisheit, die Erlösung gar zur Schreckensvision: »Was fange ich an mit der Sanftmut und den anderen Welten, zu denen mich eine Religion ohne wirksame Verzweiflung führt?«[97]

Kunst und Literatur gewähren seiner Überzeugung nach den einzig angemessenen Zugang zum Wirklichen, da sie auf dem Empfinden basieren. Den höchsten Rang in der Hierarchie der Künste hat für ihn die Musik inne: »Die Musik ersetzt die Religion, denn sie hat das Erhabene vor Abstraktion und Monotonie gerettet.« Musik begleitet oder ist integraler Bestandteil des religiösen Kultus. Das gilt für die traditionelle indische Musik so gut wie für die geistliche Musik im Christentum oder die Trance-Rhythmen im Schamanismus, beim brasilianischen Candomblé, im Voodoo-Kult etc.[98] Zählte im »Buch der Täuschungen« die Erotik noch zu einem der zum Absoluten führenden Königswege, so wird sie im »Leitfaden« der Banalität bezichtigt. Der gebeugte Mensch »heißt Seligkeit die zwielichtige Essenz des Absoluten aus dem Rückgrat«[99]. Im Tantrismus unterzieht der Yogin die Authentizität seiner spirituellen Aspirationen einer besonderen Prüfung, indem er das Lager mit einer bereitwilligen Schönen teilt, ja sich sogar mit dieser vereinigt, dabei aber den Höhepunkt unterdrücken muß. (Diese asketische Übung der Zurückhaltung des Spermas hat mit dem in der westlichen Welt propagierten ›Tantra der Liebe‹ reichlich wenig zu tun.) In diesem Geiste (wie anfechtbar bin ich durch sinnliche Freuden?) heißt es bei Cioran: »mit keiner Sterblichen sollst du das Unendliche vergessen.«[100] Wem das Leiden der alleinige Garant von Luzidität ist, dem muß die Liebe zu einer Frau als »höchster Unstern der Schickung«[101] gelten. Unübersehbar der asketische Tenor: alles Begehren, Verhaftetsein im irdischen Maßstab verblendet, führt in die Irre (vereitelt die Erlösung, die Heiligkeit, das Nirvana, was auch immer). Das gilt noch für leidvolle Abhängigkeiten.

»Du fragst dich, warum ein Säufer mehr *begreift*?« hieß es in der »Gedankendämmerung«. »Weil Rausch Leiden ist.

Warum ein Irrer mehr *sieht*? Weil Irrsinn Leiden ist.

Warum ein Einsamer mehr *fühlt*? Weil Einsamkeit Leiden ist.

Warum das Leiden alles *weiß*? Weil es Leid ist.«[102]

Cioran identifiziert seine Nebenmenschen als Sklaven ihrer Illusionen, Täuschungen. Bedürfnisse, Wege, Ziele — die permanente Sorge um die Zukunft macht sie zwangsläufig zu Knechten. Das Bewußtsein seiner Endlichkeit, die daraus resultierende Todesfurcht treiben den aktiven Menschen um, den Knecht, den Menschen der Arbeit. Sehnsüchte, Ängste, Ideale, Trugbilder, Zwecke machen den *homo sapiens* zu einem »Tier, das für *Nichtseiendes* zu leiden vermag«[103]. Würde er dagegen auf seine Verwirklichung in – nützlichen – Werken verzichten, zumal der Tod ohnehin alles Tun nichtet, und kontemplativ, müßig leben, enthüllte sich ihm günstigstenfalls die »Leere des Lebendigseins«.

In der Rückschau wird der Autor sein 110 Seiten umfassendes Manuskript gnadenlos kritisieren, ja verwerfen, was erklärt, daß der »Leitfaden« zu einer Art Nachlaß zu Lebzeiten wird, zu dessen Publikation man ihn im Alter überredet. 1963 mißfällt ihm die »schlechte Poesie«, und »eine Art ständiges ›Fiebern‹ ekelt mich an«.[104] »Unlesbar, unbrauchbar, nicht zu veröffentlichen«[105], lautet sein Urteil vom 22. Oktober 1963. Dem Bruder Aurel gegenüber spricht er von »mehr oder weniger juvenilen Phantastereien (...). Das ist auf peinliche Weise lyrisch und im Ton eindeutig altmodisch. Ich rate Dir, alles zu vernichten.«[106] Einige Jahre darauf macht er keinerlei Abstriche an seiner Selbstkritik: »Dieser zügellose Lyrismus ist mir völlig fremd geworden. Das ist zu poetisch, zu jung, zu ›enthusiastisch‹. Ich glaube, es ist sinnlos, den Rest zu kopieren.«[107]

Im Februar 1942 hilft Eliade, nun Diplomat in Lissabon, dem Freund mit 25 000 Francs aus, damit dieser den Schaden infolge einer Liebesgeschichte wiedergutmachen kann (Abortus?). Im übrigen verspricht er Cioran, ab und zu etwas Bares zu schicken.

»*Die Stadt versteht dich.* Sie legt sich auf deine Wunden. Du glaubst, verloren zu sein: in ihr findest du dich wieder. Du brauchst niemanden; sie ist zugegen. Nur sie kann dir eine Geliebte ersparen – wie diese steigt sie ins Herz hinauf – und, einer seltsamen Verirrung folgend, lieben die Menschen hier mehr.«[108] Derartige Passagen demonstrieren nicht allein das Erzählertalent des Rumänen, sondern ergründen seine jeweilige Befindlichkeit. Ich vermag hier nicht zu klären, warum Cioran niemals das Genre wechselte — vermute aber, daß er sich nicht messen wollte mit den von ihm verehrten Romanciers des 19. Jahrhunderts.

Er sitzt noch über dem »Leitfaden«, als er sich zu verlieben beginnt. In der Kantine des ›Foyer International‹, einem Studentenwohnheim am Boulevard St. Michel, spricht er die blonde Schönheit an, die etwas größer ist als er selbst. Simone Boué (1918–1997), die aus der Vendée kommt, logiert dort, um sich auf ihre *licence*, das Staatsexamen für das höhere Lehramt (Englisch), vorzubereiten. Sie hat bereits in Poitiers studiert und weilt als Stipendiatin in Paris. Daß es ausgerechnet an ihrem Geburtstag geschieht, dem 18. November 1942, verleiht dem Zufall ein besonderes Gewicht.

In gewissen Passagen des »Leitfadens« spiegelt sich, was dem Denker geschehen ist, so in der äußerst Batailleschen Sentenz: »Wahres Leben ist nicht in der Gefaßtheit, sondern im Riß.«[109] Der Verliebte teilt Constantin Noica auf einer Postkarte mit: »Die Herrlichkeit zwischen vier Wänden übertrifft den Glanz ganzer Königreiche.« Da für Cioran auch in Paris die Frau nur die Dirne war, er sogar die »Nicht-Dirnen« verachtete, stellt sich die Frage, wieso er nun auch psychisch von einer Frau abhängig wird oder zu werden scheint. »Ich habe mich immer gefragt: Wie ist es möglich, daß ich mich verliebe. Aber ich habe mich verliebt. Ich habe mich sogar immer dann verliebt, wenn ich in einer besonders selbstmörderischen Stimmung war.«[110] Um sich von dem, was ihm geschehen ist, post festum zu distanzieren, stellt er es bei einer Gelegenheit sarkastisch dar. Das mit der deutschen Besatzung von Paris einhergehende Bordellverbot habe ihn von Frauen abhängig werden lassen: »die erste große Niederlage in meinem Leben! — Ich verstand, daß ich doch ein Tier bin.«[111] Er fügt noch hinzu — wie um Otto Weininger die Treue zu halten: »Ich ziehe die Frauen den Männern vor: die Frau ist morbider, mehr aus dem Gleichgewicht.«[112] Mehr aus der Balance als er selbst? In einer Art Coda heißt es: »Gewiß ist die Liebe eine notwendige Erfahrung. Und zu meiner großen Überraschung habe ich sie gemacht. Aber sie hat keines meiner Probleme gelöst.«[113]

Die Begegnung mit Simone Boué verdankte sich dem Umstand, daß Cioran Anglistik belegt hatte. Fünf Jahre lang wird er die Englische Bibliothek frequentieren (diese Praxis behält er bei, d.h. er kauft nur wenige Bücher), wo er in erster Linie Poesie ausleiht: Shelley, Keats, Emily Dickinson, die Brontë-Schwestern. Außerdem nimmt er privaten Sprachunterricht bei einer alten Irin.

Ganz allgemein öffnet er sich nun nicht mehr nur den Leuten von der Straße, sondern auch Schriftstellern. Kriegsbedingt ist die Auswahl allerdings klein. Der Vormarsch der deutschen Armee hatte zu einem wahren Exodus der Künstler geführt. Wer sich im französischen Exil sicher wähnte, fand sich unter Umständen in einem Arbeitslager wieder. Zu den Unvorsichtigen gehörte Benjamin Fondane (1898–1944), geboren als Benjamin Wechsler (oder Wexler), ein jüdischer Schriftsteller aus der Bukowina, der seit 1923 in Paris lebt und ab 1938 französischer Staatsbürger ist. Cioran sucht ihn auf, um mehr über die Person Lev Šestov zu erfahren, dessen Vorlesungen Fondane belegt hatte. In der Rue Rollin diskutieren die beiden aber auch über Nietzsche, Baudelaire oder Rimbaud: den Franzosen hatte Fondane je einen Essay gewidmet.[114] »Auf der Suche sein war für ihn mehr als eine Notwendigkeit oder eine Obsession. Ratlos und ununterbrochen auf der Suche zu sein war seine schicksalhafte Bestimmung. Das wurde sogar deutlich in der Art, wie er sich ausdrückte, besonders wenn er sich hinreißen ließ oder sein Reden zwischen Ironie und erregtem Schnauben oszillierte. Immer werde ich mir vorwerfen, seine Äußerungen nicht notiert zu haben, seine glänzenden Einfälle, die kühnen Gedankensprünge eines Geistes, der in alle Richtungen geht (...).«[115]

Während eines gemeinsamen dîners mit Cioran und Eliade, im November 1943, bekundete Fondane seine Überzeugung vom Untergang des »Tausendjährigen Reiches«, Cioran hingegen befürchtet mehr die Weltherrschaft des Kommunismus. Fondane, von seiner Concièrge denunziert, wird nebst seiner Schwester Line im März 1944 verhaftet. Jean Paulhan (1884–1968), Stéphane Lupasco (1900–1988) und Cioran intervenieren – zunächst erfolgreich – bei den deutschen Organen, um Fondanes Freilassung aus dem Lager Drancy zu erreichen. Fondane ist zwar Gatte einer »Arierin«, weigert sich aber, ohne seine Schwester das Lager zu verlassen. Am 30. Mai wurde er nach Auschwitz deportiert, wo er im Oktober in der Gaskammer ermordet wurde.

Cioran wird seiner Witwe, Geneviève Fondane, 1947 bei der Edition seines unvollendeten »Baudelaire ou l'expérience du gouffre« behilflich sein,[116] ferner sich 1948 dafür einsetzen, daß Fondanes Name in den Panthéon aufgenommen wird (Schriftsteller, die während des Krieges ihr Leben ließen).

Zu den ersten Freunden in Paris zählt Marie-Dominique Molinié (1918–2002), ein Theologiestudent, den er im Rahmen der ›Rapprochement International des Jeunes‹ kennenlernt (Cioran war 1938 Mitglied dieser Einrichtung für junge Ausländer in Frankreich geworden). Als der künftige Dominikaner und Thomist 1944 als Novize ins Kloster eintritt (Couvent St.-Jacques, Rue de la Glacière), entspinnt sich ein Briefwechsel um Glaubensfragen. Cioran begreift die Entscheidung des Freundes nicht, denn er schreibt: »Wenn ich wüßte, daß es Gott *gibt* und er mich *will*, oder wenn ich ihn lieben könnte ohne meine Seele (untrennbar von einem ewigen Absturz), würde ich zugeben, daß es auf Deinem Weg nichts Illusorisches und nichts Menschliches gibt.«[117] Die beiden diskutieren Ciorans Unglück, debattieren über die Unvereinbarkeit von Skeptizismus und Frömmigkeit, tauschen sich über das Alte Testament, die Schriften der Heiligen, Pascal und Ivan Karamasov aus. Am 12. Januar 1947 gibt Molinié Cioran die Reaktion eines Klosterbruders wieder, dem er einen Brief des Rumänen vorgelesen hatte: »Dieser Typ ist doch schon erlöst.«[118] Molinié gelingt es nicht, Cioran zur Konversion zu bewegen. Man erinnert sich des unvergessenen Gesprächs mit einem zynischen Priesterkandidaten in Sibiu? Sein einziger Klosteraufenthalt jedenfalls muß in diesen Jahren stattgefunden haben. Wie Huysmans resümiert er: »Ich habe in meinem ganzen Leben nur drei Tage in einem Kloster zugebracht und würde für nichts auf der Welt eine solche Erfahrung wiederholen.«[119]

Es beginnt vielmehr nun das, was er seine Café-Zeit nennt: »Im letzten Jahr des Krieges, 1944, ging ich jeden Morgen um acht nach Saint Germain des Prés ins Café ›Flore‹ wie ein Beamter. Von acht bis zwölf und von zwei bis acht und von neun bis elf. Sehr oft saß Sartre neben mir, aber ich war ganz unbekannt.«[120] Der Ruhm des ›Kollegen‹ hielt Cioran davon zurück, ihn anzusprechen. Im übrigen verachtet er Sartre: »Das Drama der überbegabten Leute (Sartre), die jedes Genre, das ihnen beliebt, in Angriff nehmen können, die aus Überlegung, auf Beschluß produzieren und irgend etwas sein können, weil sie nichts sind.«[121] Und Arşavir Acterian gegenüber wird er urteilen: »Sartre ist das Symbol der abendländischen Dekadenz.«[122]

Andere Motive lassen ihn die Begegnung mit André Breton vermeiden: »Zunächst war ihm die Musik gleichgültig, dann verachtete er Dostoevskij. Ich hätte seine Feindseligkeit gegenüber einem dieser Themen akzeptieren können, aber nicht den beiden zugleich. Das war zuviel. Breton hätte einen guten Polizisten abgegeben, aber seine literarischen Urteile grenzten ans Lächerliche.«[123]

Ein Jahr lang hatte er die Vorlesungen des Historikers und ehemaligen Leiters des Französischen Kulturinstituts in Bukarest, Alphonse Dupront, an der Sorbonne besucht, dies aber aus Langeweile abgebrochen.

In Begleitung Eliades, der sich nach der Libération in Paris niedergelassen hat, besucht er Landsleute wie die Dichterin und Diplomatin Elena Vacaresco (1866–1958) oder den Philosophen Stéphane Lupasco.[124] »Schon damals hatte sich Cioran die französische Kunst der Konversation so zu eigen gemacht, daß der Sekretär Elena Vacarescos erklärte: ›Nur bei der Comtesse de Noailles habe ich eine so brillante Konversation gehört.‹«[125]

Am 3. Mai 1944 schreibt er an den Soziologen Mircea Vulcănescu, der Cioran seinen Essay »Dimensiunea românească a existenţei« (Die rumänische Dimension des Daseins, 1943) gewidmet hatte. »Ich würde gerne die *negative* Ergänzung zu dieser meisterhaften ›Rumänische Dimension des Daseins‹ schreiben. Wäre das Böse in mir so luzide wie das Gute in Ihnen, würde ich versuchen, die Ikone ›Mioriţa‹ ein wenig zu schwärzen und über ihr Vorurteil zu sprechen. Nach der Lektüre Ihres Essays sagte ich mir, daß er, um endgültig und vollständig zu sein, eine Analyse des Fatalen Adagios ›Es hat nicht sollen sein‹ verlangt, in dem ich den Schlüssel für unser ganzes Scheitern erblicke (…).«[126]

1945 tritt Simone Boué ihre erste Stelle als Pädagogin in Mulhouse an, so daß Emil Cioran (sie wird ihn stets nur als »Cioran« anreden) so manches Wochenende 12 Stunden im Zug sitzt, um die Geliebte zu sehen. Materiell wird es nun eng für ihn, sein rumänisches Stipendium läuft aus, da er das Höchstalter überschritten hat. Er schlägt sich durch, indem er weiterhin in der Mensa ißt, von den Eltern Geld oder Pakete annimmt oder an der kostenlosen Trockenmilchausgabe der GI's partizipiert. Zeitweise unterstützt ihn ein Freund, Mediziner von Beruf, der Cioran außerdem einen Landaufenthalt gewährt. Der Schriftsteller setzt seine rhetorische Begabung als Überlebens-Strategie ein, indem er Gespräche gegen Mahlzeiten tauscht. »Obgleich ich nicht praktisch veranlagt bin, habe ich begonnen, die Dinge so zu sehen, wie sie sind. Meine Erfahrung und meine geringen Illusionen haben mich anpassungsfähiger und versöhnlicher gemacht. Ein Freund hat mir Geld geschenkt und ich hoffe, daß er es weiterhin tun wird. Es handelt sich um einen großzügigen

Mann, der mich außerdem oft zum Essen in vornehmer Gesellschaft einlädt. Alles, was er von mir als Gegenleistung verlangt, besteht darin, das Gespräch am Laufen zu halten, womit ich, wie ich glaube, wirklich gut zurechtkomme. Wenn ich von Natur aus schweigsam wäre, würde ich schon seit langem vor Hunger gestorben sein.«[127]

Entfernt erinnert dieser Opportunismus an die Geschicklichkeit eines Henry Miller im Vorkriegs-Paris — aber im Unterschied zu dem amerikanischen Romancier akzeptiert Cioran keine subordinierte Arbeit: »Ich wußte, daß es darauf ankommt, nie etwas tun zu müssen, was man nicht liebt und unmöglich lieben kann. Deswegen war ich stets bereit, jede Art von unpersönlicher Arbeit zurückzuweisen, außer der physischen Tätigkeit; ich hätte sehr wohl akzeptieren können, Straßenkehrer zu sein, doch nie irgendwelche untergeordnete Schreibarbeit, journalistische Tätigkeiten und dergleichen. Ich mußte also alles tun, um, wie man zu sagen pflegt, mein Leben *nicht* zu verdienen. Jede Form der Erniedrigung ist dem Verlust der Freiheit vorzuziehen, und das ist übrigens stets fast so etwas wie das Programm meines Lebens gewesen.«[128] Und er bekräftigt: »Das Elend ist nebensächlich. Ich habe jahrelang mit Kartoffeln gelebt, ich habe fast nur Kartoffeln gegessen. Ich habe das Elend gekannt, aber das ist unwichtig. Wichtig ist, was einer *ist.*«[129] Cioran jedenfalls macht noch die Erfahrung, daß die besitzende Schicht mäzenatisch handelt, da sie in Einzelfällen zwischen Sein und Haben, Rang und Erfolg zu differenzieren vermag. Daher kann er behaupten, Paris sei die einzige Stadt, »wo man arm sein kann, ohne zu leiden. Ich war bei den reichsten Familien eingeladen, ohne einen Sou (...) man mußte sich nicht schämen.«[130]

Cioran fürchtet ständig die Ausweisung aus Frankreich und die zwangsweise Deportation nach Rumänien, wird sich aber dennoch niemals um die französische Staatsbürgerschaft bemühen. Der Soziologe Anton Golopenţia, der sich 1946 als Abgeordneter in Paris befindet, um an den Friedensverhandlungen teilzunehmen, warnt sowohl Eliade als auch Cioran, jemals wieder nach Rumänien zurückzukehren, da ihnen als einstigen Sympathisanten der »Eisernen Garde« Haftstrafen drohten.

Von 1946 datiert ein Autodafé, das Cioran am 15. Oktober 1973 erwähnt: »Ein Manuskript, an dem ich während des Krieges mehrere Monate lang gearbeitet hatte und das ich 1946 an der Ecke der Rue Racine und der Rue Monsieur le Prince in die Gosse geworfen habe. Das war ein Ereignis für mich. Seitdem bin ich fast täglich völlig gleichgültig an diesem Gully vorbeigegangen, als ob er nicht im Geringsten mit dem in Beziehung stünde, was einen Wendepunkt in meinem Leben darstellte.«[131]

Im Dezember 1947 trifft er sich mit dem Komponisten George Enescu (1881–1955) zum Tee und im Frühjahr 1948 helfen ihm wohlhabende rumänische Exilanten in seiner akuten Geldnot, so der Industrielle Nicolae Malaxa (1884–1965) und der General Nicolae Rădescu (1874–1953), die beide der »Eisernen Garde« nahestanden bzw. in dieser aktiv waren.

Für ein paar Monate arbeitet er als freier Übersetzer, was er erleichtert den Eltern am 25. Juni 1948 berichtet: »Ich freue mich, Euch endlich eine gute Nachricht mitteilen zu können: meine materielle Situation ist geregelt, ich weiß zwar nicht, für wie lange, aber das ist unwichtig (…). Ich arbeite für ein paar Stunden wöchentlich an diversen Übersetzungen. Das läßt mir viel Freizeit, ich habe keine feste Arbeitszeit, ich mache alles zu Hause. Ich verdiene zwischen 15000 und 20000 Francs monatlich, was es mir erlaubt, recht gut zu Rande zu kommen.«[132]

Im November veröffentlicht Cioran in der ersten Ausgabe der rumänischen Exilzeitschrift LUCEAFARUL (Morgenstern) einige Fragmente, die er mit den Initialen »Z. P.« unterschreibt. Im Mai 1949 gibt er weitere Texte für die zweite Ausgabe zum Druck: es dürften dies seine letzten Schriften auf rumänisch sein.

Im normannischen Offranville, in der Nähe des Seebads Dieppe, trägt sich der Denker mit der Idee, Mallarmés sowie Valérys Dichtungen ins Rumänische zu übertragen. Er hatte Simone Boué auf einer Reise begleitet, die einer Freundin galt, ebenfalls Studienrätin. Cioran verwirft den Gedanken alsbald, weil er einsieht, daß er ein wenig begabter Übersetzer wäre und es für absurd hält, für eine so kleine Sprachgemeinschaft ein Opfer zu bringen. Aber er faßt den Entschluß, künftig Französisch zu schreiben. »Als Siebenbürger fühlte ich mich tumb, linkisch, irgendwie ausgeschlossen, solange ich diese Sprache nicht ganz beherrscht habe, desgleichen später in Frankreich. Letztlich wollte ich auf französisch schreiben, um mich für diese Unterlegenheit zu rächen (...) einzig die kleinlichen, niedrigen Beweggründe aktivieren den Menschen, treiben ihn zur Tat an.«[133] Es versteht sich, daß er zwar die französische Konversation beherrscht, aber als Schreibender will er stilistische Perfektion erlangen. Die Migration in eine andere Sprache bedeutet jedoch nicht einfach, sein eigener Übersetzer zu werden, sondern das Denken selbst gemäß den Strukturen der Fremdsprache zu verändern: »Um auf französisch zu schreiben, war es notwendig für mich, meine Muttersprache vollständig zu beseitigen und gänzlich aufzuhören, sie zu gebrauchen. Sie zu vergessen. Sie sogar aus dem Briefwechsel mit meiner Mutter oder meinem Bruder, sogar aus meinen Träumen verschwinden zu lassen. (...) Man muß in der Sprache denken, in der man schreibt. Wenn Sie auf französisch schreiben wollen, müssen Sie aufhören, auf spanisch zu träumen. Ich träume immer auf französisch oder auf deutsch, aber nie auf rumänisch.«[134] Cioran verrät also aus freien Stükken seine Muttersprache, was er durchaus als Katastrophe begreift: »Es gibt zwei Ereignisse in meinem Leben, die für mich schicksalhaft gewesen sind: der fatale Verlust des Schlafes in meiner Jugend und der willentliche Verlust meiner Sprache (...). Wenn wir die Sprache wechseln, verändern wir unser gesamtes Lebensregister, unser Universum schlechthin (...) ich hätte geradezu einen anderen Namen annehmen können. Meine Denkart, meine Sicht der Dinge blieben zwar mehr oder weniger gleich, aber die neuen *moyens d'expression* haben etwas radikal in mir verändert.(...) Die vieldeutige Sensibilität der rumänischen Sprache läßt sich nicht übertragen. Im Französischen muß ein Verzicht auf alles Nostalgische geleistet werden, denn diese Sprache erlaubt nichts Vages, Ungefähres. Als ich mich für das Französisch entschlossen habe, mußte ich eine ganze Dimension von mir abspalten, ich bin *ein*deutiger, linearer geworden.«[135] Jüngste Forschungen bestätigen den Sinn des Terminus ›Muttersprache‹, da aller Spracherwerb offenbar nur in dieser intimen Interaktion zwischen Kleinkind und Mutter/Mensch gelingt. Cioran löst sich also von Mutter(sprache) und Vater(land). Was er 1946 im fremden Idiom schreibt und »Exercices négatifs« – der Arbeitstitel des »Précis de décomposition« – betitelt, versteht sich als Abschied von ehemaligen Überzeugungen.[136]

In den »Exercices négatifs«, einem Manuskript von gut 400 Seiten, findet sich, neben einer expliziten Kritik an Kierkegaard, vor allem eine solche an professoraler Philosophie, repräsentiert durch Heidegger und Sartre. Dem Franzosen gebreche es an innerer Notwendigkeit, er sei ein Zeitgeist-Denker, dem gleichwohl etwas »Demiurgisches« eigne, das ihn an Valéry erinnere. Sartres »L'être et le néant« (Das Sein und das Nichts) wird als kaum zu verstehendes Buch qualifiziert, das, obwohl von den wenigsten gelesen, zur Bibel für jedermann geworden sei.[137] Und was das Problem des Todes angeht, so stellt er Tolstoj und Rilke über Heidegger. Selbstbezüglich heißt es: »Und die Offenbarung des Lebens, wer weiß denn, ob sie nicht aus einem verfehlten Selbstmord hervorgegangen ist!«[138] Alles in allem sind die »Exercices négatifs« subjektiver, ausschweifender, radikaler, extremer als der »Précis de décomposition«, also gespickt mit Invektiven und Anathemata. Als literarisches *entrée* in Frankreich wäre es vermutlich ungünstig gewesen, die Geistesheroen der Zeit namentlich zu schmähen. Aber auch sonst bietet Ciorans Aphoristik genügend Reibungsfläche: »Die Gesellschaft ist kein Übel, sie ist eine Katastrophe. Man beschmutzt sich in jedem Augenblick (...).«[139] »Leben heißt sein eigenes Grab bestehlen (...).«[140] Zitiert seien zwei Bekenntnisse, die beständiger sein werden als eine Kaprice: »Ein Pessimist, der nicht insgeheim das Leben anbetet, ist ein Leichnam.« »Ich bin der Apostel meiner Launen.«[141] Auf dem Fuß folgen Tiraden, die teils dementieren, teils hyperbolisch unterstreichen, was bereits gesagt wurde: »Das geringste Begehren macht aus wem auch immer einen Wahnsinnigen: es genügt, sich dem Selbsterhaltungstrieb anzupassen, damit man die Irrenanstalt verdient, und lebendig zu sein, um stets wirres Zeug zu reden.«[142] »Das Leben — ein Anfall von Schwachsinn, der die Materie erschüttert!« *Ad se ipsum*: »Ich wollte ein Weiser sein, wie es nie einen gab, und bin nur ein Irrer unter Irren.«[143] So wenig ernstgenommen haben nur noch Nietzsche oder Bataille ihre Berufung. Allerdings muß man hinzufügen, daß Cioran im Zweifelsfall den sog. Wahnsinnigen auf der Seite der Wahrheit wähnte, niemals den Mediziner, den Repräsentanten der Norm.

Nach dem derzeitigen Stand der Untersuchungen dürfte »Mihail Eminescu« Ciorans erste französischsprachige Publikation sein, da der Text zuerst in der Zeitschrift COMOEDIA vom 16. Januar 1943 erschien, und zwar unter dem ersten Pseudonym ›Emmanuel Cioran‹. COMOEDIA war eine kriegsbedingt von den deutschen Besatzern gleichgeschaltete Zeitschrift, und deshalb fragt man sich, ob sich Cioran der Bedeutung seines angenommenen Vornamens wirklich bewußt war. Den Bezug auf Immanuel Kant einmal ausgeschlossen, bedeutet das hebräische Emanuel ja »Gott sei mit uns«! Diese Würdigung Mihail Eminescus[144] wurde später in das Kapitel »Apotheose des Vagen« der »Lehre vom Zerfall« (S. 41–44) integriert.

Eminescu, der rumänische Nationaldichter schlechthin, gilt Cioran als Illustration für das Scheitern, das jeder poetischen Existenz innewohne. Eminescus Vita sei eine Verkettung von Unglücksfällen, »gekrönt« vom Wahnsinn (der Dichter starb in der Psychiatrie). Da Eminescus Poesie um die Idee des nicht Wiedergutzumachenden kreise, erübrigten sich biographische Sondierungen. Ciorans Diktum lautet: »Nur die Mittelmäßigen haben eine Biographie.«[145] Der Dichter wird als »Pessimist« charakterisiert, von Schopenhauer wie auch vom Buddhismus beeinflußt, des weiteren erinnert er Cioran an Giacomo Leopardi (1798–1837) sowie den Portugiesen Antero Tarquínio de Quental (1842–1891). »Eminescu lebte in der Beschwörung des Nicht-

Seins.«[146] Sein »Rugăciunea unui dac« (Gebet eines Dakers) zählt er zu den verzweifeltsten Gedichten aller Literaturen, es sei eine »Hymne an die Vernichtung«. Eminescu »erhebt sich aus *dem Inneren des Todes* über das Leben«.[147] Eine nach Bataille oder Blanchot klingende Formulierung, dennoch ließ sich Eminescu problemlos ideologisch vereinnahmen.[148]

Gleichermaßen inspirierte der Essay »Les secrets de l'âme roumaine. Le ›Dor‹ ou la nostalgie« (Die Geheimnisse der rumänischen Seele. Das *dor* oder die Sehnsucht), der auch zuerst in der Zeitschrift COMOEDIA, vom 4. September 1943, erschienen war, das Kapitel »Apotheose des Vagen« der »Lehre vom Zerfall«. Bis auf die deutsche »Sehnsucht« sind nun dort auch alle spezifisch rumänischen Bezüge getilgt. In der Zeitschriftenfassung lesen wir: »die Rumänen haben aus der Sehnsucht einen gefühlsmäßigen Ersatz des metaphysischen Bösen gemacht. Im Abendland durchlebt man das Drama des Geistes; in Südosteuropa dasjenige der Seele. Auf beiden Seiten strauchelt man. (...) Die einen haben ihre Seele verschwendet; die anderen wissen nicht, was sie mit ihr anfangen sollen. Wir sind alle gleichermaßen uns selbst fern.«[149]

Nach Abschluß des Manuskripts, d.h. des vielfältig überarbeiteten »Précis de décomposition«, befindet er sich gleichwohl in einer suizidalen Stimmung, weil er nichts verdient (vom sorglosen Schnorren kann also keine Rede sein). Wenn es nicht weitergehe, schreibt er an Jeni Acterian, wolle er sich erschießen, dann habe die Sorge um die Zukunft ein Ende. Er glaube an nichts mehr, fügt er hinzu. Die Schlußformel, daß man sich vielleicht in »Utopia«[150] wiedersehe, hat angesichts Jeni Acterians Schicksal etwas Hellseherisches.

Ein Freund weist den Autor darauf hin, daß man den Texten das fremdsprachige anmerke. Enttäuscht und empört zugleich vertieft sich Cioran abermals in die Lektüre der Autoren des 18. Jahrhunderts, um sein Französisch zu verbessern. Außerdem hat er eine Art ambulanten Sprachlehrer, mit dem er stundenlange Spaziergänge unternimmt, ein gewisser Lacombe, baskischer Kriegsinvalide (1914/18). Der ältere Mann hatte in Montparnasse sogar einmal das schlechte Französisch einer alten Hure moniert. Lacombe hatte einstmals Bergson-Vorlesungen besucht und wird von Cioran im übrigen als Lüstling und Erotika-Narr charakterisiert.[151]

Zwar hatte Raymond Queneau in seiner Eigenschaft als Lektor bei Gallimard »Précis de décomposition« im März 1947 schon angenommen, doch Cioran schreibt das Manuskript noch vier Mal um. »Der Franzose glaubt an das Wort«, denn er gehöre einem unmetaphysischen Volk an.[152] Teils fasziniert ihn die »Isolierung der französischen Sprache«, teils empfindet er sie als »Zwangsjacke«.[153] Der Titel »Précis de décomposition« spielt mit der Mehrdeutigkeit hinsichtlich des Sujets der kurzen Abhandlung (*précis*): *décomposition* verweist auf Zersetzung wie auch auf das Gegenteil eines Lehrbuchs zum Komponieren bzw. Aufsätze verfassen.

Gleichzeitig läßt er seinen Vornamen verschwinden, den er künftig durch die Initialen »E. M.« ersetzt — die neue Identität des französischen Autors (während er in Rumänien weiterhin als Emil Cioran verlegt werden wird). Die Findung des Vornamenkürzels, das in der Regel dazu diente, das Geschlecht des Autors oder der Autorin zu dissimulieren, verdankt sich einem Zufall: Simone Boués Kommilitonin schrieb ihre Diplomarbeit über den englischen Romancier E. M. (Edward Morgan) Forster. Laut Simone Boué war Cioran der Ansicht, Emil sei ein Name für Friseure.[154] Ich dagegen könnte mir vorstellen, daß Cioran die Assoziation mit Rousseaus Erziehungsroman »Émile ou de l'éducation« vermeiden wollte. Der Sprachenwechsel wie auch die Veränderungen am bürgerlichen Vornamen zeugen von dem Bemühen, sich von seiner Biographie zu emanzipieren, sie umzuschreiben.

»In jener Zeit waren Shakespeare und Shelley meine Götter. (...) Das Aufbrausende, Zügellose, Übertriebene entsprach am besten meiner inneren Verfassung; leider sind auf jeder Seite meines Buches Spuren davon sichtbar. (...) Die ›Lehre vom Zerfall‹ war aber eine Explosion! Als ich sie niederschrieb, vermeinte ich einer langjährigen Beklemmung zu entkommen, die ich nicht länger hätte aushalten können. Einzig Aufatmen, Ausbrechen, tat mir not. Ich spürte das Bedürfnis nach einer entscheidenden Auseinandersetzung, nicht so sehr mit den Menschen, als letzten Endes mit der Existenz selbst; ich hätte sie gerne zu einem Zweikampf aufgefordert, und sei es nur um zu sehen, wer von uns beiden unterlegen sei. Offen gesagt war ich fast sicher, daß ich der Sieger und sie die Unterlegene sein würde. (...) Die Überschrift eines der ersten Kapitel lautet zwar ›Der Antiprophet‹, in Wirklichkeit aber handelte ich als Prophet, ich schrieb mir eine Sendung zu, eine vernichtende, wenn man so will, aber dennoch eine Sendung. (...) Elend und Größenwahn meiner Jugend gipfeln in der verzweifelten Wut dieser Seiten, in denen man vergebens einen Hauch von Bescheidenheit, von gelassener Resignation, von lächelndem Fatalismus suchen mag. Auch das wollüstige Vergnügen, ein radikales Nein zu sagen, erreichte hier seinen Höhepunkt. Was mich an der Verneinung besonders bestochen hat, ist, daß man sich dabei selbst an die Stelle von Allem und von Allen setzen kann.«[155] Von Defätismus war der Autor im Jahre 1946 zweifellos noch nicht befallen.

In den sechs Kapiteln des »Précis de décomposition« findet sich kein Thema, das in den vorangegangenen Werken nicht bereits behandelt worden wäre. Jede Überschrift zu einem der Bruchstücke würde einem akademischen Philosophen Anlaß geben zu einer eigenen Monographie, während Ciorans Aphoristik die Kunst des »interjektionellen Denkens« pflegt, das beinahe nichts verschont. Gleich Léon Bloy, der sich als »Abrißunternehmer« verstand, dekonstruiert er jene Werte, die auch in der Nachkriegsgesellschaft als unantastbar gelten. Aber im Gegensatz zum Katholiken Bloy gelingt ihm nur ein »blasphemisches Gebet«[156] und der nun sarkastische Blick auf die Heiligkeit.[157] Als »imponierende Absurdität« apostrophiert er die Gläubigkeit jener Mönche, deren Rituale er als Gast im Kloster aus der Nähe studieren konnte.[158] Dennoch erkennt er in sich selbst eine gewisse Affinität zur mönchischen Askese, wenn er à la Bataille die gescheiterte Berufung in einen Sieg verkehrt, Enthaltsamkeit pervertiert: »du gehörst einem Trappistenorden ohne Glauben an, dessen Zelle der Boulevard — der Orden der Freudenmädchen und deiner Freudlosigkeit ist.«[159] Mit dem Gottes-Sucher vereint Cioran die Weltverneinung, doch das Motiv seiner Negation ist die Melancholie, nicht die Heils-Suche im Erlösung versprechenden Jenseits. Die Gleichung: Existieren heißt leiden, wendet der Autor auf die wesentlichsten Lebensaspekte an, ohne in Beweisnot zu geraten. Beginnt nicht unsere Sklaverei, sobald wir zu atmen anfangen, fragt er unentwegt. Sind wir nicht, weil wir essen müssen, zur Arbeit, d.h. zur Prostitution verurteilt? »*Alle unsere Demütigungen beruhen darauf, daß wir uns nicht entschließen können, Hungers zu sterben.*«[160] So verwundert es nicht, wenn Cioran wider eine *vita activa* argumentiert und im Gegenzug die stoische Gleichgültigkeit lobt. Respekt verlangt ihm der Zynismus des Diogenes ab, weil dieser alle Grenzen überschritt. Eine weitere Eloge gilt jenen Ausnahme-Menschen, denen auf Erden nicht zu helfen war, so daß sie Hand an sich legten. Deshalb nennt Cioran die Selbstmörder-Dichter der Romantik – nebst Otto Weininger – seine »Helden«.

Neben dem Geschichtspessimismus, d.h. der Kritik am Tat-Menschen und dessen Zeitverfallenheit,[161] artikuliert sich in der »Lehre vom Zerfall« überdeutlich die Warnung vor ideologischen Fanatikern wie auch Märtyrern, treibt diese doch Machtbesessenheit um. Auf diese Weise reflektiert Cioran nicht allein die Lehren, die aus den Diktaturen der Mussolini, Hitler, Franco und Stalin notwendigerweise zu ziehen waren, sondern distanziert sich implizit auch vom Märtyrerkult um Codreanu, verabschiedet sich folglich von seiner eigenen politischen Vergangenheit (von der die französischen Leser damals allerdings nichts wissen konnten). Der Hinweis auf das Schicksal von Port Royal geht in dieselbe Richtung, wenn auch der Vergleich mit der »Eisernen Garde« recht bizarr anmutet.

Trotz allem leisten Ciorans negative Übungen keinen Beitrag zur Dialektik der Aufklärung, prophezeit er doch so etwas wie einen kollektiven Amoklauf: »Denn es ist nicht schwer, sich den Zeitpunkt vorzustellen, da die Menschen aus Ekel vor sich selber einander umbringen werden, da die Langeweile die Oberhand gewinnt über ihre Vorurteile und Hemmungen, da sie auf die Straße gehen werden, um ihren Blutdurst zu stillen: den Zeitpunkt also, da der durch so viele Generationen hindurch geträumte Vernichtungstraum für alle Tatsache geworden ist.« (S. 130f.) Ciorans Katastrophismus will provozieren. Darüber hinaus lehnt er die Verantwortung für Gedachtes und Gesagtes ab, denn er schreibe nicht im Besitz der Wahrheit: *»meine Wahrheiten sind die Trugschlüsse meines Hochgefühls oder meiner Niedergeschlagenheit.«* (S. 122) Die Zeit, die Stimmungen, die jeweiligen Dogmen determinierten seine Urteile. Cioran ist sich der Aporien des Skeptizismus durchaus bewußt, denn wer an nichts glaubt, hält zumindest an dieser negativen Überzeugung fest: »Noch der in seine Zweifel verliebte Skeptiker erweist sich als Fanatiker der Skepsis. Der Mensch ist der Dogmatiker schlechthin; und seine Dogmen sitzen um so tiefer, als er sie nicht formuliert, als er ihnen gehorcht, ohne sie zu kennen.« (S. 76) Sein Denken ist ein einziger Abgesang auf die Hoffnung, der Mensch könne sich jemals emanzipieren vom Illusionismus.

»Lehre vom Zerfall« steht so quer zur zeitgenössischen didaktischen Literatur existentialistischer Provenienz[162] wie etwa Batailles »L'expérience intérieure« (Die innere Erfahrung). Entsprechend äußerte sich Albert Camus, in seiner Eigenschaft als Gallimard-Lektor, gegenüber dem Autor: »›Gut, es ist sehr schön, was Sie da geschrieben haben, aber jetzt müssen Sie in den Kreis der Ideen eintreten.‹ Das sagt man einem Debütanten, der gerade angefangen hat zu schreiben, nicht aber jemandem wie mir, der sich in seiner Jugend eine ganze Bibliothek angelesen hatte. Von dem Augenblick an war er für mich erledigt!«[163] Die ehemaligen Pädagogen mögen einander wirklich nicht: »Ich finde das unglaublich unverfroren. Camus war an Bildung ein Provinzler, er kannte nur die französische Literatur.«[164] Diese Kränkung wird Cioran Albert Camus zurückzahlen. Nachdem er in Begleitung Gabriel

Marcels (1889–1973) die Generalprobe von »Les justes« (Théâtre Hébertot, UA 15. Dezember 1949) gesehen hat, bemerkt er zu diesem sarkastisch: »Stellen Sie sich nur einen Augenblick lang ›Die Dämonen‹ vor, und Ihnen wird klar werden, daß von dem, was wir soeben gesehen haben, nichts übrig bleibt.«[165] Jules Supervielle (1884–1960) dagegen gibt Cioran nach der Lektüre des Manuskripts die Bestnote: »Unglaublich, wie sehr mich Ihr Buch angeregt hat.«[166]

Als »Précis de décomposition« schließlich im September 1949 bei Gallimard (mit der fiktiven Angabe »3. Auflage«) erscheint (die Verzögerung von zwei Jahren verdankt sich auch der Nachkriegsumstände), kann sein Autor, der sich als Nachfahre Hiobs und Chamforts begreift,[167] mit den Kritiken mehr als zufrieden sein.

André Maurois ruft aus: »Wir haben einen neuen Moralisten oder Immoralisten, der sehr gut schreibt« (Opéra, 14. Dezember 1949). Claude Mauriac vergleicht Cioran gar mit Pascal und bescheinigt ihm den »Ton und die Sprache eines Meisters!« (La Table Ronde, Januar 1950). Mit Genugtuung dürfte ihn auch Maurice Nadeaus Kritik nebst Autorenfoto in Combat (29. September 1949) erfüllt haben, der »Un ›penseur crépusculaire‹« überschrieben ist: »Nun ist also derjenige gekommen, den wir erwarteten, der Prophet der Zeiten der Konzentrationslager und des kollektiven Suizids, derjenige, dessen Ankunft alle Philosophen des Nichts und des Absurden vorbereiteten, der Überbringer par excellence der schlechten Nachricht. Begrüßen wir ihn und sehen wir ihn uns näher an: er wird Zeugnis ablegen von unserer Zeit.« Auf dem offiziellen Pressefoto wirkt Cioran noch immer sehr jugendlich, faltenlos. Nichts verrät den ›von Zweifeln zernagten‹ Denker.

Eine weitere Kassandra vermochte sich dagegen zu Lebzeiten keinerlei Gehör zu verschaffen: der jüdische Gnostiker Albert Caraco (1919–1971), den Cioran in Paris eines Tages kennenlernen wird. Verblüffend die Nähe der Endzeitvisionen beider Köpfe: »Das Jahrhundert ist dem Tode geweiht (…) es bleibt uns bloß, unterzugehen oder zu töten, ehe wir selbst sterben, und wäre es als letzte; ein dritter Weg, ich sage es ausdrücklich, ist ausgeschlossen.«[168] Von der Lust am Untergang nahm der Autor, der durch Suizid endete, sich selbst nicht aus. 1963 bekannte er: »Ich sitze hier in Erwartung der Apokalypse ganz einfach an meinem Tisch und arbeite diese Blätter aus, mein Werk hält mich in dieser Welt fest, die ich so sehr hasse und deren Wandlung oder Vernichtung ich immer gewünscht habe, wäre ich nicht Schriftsteller, ich hätte das Leben nicht ertragen.«[169]

Es wäre freilich ein Trugschluß anzunehmen, daß die angesagtesten Schriftsteller-Philosophen des Existentialismus von dem Rumänen Notiz genommen hätten: die Mißachtung beruhte auf Gegenseitigkeit. Dennoch hatte sich Ciorans gesellschaftliche Position bereits im Frühjahr 1949, vor der Veröffentlichung der »Précis de décomposition«, entscheidend verändert, da er sich mit dem Manuskript um den neu geschaffenen ›Prix Rivarol‹ für den besten Text auf französisch von ausländischen Autoren beworben hatte. Daß er von den Juroren (André Gide, Gabriel Marcel, François Mauriac, André Maurois, Jean Paulhan, Jules Romains, Henry Troyat) als Favorit gehandelt wird, war in der Presse zu lesen, und das öffnete ihm Türen. »Seit kurzem bin ich in den interessantesten Pariser Kreisen, große Schriftsteller etc., zugelassen.«[170]

Das Buch ist ein reiner Achtungserfolg – die Erstauflage von 2000 Exemplaren ist erst in 10 Jahren vergriffen –, stärkt aber das Selbstbewußtsein des Exilanten: »Als ich 1949 mein erstes französisches Buch veröffentlichte, bekam ich in meiner Hotelmansarde im Quartier Latin von einer Fremden einen bis zum Delirium exaltierten Brief, der mich ausrufen ließ: ›Danach ist alles Schreiben überflüssig! Deine Laufbahn ist beendet!‹ Es war ein Gefühl von Apotheose und von Ende. Fiebrig, mit ungestümem Herzklopfen ging ich auf die Straße hinunter, unfähig, länger alleine zu bleiben. Meine gescheiterte Existenz hatte plötzlich einen Sinn bekommen. Der Verfasser dieses einzigartigen Briefes, ein ganz junges Mädchen aus der Provinz, das ich später nur einmal getroffen habe, teilte mir unerhörte Details über sich selber mit, die ich nicht preisgeben kann.«[171]

Im Brief an die Eltern heißt es am 20. Januar 1950: »Ich muß sagen, daß der Erfolg der ›Précis de décomposition‹ meine optimistischsten Erwartungen übertroffen hat. Das Buch ist nicht für eine große Leserschaft bestimmt, es kann mir also in finanzieller Hinsicht nicht viel einbringen. Aber wenigstens bin ich kein armer unbekannter Ausländer mehr, was viel heißt in einem Land, in dem der Ruf eine immense Rolle spielt. Die über mich veröffentlichten Artikel sind nicht sehr zahlreich, aber jene, die erschienen sind, sind äußerst schmeichelhaft.«[172]

Im Juni 1950 nimmt er den ›Prix Rivarol‹ in Höhe von 50 000 Francs entgegen,[173] — übrigens der einzige jemals von ihm akzeptierte Preis. Gewichtiger – um seine ökonomische Lage zu stabilisieren – nimmt sich im Vergleich dazu das Stipendium in Höhe von 10 000 Francs monatlich aus, das ihm der französische Staat ein Jahr lang gewährt. Er verdankt es dem Erfolg von »Précis de décomposition« sowie seinen ›Verbindungen‹.[174]

»Die Stadt, in der man glücklich ist, sein Leben zu verfehlen«[175]

Nachdem Simone Boué ans ›Lycée Michelet‹ versetzt wurde, teilt sie eines der beiden Zimmer Ciorans im Hotel Majory bzw. mietet ein zusätzliches vorübergehend an, um ihren Eltern gegenüber die ›wilde Ehe‹ zu verbergen. Dennoch leben sie in getrennten Welten. Zwar kommt es vor, daß er sich in Simone Boués Gymnasium verköstigt, in der Regel aber wird sie nach dem Unterricht für sie beide kochen, wonach der Gefährte dann Siesta hält, weil ihm ja einiges an nächtlichem Schlaf fehlt.[176] Als preisgekrönter Autor eines Buches, von dem man spricht, stürzt er sich nun ins mondäne Leben — das er ebenfalls mit der Geliebten nicht teilt. So besucht er etwa den Salon der Bankiersgattin Jeannine Worms (1923–2006) oder denjenigen der Mäzenin Suzanne Tézenas, der Treff der musikalischen Avantgarde der Zeit, insbesondere von Jean Barraqué (1928–1973) und Pierre Boulez (geb. 1925).[177] Wie passen Reichtum, Adel und Überfluß zu seiner Philosophie? Sagen wir einmal: da er in dieser Zeit Hochprozentiges schätzt, nimmt er parasitär die Gelegenheit wahr, dieses auf Kosten seiner Gastgeber zu sich zu nehmen. Hierbei kommt ihm die Begabung zugute, seine wahre Gemütslage in Gesellschaft zu dissimulieren: »eine Komödie, die es mir z.B. erlaubt, in einem Zustand absoluter Verzweiflung zum Abendessen zu gehen und ununterbrochen frivole Geschichten zu erzählen.«[178] »Was ganz offensichtlich gegen mich spricht, ist mein frivoles Verhalten sowohl in Gegenwart von Freunden als auch von Fremden. Daher der Eindruck des Gespielten, der Komödie, des Unechten.«[179] Gelegentlich gelingt ihm die Maskerade so gut, daß ihm Dritte den Skeptiker überhaupt nicht abnehmen. So luden ihn nach dem Erscheinen seines französischen Erstlings fünf ihm unbekannte Schriftsteller zum Mittagessen ein: »Ich kann Ihnen versichern, daß ich während der drei Stunden, die das Essen dauerte, nur über das Bidet gesprochen habe. Sie erwarteten natürlich, daß ich über mein Buch spreche, und ich erinnere mich noch an ihren Ausdruck von Verlegenheit, während ich fortfuhr, von der Verachtung zu reden, die mir die Deutschen einflößten, weil sie kein Bidet haben.«[180] Cioran wiederum frappiert die Unsitte, daß selbst in den sog. besseren Kreisen der eine den anderen herabsetzt, anschwärzt, hinrichtet — aus Neid. So lernt er, seine Erfolge zu verschweigen und gewöhnt sich an, auf Gesellschaften als Letzter zu gehen, um nicht Opfer des bösen Klatsches zu werden. Er erlebte dies häufig »bei einer sehr reichen Dame, die mich oft einlud und wo ich begriff, daß die Menschen alle gleich sind, ob nun arm oder reich. Es war nicht einmal persönliche Boshaftigkeit, sondern der Mensch verachtet den Menschen.«[181] Nicolaus Sombart (geb. 1923), der damals in Paris studierte, erinnert sich dagegen, daß es Cioran wie die meisten hielt, d.h. vor der Tür der jeweiligen Gastgeber zu spotten begann: »Nachdem wir unsere Ansichten über das soeben zusammen Erlebte ausgetauscht hatten – unsere Meinung über Gastgeber und Gäste, über Speisen und Getränke, über das, was so geredet worden war, wobei ich viel von ihm lernen konnte, denn er kannte all die Antezedenzien und Hintergründe, die Anekdoten und Geschichten, mit anderen Worten: den Klatsch, war ein scharfer, unbestechlicher, sarkastischer Beobachter –, nachdem wir also reichlich gelästert hatten, ging er dazu über, mir zuerst noch behutsam, dann immer eindringlicher, schließlich in einem leidenschaftlichen Stakkato seine Konzeption von den Bedingungen der menschlichen Existenz und der Welt, das heißt von der Nichtigkeit beider, zu entwickeln. Aus dem Dialog wurde ein Monolog, aus dem Monolog eine Kapuziner-Predigt. Er griff mich am Ellenbogen, und während wir gingen, er mit kleinen, trippelnden, ich mit meinen langen Schritten, redete er pausenlos auf mich ein, um so hartnäckiger und aufgeregter, je mehr er spürte, daß ich ihm nicht unbedingt beipflichten wollte. Seine Verzweiflung, die die Grundstimmung seiner Rede war, wurde offensichtlich verschärft durch die Verzweiflung, es mit jemand zu tun zu haben, der nicht intelligent genug war, ihm zu folgen. Unverhohlen spottete er über meine Naivität. Er nahm mir meine eher optimistische Einstellung zum Leben richtig übel. Meine Skepsis seinen Bekehrungsversuchen gegenüber qualifizierte er als Trotz. Mit derselben Hartnäckigkeit, mit der ich meinen Anspruch auf die Sinnhaftigkeit der Welt nicht aufgeben wollte, beharrte er auf dem Nachweis ihrer Sinnlosigkeit.

Ich bejahte also die Welt und das Dasein? krächzte er. Ob ich nicht sähe, daß die Bejahung des Daseins etwas Minderwertiges sei, etwas eines luziden, aufrechten Menschen nicht Würdiges.«[182]

Wir dürfen nicht annehmen, daß Cioran gleichsam die Seiten gewechselt hätte. So kann er zur gleichen Zeit die Freundschaft zu dem Philosophen Gabriel Marcel pflegen, der Ciorans Veröffentlichungen würdigt, wie die Nähe des Dramatikers Arthur Adamov (1908–1970) suchen, der eher im Bistro vor gefüllten Gläsern denn in Salons anzutreffen war. Adamov, russischer Herkunft, veröffentlichte neben seinen Stücken extrem autobiographische Prosa. Cioran kann sich mit ihm auf deutsch, russisch oder französisch verständigen. Ein weiterer Untergeher, der ihn fasziniert, bis es zum Bruch kommt. Im Jahr vor Adamovs Suizid notiert der Rumäne: »Ich erinnere mich an unsere Gespräche, an seine Stimme, seine Augen eines armenischen Christus und an seine unglaublichen Fehler. Kurz: eine starke Persönlichkeit.«[183] Nach seinem Tod fügt er hinzu: »Adamov war gewiß im Inneren meines Horizontes, und auf meine Weise habe ich an seiner langen Agonie teilgenommen.«[184]

Als Spiegel dieser geselligen Phase begreift Cioran seine »Syllogismes de l'amertume« (Syllogismen der Bitterkeit), die 1952 abermals Gallimard verlegt. Konsequenter als in seinen vorangegangenen Büchern übt er sich nun in pointierter Aphoristik, die oft mit einem einzigen Satz auskommt. Seine »Stilmodelle: der Fluch, das Telegramm und der Grabspruch.«[185] Gewiß komponierte er seine »Syllogismes de l'amertume« – übrigens ein für sein gesamtes Werk gültiger Titel – auf der Grundlage von Notizbüchern, Arbeitsheften mit spontan festgehaltenen Gedanken, die er dann zehn Kapiteln zuordnete, die sich jedoch untereinander thematisch überschneiden. Cioran hatte ernstlich erwogen, ins lyrische Fach zu wechseln — dem Genre, in dem sich Stimmungen, Subjektivität am besten verbal artikulieren lassen. Und hatten Blake, Keats, Emily Dickinson, Hölderlin, Georg Trakl, Benn, Celan nicht demonstriert, wie philosophisch Poesie zugleich sein kann? »Der Aphorismus ist das einzige Medium, wo es möglich wird, sich der Stimmung hinzugeben. Wenn Sie einen Text schreiben, sagen wir ein Traktat, so sind Sie gezwungen, eine Linie zu entwickeln. (...) Dagegen ist der Aphorismus die ideale Form für jene, die nicht Herr ihrer selbst, also abhängig von ihren Stimmungen sind. Beim Schreiben eines Buches müssen Sie wie ein Herr alles beherrschen. So launisch, wie ich von meinem Temperament her bin, bietet sich der Aphorismus als Möglichkeit an, wahr zu mir selbst zu sein und meiner Stimmung Ausdruck zu verleihen, ohne mich zu fragen, ob das stimmt, was ich vor einer Woche oder einem Jahr behauptet habe.«[186] Im Gegensatz zum Traktat, zur Abhandlung, zur Lehre altert der gelungene Aphorismus weniger rasch, sofern er das Destillat von Reflexionen und Erfahrungen darstellt, sofern ein jeder einen Essay ersetzen könnte. »Das Leben, — dieser Kitsch der Materie« (S. 53): Cioran destruiert, indem er das Entlegendste zusammendenkt nach dem Vorbild Walter Serners: »Selbstmord begehen nur die Optimisten, nämlich dann, wenn sie es nicht mehr sein können.« (S. 54) Blasphemisch sind die »Syllogismen« in einem Grade, von dem Voltaire nicht zu träumen gewagt hätte. Gott wird Bachs Musik subordiniert (S. 71), Buddha mit einem »Nörgler« verglichen, wäre dieser denn Angestellter geworden (S. 33), und das Saxophonspiel, von der Wirkung her, über die Lektüre Platons gestellt. Gewiß, Cioran mußte nicht mehr das Gefängnis befürchten — anders als Oskar Panizza etwa, als dieser Klerus und Obrigkeit schmähte oder um die Jahrhundertwende Christus als Paranoiker charakterisierte.

Cioran beleidigt den Intellektuellen, so wie er sich ironisch selbst verachtet: »Ist es meine Schuld, daß ich nur ein Parvenü der Neurose bin, ein Hiob auf der Suche nach einer Lepra, ein Dreigroschenbuddha, ein schlapper Skythe, der sich verrannt hat?« (S. 55) Wenn sich eine Zigarette als heilsamer erweist als die Evangelien? Wenn der Bettler, die Dirne die überzeugenderen Stoiker wären im Vergleich zu jenen, die lediglich schrieben? Der Autor gibt sich panarchistischen Gedankenspielen hin, der Art, wie sie die Surrealisten einst in die Tat umgesetzt hatten: »(…) auf die Straße gehen, Unbekannte beleidigen, sich ohrfeigen lassen…« (S. 55) Wir erfahren, daß Cioran »lange Zeit hindurch (…) Gerichtsverhandlungen« verfolgte, um die Unbeugsamkeit der Delinquenten schätzen zu lernen, den Zynismus der Deklassierten (Prostituierten) als »Form ihrer Ehrenhaftigkeit« (S. 55) zu würdigen. Die Huldigung der Erniedrigten und Beleidigten findet ihre Fortsetzung in der Bewunderung des Bettler-Philosophen: »Wie sehr dagegen haben mich die Meditationen eines alten Freundes, eines Straßenmusikanten und Narren, in Verwirrung gebracht! Wie alle Verkommenen beschäftigt er sich mit Problemen: eine ganze Anzahl davon hat er ›gelöst‹.« (S. 62) Wir können sicher sein, daß jener geniale Clochard existierte, der Cioran in diesem Fall von der Unsterblichkeit zu überzeugen versuchte: »Ich kannte einen Bettler, der auf den Café-Terrassen Flöte spielte. Er dachte die ganze Zeit nach. Eines Tages kam er ganz verzweifelt zu mir. Ich dachte, er wäre schon tot, denn ich sah ihn seit Jahren nicht mehr; er hatte keinen festen Wohnsitz, keine Adresse. Er schlief manchmal unter den Brücken, manchmal in großen Hotels, denn er verdiente viel, gab aber alles aus. Während dieser Begegnung sagte ich zu ihm: ›Hör zu. Du bist der größte Philosoph von Paris, der einzige zeitgenössische große Philosoph.‹ Er entgegnete mir: ›Du machst dich über mich lustig.‹ Ich widersprach: ›Nein, überhaupt nicht. Wenn ich dir das gesagt habe, so deshalb, weil du *siehst*, du denkst ständig nach, du machst die Erfahrung der Probleme und deine Probleme sind mit deinem Leben vermischt.‹ Sein Dasein erinnerte mich an jenes der griechischen Philosophen, die ihre Reden auf Straßen und Märkten hielten.«[187]

Dennoch lautet Ciorans negatives Credo: »Ich glaube an das Heil der Menschheit, an die Zukunft des Zyankalis...« (S. 82) Nach Art der Moralisten seziert er die Liebe und prophezeit darüber hinaus ein Zeitalter des verbalen Exhibitionismus: »Bald werden unsere Beziehungen zu den anderen auf die Kenntnisnahme von ihren tatsächlichen oder erfundenen Orgasmen reduziert sein...« (S. 69).

Da Cioran mal einen Bettler, mal eine Mystikerin zitiert, Geisteskranke (Reminiszenzen an die Berliner Charité?) und einen Mathematiker, Astronomen, Philosophen und Dichter wie 'Umar Haiyām (Omar Chayyām, 1048–1131), stellt er bewußt jegliche Hierarchie der Geister in Frage. Ein taoistischer Text kann so erhellend sein wie die Lakonie einer Prostituierten. Der persische Sufi 'Umar Haiyām mag noch so sehr die Agnosie loben — er bleibt im Glauben verfangen, und sei es nur der an den Wein (S. 16). Die Anspielung auf die »Bhagavadgītā«, dem Hauptstück des Epos' »Mahābhārata«, belegt, daß Cioran asiatischer Philosophie weiterhin geöffnet bleibt. Nicht mehr und nicht weniger.

Muß nicht der radikalste Neinsager befürchten, mangels Reibungsflächen in der Affirmation zu enden? Der Zweifler orakelt: »Sich vergnügen oder stumpf werden: die Frivolität oder die Animalität.« (S. 28)

Kommerziell sind die »Syllogismen« ein Mißerfolg: nicht einmal im Verlauf von 25 Jahren ist die Erstauflage von 2000 Exemplaren (à 4 Francs) vergriffen. Jedermann bezichtigt den Autor, der auf seine Aphorismen sehr stolz ist, der Oberflächlichkeit. Guy Dumur, mit Cioran befreundet, zitierte in seiner Rezension im COMBAT anspielungsreich Talleyrand, der sagte, daß alles, was übertrieben ist, bedeutungslos sei.[188] Der Autor stöhnt: »ich wollte meinen kleinen La Rochefoucauld schreiben und wurde dafür bestraft. Die Kunst, sich nicht selbst zu täuschen, ist recht schwierig.«[189] Selbstkritisch heißt es eines Tages: »Das habe ich am schlechtesten geschrieben. (...) Trotzdem vermitteln diese Scherze eine recht genaue Vorstellung von dem, was ich in einem bestimmten Augenblick gewesen bin.«[190] Bedenkt man, daß sein Buch in einer Zeit scheitert, die noch nicht von den elektronischen Medien dominiert wird, noch dazu in einer Kultur, die das Fragment schätzt, kann man nur vermuten, daß Ciorans Themen die dominierenden Diskurse der Zeit mit großer Genauigkeit verfehlen. Zur Kompensation einer ganzen Kette von Niederlagen wird er deshalb behaupten: »Ich wollte keine Karriere machen. In jeder Hinsicht sind meine Bücher angesichts ihrer Natur wenig verbreitet. Es sind keine Romane. Lieber sterbe ich vor Hunger, als Konzessionen zu machen.«[191]

Das Schweigen Maurice Blanchots, auch dasjenige Georges Batailles im Jahre 1952 überrascht indes. Selbst die ambitionierte Zeitschrift CRITIQUE beugt sich über das bescheidenste Talent der Zeit, sofern es sich in Prosa artikuliert, und ignoriert Cioran. Jean Paulhan, Lektor bei Gallimard, ermutigt ihn, das Schreiben nicht gänzlich aufzugeben.

Gewisse Konzessionen macht auch der ins Scheitern Verliebte. Er ist genötigt, Typoskripte abzuliefern und lernt deshalb Schreibmaschine schreiben. Wie um den subtilen Literaturkritiker zu demütigen für die Tatsache, von diesem unbeachtet geblieben zu sein, wählt sich Cioran dessen Prosa zum Üben: »Blanchot ist bestimmt jemand. Leider gibt es Bücher von ihm, die *inhaltslos* obwohl glänzend geschrieben sind. Lesen Sie zum Beispiel: ›Le dernier homme‹. Ich kenne es sehr gut, weil ich es gebraucht habe, um tippen zu lernen. Es enthält nichts, es ist ein prächtiges Vakuum. Selbstverständlich würde ich so etwas nicht behaupten von allen seinen Büchern. Gegen 1953 war ich in Köln bei einem Rowohlt-Kongreß. Man hatte mich gefragt, welcher wäre der größte zeitgenössische Schriftsteller in Frankreich. *Blanchot* war meine Antwort. Damals konnte ich noch nicht tippen...«[192] Behauptete der Titel »Le dernier homme« (Der letzte Mensch) nicht auch die Okkupation eines Terrains, zu dessen Experte sich Cioran gemacht hatte?

Der Rowohlt Verlag hatte 1953 unter dem Titel »Lehre vom Zerfall« den »Précis de décomposition« in der Übersetzung von Paul Celan veröffentlicht.[193] Im Irrglauben, einen weiteren Existenzialisten unter Vertrag zu haben, startete man in Hamburg mit einer Auflage von 4000 Exemplaren. Der Dichter Celan übersetzte um des Überlebens willen; er arbeitete unter Zeitdruck und wird im Brief vom 29. März 1954 an seine Frau von der »verfluchten Übersetzung von Cioran«[194] sprechen. »Während einer Arbeitssitzung gesteht der Autor dem Übersetzer seine ehemaligen Beziehungen zum rumänischen Faschismus«[195], kommentieren die Herausgeber der Celan-Korrespondenz. Wie detailliert dies Cioran notgedrungen tat, ist eine andere Frage. Celans Verhältnis zum Rumänen kann nur zwiespältig genannt werden, notiert er doch in seinem Taschenkalender am 21. Januar 1959, 3 Uhr: »C. unverändert, undeutlich, verlogen, suspekt.«[196] Dennoch bricht er den Kontakt nicht ab und sieht Cioran weiterhin, eventuell aus Dankbarkeit, da dieser ihn ermutigt hatte, sich als Deutschlektor an der ›École Normale Supérieure‹ zu bewerben. Der Dichter wirkt dort ab 1959 bis zu seinem Freitod im

April 1970. Cioran verbringt sogar im Mai 1964 einige Zeit im Landhaus der Celans in Moisville nahe Paris. »Es war ein herrlicher Tag. Alles lud zur Entspannung, zum Vergessen, zur Illusion ein. Celan, auf einem Liegestuhl, bemühte sich, fröhlich zu sein, es gelang ihm aber nicht. Er schaute betreten drein, wie ein Eindringling, als ob diese prachtvolle Gelassenheit nicht für ihn bestimmt sei. (…) Was suchte er tatsächlich in der Unberührtheit dieses Gartens, er, der schuldig an seinem Unglück war und irgendwie verdammt, nirgendwo *seinen* Platz zu finden? Es wäre gelogen, würde ich behaupten, daß ich ein wirkliches Unbehagen gespürt hätte, aber dennoch, alles bei meinem Gastgeber, sogar sein Lächeln, war geprägt von einer bestechenden Trauer und wie von einer Vorahnung einer Nicht-Zukunft.«[197] Erst ab 1967 meidet Celan jeglichen Kontakt mit Cioran, nachdem er von dem Schriftsteller Ovid S. Crohmălniceanu (1921–2000) erfahren hat, wie sehr dieser sich einst für die »Garde« engagiert hatte. »PC ist davon zutiefst getroffen und fühlt sich von Cioran betrogen.«[198] Cioran fürchtete die Empfindlichkeit, Animosität, Reizbarkeit des Poeten. Gleichwohl wird er dessen tragisches Schicksal voller Anteilnahme verfolgen und an dessen Begräbnis teilnehmen.[199]

Einen Kompromiß mit der Arbeitswelt schließt Cioran, als er für die Reihe »Cheminements« des Verlags Plon als Herausgeber fungiert. (In Frankreich war es usus, daß der Hausverlag seinen pekuniär klammen Autor als Lektor alimentierte: warum Gallimard im Falle des Rumänen anders reagierte, kann man sich denken…) Unter Ciorans Ägide erscheinen: Rudolf Kassner (1873–1959), Évocations et paraboles, traduit de l'allemand par Geneviève Bianquis, 1956 (entsprechend »Das physiognomische Weltbild«. Parabeln, Traktate und Essays, 1930); José Ortega y Gasset (1883–1955), Le spectateur tenté. Essais, traduit de l'espagnol par Mathilde Pomès (mit einem Vorwort Ciorans), 1958 (entsprechend »El Espectador« (dt. Buch des Betrachters)); Gabriel Bounoure (1896–1969), Marelles sur le parvis. Essais de critique poétique, 1958 (einer Auswahl zwischen 1928 und 1955 verfaßter Zeitschriftenartikel); Léon Chestov (Lev Šestov), Les révélations de la mort: Dostoïevsky, Tolstoï, préface et traduction de Boris de Schloezer, [3]1958 (entsprechend »Otkroveneja smerti«). Da sie erfolglos war, stellte Plon die Reihe alsbald ein. 1963 versucht Cioran abermals, beim Taschenbuch-Verlag 10/18[200] eine philosophische Reihe zu etablieren, wo aber nur ein Band erscheint: Léon Tolstoï (Lev Tolstoj), La Mort d'Ivan Ilitch. Maître et serviteur (traduction par Boris de Schloezer). Les Trois morts (traduction par Daniel Gillès), précédés de »Tolstoï et l'obsession de la mort«[201], par E. M. Cioran, [Le Monde en 10/18, 180], Paris: Union générale d'éditions, 1964.

1959 konzipiert er eine ›Anthologie der Moralisten‹[202], woraus dann die posthum veröffentlichte »Anthologie du portrait: de Saint-Simon à Tocqueville« wird. Cioran spricht von »Zuhälterarbeit«[203], die er aus Geldnot auf sich nimmt. Sein Auftraggeber, eine amerikanische Stiftung, druckte das Buch schlußendlich nicht. Ursprünglich sollte er eine Auswahl des Wesentlichsten aus Comte de Saint-Simons »Mémoires« (1829) zusammenstellen. Da die amerikanische Übersetzerin an der Sprache des Autors scheitert, erwägt Cioran, über Saint-Simon ein Buch zu schreiben. Schließlich beläßt er es bei einer Auswahl von 42 Portraits verschiedener Autoren, von Saint-Simon bis Tocqueville, die oft über ein und dieselbe Person schreiben.[204] Im ausführlichen Vorwort zu dem Sammelband erklärt der Herausgeber die Gründe seiner Begeisterung für Memoiren.[205] An den dargestellten Personen fasziniert ihn die generalisierte Langeweile, deren Eitelkeit und Überflüssigkeit — der Sprach- und Stilfetischismus einer ganzen Epoche und Klasse. Der Adel des 18. Jahrhunderts unterwerfe sich einzig der Tyrannei des guten Geschmacks. Luzidität gebe es nur um den Preis von fehlender Natürlichkeit, echten Gefühlen. Und Cioran erklärt sich die Mode der Ironie als Reaktion auf frustrierte Naivität. (Ähnlich psychologisierend hatte er Zynismus mit enttäuschter Liebe in einen Kausalzusammenhang gebracht.) Wollte Cioran mit dieser Anthologie nicht auch von seinen Salon-Erfahrungen Zeugnis ablegen? Mehr als das! Sein Vorwort schließt mit der Behauptung, daß die Memoiren-Schreiber[206] darlegten, wie sich die »Erbsünde« inkarniert, fortsetzt und individualisiert.[207]

Memoiren waren damals en vogue, und Saint-Simon wollte an den Erfolg derjenigen des Kardinals de Retz (Jean-François Paul de Gondi) anschließen. Cioran liest mehr als fünf Jahre lang ausschließlich Biographien, Korrespondenzen, Tagebücher sowie Erinnerungen, weil er zum einen ein »morbides Interesse« daran hat, zu erleben, wie ein Dasein endet, aber auch, »weil ich kein äußeres Schicksal habe, ich bin ein Mensch ohne Biographie; das dürfte eine gewisse Rolle gespielt haben.«[208]

Etwa 1954 bricht Cioran abermals nach Spanien, dem Land seiner Sehnsucht, auf. Ein Foto zeigt ihn mit Rad in Santander. Inzwischen hat er die Landessprache gelernt, die »Vida« der Teresa von Ávila fünf Mal gelesen, nicht zu vergessen der philosophische Kanon (Miguel de Unamuno y Jugo, José Ortega y Gasset, Ángel Ganivet García)[209]. Den Pessimisten fasziniert der *desengaño*, die Ernüchterung, Luzidität, der ab 1600 zu einer Art spanischen Lebensmaxime wurde. »Ich halte diese Reise für das Beeindrukkendste und Schönste, das zu tun mir in meinem Leben vergönnt war. Das war das Spanien vor dem Tourismus. Die Reise dauerte drei Wochen, ich fuhr dritter Klasse, quartierte mich unter aller einfachsten Bedingungen ein, aber ich war völlig bezaubert. Und weil dies die einzige außergewöhnliche Reise war, die ich in meinem Leben gemacht habe, nahm ich mir vor, niemals mehr nach Spanien zu reisen. Schließlich bin ich sechs Mal wiedergekommen.«[210] Im Gedächtnis bleibt ihm die vehemente Reaktion eines 12jährigen Mädchens, das im verdreckten Zugabteil Gedichte rezitiert. Denn als ihr der entzückte Cioran ein paar Münzen reicht, wirft sie diese wütend auf den Boden. »Ihre Reaktion erschien mir erhaben. Für mich stellt Spanien die Emotion in ihrer Urform dar.«[211] Exzessivität und Mystizismus begreift er quasi als Nationaleigenschaft — Bataille sah darin primär die Todesfaszination, verkörpert im Flamenco und in der Corrida. »Spaniens Verdienst ist es nicht nur, das Exzessive und das Sinnlose gezüchtet, sondern auch gezeigt zu haben, daß der Taumel das ganz normale Klima des Menschen ist. Was ist natürlicher als das Vorhandensein von Mystikern bei einem Volk, das den Abstand zwischen Himmel und Erde aufgehoben hat?«[212]

Nach einem Aufenthalt im Burgenland notiert er: »In Österreich habe ich begriffen, daß ich ein Mensch aus Mitteleuropa war. Ich habe alle Stigmata eines ehemaligen Untertans des österreich-ungarischen Kaiserreichs. Daher rührt vielleicht meine Unfähigkeit, mich in Frankreich at home zu fühlen. (...) Übrigens hänge ich nur an Ländern, in denen insgeheim das Prinzip des Nicht-Lebens herrscht.«[213]

Seine übrigen Reisen wird er stets zu einer Wallfahrt ausbauen: In Haworth (Yorkshire) wandert er durch die Landschaft Emily Brontës, die Moore: »Gibt es auf der Welt eine faszinierendere Trostlosigkeit?«[214] In London besucht er das Grab von Karl Marx, in Rom die Gräber Shelleys und Keats‹; in Sils-Maria das Nietzsche-Haus.

Tatsächlich ist der Kontrast zwischen Salon und Natur nur ein Aspekt. Neben den kleinen Fluchten – vom Spaziergang durch den Luxembourg bis hin zu 30 km-Wanderungen im Umland – partizipiert er durchaus am Geistesleben von Paris (das unterscheidet ihn von passionierten Wanderern wie Nietzsche oder Jürgen von der Wense, die Eremiten waren). So besucht er sporadisch die Vorträge an Jean Wahls (1888–1974) ›Collège philosophique‹,[215] wo sich die intellektuelle Elite (außer Sartre) artikulierte, oder hört den Religionsphilosophen Henri-Charles Puech (1902–1986) am ›Collège de France‹.

Entsprechend finden sich in Ciorans drittem französischen Opus, »La tentation d'exister« (1956), implizite Reaktionen auf zeitgenössische Bücher: sei es Camus' »L'homme révolté« (1951), sei es Barthes' »Le degré zéro de l'écriture« (1953). Das Kapitel »Jenseits des Romans«, 1954 vorab veröffentlicht, polemisiert ebenso wider Barthes wie der »Brief über einige Sackgassen«.

Der ›Nouveau Roman‹ fungiert dabei als Zielscheibe, gleichzeitig aber auch die ihn flankierende Literaturtheorie, der Strukturalismus, der Sartres Forderung nach einer ›engagierten Literatur‹ aus dem Felde schlagen sollte. Ciorans vernichtende Kritik an den Prosa-Erzeugnissen der Zeit möchte ich nicht so sehr als Ressentiment eines kaum beachteten Essayisten und Aphoristikers deuten, geschweige denn als Hybris eines Autors, der sich rhetorische Askese auferlegt hat und deshalb das Genre des Romans für obsolet erklärt. Vielmehr beklagt er – antithetisch zu Blanchot oder Barthes – den Nullpunkt der Literatur, den Tod des Autors, das Ende der großen Erzählung als Verlust. »Das Entstehen des Romans ohne Handlung hat dem Roman den Gnadenstoß versetzt. Kein Fabulieren mehr, keine Personen, keine Intrigen, keine Kausalität. Nachdem das Objekt verbannt und das Ereignis aufgehoben war, blieb nur noch ein Ich übrig, das sich selbst überlebt, sich erinnert, gewesen zu sein, ein flüchtiges Eintags-Ich, das sich an das Unbestimmte klammert, es hin und her wendet, es in Spannung verkehrt, Spannung, die nirgends hinführt als zu sich selbst. Ekstase am Nullpunkt der Literatur (...).«[216] Ein kaum camouflierter Kommentar auch zu Blanchots Romanen — nur: unterscheiden sich diejenigen Samuel Becketts bspw. wesentlich von der Prosa des Franzosen? In der Vorveröffentlichung seiner polemischen Reflexionen hatte Cioran Blanchot benannt: »In diesem Sinne kann man nicht genug über den Fall Blanchot nachdenken, einen der wenigen Zeitgenossen, die in und von der (...) Literatur ausgehend eine *ursprüngliche* Erfahrung gemacht haben. Die Mühe, die er aufwendet, um von dieser zu einer Wirklichkeit zu gelangen, die die Literatur transzendiert, umfaßt das Verdienst der geahnten und akzeptierten Unwirksamkeit. Sein Werk, von dem ein ganzer Teil glücklicherweise für niemanden geschrieben ist, klammert sich ans Unbestimmte (...): eine Ekstase an den Grenzen der Literatur, ein Murmeln, das unfähig ist, im Schrei zu vergehen, eine Litanei und ein Selbstgespräch der Leere, ein schizophrener Ruf, der das Echo ablehnt (...). Stellen Sie sich einen Roman vor, in dem die Protagonisten nicht mehr in Abhängigkeit voneinander leben würden, auch nicht in Abhängigkeit von sich selbst, einen Adolphe, einen Ivan Karamasov oder einen Swann ohne Partner: Sie werden begreifen, daß die Tage des Romans gezählt sind und daß er, falls er darauf besteht fortzudauern, sich mit der Laufbahn eines Leichnams begnügen werden muß.«[217]

Obwohl er gemäß philosophischen Kriterien liest, bestätigt Bataille mit seiner Essaysammlung »La Littérature et le Mal« (Die Literatur und das Böse, 1957) teilweise Ciorans Befund — und sei es nur durch die Tatsache, daß zeitgenössische Autoren in dem Sammelband die Minderheit bilden. (Natürlich setzt sich Bataille in Critique mit Blanchot wie auch Beckett auseinander.) Nur, für Cioran beginnt die Auflösung des Subjekts schon bei Proust. Krise der Literatur, das Ende des Erzählens: periodisch keimen derartige Diskussionen auf, haben aber niemals den Literaturbetrieb auch nur verunsichert. Ciorans Intervention geschieht zu einem Zeitpunkt, da die Avantgarden der zwanziger Jahre längst andere ästhetische Maßstäbe gesetzt haben. Die Debatte in den fünfziger Jahren geht von zwei auf den ersten Blick antipodischen ideologischen Positionen aus. Die Literaturtheorie marxistischer Provenienz fragt, ob man nicht Kafka verbrennen solle (die ›engagierte Literatur‹ wäre diesem Lager zuzurechnen), während neokonservative Köpfe den Verlust der Mitte beklagen. Unter ästhetischen Gesichtspunkten streben freilich beide Lager das gleiche – rückständige – Ziel an. Man mag einwenden, daß die neue Sachlichkeit nicht minder steril bis überflüssig war wie der sozialistische Realismus. Cioran fragt indes nicht nach dem Nutzen der Künste, sondern prinzipieller: was läßt sich, das kulturelle Erbe vor Augen, noch dichten, malen, komponieren etc., das dem Vorhandenen etwas Wesentliches hinzufügte? Ein authentischer Weiser jedenfalls würde die Kunstübung per se verschmähen.

Wie sehr auch Cioran dem Zeitgeist unterliegt, ist ablesbar an seinen politischen Prognosen: so überschätzt er maßlos die Rolle der Sowjetunion, im übrigen folgt er Oswald Spenglers

Prophezeiung des Untergangs des Okzidents. Dem dekadenten Westen stünde, nach dem Modell Roms, eine Barbareninvasion bevor. Konservative Politiker der Zeit sprachen von roter bzw. gelber Gefahr.

In den Kapiteln »Kleine Theorie des Schicksals« und »Ein Volk von Einzelgängern« revidiert der Autor, wir wissen es nun, sein einstiges politisches Engagement. Dem Fatalismus des Rumänen war mit der Vision eines »Gardisten«-Staats nicht beizukommen, und der kollektive Minderwertigkeitskomplex eines kleinen, aber multikulturellen Volkes, begünstigte Ressentiments gegenüber den auserwählten, geistig überlegenen Semiten. Ciorans Kniefall entbehrt nicht der Peinlichkeit, vollzog sich dafür früher als etwa bei Maurice Blanchot. (Da nur Insider von Ciorans vielfältigen nationalistischen Verstrickungen wissen konnten, unterstelle ich ein gewisses Kalkül bei diesem Bußgang: der Rumäne war der Überzeugung, daß hinter den Kulissen jüdische Emigranten zum Nachteil seiner Karriere die Fäden zogen, indem sie seine gardistische Vergangenheit kolportierten.)

Cioran verabschiedet sich folglich nicht allein von einstigen Idealen – die moralisch geschminkte Anarchie war auch die Zielscheibe von Camus' »Mensch in der Revolte« –, sondern verwirft den Primat des Werdens zugunsten einer *vita contemplativa.* Das Tun, der Utilitarismus, die Zeitverhaftung werden als unsere fundamentalen Gebrechen identifiziert. »*Entwerden*, sich dem Werden entziehen — das schönste, das bedeutendste deutsche Wort, das ich kenne.«[218] Dem emanzipierten, vernunftgeleiteten Subjekt, das Herr seiner freien Entscheidungen ist (auf das ein Sartre, ein Camus setzen), begegnet Cioran mit taoistischen wie buddhistischen Konzeptionen der Leere und des Nichts. Weil er aber weiß, daß sich sein Temperament dagegen sträubt, die reine Lehre des Tao oder des Zen zu leben, bleibt das Todesbewußtsein als Standpunkt, von dem aus sich nicht nur alles relativiert, sondern auch als Illusion zu erkennen gibt. In einem Gespräch erläutert Cioran: »Alles ist irreal. Wenn es real wäre, würde es eine stumpfsinnige Tragödie sein. Die Geschichte ist, ohne Übertreibung gesagt, erbärmlich und der Tod unerträglich. Andererseits macht der irreale Charakter des Lebens dieses nicht erträglicher, doch dem Begriff Illusion gelingt es, uns bewußt zu machen, daß nichts wichtig ist. Die Erkenntnis ist genau jener Vorgang, der die Illusionen demontiert und bewirkt, daß sie nicht mehr als real erscheinen und sie sich als die Illusionen, die sie sind, zu erkennen geben; und die absolute Erkenntnis führt zum Suizid und nicht zur Ausgeglichenheit, sondern zu jener Art von Bewußtsein, daß das Leben keine Bedeutung hat. Je mehr man also über das Leben nachdenkt, desto weniger Sinn hat es. Natürlich ist das Tun unnütz, wie das Leben selbst. Ich nenne Tun alles, was man macht: denken, lieben, sagen wir mal nicht: arbeiten. Das Tun dispensiert vom Nachdenken und der Erkenntnis. Alles, was man tut, ist illusorisch, irreal.«[219] Antonio Porchia (1885–1968) kommt zu dem gleichen Ergebnis: »Alles Tun ist Trug, weil alles getan ist.«[220] Um hervorzuheben, wie entscheidend für eine solche Optik das Verhältnis zu unserem Tod ist, beruft sich Cioran auf Keats, Novalis und Kleist, die er neben den Mystikern nicht nur zu Thanatophilen, sondern zu Todesenthusiasten erklärt.[221] Hätten die Elisabethaner wie die deutschen Romantiker den Tod nicht zu einem »kosmischen Phänomen, einem orgiastischen Werden, einem Nichts, das belebend wirkt, schließlich zu einer Kraft, aus der man immer wieder schöpfen muß und mit der es direkte Beziehungen zu unterhalten gilt«[222] erhöht? »Der Tod wäre für die Menschen nicht ihre große verlorene Erfahrung, wenn sie es verständen, ihn ihrer Natur anzugleichen oder ihn in Wollust zu verwandeln«[223], gibt Cioran zu bedenken. Aus dem Axiom »jedes Wesen *ist* seine Todesempfindung«[224] leitet er ab, daß es angemessener wäre, Thanatographien zu schreiben denn Biographien: »Sogar unser ›Schicksal‹ ist nichts als das Abrollen, die Etappen dieser elementaren und doch stets wechselnden Erfahrung, nichts als die Übersetzung dieser *geheimen* Zeit, in der sich die Vielfalt unserer Sterbensarten entwickelt, in die scheinbare Zeit. Wenn die Biographen einen Schicksalsweg erklären wollen, sollten sie ihr übliches Verfahren aufgeben, sie sollten sich nicht mehr mit der scheinbaren Zeit beschäftigen, mit dem Eifer eines Wesens, seine eigene Wesenheit zu verfälschen.«[225] Es ist recht unwahrscheinlich, daß Cioran vom Todesenthusiasmus Batailles Kenntnis hatte. Die einschlägigen Texte waren teilweise in entlegenen Publikationen erschienen, und letztendlich erweist sich die »Todesfreude«[226] (»Apotheose des Vergänglichen«) des Franzosen als unvereinbar mit derjenigen des Rumänen. Dennoch gibt es weitere thematische Berührungspunkte, so mit Batailles Begriff der ›Souveränität im Augenblick‹, wenn Cioran fordert: »kehren wir zu unseren ältesten Verzückungen zurück: zur Philosophie der *einmaligen Augenblicke*, der einzig wahren Philosophie.«[227] Oder wenn er für heidnische Formen der Ekstase plädiert — eine der raren Affirmationen des Zweiflers: »Was zählt, sind einzig unsere Erlebnisse, ihre Intensität und ihre Kräfte, die uns instand setzen, uns in eine nichtsakrale Tollheit zu stürzen. (...) Es genügt, der Vernunft eine lange Sprachlosigkeit aufzuerlegen. Wenn wir nur uns selbst hingegeben sind, wird uns nichts mehr daran hindern, zur köstlichen Stillegung aller unserer Fähigkeiten zu gelangen. Wer solche Zustände auch nur geahnt hat, der weiß, daß unsere Bewegungen dort ihren gewohnten Sinn verlieren: wir steigen zum Abgrund hinauf, zum Himmel hinab.«[228] Am Schluß des titelgebenden Essays scheint Cioran sich der Unvermeidbarkeit des Illusionismus zu beugen: »Wir bestehen, solange unsere Fiktionen bestehen. (...) Existieren kommt einem Glaubensakt gleich, einem Protest gegen die Wahrheit, einem endlosen Gebet...«[229]

Dieser Befund trifft für den religiösen wie auch den irreligiösen Menschen zu. Im Taoismus oder im Zen-Buddhismus wird allerdings das Hier und Jetzt weder verteufelt noch verneint, allenfalls das Verhalten des fragenden Subjekts zu diesem. Eine Weisheitsschule, die die reine Affirmation lehrt und die allzu menschlichen Wünsche und Ängste den Illusionen subsumiert, kommt einem Skeptiker nicht gerade entgegen. Dieser müßte, um Selbsterlösung anzustreben, zunächst von sich selbst absehen können. Ferner aufhören zu werten. Da steht er in der Tradition gnostischer Sekten wie auch der frühen islamischen Asketen (»Die Welt ist eine Latrine. Zu einem solchen Platz geht man nur, wenn man dazu gezwungen ist«[230]). Autoren wie Strindberg, Bloy, Artaud oder Céline brillierten im Verfluchen. Insofern ist Ciorans Schlußfolgerung, daß der Gipfel der Erkenntnis notwendigerweise den Suizid zur Konsequenz habe, ein typisches Mißverständnis. Er kann sich einfach nicht vorstellen, durch Einstellen der Reflexion Seelenfrieden zu erlangen.

Das Ja zum Chaos schließt eine Verwechselung mit dem Prinzip Hoffnung aus, desgleichen eine mit der Revolte des Maßes: »Wenn wir es [das Chaos] nicht hegen und pflegen, dann vergeuden wir unsere letzten Kraftreserven: jene, die den Tod in uns aufrechterhalten, die ihn antreiben und verhindern, daß er altert.«[231]

Im Abstand der Jahrzehnte relativiert Cioran – wie fast immer – den Wert seines Buches: »ich spreche darin von einer Menge Dingen, sogar von Răşinari (…), es ist ein Sammelsurium von Reflexionen und Anekdoten, die oberflächlich und düster zugleich sind.«[232] Der Bezug auf den Geburtsort meint wohl jenen Passus, in dem es um die Besessenheit von der Idee des Todes geht, wo er, wie in bestimmten tantristischen Meditationsaufgaben, »in jedem Menschen das Skelett und den Leichnam erblickt.«[233]

»La tentation d'exister« verkauft sich schlecht, bekommt aber gute Kritiken. Claude Mauriac begrüßt im FIGARO »einen der reichsten Geister der neuen Zeiten«, Claude Elsen (DIMANCHE MATIN) behauptet: »auf geistigem Gebiet gab es sicher seit 20 oder 30 Jahren kein Ereignis, das mit der Veröffentlichung des Werkes von E. M. Cioran vergleichbar ist.« Und Saint-John Perse urteilt: »Sie gehören zu denen, die das Leben letztlich weder entstellen noch herabwürdigen kann, weil es Sie nicht zu demütigen vermag. Ferner stimmt es auch nicht, daß Ihr Pessimismus im Nihilismus wurzelt. In jenem Blick, den Sie mir eines Abends in Paris zugeworfen haben, lag noch so viel Ungebrochenheit, eine derart lebendige Ursprünglichkeit. Bitterkeit oder Verschleiß habe ich darin nicht entdeckt.«[234] Einzig Alain Bosquet (eigtl.

Anatole Bisk, 1919–1998), ein Dichter und Literaturkritiker russischer Abstammung, bemüht die zeitgeistige Vokabel »absurd« und spricht vom »Brevier eines Menschen, der sich im Absurden und im Zweifel eingerichtet hat«. In Rumänien lösen Ciorans abfällige Äußerungen über seine Heimat eine Pressekampagne aus, so daß ihn sein Vater beschwört, ein *mea culpa* abzulegen.[235]

Cioran haßt nicht allein die obligatorischen Signierstunden bei Neuerscheinungen, sondern auch den servilen französischen Brauch, daß sich der Autor beim Kritiker brieflich zu bedanken hat. Sehnt er sich doch nach dem Gegenteil: »Ich würde gerne Berühmtheit erlangen — ohne mich zu bewegen, ohne in irgendeiner Weise in Erscheinung zu treten. Eine Berühmtheit, die wie ein Wunder über mich käme.«[236]

1957 trägt man ihm den ›Prix Sainte-Beuve‹ für den besten Essay an, den er ausschlägt. Zwar kann er sich dies materiell eigentlich nicht leisten, aber er handelt getreu seiner Maxime: »Die Bestätigung ist die schlimmste Bestrafung.«[237] Im Kontext des aktuellen Kulturbetriebs, der den vermeintlichen Revolteur, besser gesagt: den harmlosen Bürgerschreck direkt ins Museum befördert, wirkt eine solche Unbestechlichkeit freilich wie ein pathologisches Fixiertsein aufs Scheitern.

IV
»Alles ist Schein«[1]

»Alles, was die Menschen bisher geschaffen haben, alle Weisheit, Wissenschaft, Religion nur Illusion, Träumerei, Selbstbetrug.«[2]
Jürgen von der Wense

Da Cioran es verschmäht, sich durch Preise anerkennen zu lassen, opfert er gelegentlich seine Aversion gegenüber Herausgeberarbeiten etc. Seine ausführliche Einleitung zu einem Sammelband mit Essays von Joseph de Maistre, »Du Pape et autres textes extraits«,[3] zählt gewiß zu dieser ungeliebten »Hurenarbeit«. Cioran affirmiert darin 1789, nicht jedoch den Modus der großen Revolution. Den Pamphletisten und Fanatiker Joseph de Maistre (1753–1821) vergleicht er mit einem Geisteskranken, der dennoch der Theoretiker »aller Despotismen unseres Jahrhunderts« hätte werden können. Mit dem Hinweis auf Kelsos und Voltaire belegt Cioran, wie sehr dieser »Machiavelli der Theokratie« die bestätigende Bedeutung der Häresien verkannt habe. Mit einem Verfechter doktrinären Einheitsdenkens vermag er sich jedenfalls nicht mehr anzufreunden. »Lebendig ist sein Denken ohne Zweifel, jedoch nur im Maß, in dem es abstößt oder verblüfft: je mehr wir mit ihm Umgang haben, desto mehr besinnen wir uns auf die Wonnen der Skepsis und auf die Dringlichkeit eines Plädoyers für die Ketzerei.«[4] Bemerkenswerterweise sollte Claude Mauriac in seiner Kritik zu »La tentation d'exister« den Rumänen selbst mit dem französischen Politiker und Philosophen vergleichen: »Der Hang zur Irritation, zum Ärgernis, der Cioran ebenso wie Joseph de Maistre kennzeichnet, ist offenkundig. Ich muß gestehen, daß mich seine Lästerungen weit weniger erschüttern, als mich die Schärfe seines Geistes und die Strenge seines Stils bestechen. Welcher Moralist, welcher Kritiker kommt heutzutage in Frankreich diesem Rumänen gleich (...)?«[5] Mauriac unterschlägt hier zwar z.B. die Tagebücher Henri de Montherlants, konstatiert jedoch zu Recht, daß Cioran von der Mode des Existentialismus nicht mitgetragen wird. Er ist nicht naiv, nicht optimistisch genug, um sich vom forcierten Solipsismus die Emanzipation von was auch immer zu versprechen. Andererseits gibt es 1953 den überwältigenden Erfolg von Becketts »En attendant Godot« (Warten auf Godot), ein für die Zeit emblematisches Stück, aber antithetisch zu den Elaboraten Sartres, da es auf jegliche utopische Dimension verzichtet. Bei Beckett ist der sich selbst verwirklichende Mensch ebenso eine Leerstelle wie etwa der Glaube (Gott), eine Heilslehre oder eine Befreiungsideologie. Dies trifft auch für den Romancier Blanchot zu — womit lediglich zwei verschiedene Sinnvernichter benannt wären. In beider Welten ist der eine Mensch dem anderen das Fremdeste. Somit stehen ihre Werke Ciorans schwarzer Anthropologie näher als andere Zeitgeistprodukte (das ›Absurde‹).

Als Reaktion auf den von den Sowjettruppen niedergeschlagenen Volksaufstand in Ungarn (1956) bringt Cioran seinen »Lettre à un ami lointain« (Brief an einen fernen Freund), Constantin Noica, zu Papier, der erstmals im August 1957 in der Nouvelle Revue Française veröffentlicht (und später in »Histoire et utopie« (Geschichte und Utopie) aufgenommen) wird. Unter den Bukarester Intellektuellen zirkulieren Abschriften dieses Briefes. Dieser wie auch das Kapitel »Kleine Theorie des Schicksals« (in »Dasein als Versuchung«) führen in Rumänien zu Turbulenzen. Teils fühlen sich seine Landsleute von den herben Kommentaren gekränkt, teils sind sie den kommunistischen Machthabern ein willkommener Vorwand für eine offizielle Protestkampagne (1957–1962). Überdies werden Ciorans Schriften im politischen Prozeß gegen die Gruppe um Constantin Noica und Dinu Pillat (Dezember 1958 – Januar 1960) als Beweismittel verwandt, in dessen Folge 23 Personen zu langen Haftstrafen verurteilt wurden.

In seinen »Cahiers« dieser Jahre schreibt Cioran von Angstzuständen, explosivem *ennui*, Verzweiflung sowie schwindendem Selbstwertgefühl, aber auch von Ekstasen:

»19. Februar 1958 / Unerträgliches Glück! Tausende von Planeten dehnen sich in der Unbegrenztheit des Bewußtseins aus. Erschreckendes Glück.«[6] Einige Monate darauf protokolliert er: »25. Juni 1958. 16 Uhr / Gefühl eines einzigartigen Glücks. Woher mag es wohl kommen? / Wie geheimnisvoll und sinnlos all das doch ist! / Es gibt nichts Rätselhafteres als die Freude.«[7] Es wird deutlich, wie sehr den skeptischen, den analytischen Geist solche Erfahrungen wider Willen doch umtreiben. Allein die Frage nach dem Sinn der Ekstase entwertet diese post festum restlos, anders gesagt: Cioran mißtraut auch noch der spontanen Erfahrung des Glücks. Dem entspricht, daß er auf die Schwermut so wenig verzichten mag wie auf den Gedanken des Suizids: »Ich bin ein von der Melancholie verwüsteter Mongole.«[8]

»Ich glaube, daß ich eher auf Wasser und Brot verzichten würde als auf die Traurigkeit. Ich habe, wie soll ich sagen? ein übernatürliches Bedürfnis nach ihr.«[9] Wenn sich Cioran Melancholie als Sehnsucht übersetzt, bleibt die Frage, welcher anderen Welt sie gilt. Er beantwortet sie sich im Tagebuch selbst: »Die *äußere* Seite des Daseins ist mir völlig fremd. Sogar als ich sehr jung war, beneidete ich die Schäfer der Karpaten, und jetzt beneide ich sie mehr denn je. Alles, was mit der Zivilisation zusammenhängt, scheint mir ein Anzeichen von Verfall, Erlahmen und Trostlosigkeit zu sein.«[10]

Auf der einen Seite die Sehnsucht nach dem vermeintlichen Paradies der Kindheit bzw. dem kreatürlichen Leben der Hirten — auf der anderen der Wunsch nach Ruhm im kosmischen Maßstab: in diesem Spannungsfeld wird der »Gedanke an den Suizid zum belebendsten Gedanken, den es gibt«.[11]

Wenn Cioran beschreibt, wie er sich in seinem letzten Hotel-Logis, dem Majory, vor eventuellen Besuchern zu schützen versucht, wird die paranoide Tendenz desjenigen deutlich, der es nicht geschafft hat, sich also für gescheitert und nachgefragt zugleich hält: »Ich ließ immer einen Schlüssel unten, um vorzutäuschen, daß ich ausgegangen sei, mit dem anderen schloß ich mich im Haus ein und zog mich zum Lesen zurück. Aber das Gebäude wurde verkauft und ich mußte schließlich gehen.«[12] Im Sommer 1960 wird er in der Rue de l'Odéon seßhaft, wo er eine Mansardenwohnung mietet, die kaum komfortabler ist als seine beiden einstigen Hotelzimmer (2 Zimmer, Küche, kleiner Balkon, Außentoilette). Der Vorteil besteht darin, daß er gerade einmal 100 Francs monatlich an Miete zu zahlen hat. »(...) ich hatte gerade ein Buch veröffentlicht mit dem Titel ›Geschichte und Utopie‹. Ich kannte eine Dame, die im Immobilienwesen tätig war und die einmal versprochen hatte, mir behilflich zu sein. Ich schickte also dieser Frau, die ich nur sehr flüchtig kannte, mein Buch, und nur drei Tage danach hatte ich diese Wohnung, in der ich immer noch lebe, für eine lächerliche Monatsmiete. Es ist das alte Pariser Mietsystem mit festgefrorenen Preisen, die Eigentümer können eigentlich nichts machen (...). Für mich, der sich vor dem Altwerden fürchtet, war das eine sehr wichtige Sache, und auf diese Weise habe ich also dieses große Problem lösen können, ohne einer geregelten Tätigkeit nachgehen zu müssen.«[13]

Kaum eingezogen, zetert der Denker: »Seit zehn Jahren habe ich von einer Wohnung geträumt. Mein Traum hat sich verwirklicht, ohne daß ich *etwas* davon habe. Ich sehne mich schon nach den Jahren im Hotel. Der Besitz läßt mich mehr leiden als die Mittellosigkeit.«[14] Dennoch wird diese provisorisch möblierte Dachwohnung zur Begegnungsstätte all jener werden, die das Privileg hatten, von Cioran empfangen zu werden.

Von der Sorge um sich – der Begriff ›Karriere‹ wäre deplaciert – zeugt ein so naiver wie zaghafter Brief mit einer sarkastischen Pointe, den er am 21. Januar 1959 an seinen Verleger Gallimard schickt (privat verspottet er das Unternehmen als »Krematorium«): »Da ›Précis de décomposition‹, wie man mir versichert hat, praktisch vergriffen ist, denke ich, daß es sinnvoll wäre, sie neu aufzulegen, und dies um so mehr, als eine amerikanische Universität demnächst an die fünfzig Exemplare bestellen dürfte. Wäre es nicht schade, sich eine so gute Gelegenheit entgehen zu lassen, die Yankee-Jugend zu verderben?«[15] Abermals ist Cioran der unbestechlichste Diagnostiker *ad se ipse*: »Meine Unfähigkeit zu leben kommt nur meiner Unfähigkeit gleich, meinen Lebensunterhalt zu verdienen. (...) Um seinen Lebensunterhalt zu verdienen, muß man sich *um andere* kümmern; ich aber bin nur... Gott und mir selbst, alles und nichts verpflichtet.«[16]

Der Begegnung mit der spanischen Dichterin und Philosophin María Zambrano Alarcón (1904–1991) verdankt sich Ciorans Auseinandersetzung mit der Utopie. Diese muß 1953 stattgefunden haben, bevor sie von Paris nach Rom ins Exil ging. Er schildert die Umstände: »Ich erinnere mich noch ganz genau, wann ich im Café de Flore den Entschluß faßte, die Utopie zu erforschen. Zu diesem Thema, das wir beiläufig angeschnitten hatten, zitierte sie mir ein Wort von Ortega y Gasset, das sie ohne Emphase erläuterte — ich beschloß augenblicklich, mich in das Nachtrauern des Goldenen Zeitalters zu vertiefen oder in dessen Erwartung. Was ich auch in der darauffolgenden Zeit mit einer frenetischen Neugierde tat. Diese sollte aber allmählich versiegen oder eher sich in Saturation verwandeln. Jedenfalls ging meine sich auf zwei oder drei Jahre erstreckende Lektüre auf dieses Gespräch zurück.«[17]

Das Ergebnis, »Histoire et utopie«, 1960 veröffentlicht, versammelt sechs Essays, die Cioran seit 1957 geschrieben und teilweise bereits in der NOUVELLE REVUE FRANÇAISE veröffentlicht hatte. Nicht jeder Text hält seiner Selbstkritik stand: »Mein in der Juli-Ausgabe der N.R.F. erschienener Artikel über die Utopie ist so schlecht, daß ich mich – vor Verzweiflung – hinlegen mußte. Ich kann nicht ohne Anregungsmittel schreiben, und die Anregungsmittel sind mir verboten. Der Kaffee ist das Geheimnis von allem.«[18]

»Geschichte und Utopie« hebt an mit der impliziten Revision seiner in »Schimbarea la faţă a României« verfochtenen Thesen. Er distanziert sich vom politischen Fanatismus, bekennt sich zur Toleranz — als einer Folge des Alters. Das Kapitel »Sur deux types de société« (Zwei Gesellschaftsformen) gilt dem Systemvergleich bürgerlicher Liberalismus auf der einen, Kommunismus auf der anderen Seite. Beiden attestiert Cioran, daß sie »unerträglich« seien. Der »Brief an einen fernen Freund« (1957) wendet sich an den Philosophen Constantin Noica, der in der Volksrepublik Rumänien die fraglichen Segnungen der Diktatur des Proletariats am eigenen Leibe verspürt, da er seit 1949 im Gefängnis sitzt. Er büßt hier 15 Jahre lang für sein einstiges ›gardistisches‹ Engagement.[19] Als wollte er dem Freund seine Intransigenz demonstrieren, deklariert er sich zum »letzten Mongolen« und bekennt sich zum wilden Denken: »An Viertelsideen und Traum-Attrappen hängend, durch Zufall oder durch Hysterie und nicht etwa aus einem Streben nach Strenge zum Nachdenken gebracht, komme ich mir inmitten der zivilisierten Leute wie ein Eindringling vor, ein auf das Gebrechliche erpichter Höhlenmensch, der in ketzerische Gebete versunken ist, Beute einer Panik, die nicht aus einer Weltvision hervorgeht, sondern aus den Krämpfen des Fleisches und den Finsternissen des Blutes. Imprägniert gegen die Ansprüche der Klarheit und der Latinität, fühle ich, wie sich Asien in meinen Adern rührt (…).«[20]

Im »La Russie et le virus de la liberté« (Rußland und das Virus der Freiheit) überschriebenen Essay überschätzt der Geschichtspessimist sowohl die Bedeutung als auch die Zukunft der Sowjetunion. Freilich war das Land als Atommacht durchaus ernstzunehmen, und während des kalten Krieges konnte schwerlich jemand den Kollaps des Systems im Jahre 1989 prophezeien. Die Diktatur von Einheitspartei und Geheimpolizei verstand sich in allen sozialistischen Ländern bestens darauf, die Öffentlichkeit über die realen Verhältnisse zu täuschen. Brauchten die westlichen Intellektuellen nicht Jahrzehnte, um zu der Einsicht zu gelangen, daß sich die kommunistische Tyrannis durch »Meisterdenker« zu legitimieren suchte? Cioran neigt dazu, Psychogramme von Ländern zu erstellen, was zu dem Irrtum führt, daß er von glorreicher Vergangenheit auf die Zukunft schließt (konträr zu den Spenglerschen Spekulationen). Da Rumänien den Satelliten der Großmacht zuzurechnen ist, überrascht die Abwesenheit von kritischen Tönen hinsichtlich der oppressiven Einheitsideologie und deren ökonomische Konsequenzen. Schickt er denn nicht regelmäßig Pakete an die Familie, peinlich genau Inhalt und Gewicht in seinen Briefen vermerkend? Vielleicht sind seine Träume von einem erstarkenden Balkan die Ursache für seine Blindheit angesichts einer Mangelwirtschaft. Er ist mit »Schimbarea la faţă a României« offenbar noch nicht wirklich fertig, betont die Vitalität Südosteuropas, die er der Arroganz der Mitteleuropäer (vom Selbstverständnis her identisch mit dem ›Westen‹) entgegenstellt. Zum Schicksal der ›Balkanesen‹ heißt es deshalb: »Doch wie auch ihre Vergangenheit gewesen sein mag, sie alle, und zwar unabhängig von ihrem Zivilisationsniveau, verfügen noch über einen biologischen Energievorrat, den man im Okzident vergebens suchen würde. Mißhandelt, enterbt, in ein anonymes Martyrium gestürzt, zwischen Entmachtung und Aufruhr gespalten, werden sie vielleicht in Zukunft eine Kompensation für so viele Prüfungen, Demütigungen und sogar für all ihr feiges Versagen finden.«[21]

Im Kapitel »A l'école des tyrans« (Die Schule der Tyrannen) spitzt Cioran sämtliche seiner Themen zu, vom Fortschrittspessimismus bis hin zur krassen Misanthropie. Dem dekadenten, rein materialistischen Westen sagt er das Schicksal Roms voraus. Und, gemünzt auf Stalin und Hitler, schreibt er: »die Wissenschaft ist nicht dazu bestimmt, uns zu befreien, sondern uns zu verknechten.«[22] Jede Technokratie modelliert das Individuum, unabhängig vom Gesellschaftssystem.

Gleichwohl traut er der Demokratie, jener von Mittelmäßigen ermöglichten relativen Freiheit, keine Beständigkeit zu. Erneut erklärt er (unausgesprochen), was ihn an der »Garde« Codreanus faszinierte: »Diese Mittelmäßigkeit habe ich gehaßt, damals, als ich die Tyrannen ohne Vorbehalt liebte, von denen man immer wieder sagen muß, daß sie – im Gegensatz zu ihrer Karikatur (…) – ein Schicksal haben, *zuviel* Schicksal sogar. Und wenn ich ihnen einen Kult geweiht habe, so deshalb, weil sie den Instinkt zum Befehlen besitzen.«[23]

Wenn aber Machtgier und Rache alles Tun bestimmen, wäre es dann nicht besser, die Spezies verzichtete fortan darauf, die Erde zu besiedeln? Der anthropofugale Affekt liest sich folgendermaßen: »Wohin man auch seine Schritte lenkt, überall stößt man auf Menschliches, eine abstoßende Allgegenwart, vor der man in Erstarrung oder Auflehnung stürzt, in eine brennende Benommenheit. (…) Einer, der zu schwach ist, um dem Menschen den Krieg zu erklären, sollte nie vergessen, in seinen frommen Augenblicken für das Hereinbrechen einer zweiten Sintflut zu beten, die radikaler sein müßte als die erste.«[24] Angesichts der theoretischen Möglichkeit, daß die beiden Weltmächte die Erde atomar entvölkern, eine Frivolität. Darin unterscheidet sich Cioran von anderen Fortschrittskritikern der Zeit, wie etwa Günter Anders, dem Auschwitz und Hiroshima zum Damaskuserlebnis wurden und dessen ›schwarze Anthropologie‹ der Rumäne freilich kannte. Er macht von seinem Recht auf Verantwortungslosigkeit Gebrauch. Entvölkerungsträume waren weder Caligula noch Ludwig II. von Bayern fremd. Schon Abū l-ʻAlā' al-Maʻarrī dichtete: »Daß der Regen die Menschen / vom Gesicht der Erde fortschwemmte! / Solange Menschen auf ihr sind, / ist ihr Gesicht beschmutzt: / Sie findet ihre Reinheit / erst an dem Tage wieder, / da ihre Horizonte / nicht mehr bevölkert sind.«[25] Der späte Artaud schlug ähnliche Töne in den vierziger Jahren an.

Indem Cioran die Apokalypse des Johannes zur ersten Utopie erklärt, setzt er Destruktionswünsche mit dem besseren ›Nirgendwo‹ in eins. Aber die historischen Utopisten sind meist schlichte Moralisten und Philanthropen, denen entgeht, daß sie, während sie dem menschlichen Elend abzuhelfen versuchen, unwillkürlich andere Gefängnisse entwerfen: »die Utopie ist von antimanichäischer Wesensart. Sie ist dem Anomalen, dem Formlosen, dem Unregelmäßigen feindlich gesinnt und strebt nach der Festigung des Homogenen, des Typischen, der Wiederholung und der Orthodoxie. Aber das Leben ist Bruch, Ketzerei, Abweichung von den Normen der Materie.«[26] Georges Batailles Ausführungen zur Heterologie bestätigen diesen Befund.

Ciorans Geschichtspessimismus könnte noch in Rumänien – neben Theodor Lessing – Erwin Reisner (1890–1966) bestärkt haben. Programmatisch der Titel seiner Studie »Die Geschichte als Sündenfall und Weg zum Gericht. Grundlegung einer christlichen Metaphysik der Geschichte« (1929). Cioran hatte um 1931 den Philosophen in Sibiu kennengelernt, wo dieser im Palais Bruckenthal als Bibliothekar der deutschen Bibliothek angestellt war. Überdies war er mit dessen Vater, einem Musiker, befreundet.[27]

Da er Sozialutopien definitiv verwirft, setzt Cioran auf das ekstatische Erleben, das per se ahistorisch ist. Außerdem fällt es ihm zu, er strebt es nicht an als Ziel. »In uns müssen wir das Heilmittel für unsere Übel suchen, in dem zeitlosen Prinzip unserer Natur. (…) Welche Demonstration, welcher Beweis könnten sich aber gegen die innerste, leidenschaftlichste Überzeugung halten, daß ein Teil unseres Wesens sich der Zeit entzieht, gegen den Einbruch jener Augenblicke, in denen Gott eins wird mit einer plötzlich aus unseren Begrenzungen aufsteigenden Klarheit, einer Seligkeit, die uns weit über uns hinauswirft, einem Ergriffensein außerhalb des Alls? Weder Vergangenheit noch Zukunft; die Jahrhunderte versinken, die Materie dankt ab, die Finsternisse sind ausgeschöpft; der Tod erscheint lächerlich, und lächerlich sogar das Leben.«[28] Die Nähe zu Batailles gottloser Mystik, der »Souveränität im Augenblick«, ist verblüffend.

Cioran, der angeblich erst mit vierzig Jahren Geschichtsbücher gelesen haben will, spricht der Historie jeglichen Sinn ab, allenfalls konzediert er ihr einen Verlauf. »Die Verneinung der Geschichte ist schließlich die Hindu-Philosophie: das Handeln, das als etwas Bedeutungsloses, Unnützes betrachtet wird. Es zählt allein der Stillstand der Zeit. Und wirklich, wenn man über die

Dinge nachdenkt, sollte man aufhören zu handeln und sich zu bewegen. Man sollte sich auf den Boden werfen und weinen.«[29] Dies war in etwa das Verhalten des Autors bei Anfällen von Niedergeschlagenheit oder Verzweiflung: er warf sich aufs Bett und wartete das Abklingen der Krise ab.

Mit dem Essen vom Baum der Erkenntnis habe sich der Anthropos selbst verurteilt: »Der Mensch war von Anfang an von der Obsession des Wissens beherrscht, er hat also sein Unglück gewollt. Sein Schicksal ist klar vorausgesagt in der *Genesis*.«[30] Daß zum Menschen die Verbotsüberschreitung gehört, das Wagnis, die Risikobereitschaft, die Lust, das Böse zu tun, blendet der Denker hier ebenso aus wie auch nur die Eventualität, in der Erkenntnis Befriedigung zu finden — sei sie auch zu nichts nütze, nicht instrumentalisierbar. »Wenn das Leben, wenn der Mensch aufhören würde, das schreckt mich absolut nicht. Ich bin der Geschichte und der Menschheit überdrüssig. Wenn die Geschichte morgen aufhören würde, würde ich nicht traurig sein. (...) Die Kulturvölker sind verdammt (...). Der Mensch wird zusammenbrechen... der Mensch muß verschwinden.«[31] Nach Cioran bestünde die Alternative darin, daß der Mensch auf das Wissen verzichte: »er hätte ein stillstehendes, dem Tierwesen verwandtes Dasein ohne Stolz und Ehrgeiz führen sollen. Er hätte nicht der prometheischen Versuchung nachgeben sollen, denn Prometheus war der große Brandstifter. Wie allen Wohltätern fehlte es ihm an Weitsicht, er war arglos. In Wirklichkeit ist die ganze Weltgeschichte nur eine Wiederholung von Katastrophen, die die endgültige Katastrophe erwartet (...).«[32] Ein einziges Mal, bezeichnenderweise nach einer Notiz zur »Eisernen Garde«, gesteht er sich ein, daß er geschmäht hat, was ihn eigentlich fasziniert: »In dem Moment, da ich die Utopie attackierte, während es meine Absicht war, sie zu verteidigen, habe ich meine tiefen Optionen, meine unbewußten Überzeugungen verraten.«[33] Ein Leben jenseits der Sorge um die Zukunft, es muß nicht einmal von Hoffnung getragen sein, ist das Privileg weniger Auserwählter. Gewiß ist es möglich, höheres Bewußtsein stets zu hinterfragen: leben der Asket, der Mönch, der Meditierende nicht auch im Hinblick auf die Zukunft? Sie arbeiten zwar nicht und wollen im äußeren Leben weder etwas erreichen noch verändern — aber die Erleuchtung wie auch die Erlösung sind immer noch ein Projekt, ein Ziel.

Nachdem das Jahr 1968 zu verwehen beginnt, schwenkt Cioran, den die Freiheitsideen der Jungen scheinbar nicht berühren, wieder auf seinen pessimistischen Kurs ein: »Dieser utopische Optimismus ist geradezu *unerbittlich*. Ich erinnere mich z. B. an eine Begegnung mit Teilhard de Chardin: der Mann schwang mit Begeisterung Reden über die Entwicklung des Kosmos zu Christus, zum Omega-Punkt etc. hin. Ich fragte ihn damals, wie er über den menschlichen Schmerz dächte. ›Der Schmerz und das Leiden‹, sagte er zu mir, ›sind ein schlichter Unfall der Evolution.‹ Ich bin empört gegangen und lehnte es ab, mit diesem Geisteskranken zu diskutieren. Ich glaube, daß die Utopie und die Utopisten im 19. Jahrhundert einen positiven Aspekt gehabt haben, indem sie das Augenmerk auf die soziale Ungleichheit und die Dringlichkeit, dem abzuhelfen, lenkten. Vergessen wir nicht, daß der Sozialismus letzten Endes ein Sohn der Utopisten ist. Aber diese gründen auf einer irrigen Idee: die der unendlichen Vervollkommnung des Menschen.«[34]

Als man Cioran 1961 für »Histoire et utopie«, dank Maurice Nadeau, den ›Combat‹-Preis anträgt, refüsiert er gekränkt: »Ich lehne ab, und von meiner Ablehnung will man nichts wissen. Von allen Seiten verweigert man mir die Befriedigung, unverstanden zu sein. Die Eitelkeit von allem proklamiert zu haben — und sich dann Ehrungen aussetzen! (...) Sogar die Vorstellung, daß ich nach Ruhm streben könnte, demütigt mich und in meinen eigenen Augen ruiniert sie mich. Ich habe genug davon, mich meiner selbst zu schämen.«[35]

Mit dem Text »La clef de l'abîme« (Der Schlüssel zum Abgrund)[36] ist Cioran in dem Buchprojekt vertreten, das in der Ausstellung im ›Musée d'art moderne de la Ville de Paris‹ (15. März – 15. Mai 1961) zur Apokalypse nach Johannes gezeigt wird. Präsentiert wird das Unikat eines Monumentalbuchs (ein Foliant von 78 x 86 cm, 210 kg schwer), dessen Gestaltung der Kunstbuchverleger Joseph Forêt angeregt hatte. Dieses Opus der Superlative (es stand für 100 Million alter Francs zum Verkauf) umfaßte den kalligraphierten Text des Evangeliums, die handschriftlichen ›Kommentare‹ von Schriftstellern (auf Pergament) sowie die ›Illustrationen‹ zeitgenössischer Künstler. Eine abstrakte Malerei Roger Lersys (geb. 1920) begleitet Ciorans Text. Die übrigen Beiträger zur »Offenbarung« waren: Jean Cocteau, Daniel-Rops (Henri Petiot), Jean Giono, Jean Guitton, Ernst Jünger, Jean Rostand — Bernard Buffet, Michel Ciry, Salvador Dalí, Leonor Fini, Léonard Foujita, Ernst Fuchs, Georges Mathieu, Pierre-Yves Trémois, Ossip Zadkine.[37]

Ciorans Text stellt eine Übertragung des Johannes-Evangeliums in die Gegenwart dar. Dem Menschen sagt er nichts weniger als dessen Verschwinden voraus, hat er sich doch radikal der Natur, der Selbstgenügsamkeit von Pflanzen und Tieren, entfremdet. Das neue Babel stellt für ihn in erster Linie der Lärm dar, das permanente Hintergrundgeräusch urbanen Lebens: der Krach von Fahrzeugen, Maschinen, Unterhaltungselektronik. Der *homo sapiens*, der *homo faber* büßen nach Cioran ihe Hybris zwar ab, suchen sie aber nicht ins Bewußtsein zu heben: »Wenn er sich mit Lärm betäubt, so geschieht es, um sich aus dem Wege zu gehen, um den Anschuldigungen auszuweichen, die ein wenig Selbstbesinnung ihm unfehlbar vernehmlich machen würden. Die Schöpfung ruhte in einer heiligen Regungslosigkeit, in einem bewundernswerten und unhörbaren Stöhnen; dadurch daß er sie mit seiner Raserei, mit dem Gebrüll eines gehetzten Untiers erschüttert, hat er sie unkenntlich gemacht und die Ruhe für immer gestört. Das Verschwinden der Stille muß zu den Vorzeichen des Endes gezählt werden.«[38] In seinem letzten Interview (1966) bekannte Heidegger: »Nur noch ein Gott kann uns retten.«[39] Eine von dem Rumänen tabuisierte Hoffnung. Am Schluß seines Abgesangs auf die Menschheit – man merkt dem sehr dichten Text an, daß diese Aussicht Cioran keineswegs schreckt – gibt es

Überlegungen zur kathartischen Wirkung der Katastrophe: ein paar Überlebende, die sich in allem konträr zu ihren gescheiterten Vorgängern verhalten würden. Er skizziert dies nur knapp, andernfalls beträte er ja das Lager der Utopisten. Dem *monstre* (Untier) sind nur seine Abgründe gewiß.

1962 wird er nach einigen Tagen des Verweilens an den verwaisten Stränden der Bretagne notieren: »In dieser vollkommenen Einsamkeit dachte ich mehr als einmal an die Wonne in der Folge eines atomaren Kriegs: endlich die Erde ohne Menschen!«[40]

Um 1963 hinterlegen Cioran und Simone Boué ein Testament beim Notar, in welchem Aurel als Universalerbe eingesetzt wird.[41] Der Akt überrascht um so mehr, da er als typisch bürgerliche Vorsorge nicht zur Einstellung Ciorans paßt.

Die Essaysammlung »La chute dans le temps« (Der Absturz in die Zeit, 1964) verdankt ihren Titel einem genuin alttestamentarischen Thema, nämlich die Vertreibung des Menschen aus dem Paradies. In seiner Eloge auf Johann Sebastian Bach hatte er geschrieben: »Die Menschheit hat gar keinen Genius gekannt, der mit mehr Inbrunst das Drama des Absturzes in die Zeit und die Sehnsucht nach dem verlorenen Paradies dargestellt hätte.«[42] Und im Kontext einer Apotheose des Todes hatte er formuliert: »Auf der Suche nach einem echten, reineren Gefühl nehmen die Eremiten ihre Zuflucht zur Negation der Geschichte in der Wüste, die sie zu Recht mit dem Engel verglichen, weil, wie sie behaupteten, beide die Sünde, den Absturz in die Zeit, nicht kennen.«[43]

Konzeption und Titel dieses Buchs gehen bis Dezember 1959 zurück.[44] Die gelegentlich rasche Aufeinanderfolge von Publikationen täuscht über die tatsächliche Inkubationszeit. Auf diese Weise vertieft der Exilrumäne nicht nur die Einsichten seiner frühen Jahre, sondern lebt auch möglichst auf dieser Höhe. Andernfalls würde er intensiver dafür sorgen, präsent zu sein und Teil des Kulturbetriebs zu werden. Er dagegen hält es mit Ovids Maxime: »bene vixit, bene qui latuit« (der führte ein gutes Leben, der sich gut verborgen hielt). Da Cioran in diesem Kontext lediglich einen »Weisen« zitiert[45], käme als Autor noch Bernard de Clairvaux mit der Paraphrase »ama nesceri« (liebe, unbekannt zu bleiben) in Betracht.

Mit der Feststellung, »daß man überhaupt Mensch sein kann, ist *unglaublich*«[46], benennt er die Entfremdung des selbstreflexiven Intellektuellen. Der Mensch sei die »Krankheit der Natur« (Bataille), weil er mit Wissen und Werturteilen das unmittelbare Erleben verspielt habe. Deshalb polemisiert Cioran abermals wider die Ideokratie, um auf Kontemplation oder Meditation zu setzen: »In der Meditation durchschaut man das Wesenlose des Verschiedenartigen und des Zufälligen, der Vergangenheit und der Zukunft, und versenkt sich um so abgründiger in das Grenzenlose des Augenblicks. Es ist tausendmal vorzuziehen, sich dem Wahnsinn zu verschreiben oder sich selbst in Gott zu vernichten, als mit Hilfe von Trugbildern im Wohlstand zu leben. Ein sprachloses Gebet, das im tiefsten Innern bis zur Verblödung oder bis zum Orgasmus wiederholt wird, hat mehr Gewicht als eine Idee, als alle Ideen.«[47] Ein eigenes Kapitel warnt vor den »Gefahren der Weisheit«. Ihr Preis besteht für Cioran nicht allein in eventueller Indifferenz oder untätiger Erstarrung, Quietismus, sondern darüber hinaus im »haltloseste(n) Taumelzustand«, der sich als Relativismus übersetzen ließe. Leben, Begeisterungsfähigkeit, der Impuls zu schreiben wären an radikale Subjektivität, »Narrheit«, ja »Nicht-Wissen«[48] geknüpft. Fast reflexhaft verabschiedet der Autor einstige Idole. Auf Laotse und Pyrrhon gemünzt heißt es: »Keineswegs bequem ist die Lage desjenigen, der von der Weisheit verlangt hatte, ihn von sich selbst und der Welt zu befreien, und der nun dazu gelangt ist, sie zu verabscheuen, weil er in ihr nur noch eine weitere Fessel erblickt.«[49] Analoges gilt für Befreiungsbewegungen aller Art, insbesondere dann, wenn Revolte oder Emanzipation ihrerseits zu Gesetzen erstarren, Barbarei generieren. Immerhin pflichtet Cioran der Befreiungslehre buddhistischer Provenienz bei: »Sobald man sich einer Leidenschaft hingibt – ob edel oder gemein, das spielt kaum eine Rolle –, kann man sicher sein, einen Passionsweg von Marter zu Marter gehen zu müssen.«[50] Da er aber den Faden weiterspinnt, d.h. die irdischen, fleischlichen Begierden und ergo Abhängigkeiten überträgt auf Passionen spiritueller Natur, gewahrt er in beiden Fällen nichts als eine Konstellation von Sackgassen. Die sinnliche Befriedigung wäre mit dem Makel behaftet, stets der Wiederholung zu bedürfen, während am Ende des spirituellen Wegs Erleuchtung oder Weisheit stehen, d.h. Formen der Vollendung, die Cioran hinterfragen muß, weil sie Sterilität zur Folge haben können: »Lieber alles andere, und sei es die Nichtigkeit, die Abscheulichkeit selbst, als diese unheilbringende Vollkommenheit!«[51] Mehrmals zieht der Autor die Philosophie der Indifferenz in Zweifel, womit der Buddhismus gemeint ist, um seinerseits für das Ausagieren als modus vivendi zu votieren, das Gegenteil also. Ausgelebte Emotionalität statt Philosophie eine affektive Therapie. Er lobt die tonische, wenn nicht gar heilende Wirkung des Brüllens (mindestens 15 Minuten täglich), dann die befreiende der Tränen. Ausgespart bleibt das Lachen (nur in der Theorie, nicht in der Praxis). »Wenn wir normal sein wollen, wenn wir gesund bleiben wollen, dann sollten wir uns nicht nach dem Vorbild des Weisen richten, sondern nach dem des Kindes, wir sollten uns jedesmal, wenn wir dazu Lust verspüren, auf der Erde wälzen und ausweinen.«[52]

In seinen »Cahiers« vermerkt Cioran so manches Mal den Rückgriff auf diese regressive Praxis. Da er Vergnügen und Leidenschaft als Vorstufen des Unglücks deutet, bekennt er sich im 5. Kapitel zu einem solipsistisch gefärbten mystischen Weg, einem Anti-Illusionismus mit deutlichen Affinitäten zur Lehre Buddhas.

Als erstes wird die Unabhängigkeit vom Urteil anderer Menschen zum Programm erhoben. Denn selbst deren Wertschätzung ist nichtig, wenn ich ihre Vielzahl nur hassen kann: »Der Abscheu vor dem Ruhm entsteht aus dem Abscheu vor den Menschen (…).«[53] Cioran entwertet das Renommee, sofern dieses von der Akklamation des Publikums abhängig ist, letzteres aber zur

Kategorie »Masse Mensch« zählt. Wenn er über Anerkennung oder Ehre reflektiert, hält er sich nicht an Hegels Herr-Knecht-Dialektik, sondern beruft sich auf teils christliche, teils buddhistische Lehren. Unbetreffbar wird, wem alles eitel, Schein und Illusion ist. Deshalb kann in Ciorans Optik gerade derjenige souverän sein, der nichts erreicht hat, der nach dem Wertekanon der Nebenwelt gescheitert ist: »Unsere Ansicht von den Dingen werden wir erst dann ändern, wenn wir uns unserer geheimsten Einsamkeit bewußt werden. Dann werden wir die Entdeckung machen, daß es nirgends Realität gibt als in unserer tiefsten Tiefe, alles andere ist nur Köder. Wer sich mit dieser Wahrheit durchdrungen hat, können dem die anderen irgend etwas geben, was er nicht schon besäße, können sie ihm irgend etwas wegnehmen, dessen Verlust ihn betrüben oder demütigen würde? (...) Wer die äußeren Erscheinungen besiegt hat, wer sich ihren Verlokkungen für immer entzog, der wird sich nicht nur den Ehrbezeugungen überlegen fühlen, sondern auch noch dem Begriff der Ehre selbst. Der Verachtung durch seine Mitmenschen wird er nicht die geringste Aufmerksamkeit widmen und imstande sein, mitten unter ihnen den lässigen Stolz eines in Mißkredit geratenen Gottes zur Schau zu tragen...«[54] Man könnte nun unterstellen, daß Ciorans Credo seinen mäßigen Erfolg in der verachteten realen Welt der Zahlen, in welcher soziale Anerkennung sich nach dem Haben (Besitz) bemißt, kompensieren soll. Dem ist offenbar nicht so. Denn selbst als ihm weltlicher Erfolg zuteil geworden, wird der Rumäne seine Überzeugung nicht ändern. Das Leben gilt ihm als »ein Schauspiel, das keinen Sinn hat und das fast nie interessant ist, nicht einmal als Schauspiel, und wo der Klarsichtige weiß, daß es nur eine Erscheinung ist. Man ist auf der Erde nur ein Gespenst... Nichts als ein Skeptiker, jemand, der keine Illusionen mehr hat. (...) Und die Desillusion ist eine Form der Erkenntnis. Denn wann ist man denn desillusioniert? Wenn man sich klar wird, daß man sich getäuscht hat. Und wenn jemand sich immer und in allem getäuscht hat und es weiß, besitzt er die höchste Erkenntnis. Man kann sagen, daß die auf die Spitze getriebene Desillusion die höchste Form der Erkenntnis ist.«[55] Antipodisch zu Robert Musils Imperativ »die Wirklichkeit abschaffen!« negiert Cioran, in bester fernöstlicher Tradition, diese per se. Seit seiner Jugend ist er der Ansicht, »daß alles unwert und nichts ist«.[56] »Ich habe immer mit dem Gefühl gelebt, daß alles unwirklich ist, und doch hat es mich interessiert. (...) Ich hätte normalerweise Selbstmord begehen müssen, aber dadurch, daß das Leben keinen Sinn hat, hat es mich interessiert.«[57] Noch im Alter wird er das Leben despektierlich als ein »animiertes Nichts«[58] apostrophieren. Ciorans Position wäre eine rein dandyistische, wenn es darum ginge, sich für ein Phänomen namens Leben mehr oder weniger zu interessieren, oder nicht. Der nihilistische Zug verdankt sich jedoch anderer Quellen.

»Der Absturz in die Zeit« ließe sich, unter dem Aspekt der Kulturkritik und des Geschichtspessimismus, vergleichen mit den Schriften Denis de Rougemonts (»La Part du Diable«, dt. Der Anteil des Teufels, 1942), Günter Anders', Nicolás Gómez Dávilas, Ernst und Friedrich Georg Jüngers, Erwin Chargaffs oder Gerhard Nebels, der in »Zeit und Zeiten« (1965) bspw. für eine »Entheutigung« plädierte. Im Unterschied jedoch zu diesen Autoren sucht man bei Cioran vergebens nach ›Rezepten‹. Weder thematisiert er Auschwitz, die Atombombe, den Algerienkrieg oder die Technokratie ausdrücklich, weil er den Menschen seit dem ›Sündenfall‹ verdammt weiß. Explizit beruft er sich denn auch auf einen Propheten des Untergangs der Zivilisation[59], Vladimir Solov'ëv (1853–1900), und dessen »Drei Gespräche über Krieg, Fortschritt und das Ende der Weltgeschichte mit Einschluß einer kurzen Erzählung vom Antichrist« (1899).

Cioran dekuvriert Selbstverwirklichung wie Leistungsdenken der Zeitgenossen als freiwillige Sklaverei und Irrtum, die er durch ein *lachez tout!* zu ersetzen gedenkt: »Für niemand mehr existieren, leben, als hätte man nie gelebt, das Ereignis verbannen, auf keinen Zeitpunkt und auf keinen Ort mehr Wert legen, sich auf immer und ewig aus jeder Abhängigkeit lösen! (...) frei sein heißt: sich darin üben, nichts zu sein.«[60]

Ökonomisch ist das Buch wieder einmal eine »beispielhafte Katastrophe«[61]. In seiner Kritik bezeichnet Alain Bosquet den Autor als »leidenschaftlichen Zyniker« (LE MONDE vom 12. Dezember 1964). Indem er den mystischen Tenor übergeht, hebt er um so mehr den anthropofugalen hervor. Zwar würdigt er Cioran als einen »unserer größten Denker« und »vielleicht der brillanteste Stilist, den wir haben«, warnt aber zugleich vor dem Buch: »Das Jahrhundert und die Gesellschaft können sich nur abwenden von einem Mann, der von Buch zu Buch und von Seite zu Seite ständig den Menschen verunglimpft (...). Darin liegt auch seine Größe: eine Größe gegen den Strich in einer Zeit, wo die Literatur noch die ›Diktate‹ inneren Anstands à la Camus oder der gesellschaftlichen Wirksamkeit à la Sartre kennt (...).«

Wie so häufig wertet der Urheber sein Werk alsbald als »langweilig« ab. »Man hätte es ›Die Strafpredigten eines Skeptikers‹ betiteln sollen.«[62]

Freundschaften

1965 bezieht Cioran ein Arbeitsstipendium seitens der staatlichen ›Caisse de lettres‹, dessen Höhe er als »Almosen« verspottet.[63] Dies geht aus einem Brief des Schweizer Lyrikers und Übersetzers Armel Guerne (1911–1980) hervor, der den Rumänen 1955 kennengelernt hatte. Der Denker besucht den jüdischen Freund u. a. 1963 in dessen Mühle in Tourtrès (Lot-et-Garonne). Das Besondere dieser Korrespondenz besteht darin, daß Cioran sie – gegen seine Gewohnheit – komplett aufbewahrt, während er seinen Part nach dem Tod des Dichters zurückverlangen sollte (in der Überzeugung, daß dieser alle Briefe Ciorans aufbewahrt hätte). Gleich Cioran litt Guerne unter mangelnder Anerkennung durch den Pariser Literaturbetrieb. Seine Episteln gleichen deshalb in ihrer Bitterkeit denjenigen Léon Bloys.

Ab Mitte der sechziger Jahre weilt er öfters mit Simone Boué in La Cré bei Nantes. Auf dem Landsitz an der Loire ergötzt sich der Philosoph an Gartenarbeit — körperliche Betätigung tut ihm gut, stellt er fest. Diese Möglichkeit für Kurzurlaube verdankt er Maxime Nemo (1888–1975), einem Verehrer Jean-Jacques Rousseaus, dessen Bekanntschaft Cioran im ›Café de Flore‹ gemacht hatte. »Unvergeßlicher Aufenthalt im vollkommensten Haus, das ich jemals bewohnte«[64], schwärmt er. Nach dem Vorbild der Salondamen der dreißiger Jahre, Anna de Noailles oder Lise Deharme, scharte Nemo im Sommer Künstler und Denker um sich.

Ein weiteres Feriendomizil stellt dem Paar Albert Lebacqz (geb. 1924) in Dieppe zur Verfügung, im Castel Royal, einem ehemaligen Hotel, das zu einem Appartementhaus umgebaut wurde. Den Journalisten hatte Cioran auf seinen Rundreisen in einer Jugendherberge kennengelernt.[65] Man erinnert sich, daß der Entschluß, auf französisch zu schreiben, einstmals bei Dieppe gefaßt wurde? Am 29. Juni 1965 notiert Cioran: »Drei Tage in Dieppe verbracht. Dieses Getöse des Meeres seit Millionen von Jahren — und unsere augenblicklichen Ängste.

Ich erinnere mich, daß mich, nicht weit davon entfernt, in Varengeville, vor etwa einem Dutzend Jahren, ich befand mich am Fuße des Felsens, die Zerbrechlichkeit des Fleisches neben der Härte des Felsens verblüfft, niedergeschmettert hatte. All das ist ganz banal. Dennoch, wenn man diese Kontraste verspürt, vollzieht sich eine große Zerreißung in unserem Geist. Endzeiterwartung.«[66]

Mit dem Musikologen, Theologen und Philosophen George Bălan (geb. 1929)[67] korrespondiert Cioran u.a. über »Schimbarea la faţă a României«, d.h. die perverse Verwirklichung der im Buch benannten Ziele durch das kommunistische Regime im Rumänien der Gegenwart.

Durch einen gemeinsamen Freund kommt er mit Samuel Beckett in Kontakt, mit dem er nun öfters zum Dîner zusammentrifft. Den Iren vereint mit dem Rumänen, daß er ebenfalls Sprachemigrant ist. Cioran fasziniert an der Biographie Becketts das drohende materielle Scheitern als Autor, ferner jene unfreiwillige Todesnähe infolge eines Überfalls, schließlich die Errettung durch die Frau (es heißt, Beckett hätte den ihm lästigen geschäftlichen Teil seiner Autorschaft an seine Frau delegiert). Cioran spricht voller Hochachtung über den Iren, der Cioran zeitweilig materiell half: »Er war völlig Engländer geblieben, und das gefiel mir furchtbar. Er besuchte keine Cocktails, fühlte sich in Gesellschaft unwohl, pflegte, wie man sagt, keine Konversation zu machen. Er mochte nur unter vier Augen sprechen, und dann war er außerordentlich charmant.«[68] Dennoch muß er sich eingestehen: »wir sind, von unserem Temperament her, sehr verschieden. Das Werk als Ganzes interessierte mich. (…) er ist so etwas wie ein Zeitgenosse, der aber nicht wie ein solcher reagiert. Er war immer er, wie ein geschichtliches Wesen. Mit Egoismus hatte das absolut nichts zu tun. Er, sehr hilfsbereit und nett als Mensch, hatte Freunde, aber es war für ihn nicht notwendig; und im Grunde war es ihm auch egal. Eigentlich brauchte er niemanden.«[69] Ganz fremd sind uns die misanthropischen Phasen desjenigen, der dies befindet, nicht, andererseits blieb ihm wohl der Dramatiker und Romancier verborgen, der im intimen Kreis zum Whisky sang. In Ciorans Augen glich sich Beckett zunehmend den Protagonisten seiner Prosa und Stücke an.

Noch mehr im Verborgenen leben wollte Henri Michaux (1899–1984), von dem lange Zeit nur zwei Portraitfotos bekannt waren. Über den belgischen Schriftsteller und Zeichner sagt Cioran, daß er ein »mitteilsamer und unglaublich direkter Typus« war. »Wir waren sehr gute Freunde, er bat mich sogar, sein Nachlaßverwalter zu werden, aber ich lehnte ab. Er war brillant, geistreich und… sehr boshaft. (…) Er richtete jedermann hin. Michaux ist vielleicht der intelligenteste Schriftsteller, den ich kennengelernt habe. Es ist seltsam, wie dieses Wesen mit überlegener Intelligenz naive Impulse haben konnte. Er hatte beispielsweise begonnen, quasi wissenschaftliche Werke über Drogen zu verfassen und dergleichen mehr. Dummheiten.«[70] Ciorans diesbezügliche Erfahrungen beschränken sich übrigens auf einmaliges Haschischrauchen, mit dem entsprechend mäßigen Erfolg des Neophyten. Er versagt sich inzwischen auch, neben Kaffee und Tabak, den Alkohol als Anregungsmittel.

Was er schätzt, sind Michaux' Tuschen und Tinten, die ›Mikroben‹, die gelegentlich unter dem Einfluß halluzinogener Drogen entstanden.[71] Über ihre Freundschaft und den Zeitpunkt der Entfremdung wird er sagen: »Ein wunderbarer Mann! Er wohnte lange Zeit im selben Quartier wie ich. Ich mochte es sehr gerne, ihn zum Sprechen zu bringen. (...) ich war von der Art und Weise fasziniert, in der er sich für den wissenschaftlichen, den Dokumentarfilm begeisterte. Später begriff ich. Michaux wollte ein Thema erschöpfend behandeln, welches es auch sein möge. Aber die Literatur ist notwendigerweise Taschenspielerei. In diesem Sinne hat Michaux die Literatur verlassen. (...) Eines Abends, nach dem dîner, hatten Michaux und ich uns bis 2 Uhr morgens unterhalten. Über das Schicksal des Menschen unterhalten; plötzlich veränderte sich der Ton seiner Stimme, ich bemerkte ein Zittern, eine Erregung: die Vorstellung, daß der Mensch eines Tages vom Planeten verschwinden könnte, bestürzte ihn. Diese Erregung habe ich ihm nie verziehen. *Ich* dachte, daß diese Hypothese eines Verschwindens des Menschen gar nicht so übel wäre. Und sofort verspürte ich Enttäuschung.«[72]

Michaux teilt sich mit Cioran die Hypochondrie (bei ersterem durch einen angeborenen Herzfehler begründet) und in der Folge davon die Diätik (Michaux legt sogar Fastentage ein), aber auch die unbestechliche Autorschaft: der Belgier entzieht sich gleich dem Rumänen nach Möglichkeit der Öffentlichkeit, so wie er Ehrungen ausschlägt. Im Unterschied zu Cioran suchte Michaux stets die unmittelbare Konfrontation mit dem jeweiligen Gegenstand seiner vielfältigsten – auch naturwissenschaftlichen – Interessen. So bringt er von seinen Reisen (Lateinamerika, Ägypten, Asien) z. B. Musikinstrumente sowie Schallplatten mit, auch musiziert er selbst. Das Phänomen des Wahns fasziniert ihn so sehr, daß er nicht allein den Fallvorführungen in der psychiatrischen Klinik Sainte-Anne beiwohnt, sondern im Selbstversuch mit diversen psychotropen Drogen zu erkunden sucht, wie fragil normales Bewußtsein ist. Gleich Cioran faszinieren ihn Mystik wie fernöstliche Philosophie. Im Alter wird er sich bemühen, biographische Spuren, so bestimmte Briefe, die ihn kompromittieren könnten, zu tilgen.

Einer Initiative Alain Bosquets verdanken sich von 1959 bis 1964 die jährlichen Zusammenkünfte zwischen Michaux, Cioran und dem Literaturnobelpreisträger Saint-John Perse (1887–1975). Perses Widmung in »Oiseaux« (Vögel, 1963) lautete: »Für Sie, mein lieber Cioran, dessen Denken für mich, mehr als Sie sich vorstellen können, geistig und menschlich immer bedeutsamer wird.«[73]

Mit Max Ernst (1891–1976) und Roberto Matta (1911–2002) zählen schließlich zwei Protagonisten des Surrealismus zu seinem Freundeskreis. Aber behalten wir im Blick: »Meine engsten Freunde schreiben nicht. Ich habe die Menschen nie auf Grund dessen geschätzt, was sie sind. Ich würde sogar weiter gehen: auf metaphysischer Ebene ist eine Concierge, die etwas besorgt ist, weitaus interessanter als ein von seinem System eingenommener Philosoph. Tatsächlich trifft man im Leben sehr große Schriftsteller, die nichts begriffen haben.«[74]

Zumindest schmäht Cioran nicht die Gesellschaft Eugène Ionescos, Gabriel Marcels, Piotr Rawicz' (1919–1982)[75], Paul Valets[76] oder diejenige des Iranisten und Heidegger-Übersetzers Henry Corbin (1903–1978). Dennoch konstatiert er 1966: »Gefühl der völligen Einsamkeit in Paris (trotz der Leute, denen ich hier begegne, aber das sind keine Schriftsteller).«[77]

1966 erscheint sein »Précis de décomposition« bei Gallimard als Taschenbuch, »so daß es von jedem Idioten gelesen werden kann«[78], kommentiert Cioran sarkastisch. Der Autor reagiert hier, gleich so manchem Kollegen, allergisch bis indigniert auf eine Editionsform, die in ihren Anfängen tatsächlich schäbig wirkte. Als er im Kaufhaus ›La Samaritaine‹ sein Buch entdeckt, meint er, daß man sich vor Scham nur noch »in die Gosse« stürzen könne[79]. Im übrigen muß ihn der Verlag aufgefordert haben, eine Art Warnung vor dem Buch zu formulieren: »Ich bin sehr ratlos. Aus Schwäche – und aus Geldnot – habe ich zugestimmt, daß ein so ›zerstörerisches‹ Werk jedem zugänglich ist. Ich soll den Leser warnen, er soll es gegen den Strich lesen, die Bitterkeit nicht genießen. Wenn er jung ist, läuft er Gefahr, daß es sich demoralisierend auswirkt. Es geht also um eine Warnung, so aufgesetzt und peinlich sie auch sein möge. Als wollte man sagen: ›Vorsicht! Sie werden ein gefährliches Buch lesen! Seien Sie vorsichtig, halten Sie es nicht für das Evangelium und glauben Sie nicht, daß alles, was darin gesagt wird, wahr ist. Ich habe manchmal übertrieben, ich bin oft zu weit gegangen. Folgen Sie mir vor allem nicht etc. etc.‹«[80]

Er selbst kann dem Opus nur noch wenig abgewinnen, findet er es doch langweilig, schwerfällig, voller Wiederholungen, »veraltet«, zu lyrisch und der »Spätromantik«[81] zugehörig. Daß Cioran seinem Werk so wenig die Treue hält, hat zu tun mit seinem affektiven Verhältnis zum Schreiben, zum Geschriebenen. Wenn ihn eine Art »Elend, Zusammenbruch«[82] schreiben läßt, wird das Buch nach dem Exorzismus ganz einfach entbehrlich für seinen Urheber: »Für mich heißt schreiben mich rächen. Mich an der Welt, an mir selbst rächen. Fast alles, was ich geschrieben habe, war das Resultat einer Rache. Also eine Erleichterung. Für mich besteht die Gesundheit in der Aggression.«[83] Ausagieren, symbolisch handeln, Katharsis erfahren – so ließe sich verkürzt Ciorans Schreibpraxis darstellen: »(…) im Grunde habe ich alles, was ich geschrieben habe, aus unmittelbarer Notwendigkeit geschrieben, ich wollte mich von einem Zustand befreien, der mir unerträglich war. Also betrachtete ich, und tue es noch immer, den Akt des Schreibens als eine Art Therapie. (…) die Tatsache des Veröffentlichens ist auch sehr wichtig, im Gegensatz zu dem, was man annimmt. (…) Weil die Dinge, die Sie zum Ausdruck gebracht haben, Ihnen äußerlich werden, nicht gänzlich, sondern teilweise, sobald das Buch erschienen ist.«[84] Deshalb berührt ihn schließlich doch die erneute Lektüre seiner »Lehre vom Zerfall«, und zwar einzig der damit verknüpften Erinnerungen wegen, der »Prüfungen, aus denen der Text hervorgegangen ist. (Zu gestatten, daß dieses Buch beliebigen Leuten in die Hände fällt, scheint mir unvorsichtig zu sein. Es kann einen Schwachen zermalmen und einen Starken schwächen. Welche Menge an Gift hatte ich doch angesammelt, um es schreiben zu können!)«[85] Bleibt die fast reflexhafte Abwertung des Geschaffenen, sei es auch noch so negativ oder destruktiv, was ich zurückführe auf das einstige Verdammungsurteil der Mutter: dem mißratenen Sohn kann nichts gelingen — es sei denn Bücher, die die Familie nur beschämen können.

Aber die *writing cure*, wie sie Cioran als selbst-therapeutisches Verfahren schildert, hält offenbar nicht lange vor. Im Februar 1966 notiert er in seinem »Cahier«: »*Alles ist einerlei! All is of no avail!*«[86], im Mai ist von »galaktischem *cafard*« und »*unmenschlicher* Traurigkeit«[87] die Rede. Identifiziert er sich mit der Mutter bis hin zur unbewußten Übernahme ihrer depressiven Disposition?

Allein die Heterogenität seiner Lektüren in diesem Jahr verweist auf eine Suchbewegung: Goethe neben Benn, auf Bloy folgen Joyce und Heidegger, die Zen-Einführungen Eugen Herrigels und Allan Watts' lösen Paul Bourget ab. Er rezipiert den MERKUR wie auch die SCHEIDEWEGE, das konservative deutsche Forum skeptischer Denker. Ein ähnliches Kontrastprogramm bestimmt auch im übrigen seine Tage: einsame Wanderungen, die ihm ebenso Genuß bereiten wie der Besuch geistlicher Konzerte (in der Salle Pleyel oder in der Kirche Saint Séverin in der Nachbarschaft). Er besucht Galerien, hört eine Vorlesung Jacques Lacans, betrinkt sich bei einem Abendessen, probiert sogar einmal Cannabis indica — mit mäßigem Resultat.[88] In seinem Tagebuch äußert er stöhnend regressive Wünsche: »*Weinen und schlafen*, mit anderen Worten: zur Kindheit zurückkehren ist alles, was ich im Augenblick möchte.«[89] Ihn treibt mangelnde Produktivität um. Am 6. Juli 1966 notiert er: »Ich bereite mich auf eine Reise ans Meer vor; ich brauchte eher eine Irrenanstalt...«[90]

Das auf Ibiza geführte Tagebuch (13. Juli – 25. August 1966) bestätigt die Drastik der existenziellen Krise. In Talamanca schildert er am zweiten Tag seines dortigen Aufenthalts, am 31. Juli, wie nahe am Abgrund er im wörtlichen Sinne in der vorausgegangenen Nacht gestanden war: »Gestern nacht, gegen drei Uhr, vollkommen wach. Unmöglich, länger im Bett zu bleiben. Ich ging am Meeresufer spazieren, von düsteren Gedanken angetrieben. Sollte ich mich von der Höhe der Klippen hinabstürzen? Ich bin wegen der Sonne hierher gekommen, kann aber die Sonne nicht ertragen. Alle sind braungebrannt, während ich weiß, *bleich* bleiben muß. Während ich allerhand bittere Überlegungen anstellte, und dabei die Kiefern, die Felsen, die Wellen, die vom Mond ›heimgesucht‹ wurden, anschaute, fühlte ich plötzlich, wie sehr ich an dieses schöne, verwünschte Universum gekettet bin.«[91] Cioran schreibt nicht von ekstatischem Erleben, eher von einer Bestätigung seiner Weltsicht: hätte er sich getötet, würde er sich dem Wirklichkeitsprinzip unterworfen haben, er hätte ihm zu viel Gewicht beigemessen, sein Suizid wäre der Beweis gewesen dafür, daß das vermeintliche Reale über den Illusionismus – nicht allein Ciorans – obsiegt hätte. Anders formuliert: eine illusorische Welt, sollte ich auch unter ihr leiden, kann mich per definitionem nicht zur Kapitulation, zur Selbstaufgabe veranlassen. Immerhin nimmt sich Cioran ab Oktober wiederholt vor, unter dem Titel »Nuit de Talamanca« (Die Nacht von Talamanca) über diese Phase seiner Krise zu schreiben. »(…) Nacht von Talamanca, wo ich gegen 3 oder 4 Uhr morgens plötzlich aufstand, um zu den schroffen Felsen zu gehen, die das Meer überragen, *um Schluß zu machen*. Ich hatte einen Pyjama an, darüber eine schwarze Wachsjacke; und ich blieb da ein paar Stunden auf diesem Felsen, als das Licht meine düsteren Gedanken vertrieb. Aber selbst vor dem Sonnenaufgang — die Schönheit der Landschaft, jene Agaven auf dem Weg, das Geräusch der Wellen, der Himmel schließlich: all dies kam mir so schön vor, daß mir mein *Projekt* null und nichtig schien und in jedem Fall voreilig.«[92]

Im Abstand von nur sechs Monaten sterben in Rumänien Ciorans Mutter, dann seine Schwester — beide an einer Hirnblutung. Seiner politischen Vergangenheit wegen ist nicht daran zu denken, daß er zur Beisetzung in die Heimat reist. Der Tod seiner Mutter erschüttert ihn über alle Maßen. Das Thema der auf der Familie lastenden Schwermut beschäftigt ihn gleichermaßen wie das der *Erlösung*. Er liest Jorge Luis Borges, James Joyce, die Gnostiker und nimmt sich vor, Philipp Mainländers (1841–1876) »Philosophie der Erlösung« (1876/86, 2 Bde.), dann Eduard von Hartmann (1842–1906) erneut zu lesen.[93]

Seine eigenen Erinnerungen würde er »Geschichte eines Enthusiasten« überschreiben.[94]

Auf Ibiza schläft er einschließlich Siesta 9–10 Stunden pro Tag, meint aber, die doppelte Zeit zu benötigen, um die Schlafdefizite der Vergangenheit auszugleichen. Wenn er festhält, daß unter einem ebenso strahlenden Himmel Giacomo Leopardi schrieb, ist er aufmerksam geworden für die Diskrepanz zwischen Ambiente und Stimmung: den Melancholiker wärmt keine Sonne der Welt, kein Azur vermag ihn zu erheitern.

Im Januar 1967 beklagt er dem Bruder Aurel gegenüber große Arbeitsunlust: »Um zu schreiben, muß man ein Minimum an Überzeugungen haben, aber im Moment habe ich fast keine.«[95] Sehnsuchtsvoll denkt er an Rumänien: »Hier, wo das Leben eine Hölle ist, bin ich meistens schlecht gelaunt. Wenn ich manchmal an den Park von Sibiu denke, habe ich das Gefühl, dem Paradies entflohen zu sein.«[96]

Dennoch schreibt er an einem Essay über die Leere[97], wozu er sich abermals in buddhistische Texte vertieft. Besonders wichtig für ihn sind die ›Lehrstrophen‹ des indischen Mönches Nāgārjuna (2. Jh.), ein Vertreter des Mahāyāna-Buddhismus, der den Grundstein für die »Schule des Mittleren Weges« (Mādhyamaka) legte. Der Buddhismus gilt ihm als die ehrlichste, tiefsinnigste Religion.[98] *Prima vista* gibt es zahlreiche Parallelen zwischen Pyrrhon und Nāgārjuna, aber *de facto* hält der mal sophistisch, mal skeptisch argumentierende Mönch an den Lehren Buddhas fest, quasi als Axiom, was ihn keinesfalls zum Nihilisten macht. In seinem Synkretismus differenziert Cioran selten zwischen fernöstlicher Philosophie und christlicher Mystik (Religion). Jedenfalls faszinieren ihn die Schnittpunkte beider Wege im Nichts, in der Leere. Sei es die negative Theologie einer Teresa von Ávila, sei es diejenige eines Meister Eckhart, »dem tiefsten Denker des Abendlands«, da dieser bei der Wahrheitssuche noch Gott transzendiert habe, um auf das höchste Nichts, die große Leere zu stoßen. Das *nada* des Johannes vom Kreuz scheint ihm die Entsprechung zu sein des Nichts von Meister Eckhart, ferner der Leere Nāgārjunas. Letzterer, »der sich mit der Erlösung beschäftigt«, wird von Cioran mit Zenon verglichen. Sein Begriff der Leere, *śūnyatā*, scheint etwas Befreiendes zu versprechen. »Stellen Sie sich einen Zenon vor, der sich seiner dialektischen Fähigkeit bediente, um alles zu zerstören und der durch diese Zerstörungen das Individuum befreien würde. Es ist also gar nicht negativ. Es bedeutet, keine Bindungen mehr zu haben, nachdem man *alles* beseitigt hat: man ist wirklich losgelöst, steht über allem. Man hat die Welt besiegt: es gibt nichts mehr. (...) das Ziel, der Ausgang schließlich ist eine Art leere Ekstase, inhaltslos, also das vollkommene Glück. Warum? Weil es nichts mehr gibt. Und deshalb ist das, was für uns Verneinung ist, für sie [die Buddhisten der Mādhyamaka-Schule] ein Sieg.«[99] Auf Ibiza (1966) schwankte der Autor zwischen den Themen Erlösung/Leere und *cafard*.

Im August erholt er sich in Dieppe, im September besucht er für eine Woche London, wo er Museen und Schlösser besichtigt. Dieser vierte Englandaufenthalt begeistert ihn erneut. Er sehne sich, schreibt er an den Bruder Aurel, nach einem Landhaus.[100]

Sein Essay über den Freitod (NOUVELLE REVUE FRANÇAISE, Januar 1968) wird in die Sammlung »Le mauvais démiurge« (dt. Verfehlte Schöpfung) integriert werden. Cioran ist, wie so häufig, enttäuscht über sein »Machwerk«, da es des Geheimnisvollen entbehre.

Susan Sontags (1933–2004) »›Thinking Against Oneself:‹ Reflections on Cioran«, Vorwort zur amerikanischen Ausgabe der »La tentation d'exister«, die 1968 bei Quadrangle Books, einem Kleinverlag in Chicago, erscheinen wird, verstimmt den

Autor, da die Essayistin seine Ausführungen über das Judentum als »cursory« (oberflächlich) apostrophiert. Gerade jenes Kapitel hätte er jahrelang mit sich herumgetragen, notiert er.[101]

Einige Irritationen verursachen 1968 Ciorans kritische Ausführungen zu Paul Valéry (1871–1945), bestimmt als Vorwort für eine englischsprachige Ausgabe der Werke des *poeta laureatus*, da der Auftraggeber, die Bollinger Foundation in New York, den Text ablehnt. Der Autor verflucht den verantwortlichen Lektor, wenngleich das in Frage gestellte Honorar nicht der Rede wert ist.[102] »Valéry face à ses idoles« (Valéry und seine Idole) erscheint dennoch im Dezember 1968 in der NOUVELLE REVUE FRANÇAISE und 1970 in der Editions de l'Herne. Seine Intention sei es gewesen, Valérys »Mangel an Bescheidenheit« zu denunzieren. Kaum ist der Aufsatz gedruckt, da bereut er schon seine Polemik, um Valérys Einsicht zuzustimmen: »Das Gefühl, alles zu sein, und die Evidenz, nichts zu sein.«[103] Cioran hatte nicht allein den Positivismus Valérys verspottet, sondern gleichzeitig dessen Kult um Mallarmés »Livre«. Es sei angemerkt, daß Cioran sehr oft einstige eigene Idole stürzt: wollte er nicht einst ausgerechnet Mallarmé ins Rumänische übersetzen?

In seinen »Cahiers« notiert er, sich Otto Ranks Buch über das »Trauma der Geburt und seine Bedeutung für die Psychoanalyse« (1924; die französische Übersetzung erscheint 1968 bei Payot) besorgen zu wollen: ein Beleg zumindest dafür, sich weiterhin für sein Schicksal zu interessieren, sei es auch unter psychoanalytischen Gesichtspunkten (»Vom Nachteil, geboren zu sein« führt ja Ranks These bereits im Titel). Ranks Buch ist, am Rande bemerkt, keine Offenbarung, da kaum mehr als eine gewagte Hypothese, die besagt, daß die Vertreibung aus dem pränatalen Paradies die Neurose generiere.

Im Mai 1968 bestätigt er seinem Bruder Aurel den Empfang einer rumänischen Hirtenflöte:[104] Emils Wunsch entsprechend? Es dürfte auch Revanchegeschenke gegeben haben, da Cioran seine Sippe nach Kräften unterstützt. Er sammelt sogar im Bekanntenkreis abgelegte Bekleidung, da diese, nebst bestimmten knappen Lebensmitteln, auch einen hohen Tauschwert in Rumänien haben.

Anläßlich der amerikanischen Ausgabe von »La tentation d'exister«, »The Temptation to Exist«, akzeptiert Cioran ein Interview für das New Yorker TIME MAGAZINE. Er verstößt damit gegen sein bisheriges Prinzip, sich im Abseits zu halten und für unverstanden zu gelten, vermutlich, weil ihn sein Hausverlag merklich ungnädig behandelt. Würde er sich im Ausland einen Namen machen, hätte er wenigstens die Franzosen der Ignoranz überführt... Während des zweistündigen Gesprächs mit dem Journalisten Paul Ress definiert er das Leben als ein »verblüffendes Nichts«, womit er sagen wollte, daß der Reiz des Lebens darin bestünde, daß es »unmöglich« und »unwegsam« sei. Sich selbst hätte er gerne als »religiösen Nihilisten« charakterisiert.[105] Als er erfährt, daß der Journalist hinter seinem Rücken einige Freunde wie Eugène Ionesco und Beckett nach ihrer Meinung über ihn befragt hat, bereut er seine »Kapitulation«, seinen »Verrat« zutiefst.[106] Im Artikel des TIME MAGAZINE (9. August 1968), »Visionary of Darkness«, finden sich allenfalls Spuren des Interviews nur in homöpathischer Dosis wieder. Geschildert wird ein Autor, der regelmäßig ins Odéon-Theater pilgert, um mit ironischer Distanz die Reden der revoltierenden Studenten zu verfolgen. Paul Ress vergleicht Ciorans »La tentation d'exister« mit Dostoevskijs »Aufzeichnungen aus einem Kellerloch«, geschrieben im Stil von Pascals »Pensées«. Alles in allem handle es sich um ein eklektisches Denken, in welchem die Vorsokratiker bis hin zu den Mystikern der griechisch-orthodoxen Kirche widerhallten. Als Brotberuf gibt Cioran Übersetzer und Lektor an — von der Freiheit Gebrauch machend, seine Vita zu fiktionalisieren. Tatsächlich ist er in der Literaturszene wenig gefragt, auch weil er nicht ständig mit neuen Büchern präsent ist.

Im September bewältigt er im Midi täglich 30 km-Märsche: »Zu Fuß gehen und körperliche Arbeit sind die einzigen Dinge, an denen ich mich noch erfreuen kann.«[107]

Wenngleich er auch des Schreibens müde ist, mehr noch: nicht mehr an Bücher glaubt, läßt er 1969 »Le mauvais démiurge« erscheinen, komponiert aus fünf Essays, von welchen drei zwischen 1966 und 1968 vorab in Zeitschriften erschienen waren, sowie einer losen Folge von Aphorismen. Dem Titel der deutschen Ausgabe, »Die verfehlte Schöpfung«, wohnt etwas Verallgemeinerndes inne, das sich selbst im Titelessay so nicht wiederfinden läßt. In »Der böse Demiurg« zergliedert Cioran die gnostische Zwangsvorstellung vom schlechten Gott, denn »die Schöpfung ist nicht vereinbar mit der Idee des guten Gottes. (...) Jesus hat gesagt, der Teufel ist das Höchste der Welt, und Paulus hat gesagt: ›nein, er ist der Gott der Welt.‹«[108] Der Autor bezieht sich implizit auf das Weltbild der gnostischen Sekte der Bogomilen[109]: »Ich fühle mich dem auch im rumänischen Volk verwurzelten Glaube nahe, daß die Schöpfung und die Sünde ein und dasselbe sind. Es gibt einen großen balkanischen Kulturkreis, in dem immerfort über die Schöpfung geklagt wird. Was ist die griechische Tragödie, wenn nicht ein ständiges Jammern des Chors, also des Volkes, über das Schicksal? Dionysos kam übrigens aus Thrakien.«[110] So erstaunt es nicht, daß sich Cioran in seiner (politisch mehr als unkorrekten) Tirade wider die Zeugung[111] auf die Bogomilen oder die Katharer beruft. In Talamanca hatte er sich (irrtümlich) auf Basilides bezogen: »Mit dem Gnostiker Basilides glaube ich, daß die Menschheit durch die Rückkehr zu einer allumfassenden Unwissenheit, dem wahren Zeichen der Erlösung, zu ihren natürlichen Grenzen zurückfinden muß. Der Mensch muß die Erkenntnis überschreiten, auf das Abenteuer der Erkenntnis verzichten.

Dies sagen die ›Philosophumena‹ (...) über die Erlösung: ›Jedoch wenn dies geschehen sein wird, dann wird der Gott in das ganze Weltall die größte Unwissenheit einführen, auf daß alles seiner Natur nach verharre und nichts wider seine Natur begehre. Vielmehr werden alle Seelen dieses Bereiches, die so beschaffen sind, daß sie bloß in ihm unsterblich verbleiben, in ihm verharren ohne Kenntnis eines von ihm verschiedenen oder besseren

Bereiches, und es wird auch keine Kunde von den oberen Dingen an ein Ohr, noch die Kenntnis in ein Gemüt dringen, auf daß nicht nach Unmöglichem qualvolles Verlangen trügen die unten befindlichen Seelen, Fischen ähnlich, denen es gelüstet, auf den Bergen unter Schafen zu weiden, und denen ein solches Begehren zum Verderben gereichte.‹ Wenn die Menschen zu ihrer ursprünglichen Unwissenheit zurückgekehrt sein werden.

Erlösung: durch die Erkenntnis, durch die *Überschreitung* der Erkenntnis.«[112]

Zitiert wird überdies Kelsos' Pamphlet »Alethes légos« (Wahres Wort, 178), in welchem die Christen als ketzerische Sekte verunglimpft werden, die eine »angenagelte Leiche« zur Gottheit erklärt hätten. Eine grundlegende Kritik des Rumänen am Monotheismus, da eine Quelle von Despotismus und Intoleranz, insbesondere im zweiten Essay der Sammlung »Le mauvais démiurge«: »Die neuen Götter«. Im aphoristischen letzten Teil seines Buchs weitet der Autor diesen Befund auf jedes Dogma aus, indem er imaginiert, daß ein eventueller Sieg der Häretiker noch mehr Rigidität und Repression zur Folge gehabt hätten.

Im Kapitel »Paläontologie« entfaltet er anthropologische Reflexionen grundsätzlicher Art, angestoßen vom Besuch eines naturwissenschaftlichen Museums. Er rekurriert hierbei bevorzugt auf ostasiatische Weisheitsbücher, seien es die Veden, die Upanishaden oder die Mahāyāna-Sutras, in denen er auf 18 Modifikationen der Leere stößt, gleichbedeutend mit einem frühen Beweis der Irrealität des Seins. Da ihn die Befreiung nach buddhistischem Modus fasziniert (Erleuchtung/Befreiung bedeute die Erkenntnis der Irrealität des konsentierten Realen), schließt dies ein geläufiges Objekt tantristischer Meditation ein: der Leichnam, das Skelett — um die Begierde zu überwinden, um Leben und Tod gegenüber indifferent zu werden und sich der Ich-Bezogenheit zu entledigen. (Im Alltag greift der Autor gelegentlich auf dieses Mittel zurück, d.h. er stellt sich ein hübsches junges Mädchen als Leichnam vor — aber das Gedankenspiel wirkt letztlich nicht.) In dem »Der Unbefreite« überschriebenen Abschnitt finden sich Betrachtungen über die Erfahrung der Leere, d.h. des Nichts, die sein Credo »alles ist Schein« bestätigen. In der »Bhagavadgītā« werde allerdings der Zweifel, der Skeptizismus als Stagnation kritisiert, die der Vervollkommnung entgegensteht: Cioran erkennt sich folglich als »Unbefreiter«. In den »Erwürgten Gedanken« (II) bekennt er sogar: »Wenn ich Tage und Tage unter Texten zubringe, in denen nur von Gelassenheit, von Beschauung und von Verzicht die Rede ist, so packt mich die Lust, auf die Straße zu gehen und den nächsten, der vorübergeht, zusammenzuschlagen.«[113]

Bei den Griechen und Römern einst ein Privileg, wird der Freitod von Augustinus wie auch von Thomas von Aquin verurteilt. In den Aphorismen »Begegnung mit dem Selbstmord« geht Cioran nur verschlüsselt auf sein Erlebnis in Talamanca 1966 ein[114] und bekundet, das beste Mittel, einen Suizidanten von der Tat abzuhalten, bestünde darin, ihn dazu zu ermutigen.[115] In der Praxis hielt es der Autor meist nicht so. Teilweise übernimmt er eine Freudsche These, so die Analogie von Suizid und gegen sich selbst gewendeten Mord, indem er von der »Boshaftigkeit« des Selbstmörders spricht.

Das Schlußkapitel »Erwürgte Gedanken« versammelt überarbeitete Notizen aus den sechziger Jahren. Der erste Teil war 1965 in der von Mircea Eliade und Ernst Jünger (1895–1998) herausgegebenen Zeitschrift ANTAIOS (Nr. 5–6) erschienen, einer Ausgabe zu Jüngers 70. Geburtstag. Was Cioran selbstironisch als »Werk einer melancholischen Schlange«[116] apostrophieren wird, ist gerade in den Fragmenten das Selbstportrait eines Zerrissenen, schwankend zwischen den Tränen höchster Erkenntnis und pyrrhonischer Skepsis: »Man verlangt von uns Taten, Beweise, Werke, und alles, was wir vorweisen können, ist verwandeltes Weinen.«[117] Der Satz: »theoretisch bedeutet es mir ebensowenig zu leben wie zu sterben«, paraphrasiert Pyrrhon geradezu. Die *conclusio* indes nicht: »praktisch verzehren mich alle Ängste, die einen Abgrund zwischen dem Leben und dem Tod aufreißen.«[118]

Mit Genugtuung zitiert der Autor Becketts Kommentar zu »Le mauvais démiurge«: »In Ihren Ruinen fühle ich mich sicher.«[119] Die schockierten Zuschriften gläubiger Leser veranlassen Cioran, in seinem Exemplar die erste Seite seines Buches herauszureißen.[120]

Am 6. Mai 1969 gewahrt er in der Umgebung des Luxembourg gegen 23 Uhr Paul Celan. Der Dichter ist so sehr in Selbstgespräche und lebhaftes Lachen vertieft, daß er Cioran selbst aus der Nähe nicht erkennt. Cioran erschüttert der Anblick zutiefst, da er von Celans Psychiatrie-Aufenthalten weiß, dem Mordversuch an seiner Frau, seinem Suizidversuch. Das Gelächter charakterisiert er als »*self-sufficient!* Ein zermalmter Gott würde so lachen.«[121]

Als Le Monde am 28. Juni 1969 Cioran eine Doppelseite widmet, wirkt dies schwerlich konstruktiv. »Ich habe versucht, diese ganze Geschichte anzuhalten, aber da war nichts zu machen«[122], stöhnt er am selben Tag in einem Brief an den Bruder Aurel. Alles in allem strotzt die ›Würdigung‹ seines Freundes Gabriel Marcel in Le Monde von Vorbehalten, der Titel seines Textes weist auf die Tendenz hin: »Ein Verbündeter im Gegenstrom«. »Es ist manchmal wie der nicht zu unterdrückende Schrei des verbitterten Denkens.« Der christliche Philosoph fragt sich, ob jenseits der Sarkasmen und Blasphemien Cioran nicht doch das »unvergängliche Bewußtsein einer Ordnung und Fülle« wiederherstellen wolle. »So merkwürdig und paradox diese Vermutung auch sein mag, so ist sie doch die einzige, die in meinen Augen Zeugnis ablegen kann von der schmerzlich empfundenen Kluft zwischen der unwandelbaren Wertschätzung für den Menschen, für den Freund, und der Ablehnung eines Denkens, dem ich nicht zustimmen könnte, ohne sämtliche meiner Daseinsgründe zu verneinen.« Bleibt als positiv zu verbuchender Rest diese Charakterisierung Ciorans: »Einer der entschlossensten und heftigsten Belastungszeugen des nie endenden Prozesses, den der Mensch gegen die Welt, gegen Gott führt, seit jene Anomalie ohnegleichen, die Reflexion heißt, eingesetzt hat.«[123]

Das Blatt bringt neben Textexzerpten aus Ciorans Werken Betrachtungen Alain Bosquets (»L'homme et ses contradictions«), desweiteren kritische Ausführungen von Jeannine Worms (»Des steppes de fin du monde«). In seinen Briefen an Aurel apostrophiert Cioran die ambivalenten Äußerungen Bosquets als »dumm und prätentiös«.[124] Diese publizistische Initiative verdankt sich wohl dem Erfolg der Taschenbuchausgabe des »Précis de décomposition«[125]. Über »Le mauvais démiurge« bemerkt er 1973, daß das Buch in Frankreich wie auch in Deutschland ökonomisch ein »totales Fiasko« sei.[126] 1974 wird gar die spanische Übersetzung indiziert. »Das Buch wäre atheistisch, blasphemisch, antichristlich. Die Inquisition lebt noch. Wie lächerlich all das ist!«[127]

Im Alter von fast 60 Jahren hat sich wirtschaftlicher Erfolg noch immer nicht eingestellt, obgleich er doch sein halbes Leben lang geschrieben hat.

»Überzeugungen hat nur, wer nichts vertieft hat«[128]

Ab August 1969 schreibt Cioran an einem Manuskript, dem er verschiedene Titel gibt: »Nostalgie du Déluge« (Sehnsucht nach der Sintflut); »Les degrés de la délivrance« (Die Stufen der Erlösung; gestrichen: der Befreiung).[129]

In einem Brief vom 5. März 1970 an Constantin Noica stimmt er dem Vergleich des in Deutschland lebenden rumänischen Dichters Horia Stamatus (1912–1989) zu, der geäußert hatte, »Précis de décomposition« beruhe auf Eminescus Gedicht »Rugăciunea unui dac« (Gebet eines Dakers). Eine mögliche Titelvariante von »Précis« könnte »Nirvana« lauten. Im übrigen bekennt er sich zum Rumänischen: »meine Begeisterung für unser Idiom wächst nur, so daß ich es als eines der expressivsten betrachte, die es je gegeben hat.«[130]

Im November 1970 läßt er sich auf ein Interview mit dem Schweizer Fernsehen ein — auch um seinem deutschen Übersetzer, dem Schweizer Essayisten, Literaturkritiker und Journalisten François Bondy (1915–2003), einen Gefallen zu tun. Für die 15

Minuten Sendung okkupiert Bondy nebst drei Technikern für zwei Tage die *chambres de bonne* der Rue de l'Odéon. In seinen Aufzeichnungen klagt der Interviewte: »Ich habe den Eindruck, zu Lebzeiten meiner Beerdigung beizuwohnen.«[131]

Das TIME MAGAZINE vom 7. Dezember 1970 überschreibt die Besprechung von »The Fall into Time« (der amerikanischen Ausgabe der Essaysammlung »La chute dans le temps«, erschienen bei Quadrangle Books) mit dem Titel »The King of Pessimists«. In einem knappen biographischen Abriß heißt es, Cioran sei niemals Camus oder Sartre begegnet und arbeite im übrigen als Übersetzer und Lektor. (Noch im Interview mit Bondy wird er der Frage nach dem Lebensunterhalt ausweichen, indem er von seinem unendlich verlängerten Studentendasein erzählt.) Die Rezension endet mit den Worten: »Keine Zeit sollte einen solchen Mann entbehren, keine Zeit braucht mehr als einen.«

Der Versuch, Mihail Eminescus »Ode« ins Französische und Englische zu übersetzen,[132] bezeugt Ciorans Heimweh in mehr als einem Sinne. So schreibt er an den Kindheitsfreund Bucur Ţincu am 1. September 1971: »Alles, was mein Dorf angeht, rührt mich zutiefst, ich habe einen Eindruck von Unwirklichkeit, von etwas unendlich Fernem, als ob es sich um ein vorheriges Leben handelte.«[133]

Die Tochter Hugo von Hofmannsthals, Christiane (1902–1987), besucht ihn: »eine für ihr Alter sehr sympathische Dame. Die Welt ihres Vaters ist ihr sehr vertraut. Welch Meisterwerk doch der ›Brief des Lord Chandos‹ ist!«[134]

Am 1. Juni 1971 hält Cioran den Entschluß fest, seine 32 »Cahiers«, die er seit 1957 führt, daraufhin zu prüfen, ob sie die Substanz eines Buches bilden könnten. Als Titel schweben ihm ›Interjektionen‹ sowie ›Der Fehler, geboren zu werden‹[135] vor. So manches Fragment wird in »Écartèlement« (1979), dann in die »Aveux et anathèmes« (1986) aufgenommen werden. Generell sind seine Notate sowohl intimes Tagebuch als auch eine Art Steinbruch für künftige Bücher.

Im Juli 1972 kommt es zu einer beeindruckenden Wiederbegegnung mit Constantin Noica in Paris. (Rumänien wollte Weltoffenheit demonstrieren, indem es gelegentlich Reisen ausgewählter Intellektueller ins westliche Ausland gewährte. Der Preis für dieses Privileg bestand u.a. in einer ausführlichen Befragung durch die Securitatea statului, den rumänischen Geheimdienst, danach). Unter vier Augen wird der Gast Simone Boué fragen, wie sie Cioran aushalte. Cioran beneidet ihn um dessen Optimismus und verabscheue die westliche Welt, heißt es in einem späteren Brief, dem er die Lektüre-Empfehlung: »Hope against hope. A memoir« (1970, dt. Das Jahrhundert der Wölfe. Eine Autobiographie) von Nadežda Mandel'štam (1899–1980) beifügt.[136]

Am 15. Dezember 1972 notiert er: »Meine Tantiemen IN FRANKREICH belaufen sich FÜR EIN GANZES JAHR auf *fünfhundert Francs*. Wenn ich ein Ehrenmann wäre, würde ich mir die Kugel geben. Ich verdiene also im Durchschnitt *40* Francs monatlich. Ich wäre also der ärmste Mann des... Königreichs, wenn ich im Ausland nicht ein bißchen mehr verdiente.«[137]

Da ihm nun alles irreal erscheint, kommt er zu dem Schluß, daß er besser Hirte geworden wäre. (In den Karpaten ist der Ausdruck ›*cioran*‹ für Schäfer geläufig, etymologisch abgeleitet vom slawischen Wort für Schwarz, eine Metonymie für Herden schwarzer Schafe.) Gleichzeitig möchte er sich erneut mit hinduistischer Philosophie auseinandersetzen.[138]

1972 endet der publizierte Teil der »Cahiers« Ciorans: das genaueste Selbstportrait des Autors, dessen Luzidität und *insight* bestechen. Ein Buch der Klagen, Reflexionen, Abrechnungen, Lektüren, Kurzportraits, der Begegnungen und Beerdigungen. Die Namen mancher Protagonisten wurden vom Diaristen aus Vorsicht anonymisiert, kein Wort auch über Intimes — dennoch bin ich überzeugt, daß er niemals einer Veröffentlichung zugestimmt hätte. Post mortem fand man eine Fortsetzung der »Cahiers« bis zum Jahr 1980.[139]

»Ganz offensichtlich ist der Tod eine Lösung.
Unglücklicherweise die einzige.«[140]

Ciorans nostalgische Tendenz setzt sich fort indem er beispielsweise seine Deutschkenntnisse aufbessert.

Am 2. Januar 1973 schreibt er an Constantin Noica: »Ich bin die Herrlichkeit unseres Vaterlandes geflohen, weil sie eine auflösende Wirkung auf mich hatte. Aber, um gerecht zu sein, hier ist das Abendland kaum besser gelungen. Ich hasse es um dessentwillen, was es ist und vor allem um dessentwillen, was es erhofft... Die Bilanz meines Aufenthalts hier (35 Jahre!) ist, wie Du siehst, eher negativ.«[141] Ihm ist Noicas Selbststilisierung zum ›Heidegger von Siebenbürgen‹, der im Gebirge Neophyten unterrichtet, ebenso suspekt wie der Umstand, daß er für seine einstigen Peiniger, die ihn inhaftierten, keine harten Worte fand.

Sein jüngstes Buchprojekt charakterisiert er dem Bruder Aurel gegenüber folgendermaßen: »Weder gut noch schlecht (...), ist es ein Sammelsurium von Reflexionen und Anekdoten der zugleich flüchtigen und düsteren Art.«[142]

Dem Kunstkritiker und Journalisten Christian Bussy gewährt er ein mehr als halbstündiges Gespräch für das belgische Fernsehen (Sendung am 4. April 1973, RTBF, Brüssel). Cioran legt Wert darauf, in keinem französischen Massenmedium aufzutreten. (Es geht dabei um diverse Varianten der Selbststilisierung: beispielsweise achtet er darauf, daß in der Presse nur ernste Fotos von ihm erscheinen: er, der so gerne lachte! Ich vermute, daß seine Erfolglosigkeit in Frankreich hinter dem Entschluß steht, sich rar zu machen und im weitesten Sinne unkorrumpierbar zu bleiben. Im übrigen verhinderte die Gesetzgebung, daß er die französische Staatsbürgerschaft annehmen konnte, da er über kein regelmäßiges Einkommen verfügte.) Im Fernseh-Interview, in seinem Arbeitszimmer gefilmt, erwehrt er sich u.a. des Nihilismus-Verdachts: »Ich bin nicht nihilistisch. Ich bin nichts. Sagen wir mal, daß ich Anwandlungen von Nihilismus habe. Ich bin ein Verneiner, gewiß. Unter der Voraussetzung, daß man präzisiert, daß die Verneinung bei mir nicht abstrakt ist, sondern aus dem Bauch kommt. (...) Es ist wie eine Explosion. Ein schwierig zu analysierendes, zu beschreibendes Gefühl. Eine Ohrfeige zu geben, z. B., ist noch eine Bejahung. Sicher teile ich Ohrfeigen aus, aber ich bejahe nichts.«[143] Interessanterweise zitiert er ausgerechnet eine nicht selten angewandte Praktik im zen-buddhistischen Schüler-Meister-Verhältnis, in dem nonverbale Reaktionen resp. ›Antworten‹ in Form von Schlägen überliefert sind.

Die weiteren Themen dieses TV-Portraits: ob er ein Zyniker, ein »révolté« sei? Sein Verhältnis zum Suizid, zum Tod? Seine Freundschaft zu Henri Michaux. Die Bedeutung Dostoevskijs und der Musik für ihn. Das fast Standard zu nennende Fragenrepertoire mit einem sehr entspannten Cioran: gelöst und heiter. Dieser notiert dagegen am 17. April über sich selbst: ein »grimassierender Greis«.[144]

Im Juni 1973 besucht er eine Ausstellung von Chaim Soutine (11. Juni), trifft mit Henri Michaux zusammen (20. Juni) und macht einen Spaziergang (12. Juni) mit einem aleatorischen Patienten vom Hospital Sainte Anne: seit Berlin gibt es bei ihm das Interesse für klinische Fälle solcher Art. Er liest La Rochefaucauld, Nietzsche, Kant, Konfuzius, Martin Buber, Daniel Halévy, Joseph Joubert, Jorge Luis Borges, René Char, Voltaire, Lichtenberg, Goethe, Vladimir Nabokov, Gérard de Nerval, Swift, Emily Dickinson, Mallarmé.

Am 17. Juni 1973 notiert er: »Habe heute dem Verleger ›De l'inconvénient d'être né‹ (Vom Nachteil, geboren zu sein) übergeben. Während ich das Manuskript vor ihm hinlegte, hatte ich den Eindruck, mich eines Leichnams zu entledigen. Übrigens galt mein Besuch durchaus einem *Totengräber*. Ich habe mich mehr als zwei Jahre mit diesem Manuskript abgemüht, das im Grunde nur ein Sammelsurium von Kalauern ist. Dennoch sind einige davon versteinerte Schreie. Aber wer *wird sie hören*? Werde ich mich daranmachen, ein weiteres Buch zu schreiben? Ich möchte es gerne. Vorausgesetzt, daß ich die Kraft und den *Wunsch* dazu habe! — Während einiger Tage das Vorgefühl einer bevorstehenden Explosion. Gleichzeitig Angst und Jubel. Wenn dieses Gefühl intensiver geworden wäre, wie hätte ich reagiert? Von Jubel wäre keine Rede mehr gewesen.«[145]

Andere Titelentwürfe lauteten: ›L'erreur de naître‹ (Der Fehler, geboren zu werden), Untertitel: ›Interjections‹ (Interjektionen), ferner ›Hantise de la naissance‹ (Qual der Geburt) sowie ›Sur la malchance de naître‹ (Über das Unglück, geboren zu werden).[146] Wie akribisch Cioran an seinen Thesen-Büchern feilt, belegt die Tatsache, daß für dieses allein fünf unterschiedliche Manuskriptvarianten bekannt sind. Alles in allem gibt er weniger als die Hälfte des Geschriebenen zum Druck frei, um manche Auslassung für ein späteres Buch zu retten. Charakteristisch z. B. die folgende Streichung, die für das Buch zu entblößend gewesen wäre: »Meine Form des Katzenjammers ist, sagen wir mal, ›slawisch‹. Weiß Gott, aus welcher Steppe meine Vorfahren stammen. Ich habe, gleich einem Gift, die vererbte Erinnnerung an die Grenzenlosigkeit. Außerdem bin ich, gleich den Sarmaten, ein zweifelhaftes, unsicheres, suspektes Individuum mit einer Doppelzüngigkeit, die um so schlimmer ist, als sie uneigennützig, gleichgültig ist. Abertausende Sklaven brüllen in mir ihre widersprüchlichen Niederlagen und Demütigungen heraus.«[147]

Seine »De l'inconvénient d'être né« (Exerzitien der Antiutopie)[148] erscheinen im Herbst 1973. Dem deutschen Titel der Aphorismen-Sammlung, »Vom Nachteil, geboren zu sein«, haftet etwas Hyperbolisches an, da »inconvénient« ein Mißgeschick, eine Unpäßlichkeit meint.[149] Der Titel selbst geht auf ein Bruchstück eines Aphorismus aus »Le mauvais démiurge«[150] zurück. Kapitel VIII war unter dem Titel »L'inutilité des révolutions« bereits in der Nouvelle Revue Française vom Juni und Juli 1972 erschienen. Dort wird vor den »Gefahren der Freiheit«[151] gewarnt, und konsequenterweise endet das Buch mit dem Stoßseufzer »zu spät, zu spät!«[152] »Vom Nachteil, geboren zu sein« versammelt neben höchst subjektiven Aphorismen – seit jeher Ciorans Stärke – gewissermaßen Argumente aus den Weltreligionen und -philosophien, um die These des Buchs zu untermauern. Die »Demütigung des Geborenwerdens«[153] hatte Theognis in die Worte gefaßt: »Gar nicht geboren zu werden wäre Erdbewohnern das Beste, / und nicht erst den Glanz strahlender Sonne zu schaun, einmal geboren jedoch, aufs schnellste die Pforten des Hades / zu durchquern und zu ruhn, reichlich mit Erde bedeckt.« Die Thraker, auf die Cioran gerne verweist, konnten sich auf Euripides berufen, wenn sie das Neugeborene beweinten: »Wir sollten jeden Säugling, uns versammelnd, laut / beweinen, welchen Übeln er entgegengeht, / den Toten aber, der vom Übel ist erlöst, / mit frohem Lobgesang geleiten aus dem Haus.« In seinem Hauptwerk »Die Welt als Wille und Vorstellung« weist auch Schopenhauer auf diese Tradition hin, indem er auf Herodot (Historien V, 4) verweist. Cioran radikalisiert diesen Pessimismus, indem er den Menschen als »Krebs der Erde«[154] bezeichnet. Wir haben verstanden: alles menschliche Tun und Trachten ist eitel, aber leben ohne Hoffnung erscheint einfach prekärer: »›Nur dem Verrückten erscheint das Leben als ein Gut.‹ Das war vor dreiundzwanzig Jahrhunderten ein Lieblingswort des kyrenaischen Philosophen Hegesias (…). Wenn es ein Werk gibt, das man neu erfinden möchte, so das seinige.«[155] Und was seine Buddhismus-Sympathien anbelangt, so spart der Autor nicht mit Selbstkritik.[156]

Vom 24. Juli bis 23. August 1973 zieht er sich mit Simone Boué nach Dieppe zurück. Ciorans Stimmungen: *»Angst, Wut, Raserei, Boshaftigkeit, Bedürfnis zu explodieren.«*[157] Darauf weilt er vier Tage in London, wo er das Grab des Autors des »Kommunistischen Manifestes« besucht.[158] Vom 27. bis 31. August hält er sich, auf Rilkes Spuren, im schweizerischen Montana (Wallis) auf. Mit Simone besucht er dort Freunde. »Es gibt hier mehr Hotels als Bäume!«[159] Sie besichtigen das Château de Muzot bei Sierre. Das Gespräch mit einer Bäuerin über den Tod resümiert er so: »Mein einziges Verdienst besteht darin, ein wenig besser zu wissen als jedermann, daß alles nutzlos ist.«[160]

Zu seinen Lektüren zählen u. a. der Talmud, die Kabbala, Novalis, Jean Rostand, Wittgenstein (die exzentrische *vita* des Denkers interessiert ihn weit mehr als dessen Sprachphilosophie).

Spuren dieser Lektüren, sowie ausgewählte Aphorismen aus diesen Monaten, begegnen wir auch in »Écartèlement« wieder.

»Ich bin immer schwächlich gewesen nach Art der ›Degenerierten‹«, heißt es in einem Brief an Bucor Ţincu. »Es ist ein Wunder, daß es mir gelungen ist, mich so lange auf der Oberfläche dieses geistesschwachen Planeten umherzuschleppen.«[161]

Nach Paris zurückgekehrt, besucht er auf dem Père Lachaise Prousts Grab. Anfälle von Misanthropie suchen ihn heim: »Eine gute Stunde in Paris umhergegangen. Eindruck einer Hölle, einer vollendeten, vollkommenen, unerträglichen Hölle.« (11. September).

»Was ich am meisten hasse, ist die *Gegenwart* des Menschen. Mein Grauen vor dem Nachbar. Das Massaker *aller Nachbarn*. *Nächster* ist ein anderes Wort für *Störenfried*. (...) Diese Parade häßlicher, degenerierter, verkrüppelter Leute raubt einem jeden Lebenswillen. *Vollgefressener* Abfall. (...) ich sollte mich daranmachen, ein weiteres Buch zu schreiben, und sei es nur, um die häßliche Welt zu vergessen, die mich umgibt. Alles in allem ist ein Buch nur eine Art und Weise, sich zu täuschen, sich zu belügen; – eine elegante und komischerweise wirksame. Ich verpflichte mich, täglich ein paar Seiten zu schreiben, *selbst wenn ich nichts zu* sagen *habe*. Außerdem bedeutet *Schreiben* genau dies.«[162] Andererseits muß er sich eine Schreibblockade eingestehen: »Seit Monaten reduziert sich mein einziger Kontakt mit dem Schreiben (!) auf Buchstaben (ich schreibe wenigstens einen täglich). (...) Nicht mehr ›on speaking terms‹ mit sich selbst sein

Das ist das Unglück schlechthin.«[163]

»Von all meinen Büchern gibt das letzte das genaueste Bild desjenigen wieder, der ich bin. Warum? Weil es gänzlich ein Gespräch mit mir selbst ist, weil ich, als ich es schrieb, in keinem Augenblick das Gefühl hatte, daß ich ein Buch schreibe«[164], notiert er zu »De l'inconvénient d'être né«. Ihn verunsichert – wie fast immer – das abwertende Urteil Dritter. Der Titel hätte besser »Basteln« lauten sollen, das Thema »hat keinen Bestand«, im Buch entdeckt er »Fehler« und »Armseligkeiten«, so daß er schließlich »De l'inconvénient d'être né« für »mißlungen« hält.[165] Anläßlich eines photo shootings, das ihm der EXPRESS abnötigt, fragt er sich: »Welche Beziehung besteht zwischen meiner Visage und meinen ›Schriften‹?«[166] Recht defensiv fällt seine Selbstverteidigung in den Notizbüchern aus: »Es ist merkwürdig, daß die Kritiker mir, der ich so wenig schreibe, vorwerfen, so viele Bücher (sechs!) geschrieben zu haben. Es ist richtig, daß ich mich bei meinen Ideen jeglicher Tätigkeit enthalten sollte. (…) Ein Autor ist notwendigerweise ein Verdammter.«[167] Am 14. Dezember heißt es nicht minder selbstkritisch an Arşavir Acterian, daß sein Buch als »nicht sehr ›ernst zu nehmen‹« betrachtet werde: »was in gewisser Weise stimmt. Man möchte gerne, daß ich etwas Solides, gut Ausgearbeitetes mache, das anders orientiert ist. Aber ich kann die Weltsicht nicht ändern, zumindest wenn diese Welt nicht vorausgeht und sich selbst verändert.«[168] Für Cioran sind die gesellschaftlichen Veränderungen, ist der Pariser Mai 1968 kein Thema. Er kann oder will nicht sehen, daß seine Aphoristik im Kontext der Zeit als »reaktionär« abgetan wird. Also schließt er auf die Abwesenheit von Freundschaft oder Empathie – wie vor ihm Mme du Deffand – per se: »Mein Buch wurde aus Gründen, auf die näher einzugehen nicht barmherzig wäre, von meinen Freunden hier wie auch bei euch sehr schlecht aufgenommen. Die Freunde lieben uns wirklich nur, wenn wir so taktvoll sind zu sterben.«[169]

In seinen Briefen an den Bruder Aurel lamentiert er mehrmals über Attacken gegen ihn, wegen seiner ›gardistischen‹ Vergangenheit.[170] Anfeindungen hatte Cioran erstmals 1969 erwähnt.[171] Hierbei dürfte es sich um Polemiken gehandelt haben, die nicht öffentlich ausgetragen wurden. (Erinnert sei daran, daß Crohmălniceanu Celan 1967 über Ciorans politisches Engagement in den dreißiger Jahren ins Bild gesetzt hatte.) Da er sich im ZEIT-Interview mit François Bondy von 1970 dezidiert abfällig zur »Eisernen Garde« geäußert hatte, machen nun die ehemaligen Kampfgefährten in Exilzeitschriften Front gegen den Autor von »Schimbarea la faţă a României«. Fausto Bradesco (»Emil

Cioran verneint seine Vergangenheit«, in CARPATII, Nr. 16–17, 1973) sowie Horia Sima (in ȚARA ȘI EXILUL, Nr. 9–10, 1973) denunzieren Cioran als Verräter.[172] In einem Brief an den Bruder Aurel kommentiert er, daß er sich im einstmals Geschriebenen nicht wiedererkennt, und fügt hinzu: »Wir haben an dieser Krankheit gelitten, und niemand will glauben, daß wir geheilt sind.«[173]

Am 12. Oktober 1973 gehörte er zur Trauergemeinde Gabriel Marcels. Begegnungen und Gespräche vermerkte er mit: Beckett, Henri Michaux, Henry Corbin, Eugène Ionesco, dem libanesischen Dichter und Übersetzer Fouad El-Etr (geb. 1942, 1967 Gründer der Poesie-Zeitschrift LA DÉLIRANTE), dem »Pater N. S.« (es dürfte sich um den Bukarester Essayisten Nicolae Steinhardt (1912–1989) handeln, der während seiner Haft zum orthodoxen Christen konvertierte und später ins Kloster ging).

Zu seinen Lektüren zählen: Marx, Proudhon, Buddha, Tacitus (»mein Laster, meine Leidenschaft«), Pascal, Heidegger, Rilke, Henry de Montherlant, Louis Massignon, Gottfried Benn, Elias Canetti, Julien Green, Mme du Deffand, Benjamin Fondane, Dostoevskij, Čechov (»der große, der größte Spezialist der Gescheiterten«)[174], Blanchot, vermutlich »Le pas au-delà«, Fragmente aus den Jahren 1969–73 (»edle Haarspalterei, aber Haarspalterei«)[175].

»Mein Leben? Ein *gelungener* Kalvarienberg.«[176]

Das Jahr 1974 beginnt für Cioran mit einigen Irritationen. Relativ gelassen nimmt er ein TV-Gespräch über sich zur Kenntnis. Am 7. Januar notiert er hierzu: »Ich hörte, ich sah hin, als ob es sich nicht um mich handeln würde. Wenn man mich völlig auseinandergenommen hätte, würde mich das gleichgültig gelassen haben. Der Typ hat sehr richtig gesagt, daß ich das Gegenteil Nietzsches wäre. Ich bin überrascht, daß niemand gesehen hat, daß mein Buch das eines Alten war. (Ein anderer Typ sagte, ich hätte auch eine Sacha Guitry-Seite. Gut erfaßt. Eine Neigung zur Frivolität, ständig durchkreuzt vom Hunger nach dem

Wesentlichen.)«[177] Der Vielschreiber Sacha Guitry (1885–1957), der erfolgreich die Boulevard-Theater bediente: in Ciorans Büchern wäre er schwerlich wiederzufinden! Im Brief an den Bruder Aurel faßt er das Kritikergespräch als »Lüge und Wahrheit« zusammen.[178]

Am 9. Januar 1974 notiert er zu Alain Bosquet: »Das ist kein Mensch, sondern eine Larve.«[179] Im Brief an den Bruder erwähnt er einen aggressiven Artikel des »ehemaligen Freundes«, den er nun verachte. Er deutet ihn als Racheakt.[180] Bosquet vermerkt hierzu in seinen Erinnerungen unter dem Datum Juni 1983[181]: »Unlängst habe ich in einer Art Hommage im Quotidien de Paris E. M. Cioran beschuldigt, daß er ein Philosoph ist, der historisch zu den Akten gelegt werde und der gewissermaßen reaktionär ist.«[182] Bosquet reibt sich an der Differenz »Spezialist der Bitterkeit, des Pessimismus und der Verpflichtung zum Suizid« auf der einen Seite — auf der anderen das hohe Alter (73) des Rumänen, dessen friedliches Leben, das allenfalls durch ein paar Aspirin in Unordnung gebracht würde! (Bei Michaux verhalte es sich ähnlich.) In einem imaginären Brief wirft er Cioran vor, noch am Leben zu sein! »Sie haben kein Recht mehr zu leben.«[183] Er hält ihm »morbiden Pseudo-Pessimismus« vor, bezichtigt ihn der »Lüge«, apostrophiert ihn als »Hochstapler«, Autor von »Begräbnis-Singspielen« und »genialen Betrüger«. Es folgt der rassistische Vorwurf, Cioran zitierend, mit der perfiden Frage: »Wie kann man Rumäne und ernsthaft sein?« Vorgeblich moniert Bosquet die Kluft zwischen Geschriebenem und dem Leben des Autors, so daß er schließt: »Ich verschreibe Ihnen, (…) sich aufzuhängen. (…) Löschen Sie sich aus, und sei es auch nur aus Respekt vor Ihren Schriften.«[184] Es ist evident, daß eine solche Polemik rein gar nichts mehr mit Literaturkritik gemeinsam hat, sondern vielmehr einem inzwischen notorisch gewordenen Boulevard- oder Sensations-Journalismus gleicht, der die Schlüsselloch-Perspektive des Eingeweihten, einstigen Vertrauten ausspielt. Camoufliert werden dabei die weniger noblen Motive, nämlich Ranküre, Rivalität, Profilierungssucht, ja Neid. Meister in dieser Disziplin waren u.a. André Breton, der gleich einem Inquisitor einstige Freunde peu à peu an den Pranger stellte oder sich über den Bibliothekar Bataille lustig machte, und Jean-Paul Sartre, der neben Bataille mit Furor Baudelaire, Flaubert, Camus, Genet et al. denunzierte.

Erneut vom Rumänischen begeistert, liest Cioran neben Eminescu Lucian Blaga (1895–1961), von dem sich im Nachlaß wenig Schmeichelhaftes über Cioran fand.[185] Blaga, der Sohn eines Priesters, hatte in Sibiu Theologie studiert. Ab 1939 war er Philosophie-Professor in Cluj. »Er ist Dichter und Philosoph. Seine Lyrik ist daher Gedankenlyrik. Obwohl Gedankengänger wie Nietzsche, [Alfred] Mombert, Li Tai Po in ihn eingegangen sind, hat er sich innere Freiheit bewahrt. Seine Dichtungen sind original rumänische Schöpfungen, ein zartes Empfinden wird in eine neue Form gekleidet, seine ungewöhnlichen Vergleiche und Bilder sind Mittel, seine tiefen Gedanken auszudrücken.«[186]

Am 28. Februar 1974 trifft Cioran bei einem Mittagessen im österreichischen Kulturinstitut mit Julien Green zusammen. »Ich sagte ihm, daß das *Tagebuch* als Genre ein VULGÄRES Gebet sei. Er schien mir zuzustimmen. Aber vielleicht habe ich mich *blamiert.*«[187]

In seinen Notizen schreibt er über seine Eltern, seine Jugendliebe Cela Schian — wenn er sich nicht mit seinen Idolen mißt: »Das Ideal wäre, sich wie Bach zu wiederholen« (11. März) und »Buddha und Bach — sie allein haben mir einige Beruhigung verschafft.« (3. April)[188] Er hört, neben Schubert, Brahms und Rachmaninov, wieder und wieder Bachs »Goldberg-Variationen« — und Zigeunermusik. »Die Musik ist das Sein meiner Essenz.«

In einem Brief vom 9. März 1974 ermutigt er Arşavir Acterian, das Tagebuch seiner Schwester Jeni zu veröffentlichen, von dem er Auszüge gelesen hat. Das tragische Schicksal Jenis fasziniert ihn.[189] Am 23. März notiert er: »Die Langeweile? eine luzide Demenz. Was ich spüre, erfordert die Poesie — von der ich mich nur entferne. Was ich gerne sagen möchte, wäre in Poesie annehmbar, in Prosa konnte das nur der mehr oder weniger trockene, kalte Schrecken sein. Ich kann nur gänzlich von jenen verstanden werden, die von der Psychiatrie und der Esoterik enttäuscht wurden.«[190] Außerdem setzt sich der Autor neue Maßstäbe: »Mit Arsen schreiben« (1. Juli), »ein Buch schreiben, das Gott erzittern ließe« (18. Juli)[191] — er wird sich aber für ein neues Opus fünf Jahre Zeit lassen.

Bucur Ţincu schreibt er am 29. April 1974 über den wunden Punkt seiner stagnierenden Produktivität: »Mehr als jeder andere habe ich das Leben gehabt, das ich wollte: frei, ohne den mit einem Beruf verbundenen Zwang, ohne schwere Demütigungen und schäbige Sorgen. Beinahe ein *geträumtes* Leben, das Leben eines Müßiggängers, von denen es in diesem Jahrhundert nicht viele gibt. Ich habe viel gelesen, aber nur Bücher, die mir gefielen, und wenn ich mich abgemüht habe, selbst welche zu schreiben, wurde die Anstrengung, die sie mich gekostet haben, durch die Befriedigung aufgewogen, nichts geschrieben zu haben, das mit meinen Ideen oder meinem Geschmack im Widerspruch stünde. Wenn ich mit dem, was ich geschaffen habe, unzufrieden bin, so bin ich es dagegen mit der Daseinsweise, die die meine war, nicht. Das ist ungeheuer.«[192]

Während einer Begegnung mit Octavio Paz (1914–1998), am 25. Juni 1974, äußert er, daß er, »obwohl ich nicht mehr an Bücher glaube, nicht aufhören möchte zu ›produzieren‹, daß arbeiten gut täte, daß ich nach dem Schreiben, egal was, ein Satz oder irgendeine Seite, Lust zum Pfeifen hätte.«[193]

Einen Brief Marguerite Yourcenars (1903–1987) – die Autoren schicken sich gegenseitig ihre Bücher[194] – kommentiert Cioran am 27. Juli 1974 spitz: »M. Y. schreibt mir, daß sie an die *Aufrichtigkeit* des Buchs [»Vom Nachteil, geboren zu sein«] glaubt (in meiner Widmung hatte ich betont, daß es sich, genau gesagt, bloß um eine Abfolge von Kalauern handele). Sie spricht sogar von der *Genauigkeit* meiner Behauptungen. Und sie schließt: ›Unglücklicherweise haben Sie ganz recht.‹ Ich glaube zu wissen, daß sie im Augenblick (schwer?) krank ist. Was ihre Zustimmung erklärt. Im übrigen kann niemand, der nicht von offensichtlichen oder verborgenen Gebrechen befallen ist, das verstehen, was ich schreibe.«[195]

In einem Brief vom 1. August 1974 an Bucur Ţincu holt er zu einer generalisierenden Kulturkritik aus. Der Westen sei durch Wohlstand, Unverschämtheit, Drogen und Pornographie verseucht: »Manchmal denke ich, daß der Mensch zu schwach und pervers ist, um die Freiheit zu ertragen.«[196] Der gleiche Tenor fand sich bereits im Brief an Wolf von Aichelburg (1912–1994) vom 16. Juli 1973: »Euch hat das Leid zur Weisheit geführt. Uns hat das Glück zur spirituellen Misere geführt.«[197]

Im September alarmiert ihn eine Vorladung des Hausbesitzers, der möchte, daß Cioran seine Mansarde räumt. Für den Schriftsteller gleicht dies einem »Suizid-Befehl«. Angesichts dieser Drohung flucht er über Vermieter, Hauseigentümer, Parasiten, die Gesellschaft, in der ein Autor nur Betrüger, Zuhälter oder Irrer sein könne: *»Suicidal mood«*, aber von »therapeutischem Wert«.[198] Er stellt sogar Überlegungen an, in die Heimat zurückzukehren, um in Păltiniş-Şanta als Förster sein Leben zu fristen.[199] Eine Zustimmung also zum »Torna, torna, fratre!« (Kehre zurück, kehre zurück, Bruder!)? Zumindest eine depressive Phase mit misanthropischen Anwandlungen: »Morbides Bedürfnis nach Einsamkeit. Die Vorstellung, jemanden zu treffen, schmettert mich nieder. (...) Alles, was mich an den Menschen erinnert, erschreckt mich.«[200] Trotzdem ist er Beckett begegnet, Manès Sperber (1905–1984) und Constantin Noica.

Für den Bayerischen Rundfunk gibt er im Oktober 1974 ein Interview, das thematisch auf »Der Absturz in die Zeit« (dt. 1972) fokussiert ist. Cioran hält es für mißlungen, da er zu nervös gewesen sei.[201]

Eine wortlose Begegnung hält Cioran am 28. Oktober 1974 fest: der Anblick des fast blinden Sartre in der Rue Delambre geht ihm nahe, obwohl er ihn nicht mag. »Ein Wrack.«[202]

Größere Reisen führten ihn im Laufe des Jahres in die Schweiz, nach Lausanne — wo er gerne leben würde, und London — wo er Francis Bacons »Crucifixion« (Kreuzigung) bewundert. Von seinen Lektüren notiert er: Abbé de Rancé (1626–1700), die »Mémoires« und das »Journal« des Marquis de Dangeau (1638–1720), Mme de Sévigné (1626–1696), Swift, Cesare Pavese, Julien Green, Boris Pasternak, Sainte-Beuve, Talleyrand, Hume, Platon, Plotin, Epikur (»der große Befreier«), Sokrates, Heraklit, Laotse, Wittgenstein, Pascal, Dante, Tacitus, Herodot, Léon Bloy, die Wüstenväter.

»Sein heißt in der Klemme sein«[203]

Im Brief vom 14. Januar 1975 an den Bruder Aurel klagt er über erhebliche Sehschwierigkeiten mit dem linken Auge, so daß er zum Lesen eine Lupe benutzen muß.[204] Die Diarien Ciorans lassen darüber hinaus auf eine ausgewachsene Hypochondrie schließen. Sie erklärt sein Bemühen um gesundes Essen und die Ersetzung von Anregungsmitteln wie Kaffee oder Alkoholika durch die *infusion* (Kräutertee). In seinen vier Wänden duldete der Ex-Raucher selbstverständlich keinen Qualm mehr. Manches erinnert ungemein an die Selbst-Therapien Nietzsches, der Seite um Seite füllte über die vermeintlichen Zusammenhänge zwischen Nahrung, Klima, Gehen, Denken oder allgemeiner: seiner Stimmung, so daß ihm bestimmte Produkte aus Deutschland zu seinen jeweiligen Zufluchten expediert werden mußten.[205]

Am 17. Januar 1975 notiert Cioran sarkastisch den Titel für ein künftiges »optimistisches« Buch: »Die guten Seiten der Hölle«.[206] Die Sehschwäche beunruhigt ihn: »Das Lesen wird die große Leidenschaft meines Lebens gewesen sein. Wenn ich eines Tages nicht mehr lesen kann, was werde ich dann tun? Na, ich werde Gebete sprechen.«[207] Problematisch wird nicht allein das Entziffern von Taschenbuchausgaben, sondern auch die Typographie der Klassikereditionen der »Collection Bibliothèque de la Pléiade« bei Gallimard.

Notat vom 15. Februar 1975: »Habe ich, seit vielen Jahren, einen einzigen Tag verbracht, der nicht vom Gedanken an den Suizid gestreift würde?«[208] Vier Tage später schreibt er vom Oszillieren zwischen Angst- und Wutschüben, Verärgerungsanwandlungen in Gesellschaft, was er »*in einem Wutausbruch*« tauft.

Im Brief vom 8. März 1975 an Arşavir Acterian gesteht er sich Apathie und Depressionen ein. Er erwähnt die Einladung an eine amerikanische Universität, die er natürlich ablehnt, da ihn allenfalls die alte Welt und die Vorfahren interessieren. Zwar soll er keine Vorlesungen halten, sondern lediglich Gespräche mit Studenten führen, aber das Angebot verlockt ihn nicht.[209] »Ich kann nichts tun und, offen gesagt, habe ich nicht einmal Lust, irgend etwas zu tun. Nicht zum ersten Mal in meinem Leben bin ich der Willenlosigkeit ausgeliefert, aber ich habe den Eindruck, daß ich – das Alter tut ein übriges – der Verschlimmerung meiner Defekte beiwohne. Normalerweise hätte ich ein so fortgeschrittenes Alter nicht erreichen sollen: früher starb man um die fünfzig, und das war gut so. Dank der Medikamente verlängert man eine Existenz, die als eine kurze entworfen wurde.

Ich weiß nicht, wie Du Dich an die Demütigungen gewöhnst, die mit weißen Haaren einhergehen. (...) Im letzten Jahr, als ich eines Sonntags vom Land zurückkehrte, stand in der Métro ein junges Mädchen (17 Jahre) auf, um mir ihren Platz zu überlassen. Das war wie eine Ohrfeige! Im Erlernen von Bescheidenheit und Resignation muß ich noch Fortschritte machen.« Zu der Einladung in die USA: »Du kannst Dir nicht vorstellen, wie sehr mir davor graut, mit neuen Gesichtern konfrontiert zu werden. Außerdem verlockt mich Amerika nicht. (...) wozu sich abrackern, um dort unser potenziertes Unheil zu sehen? Mich zieht die alte Welt an (...). Aber da ich mich nicht so leicht in diese Richtung fortbewegen kann, begnüge ich mich mit meinem bescheidenen Leben als Stubenhocker, der sich nichts anderes wünscht als ein verlangsamtes Dasein, ohne einen Augenblick lang zu vergessen, daß ein schlußendliches Krepieren nicht nur unvermeidlich, sondern überdies wünschenswert ist.«[210] Cioran wird, wie wir sehen werden, seinen Grundsätzen nicht ganz treu bleiben. Nostalgische Töne klingen im Brief vom 5. April 1975 an den Bruder Aurel an: »Meine Treue zu den Straßen von Sibiu bleibt unverändert. Wenn Du versucht bist, Dein Schicksal zu verdammen, dann sage Dir, daß Du in einer der schönsten Städte wohnst, die es gibt. Paris ist ein apokalyptisches Verschiebegleis geworden. Welch Alptraum!«[211]

Zu dem spanischen Philosophen Fernando Savater (geb. 1947), den der Rumäne als Freund schätzt, weniger als Denker, lesen wir in seinen Aufzeichnungen: »F. S. hat nicht begriffen, daß meine Bücher nicht unabhängig voneinander sind, sondern daß sie eine Reihenfolge ein und desselben Tagebuchs darstellen; ich hätte ihnen auch sehr wohl den gleichen Titel geben können, indem ich nur I, II, III etc. hervorhebe. Sich also zu fragen, ob ›Vom Nachteil, geboren zu sein‹ etwas Neues bringt in bezug auf die anderen Bücher, ist absurd.«[212]

»Ich muß mich quälen, und dieses Bedürfnis stürzt sich auf den geringsten Vorwand und verwandelt ihn in eine Hölle. Ich bin außerstande, nicht zu leiden. Wenn man mich zwingen würde, darauf zu verzichten, hieße das, mir ebenso das Atmen zu verbieten«, notiert er am 10. Mai 1975 und zehn Tage später reflektiert er sein Selbstverständnis: »Bücher schreiben, um in ihnen von sich selbst zu sprechen — welches Elend! In ihnen von etwas anderem zu reden — welche Lüge!«[213] Weiß er, daß er deshalb von den Philosophen nicht für »seriös« eingeschätzt wird? Beim Betrachten eines hübschen jungen Mädchens im Vorortzug muß er sich eingestehen, daß alle Skepsis letztendlich dennoch dem Eros unterliegt.[214]

Für die erste Jahreshälfte notiert er Begegnungen mit dem Schriftsteller, Übersetzer und Esoteriker Philippe Lavastine (geb. 1908), Henri Michaux, Armel Guerne, Fouad El-Etr, Eugène Ionesco, Susan Sontag, Constantin Noica, dem »Comte Sologub«[215]. Neben einem Stoßseufzer über die Heimsuchungen durch Landsleute vermerkt Cioran den Besuch eines bizarren Japaners.[216]

Ausstellungsbesuche: Max Ernst; mittelalterliche illuminierte Handschriften; Insekten/Schmetterlinge (hier kehrt er sofort um, da er nicht anbetungswillig gewesen sei). Theaterbesuch: Čechovs »Die Möwe« — auch Ciorans Thema.

In seinem Brief vom 23. Juni 1975 an Arşavir Acterian thematisiert er die gestohlene Zeit durch Besucher und seine künftigen Vorsätze: »Jene, die allein sind und sich darüber beklagen, wissen nichts von ihrem Glück. Valéry hatte sein Epigraph folgendermaßen formuliert: ›Hier ruht X., umgebracht von den anderen.‹ Ohne ein Minimum an Schweigen und Einsamkeit wird das Atmen lächerlich. Zum Glück vertiefe ich mich wieder von Zeit zu Zeit in die hinduistische oder chinesische Philosophie. Welcher Frieden! Dort ist die Wahrheit, falls es erlaubt ist, ein solches Wort zu gebrauchen. Seit langem bin ich auf dem Weg zu jener Welt, von der Mircea [Eliade] sich entfernt, ich meine damit, daß ich einen Weg beschreite, der dem seinigen entgegengesetzt ist, wie um das wiederzufinden, was er in seiner Jugend gesucht hatte und was er darauf – aus Liebe zur Wissenschaft – mehr oder weniger aufgegeben hat. Mit anderen Worten: ich habe mich mit einem gewissen Mut, dem Mut des Scheiterns, in das Abenteuer der Loslösung gestürzt.«[217]

Die Sorge, ein ›Werk‹ zu hinterlassen, beschäftige ihn schon länger nicht mehr. Höchstens wolle er jene paar Reflexionen gestalten, die, wie er am 18. Juli 1975 notiert »imstande sind, diejenigen zu interessieren, die eine Art und Weise kennen, in der Klemme zu sein, die der meinen gleicht.«[218]

In Dieppe, wo er mit Simone Boué ab dem 26. Juli 1975 für einen Monat weilt, leidet er unter Melancholie, ja Verzweiflung, Langeweile, diversen Krankheiten und Schmerzen. Erneut artikuliert er sein ambivalentes Verhältnis zum Geistigen, dem symbolischen Handeln, sowie zum Schreiben: »Was heißt *denken*? Es ist ein Eingeständnis der Ohnmacht. Es heißt anerkennen, daß man sich außerhalb der Welt befindet und außerstande ist, auf sie einzuwirken, jedenfalls daß man am Rande bleibt, insgeheim stolz darauf, keinen direkten Einfluß auf die Dinge zu haben. Der Denker, der auf seine randständige Position stolz ist, auf seine Mängel, vereint die Besonderheiten eines Gottes und einer Mißgeburt in sich.«[219] Ein prägnantes Bild für die extreme Allmacht und Ohnmacht: der Amokläufer realisiert zusätzlich noch für sehr kurze Zeit die *vita activa* — ohne die Weltläufte zu verändern. Der Terrorismus? In den 70er Jahren des 20. Jahrhunderts war die Variante des Amok, der politische Selbstmordattentäter, noch kein notorisches Phänomen.

Im Brief vom 24. August 1975 an Arşavir Acterian bekundet er den Willen, sich am Beispiel Prousts zu orientieren, nachdem er die Erinerungen von dessen Haushälterin gelesen hat: »Das Beispiel eines Mannes, der sein Leben gänzlich seinem Werk geopfert hat, besitzt etwas Stärkendes und Ermutigendes. Nach dieser Lektüre habe ich den Entschluß gefaßt, wieder zu mir zu kommen und meinen balkanischen Hang zum Aufgeben, zum Verzicht, zur Willenlosigkeit zu besiegen. (...) Wenn ich nur ein Viertel meiner Pläne verwirklicht hätte, wäre ich heute jemand sehr... Aber vielleicht ist dies mein Los – und meine Chance –, diesseits von dem zu bleiben, was ich hätte werden können.«[220]

Cioran registriert mit Besorgnis Gedächtnisschwierigkeiten. Über den ›blinden Seher‹ Borges urteilt er apodiktisch: »bewundernswerter Haarspalter!«[221] Im Brief an Fernando Savater vom 10. Dezember 1976 wird er sich diplomatischer äußern, genauer gesagt: die Ironie steht zwischen den Zeilen.[222]

In Erinnerung eines Vorbehaltes des Biologen und Philosophen Jean Rostands[223] gegenüber der »Lehre vom Zerfall« konstatiert er in Dieppe: »Was habe ich getan? Ich habe meine Gefühle in Formeln verwandelt. Wenn ich sie in ein System verwandelt hätte, wäre ich Philosoph. So bin ich nur jemand, der umhertastet, zaudert.«[224]

Wieder in Paris, besucht er eine James Joyce gewidmete Ausstellung. Aufdringliche Besucher, schließlich gar eine »Idiotin«, gehen ihm auf die Nerven. Bereits 1971 hatte sich Cioran selbstironisch als der »Patron der Besiegten«[225] apostrophiert — unfreiwilliger Beichtvater, Ratgeber, Hilfstherapeut. Die Episode mit der Irren gibt er mehrmals zum besten. »Vor kurzem habe ich einen merkwürdigen Brief einer Dame bekommen. Ich sei ihr Abgott, der größte Mensch, der je gelebt hätte. Sie schrieb lauter verrückte Sachen, und ich wollte nicht antworten. Doch plötzlich, aus einer Laune heraus, wollte ich sie sehen, und sie kam. Vier Stunden lang hat sie mir ihr ganzes Leben mit unglaublichen Einzelheiten erzählt. Details, die sie noch nie jemandem gesagt hat, davon bin ich überzeugt. Sie wirkte ein wenig gestört, das muß ich zugeben, aber ich war von ihr fasziniert. Ich selbst sprach kaum ein Wort. Schließlich fragte ich sie, warum sie mir das alles erzähle, ich sei ein Schriftsteller wie jeder andere, kein großer Schriftsteller. Sie antwortete: ›Vor drei oder vier Jahren bin ich durch Zufall auf Ihr Buch ›Vom Nachteil, geboren zu sein‹ gestoßen und ohne es gelesen zu haben, wußte ich, das ist mein Buch!‹ (…) Also ich interessiere mich für Menschen, aber nur, wenn sie gestört oder gebrochen sind.«[226] Ganz anders das Wiedersehen mit seiner Kindheitsfreundin Minerva, die er so sympathisch wie humorvoll findet.[227]

Ferner trifft er sich mit dem rumänischen Dichter und Künstler Isidore Isou (eigtl. Ioan-Isidor Goldstein, 1925–2007), der den ›Lettrismus‹ begründet und Psychiatrie-Erfahrung hatte, dem Poeten Patrice Covo (geb. 1943)[228], Fouad El-Etr, Philippe Lavastine und Beckett. Außerdem trifft er sich mit dem Dichter, Übersetzer und Freund Heideggers Roger Munier (geb. 1923), der bereits in den ersten »Cahiers« Ciorans unter den Initialen »R. M.« erwähnt wird.

28. September 1975: Er leide an einer Ermattung, die »besonders und unabhängig von den Organen« sei. »Eine zeitlose Schwäche, für die es keinerlei Heilmittel gibt und von der mich keinerlei Ruhe, selbst die des Todes nicht, heilen könnte.«[229] Selbstmitleid auf ihrem Gipfel — bis zur Aporie: wer von den Lebenden vermag etwas über den Zustand des Totseins zu sagen, noch dazu über einen ruhelosen Tod?

Sanda Stolojan (1919–2005), rumänische Dichterin, Dolmetscherin und Übersetzerin Ciorans, berichtet unter dem Datum des 12. Oktober 1975 von einem Abschiedsessen für Mircea und Cristine Eliade bei dem Dokumentarfilmer Paul Barbaneagra. Cioran, der ausnahmsweise mit Simone Boué zugegen ist, unterhält sich auf rumänisch. In seiner Empörung über die »Porno-

Welle« in Frankreich extemporiert er: »das sind die letzten Abenteuer der liberalen Demokratie vor ihrem Zusammenbruch, vor dem Totalitarismus. Die Weimarer Republik war dasselbe, und dann ist dieser Irre Hitler gekommen, um für Ordnung zu sorgen … und die Leute haben ihn toleriert wegen der Exzesse von ›Weimar‹.«[230] Erneut das Dekadenz-Paradigma, das kulturkritische Argument, das freilich nicht das Erstarken des Nationalsozialismus *in toto* erklärt, da ja am Glanz der wilden zwanziger Jahre nur eine Minderheit der Gesellschaft partizipieren konnte.

Am 24. November 1975 findet sich ein introspektives Notat: »Meine Beziehungen zu den Menschen sind sehr kompliziert. Was beweist, daß ich nicht so einfach, nicht so offen, *explizit* mit meinen Gefühlen bin. (…) Ich bin der am wenigsten spontane der Rasenden, ich wohne so hellsichtig wie irgend möglich all meinen *unüberlegten* Taten bei. Aber das nützt mir nichts, da ich sie nicht verhindern kann.«[231] In seinem Notat vom 28. November bemüht sich Cioran erneut um eine Bestimmung seines Anti-Illusionismus: »Die Fülle, als Übermaß des Glücks, ist nur in jenen Augenblicken möglich, in welchen man sich zutiefst bewußt wird, daß Leben und Tod gleichermaßen irreal sind. Diese Augenblicke sind selten, ich verstehe darunter jene Augenblicke, in denen man diese Irrealität *erlebt*, in denen man sie direkt wahrnimmt; dagegen sind sie häufig, wenn es nur um die theoretische Ansicht geht, daß alles irreal ist. In Sachen letzter Dinge; alles, was mit Spekulation zusammenhängt, ist zweitrangig, sogar unbedeutend. Was man dagegen aus *Erfahrung* weiß, nur das zählt, das *existiert*. Nun, die in ein und demselben Akt empfundene und transzendierte Irrealität ist das höchste Gefühl schlechthin, es ist eine Leistung, die selbst der Ekstase überlegen ist.«[232] Cioran versucht hier einen Spagat zwischen Skeptizismus, Buddhismus und Taoismus, um zu einer Art Befreiungsformel zu gelangen. Zwar bestätitgt er Pyrrhon (»Ob ich lebe oder tot bin, weiß ich nicht«), kann aber die positive Leere, das Nichts, die Illusion im Zen-Denken nicht affirmieren (zumindest nicht immer), weil dort das erkennende, unterscheidende Ich ebenfalls dem Reich der Illusionen zugeschrieben wird, so daß ein Subjekt, das zwischen real und irreal unterscheiden könnte, nicht existiert. Westliches Denken stellt Fragen, die im fernöstlichen entweder nicht vorkommen oder wenigstens suspendiert werden, an erster Stelle die Sinnfrage.

Mircea Eliade gegenüber, der wieder in Chicago weilt, bekennt er im Brief vom Weihnachtstag, daß ihn außer Lesen alles langweile: »Schreiben heißt erklären. Aber ich kann nichts mehr erklären. Sogar ein Aphorismus kommt mir wie Füllwerk vor. Ich schwanke zwischen Sarkasmus und dem Wunsch nach Frömmigkeit, dem inneren Gebet. Aber ich bete nicht. Unterdessen mache ich mich weiter über alles lustig, aber ich möchte es gerne *ohne Worte* tun können.«[233] Zumindest widersprechen die »Cahier«-Eintragungen den Befürchtungen des Autors, in Mutismus zu verfallen. Seine Kritik an den beiden großen Monotheismen erhellt die Problematik des aktuellen Jahrhunderts: »Die Bibel und der Koran — die zwei Bücher, die das größte Übel in der Welt angerichtet haben, die beiden größten Aggressionen wider die geistige Freiheit.«[234] Bleibt zu ergänzen: ideologisch fundierter Totalitarismus, Turbokapitalismus und dessen Synonym: Globalisierung, kurz: der ökonomische wie auch politische und religiöse Riß zwischen den Kulturen.

Das mythische Paris ist ihm längst zu einem Ort des Schrekkens geworden, ein »Entsetzen erregendes Babel«, eine »apokalyptische Garage«, in der die Bäume verschwunden sind und die öffentlichen Parks »winzig und voller Kinder und Alter: eine Mischung aus Krankenhaus und Zirkus«.[235]

Ciorans Gesprächspartner in der zweiten Jahreshälfte sind: Ionesco, Henri Michaux, Beckett, Patrice Covo, Max Ernst, die Literaturagentin, Schriftstellerin und Übersetzerin Ciorans Verena von der Heyden-Rynsch (geb. 1941), mit der er eng befreundet ist. Er besucht eine Ausstellung des niederländischen Malers Bram van Velde (1895–1981), mit dem er auch befreundet ist.

Lektüren: William Butler Yeats, Diogenes, Goethe, Kleist, Meister Eckhart, Buddha, Pascal, Jacques-Bénigne Bossuet, John

Updike, Henry de Montherlant, Arthur de Gobineau, Puškin, Swift, Gérard de Nerval, Bloy (»Brechreiz erregender Schwulst«), Celan (»C. war kein Mensch, sondern eine blutende Wunde«), Céline (»hat endgültig die Auslassungspunkte kompromittiert«; er unterschlägt die Affinitäten wie Pessimismus und Wut); Marquise de Brinvilliers (»was ich mir für mich selbst wünschte, wäre die Seelenstärke einer Brinvilliers«)[236], Yves Bonnefoy (geb. 1923, »Dans le leurre du seuil«, 1975: »prätentiöse Haarspalterei, unerklärlich, betrüblich«), Dostoevskij, Tolstoj, Talleyrand, Balzac, Simone de Beauvoir, Hegel, Shakespeare, Alain (Émile-Auguste Chartier), Thomas Mann, Huysmans, Mallarmé, Susan Sontag, Roland Barthes, Rāmakṛṣṇa Paramahaṃsa, Georg Lukács, Luther, Epikur, Sallust, Saint-Simon (»Mémoires«), Jules Renard (»Journal, 1887–1910«), La Rochefoucauld (»Schutzheiliger aller vom Irrtum Befreiten«), Aleksandr Blok, Proust, Sartre (»sein Werk wird nicht bleiben, seine Visage schon«), Thomas a Kempis »De imitatione Christi«, den ›Sohar‹ der Kabbala und immer wieder die Heilige Schrift.[237]

»Alle echte Philosophie wird gegen den Skeptizismus
und mit seiner Hilfe gestaltet.«
Nicolás Goméz Dávila

Im Brief vom 5. Januar 1976 an den Bruder Aurel stöhnt er über die zunehmende Präsenz von Afrikanern in Paris: »In 50 Jahren wird Westeuropa annektiert. Jetzt müssen wir uns mehr denn je an Gobineau erinnern, den großen Propheten, dessen Doktrin die schwachsinnigen Deutschen kompromittierten.«[238] Arthur de Gobineaus (1816–1862) »Essai sur l'inégalité des races humaines« (Essay über die Ungleichheit der Menschenrassen, 4 Bde., 1853/55) proklamierte explizit eine Rassen-Ideologie mit dem ›Arier‹ auf der höchsten Stufe der Hierarchie. Cioran wird ihn zu den »größten Propheten des letzten Jahrtausends«[239] deklarieren. Diesem Pessimismus entspricht die briefliche Äußerung gegenüber Wolf von Aichelburg, daß er den von Oswald

Spengler 1918 vorhergesagten »Untergang des Abendlandes« noch gerne selbst erleben möchte.[240]

Am 7. April 1976 begegnet er erstmals Ernst Jünger. Der Autor besucht einmal jährlich Paris, wo er Freunde hat. In Frankreich wird Jüngers Werk mehr geschätzt als in Deutschland, wo man mit der Rolle des Schriftstellers während der NS-Zeit hadert. Nach dem Krieg weigert er sich den Fragebogen der Alliierten für eine sog. Entnazifizierung auszufüllen und erhielt daraufhin in der britischen Besatzungszone bis 1949 Publikationsverbot. Seitdem haftet ihm das Etikett »umstritten« wegen seiner nationalistischen und antisemitischen Publizistik der zwanziger Jahre an. In einem Brief an Wolf von Aichelburg spricht Cioran in diesem Zusammenhang von »dummen Gründen«, aus welchen Jünger gerne verschwiegen werde. »Wir müssen uns an die Ungerechtigkeit gewöhnen, sonst gleicht das Leben einem Alptraum.«[241] Zwischen den Zeilen meint er die gelegentlichen Angriffe, die ihm sein einstiger politischer Aktivismus einbrachten. (Frankreich selbst hatte seine eigenen Sündenböcke, so Pierre Drieu la Rochelle, Maurice Sachs oder Louis-Ferdinand Céline). Die beiden Autoren diskutieren über das 18. Jahrhundert, Saint-Simon und Léon Bloy (Jünger faszinierten die Diarien Bloys, der Rumäne schwankt in seinem Urteil). Die beiden werden sich im Laufe der Jahre mehrmals wiedersehen, obgleich sie vom Temperament her unterschiedlicher kaum sein könnten. Zwar ist Ernst Jünger durchaus ein Zeitdiagnostiker, dem es nicht an nihilistischen Anwandlungen gebricht, in reiferen Jahren jedoch stilisiert er sich zum letzten Nachfolger Goethes. Jünger nimmt jede Ehrung dankbar an und genießt den Umgang mit Politikern etc. Nicht geteilt haben dürfte er Ciorans Furcht vor Überfremdung, da wir in seinem Tagebuch nachlesen können, daß er die Gegenwart von Schwarzen in Paris als belebenden Kontrast empfindet — in Vierteln, die sonst nur von alten Menschen dominiert werden.

Cioran beeindruckt, daß der Deutsche zwanzig Jahre jünger wirkt, ist dagegen über dessen körperliche Größe enttäuscht: einen Offizier der Wehrmacht hatte er sich nicht so klein vorgestellt! Dieser scheut sich nicht einmal, in Turnschuhen ins Restaurant zu gehen. Jünger wird zur Kränkung des Rumänen dessen gutes Deutsch loben, ihn auch schon mal als »jungen Spund« bezeichnen. (Stimmlich haben beide in etwa das gleiche, eher hohe Register, eher dünn als kraftvoll) In »Siebzig verweht« zitiert Jünger zwar Cioran manchmal aus dem französischen Original, erwähnt aber keine der persönlichen Begegnungen.

»Cahier«-Eintrag vom 21. April 1976: »Wenn ich meine ›Memoiren‹ schriebe, würde ich sie betiteln: ›Von einem Widerspruch zum anderen‹. Ein *unmittelbares* Beispiel: heute morgen las ich einen gründlichen Text über den Buddhismus (...) und zwei Stunden später bin ich zu *meiner* Bank gegangen, um nachzusehen, wie es um mich stand... Komischer Verzichtender!«[242] Andererseits freut es ihn, daß er einen amerikanischen Literaturpreis (12000 $) zurückgewiesen hat: »Erfolg muß abgelehnt werden.«[243]

In einem Brief vom 17. Mai 1976 an den Bruder Aurel bittet er um die aktuelle Adresse von Petre Țuțea, da er diesen für das einzige Genie hält, das er jemals kennengelernt hat.[244]

Zu beklagen ist der Tod von Max Ernst (Cioran hält in seinem Notizheft Erinnerungen an ihn fest) sowie von Emmanuel Berl (1892–1976). Das Diarium erwähnt außerdem Gespräche mit Isidore Isou, Henri Michaux, Patrice Covo, Marie-Madeleine Davy (1903–1998) und Józef Czapski (1896–1993)[245].

Vom 9. bis 31. August 1976 hält sich Cioran mit der Lebensgefährtin wieder in Dieppe auf. Simone Boué hat dort in der Rue du Cœur Couronné 14 eine winzige Eigentumswohnung erworben. Abermals eine Mansarde. Cioran wird sich den Dachboden zu einem separaten Zimmer ausbauen, da sein Tag- und Nachtrhythmus ein anderer ist als derjenige Simones. Die Fenster dieser Ferienwohnung gehen direkt auf das alte Schloß.

Immer häufiger beschäftigt er sich mit seiner Vergangenheit in der Heimat. So fragt er seinen Bruder Aurel nach der Adresse des Schulfreundes Axente-Sever Popovici. »Was für ein Schicksal er doch hat! Ich frage mich, ob man in seinem Fall zu Recht von zerbrochener Existenz sprechen kann? Er steht, hoffe ich, über allem. Und im übrigen zeige man mir eine Existenz, die nicht zerbrochen wäre.«[246]

Am 13. August 1976 notiert er: »Wer bin ich? Ein Gefangener, verdoppelt um einen Theoretiker des Unbehagens, das ich als Spezialist, als Leidenschaftlicher, als *Fanatiker* erfahren habe, ohne das Wiederkäuen zu scheuen, denn wenn hiernieden etwas ständig wiederkehrt, das beharrlich ist, das nur verschwindet, um sich um so mehr zu behaupten, so ist es das zugleich physiologische wie auch metaphysische Symbol der ewigen Wiederkehr des Wirklichen, nicht in kosmischen Intervallen, sondern täglichen.«[247] Ciorans Introspektionen kreisen um Definitionen seines bisherigen Werkes: »›Vom Nachteil, geboren zu sein‹ hätte ›Handbuch des Verkaterten‹ (wie übrigens alle meine Bücher) heißen sollen. An einem philosophischen System arbeiten weist Ähnlichkeiten mit der Liebe ohne Lust auf.«[248] Immerhin gebricht es ihm nicht an galligem Humor im Rückblick. Er präzisiert: »Meine Bücher drücken keine Vision, sondern ein *Lebensgefühl* aus.«[249]

Die vom Autor notierten Lektüren: Marguerite Yourcenar, Gilbert Keith Chesterton, Kafka, Marquis de Sade, Antoine de Rivarol, Čechov, Gogol (»der geheimnisvollste, faszinierendste und unsympathischste, der finsterste und witzigste, der vielfältigste Russe«), Edmond Jabès (»beging den Fehler, zu viel zu schreiben«) und schließlich der ihn ständig beschäftigende Kanon.[250]

Der Express vom 2. November 1976 druckt Ciorans Stellungnahme zu Jean-François Revels (1924–2006) Buch »La tentation totalitaire« (Die totalitäre Versuchung). »... ich merke, daß ich mich vom Grunde meiner Apathie an einen Kämpfer wende.«

Am 27. Februar 1977 notiert er: »Nach reiflicher Überlegung ist der Suizid, in jedem Alter, der einzig ehrenwerte Ausweg, der uns offensteht. Es ist schwierig zu sehen, was man gewinnen kann, indem man im Sein verharrt.«[251]

Unter dem Titel »Essai sur la pensée réactionnaire« erscheint bei Fata Morgana Ciorans Essay über Joseph de Maistre von 1957, ergänzt mit »Valéry face à ses idoles« aus dem Jahre 1968. Über die einst eher zwiespältige Aufnahme seines Joseph de Maistre-Essays wird er an Fritz J. Raddatz (geb. 1931) schreiben: »Ich verehre ihn auch als Schriftsteller, nicht aber als Doktrinär. Mein Text über ihn wurde stark von der Rechten angegriffen und von der Linken gepriesen. Sie aber finden in ihm Spuren von ›Faschismus‹, von ›Irrationalismus‹. Das richtige Wort wäre: Zynismus. Um Mißverständnisse zu vermeiden, sollte ein Zyniker nie über politische und ideologische Fragen schreiben. Einige scharfe Übertreibungen ausgenommen, betrachte ich diesen vor zwanzig Jahren verfaßten Text als eine Huldigung an die totale Skepsis, als mein Bekenntnis zur Ausweglosigkeit, als mein Testament, insofern ich von der geschichtlichen Existenz infiziert bin.«[252]

In Jean Chalons Artikel im FIGARO (29. April 1977) wird Cioran nun doch zum »Rochefoucauld des 20. Jahrhunderts«. Die von »Haßliebe« getragene Rezension Ivo Frenzels zu »Vom Nachteil, geboren zu sein«, in der SÜDDEUTSCHEN ZEITUNG vom 30. März 1977, ordnet Ciorans Leitmotiv historisch korrekt zu, läßt sich aber im übrigen zu psychologisierenden Urteilen hinreißen, die symptomatisch sind, besser gesagt: dem Zeitgeist entsprechen. Die Rede ist von »Masochismus«, »Selbstübersteigerung«, »Ichbezogenheit«, »im Irrationalen wurzelndes Erleben«, »Lebensverachtung«, »selbstzerstörerische Akribie«, »Neurose«, »Homme en masque«. Gipfelnd in der »Frage also, ob Cioran schließlich nichts anderes ist als ein elitärer, sich sozialer Verantwortung entziehender Intellektueller, der seine Sprach- und Denkspiele treibt«. (Daß Cioran Frenzel trotz dieses psychiatrischen Vokabulars im folgenden Jahr zum TV-Interview empfangen wird, verwundert.) Die Kritik könnte man mühelos auch auf Ernst Jünger oder Thomas Bernhard übertragen, denn wo steht sein Werk in dieser, seiner Zeit?

Die späten siebziger Jahre in der Bundesrepublik waren noch beherrscht von den Nachwehen der politisch-kulturellen Revolte von 1968 — den ungezählten Befreiungsversprechen mit dem Präfix »anti«. Die gesellschaftliche Effizienz der Literatur stand auf dem Prüfstand, während diese selbst extrem subjektiv wurde und sog. ›Verständigungstexte‹ im Trend lagen, also nicht gerade das Erzählen, die schöne Literatur. Der Existentialismus war Vergangenheit, die kritische Theorie nicht radikal genug (siehe Adorno, der vor sich entblößenden Studentinnen die Flucht ergriffen hatte). Den Diskurs dominierten Themen wie Antipsychiatrie, antiautoritäre Erziehung, Feminismus, Emanzipation, neue Philosophie, Dekonstruktivismus (Deleuze, Derrida, Guattari, Baudrillard et al.), Situationismus (Guy Debord), Semiologie (Roland Barthes, Julia Kristeva, Philippe Sollers), anarchistische Erkenntnistheoretiker (Paul Feyerabend), Gurus aller couleur (von Wilhelm Reich bis Bhagwan). Punk, Promiskuität, Aktionismus: das Ende der Kategorien – nicht allein in der Kunst – wurde lebhaft diskutiert. »Macht kaputt, was euch kaputtmacht!« (›Ton, Steine, Scherben‹) Diesen Slogan des Zeitgeists hätte Cioran unter Optimismusverdacht gestellt. (Ur-Schrei-Therapie: hatte Cioran nicht mehrmals auf das Kathartische entfesselter Emotionen hingewiesen, von dem die Südeuropäer ganz selbstverständlich Gebrauch machten?)

Während Anti-Terror-Gesetze und Berufsverbote für Verfassungsfeinde verhängt wurden, besuchte Sartre im Dezember 1974 Andreas Baader, Mitglied der linksradikalen – auch als »anarchistisch« apostrophierte – »Rote Armee Fraktion« im Hochsicherheitsgefängnis Stammheim. Mit Radikalen hatte Cioran in den dreißiger Jahren einschlägige Erfahrungen gesammelt, um fortan gegen jegliche Versuchungen gefeit zu sein. Sein »zeitloses« Schreiben lotet tiefer und muß sich den Anwurf gefallen lassen, anti-modern oder gar reaktionär genannt zu werden. Im Grunde Kriterien, die für eine ideologische Kritik in totalitären Regimes üblich sind. (Cioran kam zwar im öffentlichen Diskurs kaum vor, wurde aber trotzdem rezipiert, spätestens ab 1979, als der Suhrkamp-Verlag seine Titel als Taschenbücher auflegte.)

Im Brief vom 18. April 1977 an den Bruder Aurel schwärmt er von einem orthodoxen Ostergottesdienst in Sagorsk (nahe Moskau), dessen Übertragung er im Fernsehen gesehen haben muß. Desweiteren gelte seine in »Schimbarea la faţă a României« gestellte Diagnose bezüglich Rumäniens leider noch immer.[253]

Für einige Aufregung sorgt Ciorans *njet*, nachdem man ihn für den ›Prix Roger Nimier‹ nominiert hatte, um sein Gesamtwerk zu ehren. »Heute habe ich sogar einen Literaturpreis abgelehnt. Keine Ehrungen!«[254] Roger Nimiers Romane wie auch der erste Preisträger im Jahre 1963, Jean Freustié, ein in Vergessenheit geratener Autor, dürften außerdem nicht nach seinem Geschmack gewesen sein. Im Brief vom 14. Juni an den Bruder kommentiert er: »Hier sprach die ganze Presse von meiner Ablehnung eines Literaturpreises, der meines Erachtens bedeutungslos ist. Aber einige begreifen nicht, daß man auf 10000 Francs verzichten kann. Vor langer Zeit habe ich den Entschluß gefaßt, keinerlei Auszeichnungen dieser Art anzunehmen.«[255]

Ökonomisch gibt es endlich zwei positive Veränderungen: vom französischen Staat bezieht Cioran eine Art Ehrensalär in Höhe des Mindestlohns[256] (wie andere verdiente Künstler auch, unabhängig von ihrer materiellen Lage, sei es Samuel Beckett, Marlene Dietrich oder Claire Goll). Dann verkauft sich die Taschenbuch-Ausgabe der »Syllogismes de l'amertume« (1976) unerwartet gut. Die Geschichte dieser Aphorismen-Sammlung erinnert im Rückblick an eine Groteske. Gallimard wollte den Titel eigentlich schon verramschen, da er sich zwei Jahrzehnte lang kaum bewegte. Der deutschen Übersetzung bei S. Fischer (1969) war kein besseres Schicksal beschieden. Der Autor nahm es fatalistisch: »Im heute so selbstzufriedenen Deutschland kann mein galliges kleines Buch gar keinen Erfolg haben.«[257] Am 29. Dezember 1969 folgte die Bemerkung: »Ich bin keineswegs erstaunt, daß die ›Syllogismes‹ so wenig Leser gefunden haben. Vielleicht wäre es besser gewesen, mit ›La tentation d'exister‹ anzufangen, einem Werk, das zu der positiven Stimmung der heutigen Deutschen besser paßt.

Wenn ich konsequent mit mir selber oder auch nur mit meinen ›Prinzipien‹ wäre, müßte mich das Schicksal meiner Werke vollkommen gleichgültig lassen. Dies ist wohl ziemlich oft so, aber nicht immer. Man wird nicht ungestraft auf dem Balkan geboren.«[258] Daß Cioran zu dieser Zeit die Studentenrevolte zu ignorieren schien, verblüfft. Wie auch umgekehrt die Tatsache, daß sein Werk in jenen Jahren nicht von dieser Generation entdeckt wurde. Im Juni 1970 schließlich nahm er die ganze ›Schuld‹ auf sich: »Ich bin zu dem Schluß gekommen, daß es ein Fehler war, mit den ›Syllogismes‹ zu beginnen — einer Folge von Scherzen, die auf dem Balkan oder in Paris ein gewisses Interesse wekken können, für ernsthafte Länder aber nicht geeignet sind.«[259] Cioran verwechselte hier den Wert seiner Arbeit mit dem, was als mißlungene Vermarktungsstrategie bezeichnet werden könnte.

Jedenfalls kann er 1977 sagen: »Die ›Syllogismes‹ sind ein Buch, das nur den Jungen gefällt; die anderen, an erster Stelle meine Freunde, finden es bedeutungslos und frivol. Ich bin aus dem Grunde nachsichtiger, als ich stets eine Vorliebe für mißlungene Bücher gehabt habe.«[260] Jahre später kann er endlich auch den Erfolg akzeptieren: »Es ist ein Buch, das ich in einem Augenblick riesiger Verzweiflung geschrieben habe und sein Zynismus ist beinahe unerträglich. Aber beachten Sie, wie sehr die neue Generation ernsthafter ist als die vorherige: dieses Buch, das ich nach einer Reihe von Prüfungen geschrieben habe, (...) ist der ehrliche Ausdruck einer Krise, und die jungen Menschen haben es bemerkt.«[261]

Ein Erdbeben in Rumänien treibt ihn am 5. März 1977 in eine für ihn neue Einrichtung — das Pornokino. »Auf der Seite Eins der Harold Tribune las ich, daß Sibiu (...) zerstört war. Das tat mir weh, sehr weh. Ich verfiel in tiefen Pessimismus. Beim Verlassen meiner Wohnung dachte ich daran, in eine Kirche zu gehen. Ich kam bei Notre-Dame vorbei und hatte dennoch keine Lust, hineinzugehen. Ich setzte meinen Weg in völliger Lethargie fort und sehe, ich weiß nicht wo, das Plakat eines Pornofilms. Ich betrete das Kino, in dem lauter ausländische

Arbeiter saßen. Der Film war erbärmlich, absolut ekelhaft. Aber in meiner Verzweiflung brauchte ich genau das. Die Zivilisation, die solche Filme produziert, steht vor dem Untergang. Ich dachte, daß ein kommunistisches Regime wenigstens das Gute hat, daß man solche Filme dort nicht zeigt. Dieser Gedanke tröstete mich.«[262] Notat vom 18. Juni 1977: »Langeweile, Langeweile — ich bin dein treuester *Anhänger.«* »Ich kann tun und sagen, was ich will, das Tiefste in mir ist *die Langeweile.«* (3. Juli) »Ich könnte beten vor Langeweile.« (10. Juli)[263] Cioran hatte gerade Étienne Pivert de Senancours »Oberman« (1804) rezipiert, in dem er eine Art »Kultivierung« der Langeweile erblickte.[264]

Unter dem Titel »Schreiben aus Verzweiflung« druckt El País vom 23. Oktober 1977 ein Gespräch zwischen Cioran und Fernando Savater. In diesem Interview bemerkt man, wie ähnlich Ciorans Bestimmung der Langeweile derjenigen des *cafard* ist: »Es handelt sich nicht um eine Langeweile, die man durch Zerstreuungen, Gespräche oder Freuden zerstreuen kann, sondern um eine *grundlegende* Langeweile (...); zu Hause oder bei anderen, oder angesichts einer sehr schönen Landschaft entleert sich mehr oder weniger plötzlich alles des Inhalts und des Sinns. (...) Die ganze Welt bleibt mit Nichtigkeit geschlagen. Und nichts interessiert uns, nichts verdient unsere Aufmerksamkeit. (...) Dieser Erfahrung wegen (...) konnte ich in meinem Leben nichts Ernsthaftes tun. Um aufrichtig zu sein: ich habe intensiv gelebt, aber ohne mich in das Dasein integrieren zu können. Meine Randständigkeit ist nicht akzidentiell, sondern essentiell. (...) Die Erfahrung, die ich soeben geschildert habe, ist nicht zwangsläufig deprimierend, denn manchmal folgt ihr eine Erregung, die die Leere in eine Feuersbrunst, in eine *wünschenswerte* Hölle verwandelt.«[265] Evident die Differenz zum *ennui* der aristokratischen Kreise des 18. Jahrhunderts, einer Mme du Deffand etwa, in welchen das Gelangweiltsein distinguierte. Die Grenzen zwischen Snobismus und Dandyismus erweisen sich, näher betrachtet, als fließend. Zur Bekräftigung seiner Marginalität fügt Cioran hinzu: »Ich bin ein *metaphysisch* Staatenloser, ein wenig wie jene Stoiker gegen Ende des Römischen Reiches, die sich als ›Weltbürger‹ fühlten; eine Art und Weise auszudrücken, daß sie Bürger von Nirgendwo waren.«[266]

26. Oktober 1977: »Ich wäre nur an jenem Tag mit mir selbst versöhnt, an dem ich den Tod mit derselben Selbstverständlichkeit annehmen würde wie ein Abendessen in der Stadt.«[267]

Notat vom 4. November 1977: »Es ist nicht normal, am Leben zu sein, von dem Augenblick an, da der Lebende als solcher ständig unter der Bedrohung lebt. Der Tod wäre alles in allem nur das Aufhören einer Anomalie.«[268] Ein genuin buddhistischer Gedanke.

Neben düsteren Reflexionen ist im »Cahier« zweimalig von »Euphorie« die Rede. Cioran sucht vergebens nach einem Titel für eine weitere Sammlung seiner Fragmente: er wird »Écartèlement« (Zerreißung resp. Gevierteilt) lauten.

Er sieht Eugène Ionesco, Patrice Covo, Armel Guerne und liest Augustinus, Platon, Epikur, Caesar, Juan de Torquemada, Valéry, Alain (Émile-Auguste Chartier), Blanchot, Jacques Bainville, Maine de Biran, Félix Fénéon, Karl Kraus, Eric Satie, Mme du Deffand, Hesiod, Sokrates, Constantin Noica, Kardinal de Retz, Cicero, Plinius, Puškin, Kleist (»das ist ein Mann, den ich gerne kennengelernt hätte«) und die »Sutta-piṭaka«, eine Sammlung von Dialogen und Lehrreden des Buddha.

»jedem Menschen
sitzt im Herzen
ein Gefangener
jämmerlich
stöhnend«
Ishikawa Takuboku (1886–1912)

Criticón Nr. 45 (Januar/Februar 1978) publiziert Octavian Buhocius (1919–1978) Essay »Cioran in Rumänien«. Der rumänische Ethnologe und Professor, in Bochum lehrend, geht in seinem Text gründlich auf »Schimbarea la față a României«

ein und entfaltet eine triftige Genealogie der Philosophie seines Landsmannes. Unterschlagen werden die Affinitäten des jungen Cioran zur »Eisernen Garde«. Diese Würdigung in der von Caspar von Schrenck-Notzings geleiteten konservativen Zeitschrift blieb weitgehend unbeachtet.

Am 3. März 1978 notiert Cioran: »Täglich vertiefe ich mich etwas mehr in die Idee des Fatums. Man kann sich nicht dem entziehen, was und wer man ist. Man ist dazu vor seiner Geburt, vor jeder Geburt verdammt.«[269] Im Brief vom 18. März an den Bruder Aurel bekundet er seine Seelenverwandtschaft mit 'Umar Haiyām (Omar Chayyām).[270]

Im Gespräch (26. Mai 1978) mit Sanda Stolojan erregt er sich über die Unfähigkeit der Rumänen, sich gegen Nicolae Ceauşescu zu erheben: »daß das am meisten verhöhnte, das am meisten unterdrückte Volk keinen Schrei der Revolte ausgestoßen hat! Niemand!«[271]

Notiz vom 2. Juni 1978: »Mich bis zum Äußersten und wie ein Irrer sträuben – *ohne zu zerbrechen* –, das war mein verborgenes Bestreben.«[272] Nach dem Anhören von Mozarts »Requiem« ruft er aus: »Auf dieser Höhe ist der Tod das höchste Gut und sogar die Entschädigung.«[273]

23. Juni 1978: »Man interessiert sich um so mehr für ein Wesen, als dessen Selbsterhaltungstrieb schwankend ist, um nicht zu sagen: gefährdet. (...) Ich konnte mich nie an meine Situation als Mensch gewöhnen.«[274]

Reflexionen über sein Verhältnis zu Gott rücken wieder in den Fokus. »Wenn der Tod selbst, der gleichwohl alles zu lösen scheint und alles zu heilen, uns nur wie ein Palliativ vorkommt, wo soll man dann das Heilmittel finden? Gewiß muß es sich anderswo befinden, außerhalb dessen, was an den Atem oder die Verneinung des Atems gemahnt. So würde sich vielleicht die *Fortdauer* Gottes erklären, sein unvermeidbares Eindringen auf dem Gipfel unserer Wut oder unserer Verzweiflung.«[275]

Am 20. Juli 1978 diskutiert Cioran mit dem rumänischen Konvertiten Nicolae Steinhardt über die Ekstase. Und wie um sich selbst treu zu bleiben, notiert er am selben Tag: »Alles, was die anderen tun, kommt mir völlig nutzlos vor. Ich bin ihnen also überlegen, da ich nichts tue, oder wenn es vorkommt, daß ich dennoch etwas tue, wundere oder verachte ich mich. Und so hält man sich schließlich für einen Weisen und glaubt, daß man jemand ist.«[276]

Von 1978 an datiert Ciorans Korrespondenz mit dem Molekularbiologen Erwin Chargaff (1905–2002), von welchem er Fragmente in den SCHEIDEWEGEN lesen konnte. Chargaff, wie Celan aus Czernowicz stammend, aber deutschsprachig in Wien aufgewachsen, forschte im New Yorker Exil u.a. zur Struktur der DNA, bevor er als Autor zum Häretiker der Zunft wurde. Cioran nennt »Heraclitean Fire« (Das Feuer des Heraklit, 1978) »eine bewundernswerte Heraufbeschwörung von Erfolgen und Niederlagen, wo die Bitterkeit ständig durch die Eleganz des Tons, durch eine Ausgeglichenheit korrigiert wird, die an einen besänftigten Swift denken läßt. Besonders gut haben mir Ihre Seiten über den Niedergang Österreichs gefallen.«[277] Mehr noch schätzt er an Chargaff den Szientismus-Kritiker. Nach der Lektüre der »Warnungstafeln. Die Vergangenheit spricht zur Gegenwart« (1982) schreibt er dem Autor: »Sie prangern darin die Illusionen des Fortschritts, die Blindheit, Naivität, ja Dummheit der modernen Welt, die Verwüstungen der Wissenschaftsgläubigkeit an, und in einem ironischen Ton den Untergang der Ironie, also der Weisheit. Ihre Kampagne ist um so bewundernswerter, als sie von einem Wissenschaftler gegen die Mehrheit seiner von ihrem Wissen besessenen Kollegen geführt wird.«[278] Als konservativer Moralist findet Chargaff deutliche Worte, um den »Misthaufen Welt« mitsamt der »korrupten Gesellschaft« und ihrer »mafiosen Machtspiele« zu denunzieren. Seine Schriften behandeln ähnliche Themen wie Cioran.

Berührungsängste waren Cioran fremd. So war er mit dem Religionsphilosophen spanisch-indischer Herkunft Raimon Panikkar (geb. 1918) zusammengetroffen. Gleich Chargaff war Panikkar einstmals Naturwissenschaftler, bevor er katholischer

Priester wurde; gleichzeitig bekennt er sich zum Buddhismus und zum Hinduismus. Cioran konnte ihn spätestens in der Zeitschrift ANTAIOS lesen. Und in den achtziger Jahren wird sich der Häretiker mit dem iranischen Philosophen Daryush Shayegan (geb. 1935) befreunden.

Begegnungen notiert Cioran mit Patrice Covo, Paul Valet, Eugène Ionesco, Armel Guerne, Henry Corbin und Jean Améry (eigtl. Hans Mayer, 1912–1978). Sowohl Corbin als auch Améry sollte er ein letztes Mal sehen, da Améry Suizid beging. Der Autor des kontrovers diskutierten Buchs »Hand an sich legen. Diskurs über den Freitod« (1976) konnte bei dem Rumänen durchaus mit einem Gleichgesinnten rechnen. Allerdings hatte Améry als Jude Foltererfahrungen hinter sich gebracht. Erst Jahrzehnte nach dessen Freitod wurde aus autobiographischen Aufzeichnungen deutlich, daß narzißtische Kränkung zur Selbsttötung führte. Obwohl Amérys Stimme in den Medien Gewicht hatte und der Essayist erfolgreich war (das Freitod-Pamphlet hatte im Erscheinungsjahr eine Auflage von 18 Tsd.), schmerzte ihn der Mißerfolg als Romancier.

Der »Cahier«-Eintrag vom 5. Oktober 1978 macht die Differenz nicht allein zu Améry deutlich, sondern erklärt Ciorans Zögern, ja Weigerung vor dem finalen Akt: »Wie soll man sich ohne den Geschmack am Scheitern ertragen? Und wie die anderen ertragen? Auf der Seite des ›Geschmacks‹ muß man das Geheimnis eines jeden suchen, und nicht in einem altmodischen Überlebenstrieb.«[279]

Helga Perz gewährt er ein Interview, das unter dem Titel »Mein ganzes Leben war vom Tod beherrscht« in der SÜDDEUTSCHEN ZEITUNG vom 7./8. Oktober 1978 veröffentlicht wird. Darin hebt er insbesondere auf eine souveräne Existenz ab — die Quintessenz ostasiatischen Philosophierens. Der Mensch sei nicht Mittel zum Zweck — Sklave seines Ehrgeizes, seiner Eitelkeiten, seiner Projekte etc. In der Perspektive seines Todes entbehre die *vita activa* jeglichen Sinns: »Weil ich von diesem Todesgedanken zugleich befreit und gelähmt war, habe ich im Leben nichts erreicht. Man kann doch keinen Beruf haben, wenn man an den Tod denkt. Man kann nur so leben, wie ich gelebt habe: Am Rande von allem, als ein Parasit. Das Gefühl, das ich immer hatte, war das Gefühl der Unnötigkeit, der Ziellosigkeit. Man kann meinen, es sei krankhaft, aber es ist nur in seiner Auswirkung krankhaft, nicht philosophisch gesprochen. Philosophisch ist es ganz normal, daß man alles unnötig findet. Warum sollte man etwas tun, warum? Ich glaube, jede Handlung ist im Grunde unnütz. Und der Mensch hat sein Schicksal verpaßt [verpatzt?], weil er nichts hätte tun dürfen.«[280]

Im Spätherbst, Oktober oder November, mutet er sich wieder ein TV-Portrait für den Westdeutschen Rundfunk zu. Im Brief vom 6. November 1978 an den Bruder Aurel, den er aus Dieppe schreibt (er weilt jetzt möglichst mehrmals jährlich in der Normandie), bereut er erwartungsgemäß die Konzession an das Medium. Leonhard Reinisch, den Cioran von einem Interview für den Bayerischen Rundfunk her kannte, sei ihm ständig ins Wort gefallen, überdies betrunken gewesen. Immerhin habe er über Sibiu sprechen können.[281] Der Film von Ivo Frenzel und Leonhard Reinisch wurde unter dem seltsamen Titel »Zur Ansicht« (43 Min.) am 15. Dezember 1978 ausgestrahlt. Er bietet eine Kurzeinführung in Denken und Wesen Ciorans und spart wohltuend mit dem üblichen Brimborium bei Schriftstellerportraits im Fernsehen. Cioran wirkt darin souverän und heiter.

Die Lektüreliste vermerkt: Hegel, Luther, Nietzsche, Kant, Lichtenberg, Pindaros, Homer, Epikur, Pascal, Francis Bacon, Joseph Joubert, Juan de Torquemada, Mallarmé, Julien Green, Sartre, Kōnstantinos Chrēstomanos (Élisabeth de Bavière, impératrice d'Autriche. Pages de journal, impressions, conversations, souvenirs; traduction de Gabriel Siveton; préface de Maurice Barrès, Paris: Mercure de France, 1900) und den Talmud.

Abb. Unveröffentlichtes Notizbuch (1977 ff.) für »Écartèlement« (1979) und »Aveux et anathèmes« (1987). Schwarzer, roter, grüner Kugelschreiber.

V
»Existieren ist ein Plagiat«[1]

»Ich habe mich überall gelangweilt«, schreibt er am 6. Februar 1979 an den Bruder Aurel. »Wozu habe ich Coasta Boacii verlassen?«[2] Und im Brief vom 11. April apostrophiert Cioran »Schimbarea la faţă a României« als »leidenschaftlich, verrückt«. Diese Visionen seien für ihn heute inakzeptabel, ausgenommen die negativen Urteile über die Perspektiven Rumäniens. Er müsse sich aber eingestehen, daß ihn der Fatalismus geprägt habe. »Mehr denn je denke ich, daß man sich über unser Volk keine Illusionen machen darf. Ich empfinde ihm gegenüber eine Art verzweifelte Verachtung. Dennoch muß ich erkennen, daß der walachische Fatalismus mich gezeichnet hat, so wie einen eine Krankheit oder eine (...) Erleuchtung zeichnet. Man entkommt seiner Herkunft nicht, der unsrigen ganz besonders nicht.«[3] Er sei nun an dem Punkt angelangt, wo er den Suizid für die einzig sinnvolle Lösung halte. »Wäre ich wohl zu derselben Ansicht gekommen, wenn ich im Schatten der prächtigen Mauern [in Sibiu] geblieben wäre? Vielleicht.«[4]

Gelegentlich beschwört er Träume vom klösterlichen Leben herauf, wie sie vor ihm u.a. Nietzsche oder Strindberg hegten: »Das Ideal wäre etwas wie ein Kloster ohne Verpflichtungen, ohne Glauben, ohne irgend etwas...«[5]

Am 30. Mai 1979 übergibt er Claude Gallimard das Manuskript von »Écartèlement«. Im Tagebuch weist nichts auf eine Art Erleichterung hin: »Alles, was Fatum verströmt, geht mir zu Herzen. Der Mensch ist frei, außer in seinem Innersten. An der Oberfläche tut er, was er will; in seinen verborgensten Schichten ist ›Wille‹ ein sinnloses Wort.«[6] Die Bekräftigung von Freuds wichtigster Entdeckung. Die Kränkung, nicht immer Herr im eigenen Haus seien.

Im Juni des Jahres führt er ein ausführliches Gespräch mit dem Schweizer Schriftsteller und Journalisten Jean-François Duval (geb. 1947) zu den Themen Schreiben, Aphorismus, Einfluß der deutschen Romantik, »Weltschmerz«, Byronismus, Nihilismus, dem Gegensatz zwischen Sartres »L'être et le néant« (Das Sein und das Nichts) und der »Lehre vom Zerfall« etc.[7] Unterdrückt werden dann in dem späteren Sammelband mit ausgewählten Interviews »Entretiens« (1995) u.a. die politisch unkorrekten Äußerungen zum Thema ›Barbaren‹: »Paris ist bereits teilweise von Barbaren okkupiert. (…) Nehmen Sie die Métro um zehn Uhr abends in Richtung Clignancourt, besonders am Freitagabend, am Samstagabend. Das ist eine andere Menschheit. Sie hat nichts mehr mit Frankreich zu tun.«[8]

Ende Juni besucht er im ›Centre Georges Pompidou‹ die Ausstellung »Paris–Moscou. 1900–1930«, die vom 31. Mai – 5. November 1979 zu sehen ist. Seine Adnoten über das Portrait Il'ja Efimovič Repins (1844–1930) des russischen Romanciers Aleksej Michailovič Remisov (1877–1957) finden sich in den »Aveux et anathèmes« wieder.[9]

Cioran leidet unter öffentlichen Angriffen seiner rumänischen Jugendsünden wegen. Am 20. Oktober 1979 klagt er: »Den ganzen Vormittag über Erregung wie kurz vor dem Weinen. Ich hätte gerne geschrieben. *Was* schreiben? – 68 Jahre Langeweile! – Das heißt *Angst ohne Furcht,* denn das ist die Langeweile… eine diffuse Angst, von der man nicht genesen kann, weil sie keinen Gegenstand hat. Man kann also auf nichts böse sein, denn es gibt nichts zu beseitigen oder zu überwinden.«[10] Im

Grunde die klassische psychoanalytische Definition der Angst, der es an einem bewußten Anlaß/Objekt gebricht.

Am 24. November 1979 hält Cioran den Entschluß fest, »nicht mehr zu schreiben, nicht mehr in Erscheinung zu treten, noch was auch immer zu veröffentlichen.« Paradoxerweise hat dies mit dem Medienecho und Publikumserfolg von »Écartèlement« (Gevierteilt) zu tun, welches im September 1979 bei Gallimard erschienen war. Erneut legt er eine Komposition aus Essays (die Kapitel I–III) und Aphorismen (die abschließenden zwei Kapitel) vor, die er im Manuskript-Entwurf eigens in drei Heften zu insgesamt ca. 200 Seiten zusammengestellt hat. Der chronologisch älteste Text dürfte der »Memoiren-Freund« (Kap. II) sein, eine verdichtete Variante seines Vorworts zum Projekt ›Anthologie der Moralisten‹ (1959/60). Damit demonstriert der Autor erneut, daß er nur selten mit Aktualitätsbezug schreibt. Das erste Kapitel »Die zwei Wahrheiten« wird mit einem Zitat Cyril Connollys (1903–1974)[11] eingeleitet: »In den Gärten des Abendlandes hat die Schlußstunde geschlagen.« (S. 7) Ein spenglerianisches Präludium, dem als Coda »Nach der Geschichte«, der dritte Essay des Buchs, folgt. Wir wissen, seit dem »Absturz in die Zeit« oder »Geschichte und Utopie«, daß Ciorans Geschichtspessimismus grundsätzlicher, radikaler ist als derjenige Spenglers, des Hegelianers Alexandre Kojève (eigtl. Aleksandr Koževnikov, 1902–1968) oder dessen Schülers Francis Fukuyama (geb. 1952), der mit seinem Thesen-Aufsatz »The End of History?« (1989) für einigen Wirbel sorgen sollte — um alsbald von der Geschichte selbst widerlegt zu werden.[12] Das Verschwinden des Menschen war keine Vorstellung, die Cioran jemals beunruhigt hätte, im Gegenteil. So zitiert er den jungen Bertrand Russell (1872–1970), der geschrieben hätte, man müsse so viele Menschen wie möglich auslöschen, damit sich die Summe an Bewußtsein in der Welt vermindere. »Nach dieser Eingebung hätte er sterben sollen. Mit einem solchen ›Denken‹ kann man kein Werk schaffen. Aber was ist schon ein Werk? Das Leben ist nur durch die Geistesblitze entschuldbar, die es überschreiten oder verneinen. Einen dieser

Geistesblitze zu haben, erlöst und rechtfertigt uns.«[13] Fukuyama setzt fortschrittsgläubig auf ein positives Ende (Demokratie und Wohlstand weltweit) in totaler Stagnation, während Cioran im Menschen die Katastrophe per se erblickt: die Zeitläufte haben ihn bisher nicht widerlegt — so wenig wie Hobbes' »Homo homini lupus«.

Im vierten Essay der Sammlung, »Dringlichkeit des Schlimmsten«, steigert sich sein Pessimismus zum Katastrophismus. Seine Meditationen über die Apokalypse des Johannes, erstmals 1961 gedruckt, waren damals mit »La clef de l'abîme« (Der Schlüssel zum Abgrund) überschrieben.

Explizit wie implizit finden sich in »Gevierteilt« zahlreiche Spuren von Ciorans Auseinandersetzung nicht allein mit Stoizismus oder Skeptizismus der Alten, sondern mit den sakralen Büchern der Weltreligionen. Deutlich die Präsenz von Judaismus, Taoismus, Hinduismus, Buddhismus. Gleich zu Beginn wird auf Sanskrit eine Strophe aus der »Bhagavadgītā« (4./3. Jahrhundert v. Chr.) zitiert,[14] die sich der Autor einst abgeschrieben und als Motto an die Zimmerwand geheftet hatte: »Wer die (innere) Bindung an die Tatenfrucht aufgegeben hat, stets zufrieden ist, keine Hilfe braucht, / ein solcher, bewegt er sich auch in der Tat, tut in Wahrheit nichts.«[15] Mehrmals geht Cioran darauf ein, warum er letztlich scheitert, solch hehre Weisheit gänzlich zu erreichen, obwohl er sie als *ultima ratio* affirmiert. Die buddhistische Folie wird schon in einem einzigen Bruchstück evident: »Existieren ist ein ungeheures Phänomen — *das keinen Sinn hat*«. (S. 77) Ciorans Lesart des Buddhismus müßte ihn konsequenterweise ins Schweigen verfallen lassen.

Die Aphorismen »Ansätze zum Taumel«, die den Band beschließen, zeugen vom ungebrochenen Interesse des Autors an Um- und Mitwelt, primär den Reibungen an diesen, trotz des Sinnlosigkeits-Verdikts. »Der Mensch ist *unannehmbar*« (S. 166), schreibt er — dennoch macht er sich die Mühe, mit größter Genauigkeit einzelne Vertreter der Spezies, sich selbst eingeschlossen, zu schildern in ihren Irrungen und Verwirrungen, Bedrängnissen und Malaisen. Die Fragmente, manchmal nur pointierte Anekdoten, strotzen vor Boshaftigkeit, Witz, Ironie und Sarkasmus. Oder gelegentlich eben auch vor Selbstmitleid: »Die größte Leistung meines Lebens besteht darin, noch am Leben zu sein.« (S. 136) Seltsam die späte Identifikation mit August Strindberg, der 1897 während seiner psychischen und spirituellen Krise im Jardin du Luxembourg Debatten mit dem Leibhaftigen selbst zu führen meinte.[16] »Strindberg war gegen Ende seines Lebens dahin gekommen, den Jardin du Luxembourg für sein Gethsemane zu halten. (...) Ich habe darin auch eine Art Kalvarienberg gesehen — wahrlich auf ungefähr vierzig Jahre ausgedehnt!« (S. 112)

Auch an Selbstkritik läßt es Cioran nicht fehlen: »Alles, was ich mir zusammengedacht habe, läuft auf zu Allgemeinheiten herabgewürdigtes Unbehagen hinaus.« (S. 114) Idiosynkrasie statt Philosophie.

Die 2. Auflage von »Écartèlement« wird bereits im Dezember 1979 gedruckt, aber sein Autor hält das Opus für weniger gelungen als dessen Vorgänger. Könnte Erfolg nicht der Beweis sein, daß er mit zu wenig ›Gift‹ geschrieben hat? Gewiß ist er nie der Versuchung erlegen, seine schonungslosen Autoren-Portraits, wie man sie in den »Cahiers« findet, auch zu veröffentlichen. Aber mir scheint es, daß für Cioran Erfolg eher ein Irrtum oder Unfall denn eine Bestätigung ist. Ein zerbrochenes Dasein, ein ›gevierteiltes‹ Subjekt, von *Insomnia noctis*, Hypochondrie und etlichen Exzentrizitäten geprägt: Im Rückblick entsteht der Eindruck, als sei selbst Ciorans Scheitern im bürgerlichen Beruf vom einstigen mütterlichen Fluch konditioniert gewesen. »Vom Nachteil, geboren zu sein« war insofern auch die späte Antwort des Sohnes.

Nun stellt der Erfolg, wenn auch in hohem Alter, das Fatum, d. h. das unbewußte Lebenskonzept des Scheiterns in Frage. Entsprechend äußert er sich aus Dieppe, wo er seit Oktober 1979 weilt, im Brief vom 25. November an den Bruder Aurel: »Die Bücher, die ich hier seit fast dreißig Jahren geschrieben habe, hatten eigentlich keinen Erfolg. Ich habe mich niemals darüber beklagt; im Gegenteil habe ich meine Lage als Randständiger sehr gut akzeptiert. Über dieses Buch nun (...) hat jedermann zu sprechen begonnen. Ein unerklärliches und (...) deprimierendes Phänomen. Ich bat meinen Verleger, alle Werbung einzustellen, und ich versichere Dir, wenn es in meiner Macht stünde, würde ich dieses armselige ›Écartèlement‹ aus dem Verkehr ziehen. Wenn ich bedenke, daß die meisten Schriftsteller diese Art Lärm um ihre Hervorbringungen (vielmehr: Elaborate) lieben, habe ich Lust, nichts mehr zu schreiben und zu veröffentlichen. Da mich alles anekelt, sehe ich nicht ein, warum ich weiterhin einen ›Beruf‹ ausüben sollte, der mir nichts mehr sagt. Wenn ich nicht so alt wäre, würde ich zur Philosophie zurückkehren. Sie hat zumindest die Entschuldigung, Journalisten und Frauen nicht zugänglich zu sein.«[17]

Will er lediglich den Bruder beschwichtigen, daß er nun im Westen erfolgreich ist? Denn gemessen an der Sorgfalt, mit welcher Cioran die Übersetzungen seines Buchs überwacht, dürfen wir ihn nicht wörtlich nehmen. Wir werden sehen, daß er auch – anders als Beckett, Michaux oder Blanchot – bezüglich des Rückzugs aus der Öffentlichkeit inkonsequent sein wird, also der Eitelkeit erliegt. Allerdings hat er, was ihn ehrt, in Frankreich niemals Lesungen gehalten.

Auch Constantin Noica gegenüber klagt er über die Last der Popularität: »Wie recht Du doch hast, der Philosophie treu zu bleiben! Es war mein Fehler, daß ich Bücher schrieb, die Concierge und Journalisten zugänglich sind.«[18]

Seit dem Sommer 1978 gehört der Soziologe und Schriftsteller Roland Jaccard (geb. 1941)[19] zu seinen neuen Gesprächspartnern. Dieser akzentuiert in seiner Darstellung bevorzugt die Misanthropie, den Katastrophismus Ciorans. So würde dieser gerne erleben, wie die Sonne explodiert. »Wenn er Diktator wäre, würde er die Arbeit verbieten: den Menschen bliebe nichts anderes übrig, als sich gegenseitig umzubringen.«[20] Die zugespitzte Variante des ›Endes der Geschichte‹. Während eines Urlaubs auf den Balearen hatte Cioran beobachtet, wie rasch sich die Touristen offenbar langweilten.

Am 4. Dezember 1979 hatte er den Literaturwissenschaftler Lucian Bădescu auf seinem letzten Gang begleitet.

In einem Brief vom 19. Januar 1980 an Patrice Covo findet sich ein seltsames Bekenntnis: »Sie haben recht: ich bin ein *christlicher* Geist, und sei es nur, indem ich es nicht sein möchte. Man *ist* stets das, was man bekämpft, und insbesondere das, was man niemals gewesen sein möchte. Ich verachte den Menschen und wünsche, daß er spurlos verschwindet. Durch eine Inkonsequenz, die ich mir vorwerfe, habe ich fast mit jedermann Mitleid, und dieses Gefühl ist eine Schwäche, die zu bekämpfen sinnlos ist. Meine Bewunderung für Satan (!) ist eher theoretisch als alles andere. Er zieht mich an, aber ich bin seiner unwürdig.«[21] Dezidiertes Antichristentum wäre nur, wie im Falle Nietzsches, die Fassade inbrünstiger Liebe, weiß auch dieser Sohn eines Priesters.

Kategorischer seine Zeilen vom 21. Januar 1980 an Arşavir Acterian: »Im Grunde ist die einzige Religion, die mich wirklich verlockt, der Buddhismus. Aber ich bin kein Buddhist, ich lebe durch Widersprüche, die mich daran hindern, irgendeiner Lehre anzugehören. Wenn das Wort Freiheit einen Sinn hat, trifft es nur auf die Treue zu sich selbst zu. Alles übrige ist Lüge.«[22]

Ciorans Sorge gilt der geistigen Verfassung seines Bruders, der in die Psychiatrie von Timişoara eingewiesen wurde. In seinem »Cahier« (10. Februar) bezeichnet er Hiob als ihrer beider Vorfahre.[23] Aurel wolle niemanden mehr sehen, da er die Außenwelt für »Lug und Trug« halte. In seinen Zeilen an Constantin Noica geht er auf Familienkrankheiten (Arteriosklerose) sowie -tragödien ein, so das suizidale Rauchen seiner Schwester Gica.[24]

Daß er in Gedanken mehr denn je in der Heimat sei, hält Sanda Stolojan in ihrem Diarium fest: »Er sprach heute vom perversen Genius der Rumänen, der einzige, der sich seines Erachtens verwirklicht hat und dessen Abbild Ceauşescu, eine Art Genie der List, ist. Ceauşescu hat alle Welt getäuscht, die Westler, die Russen, die Afrikaner der Dritten Welt — und sein Umfeld.«[25]

»Cahier«-Eintrag vom 3. April 1980: »Von meiner Neurasthenie genesen hieße soviel wie von meinem *Wesen* geheilt zu werden.«[26] Nach Sartres Tod notiert er am 16. April: »groteske und berührende Person«, die »*aus Selbsthaß* Missionar hätte sein sollen.«[27] Die Eitelkeit und der Narzißmus dieses Pop-Philosophen war groß genug, diese Rolle gerne zu übernehmen. An die 50 000 Personen folgten dem Trauerzug. Cioran war erstaunt, daß dessen Grab noch 14 Tage nach der Bestattung mit Blumen und Abschiedsbriefen übersät war. Er hätte gerne eine Botschaft mit den Worten »Danke — vom Kreml« hinterlassen.[28] Gewiß hatte der Rumäne noch nicht seine letzten Gespräche im Nouvel Observateur (März 1980) gelesen, in dem sich der Meisterdenker reichlich desillusioniert äußerte. Sartre spricht dort vom Scheitern des Menschenlebens, von der Wirkungslosigkeit seines Werkes. Freilich starb er als Hoffender, als Protagonist der Utopie. Im Gespräch mit Sanda Stolojan gesteht Cioran sich ein: »Man müßte Skeptiker sein, an nichts glauben, aber alle sind Fanatiker. Ich selbst, der ich die ganze Zeit von Skeptizismus rede, bin keine skeptische Natur.«[29]

In seinem Diarium zitiert er einige Briefe, die er bezüglich »Écartèlement« – beinahe eine Paraphrase von »Pe culmile disperării« (Auf den Gipfeln der Verzweiflung) – erhalten hat, insbesondere von Marguerite Yourcenar. Begegnungen mit Manès Sperber, Eugène Ionesco, Patrice Covo, Isidore Isou, Michel Bauer werden erwähnt. Nicht wenige Notate werden sich in »Aveux et anathèmes« wiederfinden. Im August 1980 enden jedenfalls die bis dato bekannten »Cahiers« Ciorans. »Das ›Glück‹ ist nur möglich, wenn man aufhört, sich für sich selbst zu interessieren, wenn man im Grunde aufhört, sich auf ein Ich zu berufen.«[30] Der buddhistischen Lehre folgt eine Bekräftigung der Faszination, die auf ihn seit jeher Gescheiterte ausüben: »Wer sich überlebt, verfehlt seine Biographie (…) Letztendlich können nur zerbrochene Schicksale für erfüllt betrachtet werden.«[31]

An Arşavir Acterian schreibt er aus Dieppe am 11. September 1980: »Ich übe mich täglich in Resignation; viele Fortschritte mache ich nicht; gleichwohl verspürt man eine Erleichterung, von den Menschen nichts mehr zu erwarten und seine Ambitionen einzuschränken. Eine angenehme Kapitulation ist alles, was man noch erhoffen kann. Das sage ich mir, wenn ich um mich herum all diese gierigen, unersättlichen Wesen betrachte, die nichts befriedigen und nichts aufhalten kann.«[32] Ende des Monats besucht er den im Sterben liegenden Armel Guerne im Krankenhaus von Marmande. (Guerne hatte erfolglos gegen eine medizinische Behandlung protestiert.)

Relektüren: Konfuzius, Buddha, 'Umar Haiyāms »Robā'īyāt«, Gandhi, Pascal, Voltaire, Spinoza, Chateaubriand, Baudelaire.

Im Frühjahr 1981 sorgt ein Artikel Nicolae Steinhardts über Eliades Erinnerungen, »Mémoires« I, erschienen in der rumänischen Zeitschrift Steaua (Nr. 7, Juli 1980), für einige Beunruhigung bei Cioran, da der Kritiker aus »Schimbarea la faţă a României« zitiert. Für ihn sei das Buch sehr fern und jetzt nicht mehr nachvollziehbar, eine Abschweifung, schreibt er an Arşavir Acterian am 15. März und beschwört diesen, über das »Ereignis« zu schweigen.[33] Im folgenden Brief gibt er sich schon gelassener. Ihn berühre die Angelegenheit nicht, im Gegensatz zu Eugène Ionesco. Er zitiert Haig Acterian: »Das Leben ist eine Komödie.«[34]

Wohl oder übel wird er fortan mit den Gespenstern seiner Vergangenheit konfrontiert, so im Artikel Nicolas Tertulians »La période roumaine de Cioran« (La Quinzaine littéraire, vom 1. Juli 1981): »Er sprach von mir wie von einem linken Rechten.«[35] Der rumänische Lukács-Forscher vergleicht den jungen Cioran mit Petr Čaadaev (1794–1856), d.h. dessen prowestlicher Haltung in seinen »Philosophischen Briefen« (1829). Tertulians Genealogie des Cioranschen Denkens – von Nae Ionescu bis zur deutschen Lebensphilosophie – stützt sich auf dessen Publizistik der dreißiger Jahre einschließlich »Schimbarea la faţă a României«. Diskutabel der unterstellte Einfluß von Lukács' Essay »Metaphysik der Tragödie« (1911) auf Ciorans Text »Jenseits des Romans« (in »Dasein als Versuchung«). Es ist dies die erste

Publikation zu Ciorans Vergangenheit in Frankreich, in der man vergebens Polemisches sucht. Tertulian beschließt seine Darstellung mit den Worten, daß Cioran die »geheime Sehnsucht nach einer utopischen Erneuerung der *conditio humana*« umtreibe.

Cioran erregt sich, daß die Landsleute ihn in der »Istoria filozofiei româneşti« (Geschichte der rumänischen Philosophie, 1980) so zitieren, daß er wie ein Henker wirke.[36]

François Bondy erinnert in der Süddeutschen Zeitung vom 8. April 1981 an Ciorans 70. Geburtstag: »Skeptiker und Mystiker«. Zur Eloge gerät Guido Ceronettis (geb. 1927) Vorwort zur italienischen Ausgabe von »Écartèlement«, »Squartamento«, bei Adelphi: »Cioran, der barmherzige Schinder«. Der Dichter, Journalist, Essayist und Aphoristiker charakterisiert den Freund als »Künstler-Philosophen« und Metaphysiker, gar als Erleuchteten. »Es ist das Ungeheuere am menschlichen Dasein, das Negative, Dunkle, Böse, aus dem seine Sprache klare, funkelnde Kristalle bildet, deren metaphysisches Geheimnis (hier zeigt sich der wahre Meister) er gänzlich neu bejaht. (...) Auch das große Fenster Schopenhauers ins Nirvana oder die Vorfreude Leopardis auf ein *verborgenes Glück* (...) scheinen gänzlich zu fehlen. (...) die luziferische Gefahr Ciorans liegt in seiner Unfehlbarkeit, in der magischen, erstaunlichen Unwiderlegbarkeit seiner Diagnosen.« Andererseits verteile der »vierteilende Philosoph (...) seit seinem ersten Essay frenetisch das Unerschöpfliche, die Reste, die metaphysischen Lumpen, spendet also auch Trost«. Insbesondere schätzt Ceronetti bei Cioran die »grundsätzliche Ablehnung des rationalen Denkens, diesen Todesakt, der unentwegt von den Zivilisationen, den Universitäten, den Staaten, der vernunftwidrigen menschlichen Freiheit unterschrieben wird«[37]. Interessant die Reflexionen des Italieners, als Zivilisationskritiker nicht minder radikal als Cioran, zu den Sprachneuerern Artaud und Céline — im Vergleich zum eher kartesischen Stil des Rumänen.

Das ganze Jahr über befindet er sich auf Reisen, seine Stationen heißen: Köln (Mai), Baden-Baden, Lausanne (Ouchy), Soglio im Bergell (auf Rilkes Spuren, der dort 1901 im Palazzo Salis logiert hatte), Silvaplana im Engadin (dort trifft er mit dem Verleger Francesco Larese zusammen), Sils-Maria (Besuch des Nietzsche-Hauses am 10. August),[38] Dieppe, Rouen (September–Oktober).

Im Oktober 1981 ist er abermals in Köln und hält dort einen ›Vortrag‹, den er als mißlungen erachtet. Dabei handelte es sich lediglich um eine Diskussion mit dem Publikum im Rahmen einer Veranstaltung des Europäischen Sprach- und Kulturzentrums. Nach einer Einführung in Ciorans Werk von Jochen Meister und Friedgard Thoma wurde eine Auswahl von Aphorismen vorgetragen, dann das Kapitel »Der Jünger der Heiligen« aus der »Lehre vom Zerfall«. Was Cioran eigentlich für zwei Tage nach Köln führte, war die Begeisterung für die Studienrätin Friedgard Thoma, die er zu Ostern des Jahres in Paris kennengelernt hatte. »Später gab es einen großen Empfang bei mir zu Hause, auf dem Cioran bis spät in die Nacht höchst angeregt mit vielen Freunden und Besuchern diskutierte.«[39] Trotz des Altersunterschieds von vierzig Jahren und aller Skepsis entkommt Cioran nicht, was man im doppelten Wortsinne eine *amour fou* nennen könnte. Strindberg, Benn, Balthus, Bataille, Max Ernst et al. hatten immerhin das Modell ›alter Mann/junge Frau‹ gelebt… Hatte Cioran nicht einst notiert: »Je mehr ein Geist über alles hinausgewachsen ist, desto mehr läuft er Gefahr, wenn die Liebe ihn trifft, wie ein Ladenmädchen zu reagieren«[40]?

Man korrespondiert, man telefoniert (anfangs mehrmals täglich) miteinander.[41] Um Simone Boués Argwohn nicht zu wekken, gibt er die begehrte Verehrerin als seine Biographin aus, benutzt eine Telefonzelle oder den Apparat einer Vertrauten; schließlich richtet er sich gar ein Postfach ein. Cioran macht, kurz gesagt, alle Etappen der romantischen – d. h. verzweifelten, unerhörten, tränenreichen – Verliebtheit durch. Mal möchte er sie heiraten, mal nur mit ihr sterben (ein Sarg für beide). Er muß sich selbst eingestehen: »Nach so vielen Jahren, spüre ich wieder den Drang zu trinken. Wie kann ein Berufsskeptiker wie ich zu einer derartigen unskeptischen Attitude gekommen sein? (…)

Ich habe gewagt, mich als viel losgelöster als Buddha zu betrachten, und jetzt bin ich für meine Illusionen bestraft. Ich habe zu viel die Komödie der Weisheit gespielt.«[42]

Dem Brief vorausgegangen war ein gemeinsamer Urlaub im Bergell, während dessen Friedgard Thoma mit Ciorans Lebensgefährtin Freundschaft schloß, um Grenzen zu markieren.

Im Anschluß an die Kölner Veranstaltung vom Oktober bekräftigt die Deutsche, wie wenig ihr der Sinn nach einer sexuellen Liaison stand. Trotz allem bleibt man ein Jahrzehnt lang weiterhin befreundet. Auf den privaten Fotos der Thoma erblickt man einen entspannten bis strahlenden Cioran, der nicht vor der Kamera ›posiert‹. Allerdings war Friedgard Thoma weder die einzige noch letzte von Ciorans wohl platonischen Affairen: Simone Boué akzeptierte, wenn auch stöhnend, die Existenz von Schriftsteller-Verehrerinnen.

1982 setzt Cioran nicht allein seine Fernreisen fort, sondern führt öffentliche Gespräche und gibt zahlreiche Interviews — binnen zehn Jahren mehr als zwanzig. Den Reigen eröffnet das Gespräch im Institut Français, der ›Maison Descartes‹, in Amsterdam, wo er sich auf Einladung Léon Gillets am 1. Februar 1982 auf dem Podium präsentiert. Stets kreist der Fragenkomplex um Leben und Werk, doch immer verwandelt Cioran die Gespräche früher oder später in einen Monolog, eine Art One-Man-Performance, flicht Anekdoten ein, um das Publikum regelmäßig zum Lachen zu bringen.[43] Sanda Stolojan gegenüber hatte er eingestanden: »Sie wissen ja, mit meinem rumänischen Akzent bin ich wie ein Jude, der nicht jüdisch sein will«[44], zugleich aber auch: »Zum ersten Mal, mit 71 Jahren, habe ich den Taumel verspürt, den ein Schauspieler empfinden muß, der seine Zuschauer fesselt. (…) *Ich war mit mir zufrieden… was schlecht ist.*«[45] Dem Bruder Aurel gegenüber schwärmt er allenfalls von den Bordellen in Amsterdam, womit er wohl die Präsentation der Prostituierten im »Schaufenster« meint.[46] Selbstkritischer äußert er sich in einem Brief vom März 1982 an Friedgard Thoma: »Solange ich *jemand* war – ich meine: solange ich an mich glaubte –

habe ich nie Interviews gegeben. Jetzt, da ich Zeuge meiner eigenen Verminderung (diminution) bin, akzeptiere ich [,] was mir früher undenkbar war. Wo ist mein Stolz? Wo sind die Reste meines Größenwahns?«[47]

Von seiner Reise ins Tessin geht am 19. April 1982 eine weitere Epistel nach Köln, in der er sich Rache- und Mordfantasien eingesteht: »Der Abgrund zwischen meinen Aphorismen und mein[em] Leben ist nicht so gross[,] wie Sie meinen. Er existiert aber, und Sie müssen glücklich sein, denn hätten meine Gedanken sich gleich in Taten verwandeln können, Sie würden heute in einem Grab und ich in einem Gefängnis sitzen.«[48] Die durchgespielte »Beziehungstat« ist so tragikomisch wie anrührend.

In einem Brief vom 28. Juni 1982 an Wolf von Aichelburg äußert er sich wie stets angetan von der Schweiz. Ferner bereue er es nicht, das hoch dotierte Berlin-Stipendium des Wissenschaftskollegs ausgeschlagen zu haben. Der Anblick des Mercedes-Sterns sowie des Checkpoint Charly's hätten ihn gewiß melancholisch gemacht.[49]

Im Gespräch mit dem argentinischen Autor Luis Jorge Jalfen (geb. 1940) bekräftigt Cioran seine Zivilisationskritik (Fortschrittsideologie, Technokratie, Abhängigkeit von elektronischen Medien wie Radio und Fernsehen), um seinen Status des »Privatdenkers« – im Kontrast zum ›Meisterdenker‹ – zu akzentuieren.[50] Er beruft sich hier auf einen Vertreter des logischen Positivismus, Rudolf Carnap (1891–1970), wenn er erklärt, warum er auf ein Werk verzichtet und metaphysischen Ambitionen abgeschworen hat: »Carnap hat etwas Tiefgründiges gesagt: ›Metaphysiker sind Musiker ohne musikalische Begabung‹.«[51] Bemerkenswert ist Ciorans Einschätzung der USA, denen er den Willen abspricht, Geschichte zu schreiben.[52]

Im Herbst 1982 bereist er Italien (Rom, Florenz, Venedig). In Rom pilgert er zum Grab des von ihm verehrten John Keats (1795–1821). Auf der Stele des Dichters liest man das von diesem selbst verfaßte enigmatische Epitaph: »Here Lies One / Whose Name was writ in Water.«

Im Januar 1983 unterhält er sich mit Verena von der Heyden-Rynsch über Elisabeth von Österreich-Ungarn (gen. ›Sissi‹, 1837–1898), mit der er seit den dreißiger Jahren sympathisierte, nach der ersten Lektüre von Kōnstantinos Chrēstomanos' »Tagebuchblättern«, dem schwärmerisch-poetischen ›Eckermann‹ der Kaiserin. Sie war exzentrisch genug, vergleichbar mit dem bayerischen Ludwig II., um sein Interesse zu wecken — wie sonst noch Lucile de Chateaubriand, die Marquise de Brinvilliers, die Brontë-Schwestern, Teresa von Ávila oder die russische Malerin und Diaristin Maria Bashkirtseff (Maria Baškirzeva, 1858–1884). Am Beispiel dieser Inkarnation, dieses Symbols der Dekadenz äußert sich Cioran zu den häufig wiederkehrenden Sujets seines eigenen Denkens wie Melancholie, Ironie oder Illusion. Mit Nachdruck verteidigt er eine (seine, Elisabeths?) »melancholische Grundverfaßtheit« gegen den Einfluß der jeweiligen Lebenserfahrung (anti-soziologisch, anti-psychologisch): »das Erlebnis des Verdammtseins setzt nicht unbedingt die Hölle voraus. Sie selbst definiert ja das Leben als Krankheit. Allein die Einsamkeit war für sie sozusagen Gesundheit. Um nochmals die Melancholie aufzugreifen: was ist sie im Grunde? Sie ist die Gewißheit der universellen Vergeblichkeit, die Apotheose des *Umsonst*. Oder besser: eine Mischung von Grazie und Unheil, von Anmut und Trostlosigkeit — ja, sie ist das Unentrinnbare als ewige Melodie, als Grundton des Lebens.«[53] Schließlich vergleicht er die »Menschenabscheu« der Kaiserin (qua Identifikaton mit seiner Lehrer-Phase in Braşov und später?) mit Shakespeares »King Lear«: »Das ist sehr wichtig für sie, daß sie den Menschen nicht vertraute, sondern dem Meer und diesem Baum. Dadurch hat sie sich außerhalb der Menschheit gestellt — das macht ihre Größe aus. So eine Einstellung läßt sich auch bei ›King Lear‹ finden. (...) denn das heißt, daß alles für sie letztlich irreal war, daß die Wirklichkeit für sie nur Rauch, māyā war.«[54] Nebenbei erfahren wir, daß Cioran bereits in Sibiu (nicht erst in Berlin) den Kontakt mit Wahnsinnigen suchte, indem er sich zu der außerhalb der Stadt gelegenen Anstalt begab (ein dort als Arzt tätiger Freund öffnete die Tore). Dort begegnete er eines Tages einer Art Double der Elisabeth, einer Finnin, die er fragte: »›Was treiben Sie eigentlich den ganzen Tag?‹ — Sie antwortete: ›*Ich hamletisiere.*‹ Das ist eine Antwort, die Sissi hätte geben müssen.«[55]

Im März 1983 stellt Cioran in St. Gallen, in den Räumen der Erker-Galerie, den bibliophilen Band »Ce maudit moi / Dieses verfluchte Ich«[56] vor, das erste Kapitel der späteren Aphorismen-Sammlung »Aveux et anathèmes« (1986). Der Titel spielt auf das im buddhistischen Denken geläufige illusionäre Ich, die Ego-Verhaftetheit als eines der Hindernisse zur Befreiung bzw. Erleuchtung an. In der späteren Fassung ist allenfalls noch von »Selbst-Besessenheit« (S. 61) die Rede. Ciorans handschriftlicher Text wird zusammen mit Radierungen und Holzschnitten von Eduardo Chillida (1924–2002) als Lithographie gedruckt (Cioran hatte dies bereits bei dem »Apokalypse«-Katalog 1961 exerziert), begleitet von der typographischen Textversion (französisch / deutsch).[57] Die Lesung des Textes ist dieser Edition auf einer Schallplatte beigelegt. Der baskische Bildhauer und Zeichner Chillida ist vor allem mit abstrakten Großplastiken bekannt geworden. Martin Heidegger hatte ihm 1969 den Essay »Die Kunst und der Raum« gewidmet.

In einem Gespräch nach der Buchvorstellung geht Cioran auf eines der Motive auf seinen Büchern ein: »Auf meinem neuesten Buch ist ein Engel abgebildet. Das Buch ist sehr pessimistisch, absolut verzweifelt, aber ich wollte dieses Bild auf dem Einband. Ich weiß eigentlich nicht, warum, es geschah wohl unbewußt. Dieser äthiopische Engel hat ein schwarzes Gesicht und stechende Augen, er ist gleichzeitig auch ein Dämon. Solche Dinge sind mir im Umgang mit den Schriften Meister Eckharts aufgegangen.«[58] Während des Interviews kommt auch seine Funktion als »Patron der Besiegten« resp. Suizidanten zur Sprache. Zu diesem Thema hatte Sanda Stolojan 1982 lakonisch notiert: »Cioran ist von ›Ratlosen‹ umgeben, Mädchen vor allem, die ihn bewundern, ihm schreiben, ihm vom anderen Ende der Welt aus anrufen. Er hat beschlossen, dem ein Ende zu bereiten und zu seinen alten Gewohnheiten zurückzukehren: niemanden sehen, öffentliche Kontakte ablehnen ...«[59]

Im St. Galler Tagblatt heißt es ferner, daß der Autor am 8. April 1983 abermals in der Ostschweiz sein wolle, um in Littenscheid über das »Bildnis des Zivilisationsmenschen« (Kapitel II aus »Absturz in die Zeit«) zu sprechen. Ein Statement zum Selbstverständnis als Schreibender, April 1983 datiert, erscheint in der Neuen Zürcher Zeitung vom 25./26. Juni: »Die radikale Einsamkeit. Über die Verführung der Schrift.«[60]

Im Mai 1983 besucht ihn der Bruder Aurel nebst Frau in Paris. Emil bedrückt, ja ängstigt die Schweigsamkeit Aurels.[61]

In einem seiner Briefe an Gabriel Liiceanu (geb. 1942), ein Noica-Schüler, Philosophie-Professor in Bukarest und Gründer des ambitionierten Humanitas-Verlags, der den gesamten Cioran herausbringen wird, äußert sich der Autor zu einem seiner Maskenspiele: »Mir fiel auf, daß sich mehr als ein beschlagener Geist in seiner Diagnose über mich geirrt hat. Ich habe alles getan, um Mißverständnisse, geistreiche und verführerische Urteile zu provozieren, die jedoch unbegründet sind. Die anderen tragen gewöhnlich eine Maske, um sich größer zu machen; ich, um mich kleiner zu machen. (...) Es steht außer allem Zweifel, daß es zwischen dem, was ich zu sein glaube und dem, was ich zu sein scheine, einen Bruch gibt.«[62] Dies spielt auf die »frivolen« Episoden in seinem Leben an, sei es in Rumänien, sei es in den Anfangsjahren in Paris. In der Stadt seiner Träume wurde er besonders mit dem Typus des aufgeblähten Egos konfrontiert.

Am 25. Juli 1983 berichtet er Liiceanu von einem sehr angenehmen Abend mit Constantin Noica in Paris: dieser sei ›weise geworden‹.[63]

Im Sommer empfängt Cioran noch den Kulturtheoretiker und Schriftsteller Hans-Jürgen Heinrichs (geb. 1945), Herausgeber u. a. der Schriften Michel Leiris' in Deutschland, zu einem ausführlichen Gespräch.[64] Eines der zentralen Themen des Gesprächs stellt das Scheitern dar: »Das Scheitern ist fast das Wesentliche am Leben. Das Scheitern ist wichtiger als der Tod, ein Universalgesetz des Lebendigen. Alls muß scheitern — und es scheitert! Für mich ist das nicht unbedingt deprimierend. Es gehört dazu — der Tod ist nur die Krönung eines großen Scheiterns (...). Das muß aber nicht unbedingt zur Verzweiflung führen. (...) Was man Hoffnung nennt – und alle leben mit Hoffnung –, ist etwas absolut Falsches, an und für sich. (...) ich habe Hoffnungen, wie alle anderen. Aber ich weiß, diese Hoffnungen sind unreal.«[65] An einer Stelle des Gesprächs vergleicht Heinrichs seinen Dialogpartner mit der Figur des Ödipus. Cioran stimmt zu, um fortzufahren: »Die Unsicherheit ist absolut notwendig; z.B. ist ein Schriftsteller, dessen Leben sicher ist, verloren. Die Schriftsteller waren früher vom schriftstellerischen Standpunkt aus eigentlich viel besser, als sie absolut verlassen waren, arm und unglücklich starben.«[66] An die eigene Adresse gerichtet fügt er hinzu: »ich lebte viel intensiver, als ich zwei, eigentlich nur einen Anzug, jahrelang nur einen kleinen Koffer besaß. (...) Die Sicherheit ist geistig eine unglaubliche Gefahr, wie die perfekte Gesundheit eine Katastrophe für den Geist.«[67]

Im Herbst des Jahres erholt sich Cioran von einer Atemwegsinfektion im spanischen Heilbad Liérganes (Santander). Während des Aufenthalts besucht er in Begleitung Simone Boués Segovia und Toledo — dort das Haus El Grecos. In Madrid gewährt er der Journalistin Rosa Maria Pereda ein Interview für die Wochenzeitung CAMBIO 16.[68] Aus der redaktionellen Einleitung erfahren wir, daß er den Romanistik-Professor Ricardo Gullón (1908–1991), den Schriftsteller und Verleger Manuel Arce Lago (geb. 1928), den Literaturkritiker und -wissenschaftler Rafael Conte (geb. 1935) sowie den verstorbenen Morante zu seinen Freunden zählt.[69]

In der Madrider Tageszeitung EL PAÍS vom 13. November 1983 erscheint ein weiteres Gespräch mit Cioran, geführt mit J.-L. Almira.[70] Unter dem blumigen Titel »Winzige Einzelheiten und entfesselte Leidenschaften« äußert sich der Exilrumäne u.a. zu seiner Faszination für Spanien, seinem Denken über das Christentum. Ungewöhnlich Almiras Frage nach dem selten in Ciorans Werk auftauchenden Thema der Sexualität. In seiner

Replik differenziert der Denker nicht zwischen Liebe und dem Sexualakt: »Céline sagte, die Liebe sei das Unendliche, das einem Pudel erreichbar sei. Das ist die beste Definition, die ich kenne. Wenn sie nicht diesen doppelten Aspekt besäße, diese aufwühlende Unerreichbarkeit, müßte man das Thema den Gynäkologen und Psychoanalytikern überlassen. Im sexuellen Rausch hat jeder Beliebige das Recht, sich mit Gott zu vergleichen. Merkwürdig ist, daß die unvermeidbare Enttäuschung danach das übrige Leben nicht beeinträchtigt, daß sie etwas Momentanes ist. Es kam vor, daß ich mir sagte, daß man eine postsexuelle Sicht der Welt haben kann, eine Sicht, die so verzweifelt wie nur möglich wäre: das Gefühl, alles in etwas eingebracht zu haben, das die Mühe nicht wert war. Das Außergewöhnliche besteht darin, daß es sich um ein reversibles Unendliches handelt. Die Sexualität ist ein riesiger Betrug, eine gigantische Lüge, die sich unverändert erneuert. Gewiß triumphiert der präsexuelle Augenblick über den postsexuellen: es ist das unerschöpfliche Unendliche, von dem Céline spricht. Und die *Begierde* ist jenes momentane Absolute, das unmöglich ausgerottet werden kann.«[71] Der Orgasmus wäre alles und nichts zugleich, gewichtet nach den Stadien davor, währenddessen, danach. Eine Paradoxie unter vielen: »Dennoch lieben Gynäkologen, zeugen Totengräber Kinder, schreiben Zyniker, machen Verzweifelte Pläne.«[72]

Im Frühjahr 1984 macht Louis Monier (geb. 1943) auf der Place de Fürstenberg ein denkwürdiges Foto: das Trio infernale Cioran, Ionesco und Eliade markiert ein angeregtes Gespräch (s. Abb.). Es heißt, die Rumänen hätten bereitwillig für den Fotografen posiert. Eine andere Aufnahme zeigt Cioran zusätzlich mit dem Verleger Pierre Belfond, dem Dichter Yves Bonnefoy u. a.[73]

Auf Einladung Jacques Le Riders, Professor für deutsche Kulturgeschichte in Paris, findet sich Cioran am 5. Juni 1984 in Tübingen ein, um sich im Rahmen einer öffentlichen Veranstaltung des ›Institut Culturel Franco Allemand‹ den Fragen des Philosophen Gerd Bergfleth (geb. 1936) zu stellen. Cioran besteht darauf, sich auf deutsch zu artikulieren. Naturgemäß gleicht der

Themankanon den vorausgegangenen Gesprächen: Jugend, Langeweile, *cafard*, Exil, Sprachenwechsel, Suizid, Mystik, das Verhältnis zu Gott, Funktion des Schreibens, Ende der Geschichte/des Menschen, die Einstellung zum Tod. Er sagt u.a.: »Das Leben und der Tod sind ein substanzloses Schauspiel, das das Lachen rechtfertigt. Die Schöpfung ist bloß ein Vorwand des Absoluten. Das vedānta, das tiefste metaphysische System der Inder, behauptet mit Recht, daß Gott die Welt ›nur aus Spiel‹ geschaffen hat.«[74] Vom unweigerlichen Ende des Menschen ist diese Kassandra deshalb überzeugt, weil sie die Ambivalenz des menschlichen Wissensdurstes ablehnt und den Erfindungsgeist des *homo sapiens sapiens* mit dessen Katastrophe in eins setzt. Technologischer Fortschritt generiert seit jeher Waffen als auch Medikamente und ganz allgemein die Voraussetzungen zu mehr Lebensqualität. Die Rechnung geht spätestens dann nicht auf, wenn Menschen dank Technologie überflüssig und selektiert werden, wenn Hochbetagte dank des medizinischen Fortschritts nur noch eine ökonomische Last darstellen: kapitalistischer Darwinismus. Die Vision einer pazifizierten Welt widerspricht aller historischen Erfahrung, und die Stärksten werden überleben, wenn der Planet übervölkert genug sein wird. Die Frage, unter welchen

Abb. Louis Monier, Les »Trois roumains« Cioran, Eliade, Ionesco, 1984.

Bedingungen dann, ist so müßig wie das Streben nach unendlich verlängerter Lebenszeit bei der reichen Minderheit der Erde ein Irrwitz. »Der Mensch ist ein Abenteurer. Und ein Abenteurer kann nicht gut enden. (...) ich glaube, daß der Mensch enden wird, wenn man auch das letzte Heilmittel gefunden haben wird. Man kann sich vorstellen, daß die Wissenschaft eines Tages alle Krankheiten besiegen kann, und daran wird der Mensch zerbrechen.«[75] Es fällt auf, daß der Rumäne regelmäßig den Definitionsangeboten seines Gesprächspartners ausweicht — notfalls ins Anekdotische. Die Veranstaltung gerät zum typisch Cioranschen Monologisieren vor Publikum, mit den üblichen Pointen, die das Auditorium in Gelächter ausbrechen läßt. Die Publikation des Gesprächs, von Cioran selbst um jene anekdotischen Einlagen gekürzt, vermittelt folglich primär Zitierfähiges, nicht aber das Atmosphärische.[76] Im Rückblick heißt es in einem Brief an Octavian Vuia vom 31. Juli 1984 sarkastisch: »Anfang Juni war ich in Tübingen, wo ich zwei Stunden lang den Kasper gespielt habe... auf deutsch! Fürs erste habe ich keine Lust, woanders nochmals Komödie zu spielen.«[77]

Im Gespräch mit der Kunsthistorikerin Lea Vergine, abgedruckt in der Vogue Italia vom August 1984,[78] hebt Cioran zunächst seine Zurückgezogenheit hervor: er gebe selten Interviews und sei noch nie im Fernsehen aufgetreten (!). Dann stellt Lea Vergine die offensive Frage, ob er nicht ein »reaktionärer Autor sei, der Beziehungen zum Faschismus« unterhalten habe?[79] Cioran beruft sich auf seinen damaligen Anarchismus und geht auf die Umstände ein, die ihn verleiteten, mit den Ideen der »Eisernen Garde« zu sympathisieren.[80]

Die italienische Übersetzung von »La tentation d'exister« versieht der Schriftsteller und Verleger Roberto Calasso (geb. 1941) mit einem Kommentar, der die Luzidität des Diagnostikers der »›Nachtseite‹ der Geschichte« lobt.[81] »Und doch wird am Ende seine bittere, zersetzende Prosa zur heilsamen Begleitung all derer, die sich ›einer im Groben und im Schrecklichen vereinten Welt‹ gegenüber finden.«[82]

Nach dem Tod Henri Michaux', am 19. Oktober 1984, gehört Cioran zu den wenigen, die dem Dichter die letzte Ehre erweisen (dürfen). Vor der Kremation, die besonderer Umstände wegen erst Wochen später auf dem Père Lachaise stattfindet, soll der Rumäne den Krematoriumsangestellten umstandslos gefragt haben, wie lange es denn mit der Asche dauere.[83] Wie nahe ihm die Angelegenheit tatsächlich geht, erschließt dieses Fragment: »Zurück von einer Einäscherung. Augenblickliche Abwertung der *Ewigkeit* und aller großen Vokabeln.«[84] 1973 hatte er in LA QUINZAINE LITTÉRAIRE über seine Begegnungen mit dem Freund geschrieben — ohne sich Kritik zu versagen. Michaux hatte sich umgehend bedankt, voller ›Spitzen‹ und Ironie: »Seitdem Sie über mich geschrieben haben, bin ich ein anderer geworden — ich habe den Eindruck, daß ich länger ›überdauern‹ werde. Niemand wird später denken, daß ich unbedeutend war. Künftig gilt Ihre Aussage. Da ich bereits erschöpft zur Welt kam, stets verunsichert, benötigte ich, davon bin ich überzeugt, ein gutes Zeugnis. Jetzt habe ich es. Ein überragendes, da es von einem Unbestechlichen ausgestellt wurde. Danke.«[85]

Die mexikanische Zeitschrift VUELTA druckt im Februar 1985 ein Interview, das Ester Seligson (geb. 1941) mit Cioran führt.[86] Die Bedeutung des Sprachenwechsels, die Freundschaft mit Michaux sind einige Themen, im Zentrum aber steht das Schicksal des Menschen resp. die Anti-Utopie (mit dem Verweis auf Swift). Der Autor ist von der Selbstvernichtung der Menschheit überzeugt und prophezeit das Verschwinden der USA, Rußlands sowie Europas.

»Tatsächlich sollte man dort leben und sterben, wo man das Licht der Welt erblickt hat«, bemerkt er am 19. Februar in einem Brief an Bucur Ţincu.[87]

Im Herbst 1985 reist er mit Simone Boué nach Italien (Lecce bei Bari) und Griechenland (auf Korfu besichtigen sie die ›Villa Achilleon‹, die Sommerresidenz der Elisabeth von Österreich). »Im Institut Français werde ich mich in Athen – wie in Tübingen – als Clown betätigen. Was macht man nicht im Alter! Die

Würde kann man nicht unendlich behalten.«[88] In Athen äußert er sich, vor ca. 400 Hörern, zu seiner Vita, ferner zum Thema »Verräter seiner Muttersprache«[89]. Gesprächspartner ist ihm hier der Schriftsteller und Kritiker Philippos Drakodaidis (geb. 1940). »Athen war eine Enttäuschung. Obendrein mußte ich mich ›kulturell‹ betätigen: Interviews, Vortrag, Gespräch, offizieller Empfang.«[90]

Ab November des Jahres geht Cioran mit Sanda Stolojan in mehrstündigen Sitzungen ihre Arbeit der französischen Übersetzung von »Lacrimi şi sfinţi« (Von Tränen und von Heiligen) durch. Der Schriftsteller tilgt ganze Seiten des rumänischen Textes, sofern er sie bereits in seinen französischen Essays verwendet hat.[91] Im übrigen treibt ihn die Befürchtung um, in den Augen der Franzosen »morbide« zu wirken. Mit Rücksicht auf die ungläubigen Leser ersetzt er Wiederholungen des Wortes »Gott« möglichst durch »Er«.[92] Auf diese Weise wird aus der ›Übersetzung‹ eine gestraffte Neufassung.

»Nil admirari!«[93]

Die Veröffentlichung der »Exercices d'admiration« (dt. Widersprüchliche Konturen) im Frühjahr 1986 markiert in mehrfacher Hinsicht eine Zäsur: aus dem Autorennamen ›E. M. Cioran‹ wird schlicht ›Cioran‹, und die Sammlung literarischer Portraits wird gleich als Taschenbuch ediert (mit einer Auflage von 10000 Exemplaren) — wenn auch in der eleganten, relativ jungen Reihe »Arcades«, die auch ästhetisch nichts mehr von der Armseligkeit der früheren Taschenbücher hat. Cioran selbst schlug Claude Gallimard dieses Verfahren vor. Der Verleger hatte zunächst abgelehnt, indem er den Autor mit den Verkaufszahlen seiner bisherigen Titel konfrontierte, so daß er, berichtet Simone Boué, nach der Unterredung leichenblaß nach Hause zurückkehrte.[94] Dennoch sollte es Ciorans erster wirklicher kommerzieller Erfolg werden. Auch seitens der Presse wird das schmale Buch unterstützt, so u. a. von Angelo Rinaldi auf zwei Seiten im Express.

Mit den ›Bewunderungsübungen‹ (wörtliche Übersetzung von »Exercices d'admiration«) wird Cioran seinen einstigen Statements untreu — und wiederum nicht. »Man kann jenen nicht verzeihen, die man gerühmt hat, man hat Eile, mit ihnen zu brechen, die feinste aller Ketten zu zerreißen: die der Bewunderung… nicht aus Gemeinheit, sondern aus dem Streben, sich wiederzufinden, frei zu sein, man selbst zu sein.«[95] Keine Idolatrie! Ich konnte andeuten, wie genau dies Cioran in seinem Valéry-Essay ins Werk gesetzt hatte. Nach wie vor ruft er aus: »Huldigungen, die nicht töten, sind unwürdig.« Erinnert sei auch an seine kategorische Weigerung, sich der Mühe des Biographen zu unterziehen, gedacht an die Kürze des eigenen Lebens: »Es ist mehr wert, mit Nichtigkeit von sich selbst zu sprechen als mit Talent über andere.«[96] Über die Stichhaltigkeit dieser Maxime läßt sich streiten, sie weist aber das Buch der literarischen Portraits als Frucht einer gewissen Inkonsequenz, Kompromißbereitschaft aus. Aus der Nähe betrachtet erweisen sich jedoch nur knapp die Hälfte der 13 Texte, durchweg Gelegenheits- oder Auftragsarbeiten, als unzweideutige Hommagen bzw. ›Bewunderungsübungen‹. Als ›Bußübungen‹ apostrophiert der Autor sein Portrait des einstigen Mentors Gabriel Marcel, wörtlich: »eher Pflicht«[97], über den er im Gespräch freimütig spotten konnte. Dementsprechend zeichnet er ihn als philosophischen Antipoden. Was sie verbunden habe, sei die Liebe zur Musik.[98]

Desgleichen sei der Beitrag über Saint-John Perse eher widerwillig entstanden, da Jean Paulhan ihn bedrängt habe, etwas aus Anlaß des an ihn verliehenen Nobelpreises für Literatur zu schreiben. Er finde seine Poesie schwülstig und hohl, ausgenommen seine frühesten Dichtungen. Den Nobelpreis habe er lediglich der »Freundschaft mit einem UNO-Diplomaten« zu verdanken.[99] In seinen Ausführungen von 1960, erschienen in der Nouvelle Revue Française, vermeidet Cioran konsequenterweise den geringsten Hinweis auf persönliche Begegnungen und zieht sich aus der Affäre, indem er über das Gedicht per se referiert.

Wenn es irgend möglich war, verweigerte er sich solchen Auftragsarbeiten (wie z. B. über Paulhan oder Heidegger) und es erklärt sich, warum im Reigen der Portraits so viele der wahren Favoriten nicht vorkommen — von Dostoevskij bis Šestov, von Kleist, der Günderode bis zu Gérard de Nerval, von Keats über Emily Brontë bis hin zu Emily Dickinson et al. (Für diese Lükken entschädigen die Notate in den ungekürzten »Cahiers«, ferner diverse »Entretiens«.)

Wie selbstkritisch Cioran seine journalistische Produktion einschätzte, einschließlich seiner Tagebucheintragungen, zeigt ein Text zu Beckett, gewidmet dem Nobelpreisträger des Jahres 1969, der im Juni 1970 in Le Monde erschienen war. Nach einem Gespräch mit Becketts Frau Suzanne schließt er, daß ›Sam‹ der Artikel mißfallen habe. »Und in der Tat ist er nicht gut.« So kehrt er »ermüdet, verzweifelt«[100] nach Hause zurück. Cioran beschränkte sich auf Anekdotisches, vermied bewußt (?) den Gestus des Literaturkritikers. Der Phänotyp Beckett wird recht treffend dargestellt, indem er mit Ludwig Wittgenstein verglichen wird. Darüber hinaus geht der Autor lediglich auf die gemeinsame Titelsuche für »Lessness« (1970), die jüngste Prosa des Iren, auf französisch ein (»Sans«, 1969).

Ciorans kritische Lektüre von Francis Scott Fitzgeralds (1896–1940) »The Crack-Up« (1945) ist der früheste Text der Sammlung, datierend von 1955.[101] Er vereint das Psychogramm mit der metaphysischen Wertung des Umgangs mit der Krise seitens des Erfolgsschriftstellers. Im Vergleich mit Kierkegaard, Dostoevskij und Nietzsche gehört Fitzgerald für Cioran zu den »Angstgepeinigten zweiter Klasse«[102]. »In der ›Nacht der Seele‹ schlägt Fitzgerald eher als Opfer denn als Held um sich herum. So geht es mit allen, die ihr Drama nur in psychologischen Kategorien erleben, sie sind unfähig, ein äußeres Absolutes wahrzunehmen, gegen das gekämpft oder dem sich gebeugt werden muß; sie fallen ewig auf sich selbst zurück, um schließlich *unterhalb* der erspähten Wahrheit zu vegetieren. Sie sind (...) Desillusionierte, denn die Desillusionierung – Rückzug nach einem

Desaster – ist typisch für ein Individuum, das wegen eines Mißgeschicks weder sich selbst zerstören noch jenes bis zu Ende aushalten kann, um es zu überwinden.«[103] Im hochfahrenden Ton jener Jahre sitzt Cioran über einen Autor zu Gericht, den er nur verachten kann, da er sich rückhaltlos dem Erfolg verschrieben hat, ohne daß der ›Knacks‹ tiefreichende Folgen gezeitigt hätte. Daß sich Cioran überhaupt mit einem populären Autor auseinandersetzt, erstaunt mich, da es an grandiosen Untergehern in der englischsprachigen Literatur nicht mangelt, gedacht sei an Poe, Dylan Thomas oder Malcolm Lowry.

Auch Roger Caillois (1913–1978) attestiert Cioran eine »Erleuchtung« ohne Konsequenzen. Entlang der Lektüre seines mineralogischen Essays »Pierres« (1966) konstatiert er Caillois' gescheiterte »Erlösung«. Der Soziologe und Philosoph war im Grunde ein Positivist, insofern unweigerlich ein Feindbild für Cioran.

Der Text über Jorge Luis Borges, auf mehrmaliges Drängen Fernando Savaters entstanden, stellt ein diplomatisches Kunststück dar, denn wir wissen, daß er den Argentinier nicht geschätzt hat — und sei es nur, weil die Mehrzahl der Schriftsteller ihn verehrte (ähnlich allergisch reagierte Cioran auf die vermeintliche Überschätzung Kafkas). Leibhaftig erlebte der Rumäne den »Überkultivierten« wohl erst im Januar 1983, und zwar in Begleitung Michaux', als Borges am ›Collège de France‹ einen Vortrag hielt.[104]

Ciorans Erinnerungen an den Beginn seiner Freundschaft mit Mircea Eliade sind nicht frei von unverhohlener Rivalität. In Bukarest der dreißiger Jahre mußte der wenig Ältere in Ciorans Augen wie ein Überflieger wirken: Dozent, rastlos publizierender Essayist, Romancier, Indienfahrer, der von Geliebten belagert wird etc. Insider behaupten, Cioran habe sich in den »Widersprüchlichen Konturen« eine Art Abrechnung mit Eliade geleistet, da dieser 1933 die Schauspielerin Sorana Țopa verprellt hatte.[105] Wesentlicher ist Ciorans Hinterfragung des Status eines Religionswissenschaftlers, der, glaubte er an etwas, seine Profession verraten würde. Wie mit dem Skalpell arbeitet er sich zu den Aporien in den jeweiligen Biographien vor (bei Michaux bereitete ihm die Unentschiedenheit zwischen Dichter und Drogenforscher Verständnisschwierigkeiten). Dennoch schließt sein Portrait versöhnlich: »Wir alle sind, Eliade an der Spitze, ehemalige Gläubige, wir sind alle religiöse Geister ohne Religion.«[106] Eliade soll über der Lektüre des Buchs, nach einem Schlaganfall am 14. April 1986, den er im Krankenhaus nicht überlebte, in Chicago gestorben sein.[107]

Wie so oft bei Cioran gibt es eine Kluft zwischen veröffentlichten Verlautbarungen und dem, was er tatsächlich empfindet — insbesondere immer dann, wenn es um andere geht, die er bewundert. So schreibt er an Constantin Noica, daß er sich in dem Bewußtsein, daß Eliade nur noch wenige Stunden zu leben habe, an ihre Jugendzeit erinnere und an die Schlüsselrolle Eliades; und daß er, Noica, sein legitimer Erbe sei. Jener Geist der ›Jungen Generation‹ sei auch nach einem halben Jahrhundert noch lebendig.[108] Ist eine rückhaltlosere Anerkennung des einstigen *leaders* vorstellbar?

Zwei Jahre nach Eliades Tod publiziert Cioran eine Art *da capo* seines Portraits, überschrieben »Endlich eine gelungene Existenz«[109]. Augenfällig die Ironie des Titels, denn letztlich wird Eliade Aktivismus, Karrierismus und – in der Folge – mangelnde Tiefe vorgeworfen: »Jede Art von Nihilismus, selbst ein metaphysischer, war ihm fremd. Der Zauber der Trägheit, des *ennui*, der Leere und des Schuldgefühls war ihm so unvorstellbar unbekannt — er glich einem Anti-Baudelaire. (...) Eliade glaubte an das *Heil*; er stand offenkundig auf der Seite des Untragischen, des Guten (...).«[110] Dieses ›was mich von Eliade unterscheidet‹, mußte nachgetragen werden.

Aufrichtige ›Bewunderungsübungen‹ sind dagegen – neben den Portraits von Beckett, Fondane und Michaux – die Susana Soca sowie Guido Ceronetti gewidmeten Seiten. In Form eines Briefes (vom 7. März 1983) an Ivan Nabokov, dem Herausgeber der französischen Ausgabe von »Il silenzio del corpo« (Das

Schweigen des Körpers, 1979), zeichnet Cioran den Italiener als Verwundeten, Mystiker, Gegenwartsverächter, fanatischen Vegetarier und Misanthropen zugleich. Mal vergleicht er ihn mit Fürst Myškin, mal sein Buch mit Huysmans' Biographie der heiligen Liduina von Schiedam[111]. Seine Impressionen von Ceronetti, dem er gelegentlich in Paris begegnet war, ergänzt Cioran um die Skizze einer exzentrischen Verehrerin des Schriftstellers.

Das Portrait der uruguayischen Dichterin Susana Socas (1906–1959) ist Hommage und Nekrolog zugleich.[112] Cioran beschränkt sich auf seine Impressionen aus zwei persönlichen Begegnungen, um sie mit einer Mystikerin, einem »Mondlichtwesen, über die Rozanov spricht«[113] oder einer Verwandten der Brontë-Schwestern zu vergleichen. Henri Michaux verliebte sich 1936 in sie während eines Besuches in Montevideo. Cioran muß sie während einer ihrer späteren Paris-Aufenthalte gesehen haben. Die vermögende Rilke-Verehrerin förderte mäzenatisch mit ihrer Zeitschrift Entregas de la Licorne (1953–61) die französische Literatur in Lateinamerika. Das hypersensible Wesen, das nach Ciorans Einschätzung »nicht von hier« war, kam bei einem Flugzeugabsturz in Río de Janeiro ums Leben.

In »Exercices d'admiration« sind außerdem das »Kurzgefaßte Geständnis« zum Briefeschreiben sowie »Beim Wiederlesen der ›Lehre vom Zerfall‹« enthalten.[114] Sein Celan-Portrait wurde im Buch nicht aufgenommen. Über andere Autoren wie Armel Guerne, deren Vertrauter er war, hat er nichts Zusammenhängendes geschrieben. Gleichwohl bergen seine »Cahiers« fesselnde Betrachtungen beispielsweise über Arthur Adamov und Simone Weil (1909–1943).

Aus Anlaß von Ciorans 75. Geburtstag veröffentlicht Die Zeit vom 4. April 1986 auf zwei Seiten ein Gespräch mit Fritz J. Raddatz. Dieses dürfte spätestens im März in Paris stattgefunden haben, da Cioran nach der Lektüre des Interview-Protokolls am 8. März einen Brief an den Journalisten richtet, in dem er Zweideutigkeiten auszuräumen trachtet. Ein wichtiger Passus dieses Einspruchs wurde in das gedruckte Gespräch eingefügt: »Zwar habe ich ein intensives, ein krankhaftes Mitleid für alle Wesen, für den Menschen sogar und finde, daß es höchste Zeit ist, daß er verschwindet, damit wir ihm nachtrauern können. Das Mißverständnis zwischen uns kommt daher, daß Sie an die Zukunft, an eine Lösung, an das Mögliche überhaupt glauben, während ich nur etwas Präzises weiß: daß wir alle da sind, nur um uns gegenseitig zu quälen mittels unerschöpflicher Illusionen. (...) Als Teufel oder Gott hätte ich, glaube ich, die Menschheit erledigt.«[115] Die Trennung zwischen Denken resp. Schreiben und Tun, die Cioran lebt, kann er dennoch nicht vermitteln. Raddatz, den das Polarisieren reizt, spricht folglich so häufig wie möglich derartige Paradoxien an — die Suizidfrage eingeschlossen. Die Themen Geschichtsverständnis, Fortschrittskritik, politisches Engagement, Verantwortungsbewußtsein verweisen auf eine dezidiert ideologische Optik des Journalisten. Der Tenor des Ganzen mißfiel Cioran, sah er sich doch wieder als »Reaktionär« abgestempelt.[116]

Im Mai 1986 veröffentlicht die Mailänder Tageszeitung Il Giornale ein Gespräch zwischen Cioran und dem befreundeten ungarischen Historiker und Publizisten François Fejtő (geb. 1909), der seit 1938 in Frankreich lebt.[117] Der Parcours des Interviews beschränkt sich auf die Kindheit in Siebenbürgen, die dortigen Erfahrungen mit Menschen ungarischer Nationalität, die Weltgeschichte von 1789 bis hin zur bedrohlichen Sowjetunion. In dieser Sitzung hat Cioran seine Apokalyptik merklich abgemildert. Das Interview mit dem deutschen Publizisten Heinz-Norbert Jocks dürfte ebenfalls in dieser Zeit stattgefunden haben.[118]

Aus Dieppe schreibt er am 13. Juli 1986 an Arşavir Acterian resigniert: »Das Alter ist eine ständige Demütigung. Ich habe jegliche Lust verloren, mich zu äußern, zu schreiben, mich aufzuspielen. Man verschwindet immer zu spät. Wenn man den Sinn des Wortes ›deşertăciune‹ [Eitelkeit] verstanden hat, kann uns nichts mehr auf Erden erfüllen. *Umbră şi vis* [Schatten und Traum]. Eugène [Ionesco] begreift diese Dinge. Mircea [Eliade] begreift sie auch, aber als Gelehrter. Die Geschichte der Religionen — welch Irrtum! Der Anblick des Meeres ist bereichernder als die Lehre Buddhas.«[119]

Empört über eine Ansprache des Präsidenten François Mitterrand (1916–1996) zum 14. Juli, dem französischen Nationalfeiertag, schlägt Cioran die Einladung zu einem Essen mit ihm aus. Bereits 1984 wollte das Staatsoberhaupt Cioran und Ernst Jünger zu einer gemeinsamen Begegnung einladen — ohne Erfolg.[120] Dennoch scheint ihm das Interesse Mitterrands zu schmeicheln, und so nimmt er später, berichtet Simone Boué, in Begleitung des Schriftstellers und späteren Staatssekretärs Thierry de Beaucé (geb. 1943) an einem Empfang des Präsidenten teil.

> »Vielleicht ist es dies, was man im Leben sucht, nichts anderes als dies, den größtmöglichen Schmerz, um man selbst zu werden, bevor man stirbt.«
> Louis-Ferdinand Céline

Am 22. Dezember 1986 werden die »Aveux et anathèmes« (dt. Der zersplitterte Fluch) gedruckt, das als Taschenbuch der ›Collection Arcades‹ bei Gallimard erscheint. Es handelt sich um eine Auswahl von in sechs Kapiteln unterteilten ursprünglich ca. 650 Gedanken, Aphorismen, Maximen, die Cioran bis 1980 zu Papier gebracht hatte. Im ›Klappentext‹ reflektiert der Autor über das Genre des Fragments, das Wahrheiten wie auch Schrullen, Überzeugungen wie auch Kapricen umfasse. Sowohl Flüchtiges, Ephemeres, Frucht des Augenblicks als auch lebenslange Obsessionen. »Da ›Aveux et anathèmes‹ eine Folge von Ratlosigkeiten sind, findet man in ihnen Fragen, aber keine Antwort. Welche Antwort übrigens? Wenn es eine gäbe, würde man sie kennen, sehr zum Nachteil des Verehrers der Bestürzung.«[121]

Der Titel des Buches spielt deutlich auf die »Confessiones« des Augustinus an — insofern ist die deutsche Titelvariante irreführend, zumindest eine parteiliche Deutung des Unternehmens in Richtung Verfluchung. In den Fragmenten findet sich nicht wenig Selbstkritisches — neben den notorischen Themen Tod, Religion, Philosophie, Suizid, Schlaflosigkeit, Musik etc. Nichts wirklich Neues folglich. Cioran war sich dessen durchaus bewußt. Eingestreut so manche anonymisierte Adnote zu André Breton (S. 45f.), Paul Celan (S. 35), Armel Guerne (S. 39f.) oder Petre Ţuţea (S. 103). Auch das Krisen-Erlebnis in Talamanca wird evoziert (S. 67).

»Meine Mission besteht darin, die Dinge so zu sehen, wie sie sind. Ganz das Gegenteil einer Mission.«[122] Dieses buddhistische ›Statement‹ konterkariert Cioran mit einschlägigen Zitaten, die der Hoffnung berauben, jemals die Endlosschleife der Illusionen verlassen zu können.

Joseph Joubert hatte in seinen »Maximen« bemerkt: »Die Illusion liegt in den Empfindungen und der Irrtum in den Urteilen. Man kann sich zugleich an der Illusion erfreuen und dennoch die Wahrheit kennen.« Antonio Porchia in seinen »Voces« (Stimmen): »Ein ganz bewußtes Leben: niemand könnte es ertragen.«

Merken wir an, daß der Verkaufserfolg der »Aveux et anathèmes« (30000 Ex.) den Autor »beschämt«. Es ist dies sein Schwanengesang, zumal er selbst seine »Cahiers« seit August 1980 nicht fortführt. Entsprechend heißt es in seinem Brief vom 28. Januar 1987 an Gabriel Liiceanu: »Das Aufhebens, das man um mich macht, stört und enttäuscht mich. Ich wußte, daß es eines Tages unvermeidbar wäre, aber mein Stolz verlegte es nach der künftigen Katastrophe. An die Beachtung von Überlebenden und nicht von Sterbenden waren meine Befürchtungen gerichtet. Es gibt kein größeres Drama als das, zu früh verstanden worden zu sein.«[123]

Am 5. Februar 1987 kommt Cioran dem Ruf der Ruhr-Universität Bochum nach einem Verzweiflungsspezialisten nach. Er spricht dort im Rahmen des Seminars für rumänische Linguistik etwa zwei Stunden lang auf deutsch, während der vorsitzende Dozent lächelnd die Repliken auf Fragen nach seinem Werk schriftlich in einer großen Kladde festhält. »Aphorismen sind eine Mischung aus Launen und Wahrheiten.« Sanda Stolojan, die der Veranstaltung beiwohnt, ist angesichts der Nonchalance des Rumänen perplex, zumal dieser sich bei Tisch danach noch drei bis vier Stunden lang mit Rumänen aus Deutschland unterhält.[124]

Am 18. August teilt er Friedgard Thoma mit: »Endlich die Weisheit. Ich mache keine Pläne mehr und schreibe überhaupt nicht. Fünfzehn Bücher, fünfzehn Kadaver — das genügt.«[125]

Im Brief vom 22. Oktober 1987 an den Bruder Aurel heißt es: »In dem Maße, in dem ich meine Kapitulation beklage, bewundere ich Deine Art und Weise, dem Alter die Stirn zu bieten. Nie hätte ich geglaubt, daß ich eines Tages mit Bescheidenheit geschlagen wäre. Ich komme nicht wirklich darüber hinweg. Was für eine Niederlage!«[126]

In diesem Jahr entsteht das beeindruckende Foto-Portrait Richard Avedons. Häufig wird nur Ciorans Kopf reproduziert, tatsächlich handelt es sich aber um ein Halbportrait: zum Gesamtbild gehören unbedingt die altersgefurchten Hände, der aufeinandergedrückte, ein Oval bildende Daumen und Zeigefinger.[127]

Abb. Marc Trivier, E. M. Cioran, 1983.

»I am not sorrowful but I am tired
Of everything that I ever desired«[128]
Ernest Dowson

Die nicht mehr produktiven Jahre verbringt Cioran mit weiteren Gesprächen / Interviews, wenn er sich nicht um die französischen oder deutschen Übersetzungen seiner rumänischen Schriften kümmert.

Im Januar 1988 ediert die Editions de l'Herne sein erstes Buch »Pe culmile disperării« als Faksimile. Der Verleger Constantin Tacou, ein Landsmann Ciorans, den er seit 1947 kennt, präsentiert dem Autor die Neuauflage während eines Essens. Dieser ist für einen Moment perplex, da er ausruft: »Was für ein gut erhaltenes Exemplar! Wo haben Sie es her?«[129] Constantin Tacou wird Cioran, vergebens bitten, einer ihm gewidmeten Ausgabe der »Cahiers de l'Herne« (eine Art Ritterschlag des jeweiligen Autors) zuzustimmen.

Dagegen akzeptiert er einige Gespräche mit Sylvie Jaudeau, die 1990 veröffentlicht werden — einschließlich einer analytischen Übersicht seiner Werke. Er äußert dort zum Selbstverständnis: »Der Skeptizismus ist eine höchst philosophische Haltung, aber paradoxerweise ist er nicht das Ergebnis einer Entwicklung, er ist angeboren. Man kommt als Skeptiker zur Welt. Das verhindert oberflächliche Ausbrüche von Begeisterung nicht. Man hält mich gewöhnlich für leidenschaftlich, und das ist sicher wahr (...). Aber mein Fundament bleibt Skepsis, und die Fähigkeit, alles Evidente in Frage zu stellen, gibt den Ausschlag. Zweifelsohne braucht man Gewißheit, um handeln zu können. Schon die geringste Überlegung unterminiert jede spontane Zustimmung. Wir stellen schließlich immer fest, daß nichts Bestand hat, daß alles unbegründet ist: der Skeptizismus oder die Oberherrschaft der Ironie.«[130] Außerdem gewährt er am 7. März des Jahres Michael Jakob ein extensives Interview.[131]

Fritz J. Raddatz schreibt in der Zeit vom 11. März 1988 über eine Begegnung mit Cioran in Paris: »er ist ein ziemlich heiterer

Mensch, dessen eleganter Nihilismus ihn nicht hindert, bei einer Flasche Pouilly Fumé den Sinn des Lebens zu leugnen. Lachend. Der liebenswerteste menschgewordene Widerspruch, den ich kenne. Er erzählt von einer schweren Operation, er hätte sterben können. Etwas grob sage ich: ›Das dürfte Cioran doch nicht schrecken?‹ Da lächelt er verschmitzt: ›Ach, wissen Sie — ein bißchen möchte man doch der Komödie noch beiwohnen.‹ Er ißt kaum — und erzählt von seinem Freund, dem Maler Roberto Mattá, und dem gemeinsamen Besuch eines Luxusrestaurants: Ein Gargantua wächst aus dem kleinen schmalen Mann. Er ist sehr freundschaftlich. ›Susan arriving‹ steht groß in seinem Kalender, weil übermorgen Susan Sontag nach Paris kommt; als ihre Krebs-Operation bevorstand, vor Jahren, hatte er ihr einen Brief geschrieben, den sie sich aufhängte.«[132]

Am 17. April 1988 verbreiten Presseagenturen die makabre Falschmeldung, Cioran habe sich mit Gift das Leben genommen.

Im August veröffentlicht Gallimard den Fotoband der finnischen Fotografin Irmeli Jung »L'élan vers le pire«, zu dem Cioran einige Aphorismen beisteuert. Der Titel des Bandes verdankt sich der Sentenz: »Der Fortschritt ist nichts anderes als ein Drang zum Schlimmsten.«[133] Die Fotografin soll Cioran für den Band dadurch gewonnen haben, daß sie ihm akute Geldnot eingestand. Die Sequenz beginnt in der Rue de l'Odéon (s. Abb. S. 8), setzt sich an den Seine-Quais fort und endet in Dieppe (der Luxembourg wird ausgespart). Auf dem Titel des großformatigen Buches ein Caspar David Friedrich-Zitat: Cioran von hinten, im normannischen Kies-Strand, das Meer betrachtend: der Einsiedler resp. »Wanderer über dem Nebelmeer«. Das Ensemble wirkt ausgesprochen trist, aber es ist schwierig, dies der Auswahl Irmeli Jungs oder aber dem Stilisierungswillen des ›Modells‹ zuzuschreiben. Dessen traurige bis ängstliche Augen jedenfalls sind etwas, das der authentischen Physiognomie Ciorans angehört. Der Kontrast zum Avedon-Portrait, fast zeitgleich entstanden, ist jedoch erheblich. Hier Energie und Entschlossenheit, dort Nachdenklichkeit bis Resignation.

Im November 1988 erscheint bei der Editions de l'Herne Mariana Şoras Essay »Cioran jadis et naguère« (Cioran einst und neulich)[134]. Die Autorin konfrontiert primär »Von Tränen und von Heiligen« mit dem späteren, französischen Werk, und stellt Ciorans Auseinandersetzung mit Gott in den Mittelpunkt ihrer Fragestellung. Die rumänische Essayistin und Übersetzerin (geb. 1917) lebte ab 1977 in München. Cioran korrespondierte mit ihr ab 1979 ausgesprochen herzlich. Signifikant seine Bemerkung im Brief vom 12. Juni 1979 über den Schriftsteller Vintilă Horia (1915–1992): »Ich bin ihm weder in Rumänien noch hier begegnet. Mein Grund zur Klage ihm gegenüber ist sehr einfach: ich werfe ihm vor, seinen Jugendentscheidungen treu geblieben zu sein. Wenn Geschichte zu etwas gut sein soll, dann, glaube ich, dazu, unsere Illusionen und unsere vorschnelle Begeisterung aufzuheben. Leider gibt es Leute, die nicht verstehen können — oder wollen.«[135] Analog seine Stellungnahme acht Jahre später, als er Mariana Şora für ihre »blendende Exegese« dankt: »Ich bin froh, daß Sie die Kontinuität meiner Obsessionen betont haben und gleichzeitig dankbar für die Klarstellung, daß ich mich in einem Punkt, nämlich der ›nationalen Megalomanie‹ radikal verändert habe. Davon bin ich allerdings für immer geheilt, und dies schon seit über einem halben Jahrhundert. Und nun etwas im Vertrauen, vielmehr eine Bilanz: ich habe überhaupt keine Lust mehr, mich auseinanderzusetzen, mich zu äußern. Wozu weitermachen? Meine Verneinungen haben mich erledigt. Man kann nicht ›produzieren‹, wenn man in sich selber die Leere spürt, die man überall angeprangert hat, denn arbeiten setzt eine Komplizenschaft mit der Illusion voraus.«[136] Im publizierten Essay von Mariana Şora (S. 46) ist lediglich von einer »orthodox inspirierten literarischen Bewegung« im Rumänien der Vorkriegszeit die Rede — aber Cioran reagiert in seinem Brief gewiß auf das noch nicht gedruckte Manuskript.

Auf Drängen von Marie-France Ionesco (geb. 1944), Eugènes Tochter, unterzeichnet Cioran im April 1989 eine Petition zu Gunsten verfolgter rumänischer Intellektueller.[137] Es dürfte dies seine erste politische ›Intervention‹ nach gut sechs Jahrzehnten Abstinenz sein. Hiermit korrespondiert, daß er Sanda Stolojan bittet, seinen im Frühjahr entstandenen Kommentar zu Eminescus »Rugăciunea unui dac« (Gebet eines Dakers) in rumänischer Übersetzung im Radio Free Europe (München) zu lesen. (Sanda Stolojan setzte sich für emigrierte Landsleute und ein demokratisches, freies Rumänien ein.) Wesentlich ist ihm der Satz, wo er vom »walachischen Nichts« schreibt, um die Rumänen zu stimulieren, aufzurütteln.[138] »Mein Leben lang, vornehmlich in meiner Jugend, hat mir Eminescus ›Gebet eines Dakers‹ geholfen, der Versuchung, allem ein Ende zu setzen, zu widerstehen. (…) Das ›Gebet eines Dakers‹ bildet den erbittertsten, extremsten Ausdruck des walachischen Nichts, eines beispiellosen Fluchs, der einen von den Göttern zusammengepfuschten Flecken der Erde heimsucht.«[139] Eminescus häretisches Gebet stellt eine bittere Klage über das ›Geschenk‹ des Lebens dar, und, Gipfel des Anathemas, die Bitte um einen baldigen, schmachvollen Tod.

Im Mai 1989 trifft sich Cioran mit seinem deutschen Verleger Siegfried Unseld (1924–2002) vom Suhrkamp-Verlag, der in Paris seine Autorenkontakte pflegt. In Gesellschaft mit Paul Nizon (geb. 1929) parliert er über seine Freundschaft mit Beckett, den er jedoch aus den Augen verloren habe.[140]

Sanda Stolojan notiert eine Begegnung am 15. Oktober 1989: »Cioran wiegt nur noch 50 kg, aber er ißt viel und scheint sich bester Gesundheit zu erfreuen. Ich höre, daß er abermals auf der Liste der ›Nobelpreiskandidaten‹ steht, trotz seiner wiederholten Ablehnungen.«[141]

Norman Maneas (geb. 1936) Essay »Rumänien in drei (kommentierten) Sätzen« (Akzente, Nr. 4, 1989) begeistert Cioran, der dem Verfasser am 18. Oktober 1989 schreibt: »Ich möchte Ihnen sagen, wie gut ich Ihren Artikel über die rumänische Hölle finde. Ich habe dieses unglückliche Land 1937 verlassen, und dies ist mit Abstand der intelligenteste Akt, den ich je vollzogen habe. (…) Paris ist der ideale Ort, um sein Leben zum Scheitern zu bringen.«[142]

Im November 1989 wohnt er an der Pariser Sorbonne einem Manès Sperber-Symposion bei.[143]

Die europäische Ausgabe von NEWSWEEK veröffentlicht am 4. Dezember 1989 ein Interview mit Cioran von Benjamin Ivry. Der Rumäne äußert sich dort erstmals öffentlich zur Tyrannei Nicolae Ceauşescus, um bei dieser Gelegenheit die Gleichgültigkeit der USA beim Namen zu nennen. Für Europa, genauer: die künftige EU, erblicke er keinen Zukunftshorizont. François Mitterrand schätze er als geschickten Taktierer ein, nicht als »Linken, sondern als ehemaligen Rechten«.[144] Die übrigen Fragen beziehen sich auf sein Verhältnis zu Ionesco und Beckett, deren unterschiedliche Persönlichkeiten, dann zu Mircea Eliade. Cioran bezeichnet selbst seinen Text über den Freund als »perfide«.[145] »Das Leben hat keinen Sinn, man lebt nur, um zu sterben«[146], äußert er zum Suizid. Abermals bekennt er sich zur höchsten Kunst, der Musik, sei es nun der Tango oder Bach: »Ohne Bach wäre ich ein reiner Nihilist.«[147]

Am 4. Dezember 1989 notiert Sanda Stolojan, daß Cioran die Mitterrand-Idololatrie vieler Linksintellektueller nicht teilt: »Cioran erzählt mir, daß Mitterrand im vergangenen Jahr über jemanden, den Cioran gut kennt, mit ihm Kontakt aufgenommen hat. Cioran lehnte es ab, Mitterrand aufzusuchen und ließ ihm durch den bewußten Mittelsmann ausrichten, ›die Grenzen Frankreichs zu schließen…‹ Unlängst suchte ihn dieselbe Person auf: ›Mitterrand möchte unbedingt mit Ihnen sprechen.‹ Ciorans Antwort: ›Sagen Sie ihm, daß es auf jeden Fall… zu spät ist!‹«[148]

Am 25. Dezember 1989 endet in Rumänien die Ceauşescu-Diktatur. Der Tyrann wird kurz vor seiner Flucht gestellt und nebst seiner Frau liquidiert. Die Revolutionäre hielten den Wortwechsel des improvisierten Standgerichts – man beschuldigt ihn u.a. des Völkermords sowie der persönlichen Bereicherung – wie auch die Leichname auf Video fest, wie um das Faktum des Todes zu beglaubigen (originellerweise stimmte Ceauşescu, der nicht glauben wollte, was ihm geschah, in seinen letzten Momenten die »Internationale« an). Im Falle Corneliu Zelea Codreanus hatte man seine Wiederkehr befürchtet und dessen Leichnam in Schwefelsäure aufgelöst.

In der nachrevolutionären Ära ergriffen die Putschisten die Macht, die Securitate blieb unbehelligt. Es fand ein Exodus der Siebenbürger statt, die ein Leben in Armut flohen. Zu beobachten war ein Wiedererstarken des Nationalismus, Nachfolgeorganisationen der »Eisernen Garde« warben um Mitglieder und Wählerstimmen.

Im Frühjahr 1990 begegnet Cioran Norman Manea, der anläßlich des ›Salon du Livre‹ in Paris weilt. Hervorzuheben ist bei dieser Begegnung die Distanzierung Ciorans von Constantin Noica, dem er jahrzehntelang kritiklos die Treue gehalten hatte: »Seinen Äußerungen aber fehlte es nicht an Sarkasmus. Obwohl er sich 1989 kurzzeitig über die ›Revolution‹ gegen Ceauşescu gefreut hatte, blieb Rumänien für ihn ›der Raum des Scheiterns, wo alles für immer ruiniert‹ würde — Kommentare, die er mit sichtlichem Vergnügen wiederholte. Überraschender hingegen (...) trafen uns seine beißenden Bemerkungen über alte Freunde, vor allem über den rumänischen Philosophen Constantin Noica. Mit erregter Stimme schilderte er genüßlich die Unterwürfigkeit und groteske Schmeichelei des Maestros im Umgang mit Professorenkollegen, Studenten und Freunden; und er scheute sich auch nicht, uns, die wir praktisch Fremde waren, von den peinlichen Besuchen zu erzählen, die der Autor des ›rumänischen Seinsgefühls‹ in Paris abzustatten pflegte. Laut Cioran, der eher herablassend als angewidert schien, spielte der ›transzendente‹ Denker Noica den Anwalt des ›größten Sohnes‹ des kommunistischen Rumänien. ›Was hast du nur gegen Ceauşescu, hm?‹ soll Noica (...) mit beinahe frommer Verwunderung gefragt haben. Noica führte auch ein kleines Notizbuch, in das er die Namen von allen eintrug, die er in Paris traf, so daß er sich nach der Heimkehr bei seinen Kontaktleuten in der Securitate, die ihm den Paß für die Auslandsreise gaben, erkenntlich zeigen konnte.«[149]

Im Juni 1990 empfängt Cioran seinen neuen rumänischen Verleger, Gabriel Liiceanu, zu Gesprächen,[150] die an drei Tagen stattfanden (19.–21.6.) und qua Video aufgezeichnet werden.[151] In seinen besten Momenten vergißt der rumänisch sprechende Interviewte die Kamera und bricht in Gelächter aus. Das Dokument fängt aber auch nachdenkliche, meditative Augenblicke ein. Die Aussage: »Ich reagiere auf das Leben wie ein Säufer ohne Alkohol. Was mich gerettet hat (...), war mein Lebensdurst (...), der mich aufrechterhalten und es mir erlaubt hat, trotz allem meinen Katzenjammer zu besiegen«[152], widerspricht sich nicht mit einer früheren: »Obwohl ich das Leben leidenschaftlich geliebt habe, fand ich es dennoch sinnlos.«[153] Der überwundene *cafard*, »*nicht verwirklichter* Selbstmord oder Mord«[154], bezieht sich auf den *modus vivendi*, sich selbst und das Leben – schreibend z. B. – auszuhalten ... bei allem Überdruß. Die bilanzierte Sinnlosigkeit ist anderen Kalibers, da die Überlebenstechniken kein Gegenargument darstellen.

Die von Liiceanu initiierte Neuauflage von »Schimbarea la faţă a României« wurde vom Autor expurgiert, d. h. er tilgte die Juden und Ungarn betreffenden rassistischen Kapitel. In einem knappen Vorwort äußert sich Cioran zu seiner damaligen Geistesverfassung und distanziert sich mehr oder weniger von dem Opus. Anläßlich der aktuellen Auseinandersetzungen um die ungarische Minderheit in Siebenbürgen fragt der rumänisch-ungarische Chefredakteur der Zeitschrift Nu (Nein), János Gyarmath, ob Cioran mit der Wiederveröffentlichung von »Schimbarea la faţă a României«, mit seinen darin enthaltenen Ausfällen gegen die Ungarn, einverstanden wäre. In Ciorans Antwort vom 9. Juli 1990 heißt es: »Von seiten meiner Landsleute war ich auf alles vorbereitet. Weil ich wußte, daß sie sich des *Gesichtswandels Rumäniens* bedienen werden, habe ich der Publikation des Buches zugestimmt, mit Ausnahme zweier Kapitel und insbesondere dessen über die Ungarn, das ich 1934 geschrieben habe. (...) Ich werde ihn [den Verleger] nochmals bitten, auf die Unterdrückung meiner prähistorischen Frechheiten zu achten.«[155] Die Aporie besteht m. E. in dem »*Weil* ich wußte ...« Cioran riskierte demnach bewußt, daß die rumänischen Nationalisten

»Schimbarea la față a României«, wenn auch um kompromittierende Passagen bereinigt, vereinnahmen und ihren Autor ›rehabilitieren‹ würden.

Ciorans Beitrag zu dem Sammelband »Vor der Jahrtausendwende: Berichte zur Lage der Zukunft« (1990) folgt Peter Sloterdijks Einladung, die an 32 Soziologen, Schriftsteller, Philosophen, Historiker und Politiker erging, »Stichworte zur aktuellen Lage der Zukunft« zu formulieren. (Es antworteten u.a. Ulrich Beck, Erwin Chargaff, Stanisław Lem, Niklas Luhmann, Thomas H. Macho, Clément Rosset, Rüdiger Safranski, Fernando Savater, George Tabori, Paul Virilio.) Der Titel seiner rhapsodischen Ausführungen, »Die negative Seite des Fortschritts«, ist ein programmatischer — wie könnte es anders sein? Nicht im geringsten weicht er von dem ab, was er seit mehr als fünft Dezennien gesagt hatte. Der unbestechliche Zweifler beruft sich auf die Genesis, den unheilvollen Griff des Menschen nach dem Baum der Erkenntnis: »Die Geschichte ist eine Sünde, seine Sünde. Diejenigen, die die Zukunft vergötzen, sind solidarisch mit den Erben Adams, deren Hochmut sich als Quelle des Unheils erwiesen hat.« Alles Tun ein Bumerang für den Handelnden (die Nutzlosigkeit von Revolutionen), alles Werden das Einmünden in Sackgassen — diese Postulate verweisen nicht auf eine christliche, sondern eine taoistische wie auch buddhistische Provenienz. Cioran schließt: »Und der Fortschritt? Eine Lüge, die hartnäkkigste und die gefährdeteste von allen.«[156]

An anderer Stelle, »Der selbstlose Revanchist. Notiz über Cioran« (1998), verweist Sloterdijk auf die Durchlässigkeit von Ciorans Doktrin des Zweifels und der Negativität: »Ich erinnere mich an ein Gespräch mit dem alten Cioran im Deutschen Haus der Cité Universitaire zu Paris, Mitte der achtziger Jahre, in dessen Verlauf ich die Rede auf seine argwöhnischen und herabsetzenden Äußerungen über Epikur brachte. Er schien sofort zu verstehen, was ich mit meiner Nachfrage im Sinn hatte. Freimütig erklärte er, er widerrufe seine Aussage und er fühle sich Epikur jetzt sehr nahe, er sehe heute in ihm doch einen der wirklichen

Wohltäter der Menschheit. Das Wort Wohltäter, leise ausgesprochen, klang auf seltsame Weise wichtig in seinem Mund. Für diesmal hatte er auf jeden Sarkasmus verzichtet. Vielleicht war im Garten seiner Schlaflosigkeit die Erkenntnis gereift, daß es einer Generosität besonderer Art bedarf, den Menschen den Rückzug von den Fronten des Realen zu gestatten, und daß diese Welt die Lehrer des Rückzugs weniger denn je entbehren kann. Unser Jahrhundert hat keinen entschiedeneren als ihn gekannt.«[157]

Im Dezember des Jahres muß er sich einer Star-Operation unterziehen.

In Rumänien wie auch in Frankreich ediert man nun die publizistischen Taten Ciorans der Vorkriegszeit in Sammelbänden — diese wurden vom Autor im Hinblick auf *political correctness* durchforstet und entsprechend bearbeitet. Die ambivalente Einstellung zum einstigen Pamphlet »Schimbarea la fațǎ a României« zeigt sich auch in Ciorans Brief an den Verleger Liiceanu vom 22. Februar 1991. Ihn fasziniere dessen Schicksal, da er sich frage, ob er sich immer nur geirrt habe oder aber Prophet gewesen sei. Mit anderen Worten: die jüngste Revolution in Rumänien überzeugt ihn nicht von der Veränderbarkeit des balkanischen Phlegmas, Quietismus. »Die Verklärung Rumäniens« wäre also primär als Philippika wider die Mentalität seiner Landsleute zu lesen. »Wir Rumänen sind alle Gescheiterte. Dies gehört zu unserer Originalität, so daß wir die Fremden verabscheuen, arme Wesen, die sich verwirklicht haben.«[158]

In der Editura Echinox in Cluj ist 1990 der Sammelband »Revelatiile durerii« (Schmerzliche Offenbarungen) erschienen. Cioran verstimmte das Vorwort Dan C. Mihăilescus, da dieser auf seine radikal-nationalistische Vergangenheit einging. Im Februar 1991 präsentiert ihm der Literaturwissenschaftler Ion Vartic (geb. 1944) das Buch in der Rue de l'Odéon: »Wie in Trance kam aus Ciorans Unbewußtem alles hoch, und als er über die Rumänen zu sprechen begann, brach auch das Rumänische aus ihm hervor, als er auf französisch das Syntagma ›es ist ein glückloses Volk‹ nicht fand und es rumänisch aussprach: (...) ›ein Volk, das nicht hätte sein sollen. Ein sehr intelligentes, aber charakterloses Volk.‹ Und dann kippte auch schon alles in Cioran-Manier ins Gegenteil um, es folgte die Eloge auf die Gescheiterten: ›Auch ich bin auf meine Weise gescheitert.‹

Er verlangte dann Nachrichten über Jugendfreunde aus Sibiu. (...) Vartic erlebte jetzt einen halluzinativen Moment, denn für den alten Cioran war die Zeit plötzlich stehengeblieben. Es entstand eine parallele Zeit, die Gäste befanden sich im Jahre 1991 und er..., na ja, er im Jahre 1930... Die drei Besucher waren völlig schockiert, als Cioran ganz abhob: Er war nicht mehr hier in Paris — er war in Sibiu, so daß er jetzt nicht einfach nur im ununterbrochenen Redestrom erzählte, sondern in stärkstem emotionalen Dortsein war, eine Art Regression erlebte. So befand er sich plötzlich in der ›Eule‹, einem berüchtigten Hermannstädter ›Schnapslokal‹, wo sie als Jugendliche ihre nächtlichen Trink- und Redeorgien mit Zaprațan, Gica [Virginia, Ciorans Schwester] und ›Omul mumii‹, vielleicht Bucur Țincu und noch Simion Timaru, abhielten, und daß dann in solch einem exaltierten Moment der Wahrheit der ›Omul‹ auf die Knie gefallen sei und in einem Anfall von ›mystischer Selbstgeißelung‹ gerufen habe: ›Herr, vergib mir, daß ich ein Rumäne bin!‹ Cioran sah dann mit abwesendem Blick hinaus in die Dunkelheit und murmelte den verwirrenden Satz: ›Herr, vergib mir...‹ Irritiert erhoben sich die Gäste, baten noch um eine Widmung für jenes neu erschienene Buch ›Revelatiile durerii‹, und Cioran sagte: ja, aber er könne nur noch ›unterschreiben, nicht mehr‹, da fiel er zum Entsetzen der Besucher plötzlich auf die Knie und schrieb in dieser Haltung seinen Namen in die beiden Exemplare des mitgebrachten Buches.«[159]

Seinen 80. Geburtstag, am 8. April 1991, begeht Cioran, der solche Zeremonien gern vermeidet, im engsten Kreis von drei Vertrauten. Nach einem Abendessen im Restaurant beschließt man den Tag in seiner Wohnung. Der Jubilar versieht eine Neuausgabe seines »Précis de décomposition« mit der erschütternden

Widmung: »Ewige Scheiße / von / ... Scheiße / XX / das bin ich / X.«[160] Der Eigenname durchgestrichen, ersetzt durch ein anonymes X.

Dritten fällt auf, daß sich Cioran neuerdings jeden seiner Termine peinlich genau notiert zur Gedächtnishilfe. Die rumänische Botschaft hat seinem Ehrentag mit einem Blumenstrauß Rechnung getragen. Das Presse-Echo dagegen nimmt sich eher dürftig aus; in Deutschland würdigen die SÜDDEUTSCHE ZEITUNG, die Berliner Wochenzeitung FREITAG (ehemals SONNTAG + DEUTSCHE VOLKSZEITUNG) sowie DIE ZEIT den runden Geburtstag. Die Bitte um ein Interview hatte er im Herbst des vergangenen Jahres mit den Worten abgelehnt: »Ich kenne wie keiner die Schande, alt zu werden und jetzt besonders von mir selbst zu sprechen. Das habe ich leider mein ganzes Leben lang gemacht. Jetzt kann ich leider nicht mehr. Ich hoffe, daß Sie mich verstehen und irgendwie Mitleid mit mir haben.«[161]

Georges Walter hatte er dagegen im März 1991 ein fast einstündiges Gespräch gewährt, das ›Radio France Culture‹ am 13. April 1991 sendete. Cioran äußert sich hier u.a. zu seiner veränderten Haltung gegenüber den Ungarn, seinen Anfangsjahren in Paris als Exilant sowie zu seiner Einstellung zu Constantin Noica. Letzteren apostrophiert er als »Meisterdenker« für die junge Generation, um dessen Opportunismus zum subtilen Doppelspiel einer »komplexen Persönlichkeit« zu erklären. Weniger ambivalent Ciorans Äußerungen zum Rumänien nach dem Umsturz. Die Formel vom »walachischen Nichts«, die er in der Presse gelesen hatte, stimuliert ihn zu der Mahnung, den neu erwachten »Nationalismus zu überwinden«.

Im Brief vom 21. September 1991 an Liiceanu klagt er über Unwohlsein und bekundet Sehnsucht nach der Heimat. Wenn er auch von den Wurzeln abgeschnitten sei, trage er doch – unglücklicherweise – diese in sich selbst.[162]

Am 23. Oktober 1991 gewährt er *ad hoc* den Brasilianern Amparo Osorio und Gonzalo Márquez Cristo ein Gespräch. Die beiden hatten zuvor mit Cioran korrespondiert und bringen als Bonus ein, daß sie aus Lateinamerika kommen — für den Skeptiker der zukunftsträchtigste Kontinent. Die Unterhaltung kreist u.a. um die Faszination des Denkers für die spanische Sprache (die Poesie), die Musik (der Tango); weiter um seinen selbstgewählten Status als Staatenloser: er habe offizielle Einladungen nach Rumänien ausgeschlagen, um sich nicht vereinnahmen zu lassen.[163]

Die Langeweile berge das Potential für einen Aufstand, der früher oder später Europa erschüttern werde. Im übrigen spricht Cioran der Literatur jegliche Bedeutung ab und votiert für deren Verschwinden. Seine eigene nimmt er dabei nicht aus, d.h. angesichts der Reedition seines »Précis de décomposition« zweifle er im Innersten doch an der Bedeutung des Buchs, da es so lange unbeachtet geblieben sei.[164] In der Antike, fügt er abschließend hinzu, sei das Denken wesentlich gewesen, während das Schreiben etwas Nebensächliches war; heute dagegen scheine es sich umgekehrt zu verhalten, selbst wenn einer nicht denke.

Die »Barbaren« begleiten Cioran dann zum Bäcker. Er verabschiedet sich von ihnen mit dem Wunsch ›für gutes Mißlingen‹[165] und ruft ihnen nach: »Chers amis, ¡adiós ... y mucha ironía!« Die Begegnung läßt die Eindringlinge hernach in Tränen ausbrechen. Sie erwähnen, daß Ciorans Rede stets von Lachen begleitet war, abgesehen von den Momenten des Fotografierens.

Die Fotoportraits ab 1989 verweisen auf eine gravierende Veränderung noch vor dem 80. Lebensjahr. Es sind nicht so sehr die körperlichen Altersspuren, die sich ins Antlitz eingegraben haben, als vielmehr der Ausdruck einer abgrundtiefen, gleichsam maskenhaften Trauer. Jemand Fremdes mit der Identität Cioran präsentiert sich dem Objektiv. Am deutlichsten in der Aufnahme John Foleys (1991), wo mich Cioran an August Strindberg erinnert.[166] Roger Munier informiert über den dramatisch verschlechterten Gesundheitszustand Ciorans, er verweigere jedoch hartnäckig medizinische Hilfe.

»Sind Sie M. Cioran?« — »Ich *war* es.«[167]

Im Herbst 1991 antwortet er auf eine Umfrage Bernard-Henri Lévys zum Umgang mit dem Nachlaß von Schriftstellern.[168] Prinizipiell spricht sich Cioran für die Schonung von Lebenden vor persönlichen Bemerkungen, die diese verletzen könnten, aus, was am einfachsten durch ein Publikationsverbot des Nachlasses von 50 Jahren sicherzustellen wäre.[169] Darüber hinaus geht er auf das Problem der von den Erben vernichteten Werken ein, das heikle Thema der Witwen, und schließt mit einem generellen Plädoyer für das Zweifeln.

Die Brüder Emil und Aurel veröffentlichen als Privatdruck die historische Studie ihres Vaters Emilian: »Sieben Generationen von Priestern und Erzpriestern« (Sibiu). Es heißt, ihr Vater sei in großer Verzweiflung gestorben, da er sich seines Glaubens nicht mehr gewiß war. Es handelt sich also um ein *memento mori* der Söhne, um eine posthume Hommage.

Unter dem Titel »Un fanatique sans credo« (Ein Fanatiker ohne Credo) erscheint in der belgischen Zeitschrift ORIENTATIONS ein Resümee einer Begegnung zwischen Cioran und Alain de Benoist, gespickt mit Werkzitaten. Da »Écartèlement« als jüngstes Buch erwähnt wird, muß das Zusammentreffen bereits vor 1986 stattgefunden haben. Benoist (geb. 1943), der als Philosoph zeitweise der ›Neuen Rechten‹ zugeordnet wurde, kam in Begleitung Gabriel Matzneffs — Autor eines Essays über den Suizid, berüchtigter aber für seine autobiographische Prosa, in deren Zentrum seine Nymphophilie steht.

Benoist konstatiert, daß Cioran zum Skeptizismus seiner Anfänge zurückgekehrt sei. Angesichts der furchtbar denunzierten Welt erweise sich alles Tröstende oder Zerstreuende als Illusion. Hinsichtlich des Ekels vor der Gegenwart macht er Affinitäten zu Montherlant oder Drieu la Rochelle aus. Dennoch kennzeichne Ciorans Denken die Zweideutigkeit, nicht der Pessimismus. Eine Konvergenz erkennt er in Clément Rossets Philosophie des »positiven Nihilismus«, beruhend auf der Bejahung des Nichts statt auf der Verneinung des Ganzen — der Prämisse für eine tragische Philosophie.[170] Der Philosoph Clément Rosset (geb. 1939) hatte gelegentlich mit Cioran diskutiert. Er empfiehlt, kurz gesagt, der tristen Welt lachend zu begegnen.

In der in Bukarest erscheinenden deutschsprachigen Tageszeitung NEUER WEG wird am 10. und 17. April 1992 ein Interview veröffentlicht, das Ciorans letztes zu sein scheint und das in deutscher Sprache geführt wird. Die Fragen stellt der Kölner Journalist Georg Carpat-Focke.[171] Cioran bekräftigt in diesem Gespräch seine grundsätzlichen Positionen, sei es nun der Geschichtspessimismus oder die »Illusion der Freiheit«, wobei er darauf verweist, daß die Rumänen bisher immer nur Objekt der Geschichte waren. Den Menschen erklärt er zum Auslaufmodell, da er »geistig (…) am Ende seiner Kräfte sei«, da außerstande, eine »neue, tiefe Religion hervorzubringen«. Als Paradigma für ein mißlungenes Dasein, ein sinnloses Leben zitiert er Bankangestellte, die Tag für Tag Zahlen tippen, oder verweist auf die Autokolonnen in der Metropole, die den Fußgänger zum Störfaktor, zur gefährdeten Spezies machen. Angesichts dieser unlebbaren Welt bekennt er sich zu stoischen Idealen: »Für mich erhält das Leben am ehesten einen Sinn, wenn ich im Bett liege und die Gedanken ziellos schweifen lasse. Dann habe ich den Eindruck, wirklich zu arbeiten. Wenn ich dann tatsächlich arbeite, plagt mich die Gewißheit, daß ich nur einer Illusion nachjage. Für mich existiert der Mensch wahrhaftig nur dann, wenn er nichts tut. Sobald er handelt, sobald er im Begriff ist, etwas zu leisten, verwandelt er sich in ein bedauernswertes Geschöpf.«[172] Cioran differenziert hier nicht mehr zwischen entfremdeter Arbeit, dem Los der Mehrheit, und geistiger Arbeit – sofern sie ein Ziel, einen Zweck verfolgt –, worin er im Wesentlichen mit Georges Batailles Definition der *Souveränität* übereinstimmt. (Verkürzt: der nicht in Projekte verstrickte Mensch käme der souveränen Existenz am nächsten. Das Leben im Augenblick, ein kontemplatives Dasein, fern der Begierden — Stoa und Buddhismus lehren im Grunde nichts anderes. Die Aporie besteht darin, daß der Vorsatz, die Sorge um die Zukunft – die bürgerliche Neurose *par excellence* – fahren zu lassen, wiederum ein Vorhaben darstellt. Nicht minder das Bestreben, Weisheit oder Erleuchtung zu erlangen, und sei es durch die Weigerung, etwas Nützliches zu tun. Aufschub der Befriedigung, der Befreiung auf später? Noch auf den tibetischen Bettelmönch trifft zu, was Cioran 1958 notierte: »Leben heißt Kompromisse schließen. Jeder, der nicht vor Hunger stirbt, ist suspekt.«[173] Absolute Freiheit bestünde darin, sich verhungern zu lassen — eine Variante des Suizids. Bestimmte Mystiker vollzogen diesen Schritt, aber auch Gefangene, als Akt der Revolte.[174] Cioran deklariert sich ferner als »Epigone Hiobs« – ohne zu bedenken, daß dieser *malgré tout* an seinen Gott glaubte? –, um sich zu diesem Credo hinreißen zu lassen: »Ich kenne letztlich nur zwei große Probleme: Wie man das Leben und wie man sich selbst ertragen kann. Schwierigere Aufgaben gibt es gar nicht. Und endgültige Antworten dazu fehlen. Jeder muß aber diese Probleme für sich wenigstens teilweise lösen.«[175] Ganz entschieden grenzt er sich von den Utopien Nietzsches ab – möge dieser auch in seiner Jugend wenigstens stilbildend gewesen sein –, um seinem schwärzesten Pessimismus freien Lauf zu lassen: »es wäre vielleicht besser gewesen, wenn es ihn nie gegeben hätte. Der Mensch wäre sozusagen sehr wohl entbehrlich gewesen. (…) Seinem Ende kann er nicht auf unbestimmte Zeit entgehen.

Diese Feststellung stimmt mich nicht traurig. (…) Ich glaube tatsächlich, daß die Katastrophe notwendig, fast unentbehrlich geworden ist. (…) Es hätte mich wirklich ergötzt, Zeitgenosse der Sintflut zu sein. (…) Aber diese Welt wird ohnehin untergehen, das ist gar keine Frage.«[176]

Die Menschenverachtung, zu der sich Cioran bekennt, müßte eigentlich jedem Lebenden zu eigen sein, sofern er sich einmal die Geschichte dieser Spezies vergegenwärtigt hat. Er rührt damit freilich mehr als an ein Tabu, da er alles verneint, was wir uns krampfhaft als zivilisatorischen Fortschritt zu glauben bemühen – trotz Mord und Totschlags im großen Stil allenorts. Die ephemere Wirksamkeit elementarer Verbote oder nur Normen und Regeln sollte uns aller Illusionen berauben, daß so etwas wie pazifiertes Miteinander, Gemeinschaft, Solidarität (der

Völker, Rassen…?) gleichsam ein ethisches Grundprogramm aller wäre. Der Skeptiker glaubt nicht an die ›Verbesserung‹ der Welt, weil er der Veränderbarkeit der menschlichen Natur zutiefst mißtraut. Andernfalls wären die (wenigstens) ›Zehn Gebote‹ längst obsolet geworden.

In dem (offensichtlich) kurz zuvor geführten Interview mit Branka Bogavac für die Belgrader Literatur-Zeitschrift KNJIŽENA REČ wird von Cioran just jener Punkt angesprochen: »Weil der Mensch ein Tier ist, er wurde so geboren. Er ist von Geburt an verfault. (…) was ist denn die Geschichte? Die Demonstration der Unmenschlichkeit des Menschen. (…) der Mensch ist ein unheilbar böses Tier.«[177] Ungewöhnlich an dieser Begegnung ist die häufige Beschwörung des Namens Gottes seitens Cioran — was sich teilweise des insistierenden Fragestils der Interviewerin verdankt. Nicht, daß er sich zum Glauben an den Gott der Christen bekennen würde, aber zumindest umschreibt er, was Gott für ihn bedeutet: »Was einen Inhalt, einen Sinn verleiht. Das Leben ist kein Abenteuer mehr, es ist etwas viel Besseres. Alles im Leben hängt von Erfahrungen ab, die wir gemacht haben, ob sie nun eine Substanz besitzen oder nicht. Wenn es nur intellektuell ist, hat es keinen Wert. Alles hängt vom inneren Gehalt ab, nicht von der Intelligenz. (…) Von dem Augenblick an, da es einen inneren Gehalt gibt, verschwindet das Nichts. Ohne die Gegenwart einer inneren Substanz ist alles oberflächlich.

— Ist die Gegenwart dieser Substanz Gott?

— Zur Not, ja. Was mich angeht, so ist jene innere Substanz sehr wichtig, etwas Dauerhaftes, sehr Starkes, das einen beherrscht und leitet. Also eine Art Faszination. Das normale Leben ist substanzlos. Aber dort transzendiert der Gehalt die alltägliche Schwäche.«[178] Bereits 1958 hatte er notiert: »Schreien, aber zu wem? Das war das einzige und alleinige Problem meines ganzen Lebens.«[179] Auf die Frage, ob er noch schreibe, antwortet er, wie erleichtert, daß er dies seit zwei Jahren eingestellt habe, ohne recht zu wissen, warum. »Ich hatte es satt (…). Jedermann schreibt Bücher und das hat mich schließlich angeekelt.

Da habe ich diese Komödie beendet. (...) Weil ich genug hatte, über Gott und die Welt Schlechtes zu sagen!«[180] Hatte er andererseits nicht schon in den »Syllogismen« das Ende des Skeptikers imaginiert? »Es kommt die Stunde, da der Skeptiker, nachdem er alles in Frage gestellt hat, nichts mehr vorfindet, woran er zweifeln könnte; dann erst enthebt er seine Urteilskraft ihres Amtes. Was bleibt ihm noch übrig? Sich vergnügen oder stumpf werden: die Frivolität oder die Animalität.«[181] Kein Gedanke also an eine versöhnliche Konversion als Alternative.

Simone Boué hat für sich und ihren Lebensgefährten auf dem ›Cimetière du Montparnasse‹, der an den Jardin du Luxembourg angrenzt, eine Grabstätte erworben. An einem Tag im Oktober 1992 begibt er sich mit Friedgard Thoma auf die Suche des Platzes. Die ›nekrophile‹ Exkursion gerät zur Farce, da Cioran antizipativ nach einem Grabstein mit seinem Namen Ausschau hält: »Da stoppt Cioran vor einer ebenerdig gelagerten sackgrauen Granitplatte. Er ist fast sicher, daß dieser unbeschriftete Stein *seiner* ist, und bellt zweimal wütend und drohend auf ihn nieder, zwei dunkle, erschreckend unerwartete Laute aus seinem Mund, dem echten Bellen sehr ähnlich. (...) ›Cioran, der Name kommt erst später. Das Privileg müssen Sie sich erst noch erwerben.‹ Da sinkt er, laut und verzweifelt lachend, auf dem Stein nieder und schlägt sich mit einer Hand vor die Stirn.«[182] Lachen über den Tod — zumindest über das Paradox, zu Lebzeiten seinen eigenen Grabstein in Augenschein nehmen zu wollen... Gibt es Vorzeichen?

In einem Brief an den befreundeten Arzt Kurt Hirschburger (1915–2000) schildert Cioran die Gemütsverfassung wie folgt: »Wir sind alle beide deprimiert. Wir haben sogar aus Vorsicht eine Stelle in einem der schönsten Pariser Friedhöfe gefunden. Ein Friedhof ist eine Freundschaft. Achtzig Jahre sind viel und in diesem Alter sind Illusionen unangebracht.«[183] Immerhin spricht die illustre ›Nachbarschaft‹ für diese Wahl: Baudelaire, die Brüder Goncourt, Sainte-Beuve, Sartre... Eine der wenigen Konzessionen gegenüber bürgerlichen Konventionen, die Cioran je machen sollte.

Ein letztes Mal sucht er mit Simone Boué in Dieppe Zuflucht, klagt aber über Melancholie: »Das Wetter ist glänzend, die Stimmung (meine Stimmung) ist ohne Glanz. Ich bin zu alt geworden, mein Gedächtnis ist unsicher. Ich bin nicht mehr ich. Altwerden ist eine idiotische Schwäche, gegen die ich täglich kämpfe — umsonst.«[184]

»Ich habe genug von allem, genug von der Welt, genug von der Menschheit.«[185]

Spätestens 1993 manifestiert sich, daß Cioran phasenweise das Kurzzeitgedächtnis einbüßt. Manchmal bringt ihn die Polizei nach Hause, da er nicht mehr weiß, wo er sich befindet noch wer er ist. Seine Lebensgefährtin beschließt daraufhin, ihn nicht mehr alleine zu lassen. Kurt Hirschburger schildert eine Begegnung in der Rue de l'Odéon im Februar, bei welcher ihm »Wortfindungsschwierigkeiten« des Schriftstellers auffallen, im Wechsel mit den »treffenden keulenartigen Sätzen, die die Diskussion belebten und beendeten«.[186]

Am 5. März 1993 stürzt er in der Wohnung, wobei er sich einen komplizierten Oberschenkelhalsbruch zuzieht. Diesen kuriert er im ›Hôpital Cochin‹ (Rue du Faubourg St. Jacques, XIV.) aus, wobei er zeitweise ans Bett fixiert wird. Während eines Besuchs Friedgard Thomas ruft er pathetisch aus: »Ich war ein großer Frauenjäger.«[187]

Abb. Cioran, Anfang 1990er Jahre, Rue de l'Odéon, Paris.

Im Sommer des Jahres findet er sich im ›Hôpital Broca‹ (Rue Pascal, XIII.) wieder — benannt nach dem Hirnforscher Paul Broca (1824–1880). Es handelt sich um eine Klinik, besser gesagt ein Pflegeheim für »Austherapierte«, da inzwischen alle Symptome auf eine, wohl vaskuläre Demenz verweisen — vermutlich hereditär, da ja seine Mutter wie auch seine Schwester Virginia relativ jung einer Hirnblutung erlagen. Zwar ist Cioran körperlich wiederhergestellt, die mentalen Störungen und Ausfälle sind jedoch irreversibel, so die Unfähigkeit, semantisch korrekte Sätze zu bilden oder die extremen Stimmungsschwankungen mit Wutanfällen etc.

Infolge der Intervention von Kultusminister Jack Lang genießt Cioran im ›Hôpital Broca‹ das Privileg eines Einzelzimmers, da es sich um alles andere als ein Luxusetablissement handelt.[188] Kurt Hirschburger schildert recht anschaulich einen dortigen Besuch: »ein leichtes Erstaunen ging über sein Gesicht. Er stand leicht gebückt mit einem großen weißen Latz um den Hals. Mein erster Eindruck war: Er hat mit der Zeit gebrochen. Die Erinnerung an die Vergangenheit muß nur in Bruchstücken vorhanden sein… Das Gesicht war unverändert, das Haar ganz weiß und widerspenstig strohig, die Gestik unverändert, nur verlangsamt. Er betrachtete uns interessiert, jedoch, es war unverkennbar, daß er nach Zusammenhängen suchte. Die Worte kamen stoßweise nach langen Pausen, das Gedächtnis, über das er schon sehr früh klagte, hatte ihn verlassen.

Das Zimmer, in dem er lag, war sehr einfach. Nichts in dem Zimmer erinnerte an die Bedeutung dieses Mannes. Ein kleiner Zeitungsausschnitt mit seinem Bild aus vergangenen Tagen, ein Druck von Paul Klee und noch zwei unbedeutenden anderen. Wir verbrachten einige Zeit im Garten, als ein sehr schönes Mädchen auf uns zukam und uns begrüßte. Es war eine Freundin Simones, die bei ihrer Abwesenheit nach Cioran sehen sollte. Meine Bemerkung, daß Cioran auf der Bank jetzt von zwei schönen Frauen ›encadré‹ wäre, quittierte sie mit dem Kommentar: ›Ah, Cioran et les femmes, c'est un problème.‹

Wir verabschiedeten uns und erlebten eine der typischen Reaktionen. Ich wünschte Cioran, daß ihn ein gnädiges Schicksal bewahren möge. Das Wort Schicksal machte ihn rasend und mit einer schroffen Handbewegung unterstrich er seine Ansicht: ›Das Schicksal ist eine Schweinerei!‹ (…) Seine Sprache waren die Augen und die Mimik und ich habe noch erlebt, wie er sich bei seiner Hilfe mit einem Handkuß bedanken konnte.«[189]

In der Anfangsphase der Erkrankung gibt es durchaus noch luzide Momente. Simone Boué, die ihn zweimal täglich besucht, faßt ihre Erschütterung in diese Worte: »Er versucht zu sprechen, ohne die Wörter finden zu können. Unvermittelt gerät er in Wut (…) oder aber er läßt seinen Kopf mit einer Traurigkeit hängen, die mir das Herz zerreißt. In anderen Momenten gelingt es ihm, etwas sehr Tiefsinniges und ganz Unerwartetes zu formulieren, fast in der Art des Cioran von früher.«[190] Selbstverständlich kann er nicht verstehen, daß Besucher ihn nicht mitnehmen.

Simone Boué rät François Mitterrand, der selbst zu Tode erkrankt ist, von einem Besuch Ciorans ab.

Aurel, aus Sibiu angereist, besucht seinen Bruder im Pflegeheim, fährt ihn im Rollstuhl durch den Garten. Cioran scheint ihn zu verstehen, ab und zu lacht er; sie sprechen über ihre Kindheitstage. Aurel bleibt nicht bis zu seinem Tod in Paris.

Ab 1994 werden die Besucher rarer. Cioran erkennt sie ab Mitte des Jahres nicht wieder. Fernando Arrabal (geb. 1932) kolportiert die Anekdote, daß der Rumäne angesichts seines mitgebrachten Blumenstraußes fragte, wie man die Blumen esse.

Cioran verdämmert seine Tage im Rollstuhl. Bei schönem Wetter sitzt er im Garten des ›Broca‹, unweit einer Klosterruine. Ein denkwürdiges Finale für den ehemaligen Erzketzer: (Rue) Pascal und das Kloster…

Einstmals hatte er notiert: »Das große Glück Nietzsches, so zu enden, wie er endete.«[191] Obwohl er wußte, daß dieser oft stumm stundenlang nichts anderes tat, als seine Hände zu betrachten, erschien ihm die Abschirmung von der Außenwelt nicht als ein tragisches Los. Aber auch: »Was man am meisten fürchten muß, ist das Versinken in jenen Zustand, wo das Verlangen, sich selbst zu zerstören, nicht einmal mehr vorstellbar ist.«[192] Diesen Zustand hatte er nun erreicht, denn zur Demenz gehört es, daß von Willen nicht mehr die Rede sein kann. Wie sarkastisch hatte er sich doch über Alter und Siechtum geäußert![193] Den barbarischen Umgang unserer Vorfahren mit ihren Greisen!

Im Jahr 1995 verstummt er, krankheitsbedingt, zunehmend. Zuletzt verweigert er das Essen, so daß er per Sonde (zwangs)ernährt wird. Simone Boué berichtet: »Cioran ist sehr schwierig zu behandeln, er reißt alle Sonden heraus und ist sehr aufgeregt. Er wettert und flucht auf rumänisch in der ohnmächtigen Wut eines König Lear!«[194] »Sicherlich eine«, wie Ion Vartic scharfsinnig anmerkte, »gelungene Regression, von der Cioran immer geträumt hatte.«[195]

1984 hatte Cioran auf die Frage, wie er sterben wolle, geantwortet: »Mit distinguierter Skepsis.«[196] Die abgrundtiefe Einsamkeit seiner beiden letzten Lebensjahre entzieht sich unserem Vorstellungsvermögen.

Am 20. Juni 1995 stirbt Cioran im ›Hôpital Broca‹.

»Man sollte eine Floskel ›ausarbeiten‹, die jeder in seiner Todesstunde hersagen könnte: ›Jetzt bin ich dran‹ oder: ›Auch ich werde sterben.‹ Die erste ist zu gewöhnlich, die zweite zu hochmütig«[197], befand er 1966.

Eugène Ionescos Tochter, Marie-France, die im vergangenen Jahr ihren Vater verloren hatte, organisiert den Trauergottesdienst für Cioran. Er findet am 23. Juni 1995 in der rumänischen orthodoxen Kirche Des Saint Archanges, 9 bis, rue Jean de Beauvais (V.), statt.

Cioran mußte sich nun, ohne daß wir von seiner Konversion *in extremis* wüßten, den Wünschen seiner Verwandten und Vertrauten beugen.

VI
Epilog

»Thou art the thing itself:
unaccommodated man is no more but such a poor bare,
forked animal as thou art.«
Shakespeare (King Lear III, 4)

Fast alle überregionalen Blätter, sowohl in Frankreich als auch anderswo, widmen Cioran einen Nekrolog. In Paris leuchtet man seine rumänische Vergangenheit aus, d.h. die belastenden Äußerungen in »Schimbarea la faţă a României«. Alles in allem wird er als umstrittener Autor und Philosoph gewürdigt, der folglich der Kanonisierung entgangen ist.

Guido Ceronetti vergleicht in seinem Nachruf den »mystischen Weg« des Freundes mit demjenigen Becketts: »Eliade war kein Verneiner, Ionesco besaß nicht genügend Mut: sie waren genial, aber keine *Mystiker*… Cioran und Beckett waren es. Ihre radikale Verneinung der Rettbarkeit des Menschen eröffnet einen Ruheraum in diesem unserem unbewohnbaren Käfig von zusammengepferchten, kranken Affen.«[1] Zufälligerweise ist auf dem ›Cimetière du Montparnasse‹ Ciorans ›Nachbar‹ ausgerechnet Beckett.[2]

Die Nachrufe hatten im Grunde schon zu Lebzeiten begonnen, so mit dem Dossier »Lettres choisies d'E. M. Cioran« des MAGAZINE LITTÉRAIRE vom Dezember 1994. Gabriel Liiceanu veröffentlicht wenige Tage vor dem Tod Ciorans seinen biographischen Essay, basierend u. a. auf den Archivalien Aurel Ciorans, seiner Korrespondenz sowie diversen Gesprächen mit dem Philosophen. Gallimard befördert 1995 die ausgewählte Interview-Sammlung »Entretiens«, außerdem die »Œuvres« zum Druck — eine Edition, die weder vollständig noch kommentiert ist, dafür angereichert mit Bilddokumenten.

Simone Boué läßt 1996 »Mon pays« veröffentlichen, eine Art posthumes *mea culpa* der »Gardisten«-Zeit ihres Lebensgefährten.[3] Im übrigen entziffert sie das Konvolut der »Cahiers« (1957–1972), d. h. dasjenige, das sie gefunden hat, und erstellt ein Typoskript. Seit jeher hatte sie Ciorans Texte getippt. Der Autor hatte allerdings auf den Kladden vermerkt, daß sie zu vernichten seien. Auch für die Vernichtung seiner rumänischen Manuskripte hatte er sich gelegentlich ausgesprochen. Die Drucklegung dieser 1000 Seiten »Cahiers«[4] erlebte sie nicht mehr, da sie in ihrem Heimatort, Saint-Gilles-Croix-de-Vie (Vendée), bei einem Badeunfall am 11. September 1997 ertrank.

Zwar hatte sie, was Ciorans Nachlaß betrifft, nichts juristisch Stichhaltiges bestimmt, dafür aber ein Stipendium für künftige Cioran-Essayisten in Frankreich gestiftet, um so, über den banalen Grabstein hinaus, das Gedächtnis an Cioran zu bewahren. Seither fungiert Yannick Guillou, Lektor bei Gallimard, als ihr Rechtsnachfolger.

Den größten Teil der Manuskripte Ciorans archiviert die ›Bibliothèque littéraire Jacques Doucet‹, Paris, inzwischen eine Institution der ›Bibliothèque Nationale de France‹; ferner das ›Institut Mémoires de l'édition contemporaine‹, St.-Germain-la-Blanche-Herbe.

In Răşinari erinnern eine Steintafel an Ciorans Elternhaus sowie eine kleine Büste davor an den Schriftsteller. Die Hauptstraße, die zur orthodoxen Kirche und zur Grundschule führt, trägt den Namen seines Vaters, Emilian.

Anmerkungen

Prolog

1 Cioran, zit. nach Josef Osterwalder, »Vom Nachteil, geboren zu sein.« Ein Gespräch mit dem französischen Schriftsteller E. M. Cioran. In: St. Galler Tagblatt, vom 28. März 1983.
2 Cioran, zit. nach Dieter Bachmann, Der Privatnachdenker. In: Tages-Anzeiger Magazin, Nr. 6 (1982), S. 34.
3 Georges Bataille, zit. nach Michel Surya (Hg.), Georges Bataille, une liberté souveraine, Paris: Fourbis, 1997, S. 71, 76, 77. Das »Halbdunkel« erklärt sich daraus, daß Batailles Vater erblindet war und der Rest der Familie darauf verzichtete, Licht zu machen.
4 Brief Ciorans an den Autor, vom 18. Dezember 1981.
5 Vgl. Bernd Mattheus, Heftige Stille. Andere Notizen, München: Matthes & Seitz, 1986, S. 206ff.
6 »Ich bin ein großer Liebhaber von Biographien, wie all jene, die keine ›Lebensgeschichte‹ haben.« (Cioran, Cahiers, 1957–1972, avant-propos de Simone Boué, Paris: Gallimard (Collection Blanche), 1997, S. 437.)
7 Vgl. die Abb. in Cioran, Œuvres, hrsg. von Yves Peyré, Paris: Gallimard (Quarto), 1995, S. 1163.
8 Bataille, zit. nach Bernd Mattheus, Georges Bataille. Eine Thanatographie, Bd. II: Chronik 1940–1951, München: Matthes & Seitz, 1988, S. 218.
9 Brief Ciorans an Aurel Cioran, vom 6. November 1978 (vgl. Cioran, Scrisori către cei de-acasă, hrsg. von Dan C. Mihăilescu, unter Mitarbeit von Gabriel Liiceanu und Theodor Enescu, aus dem Französischen von Tania Radu, Bukarest: Humanitas, 1995, Nr. 355, S. 166), hier zit. nach Gabriel Liiceanu, Itinéraires d'une vie: E. M. Cioran suivi de Les continents de l'insomnie, aus dem Rumänischen von Alexandra Laignel-Lavastine, Paris: Michalon, 1995, S. 73. Das sehr entspannte Interview, in dem übrigens von Sibiu nicht die Rede ist, führten Ivo Frenzel und Leonhard Reinisch. Der Westdeutsche Rundfunk sendete es am 15. Dezember 1978 unter dem Titel »Zur Ansicht«.
10 Cioran, Cahiers, 1957–1972, S. 420.

11 Vgl. Ciorans Interview mit den Titel: »Je souffrais tant d'être roumain«. In: Nouvel Observateur, vom 28. Dezember 1989.

12 Magazine littéraire, Nr. 274, Februar 1990, S. 14.

I

1 Brief Ciorans an Aurel Cioran, vom 24. August 1971 (vgl. Cioran, Scrisori către cei de-acasă, Nr. 170, S. 94), hier zit. nach Liiceanu, Itinéraires d'une vie: E. M. Cioran, S. 13.

2 Sowie sicher auch in Bezug auf die sog. Siebenbürgische Schule (Şcoala Ardeleană), einer kulturellen Bewegung im 19. Jahrhundert, nachdem ein Teil der Rumänisch-Orthodoxen Kirche in Siebenbürgen sich mit Rom unierte und zur Rumänischen griechisch-katholischen Kirche wurde. Ihre Mitglieder brachten historische und philologische Argumente für die Theorie einer direkten Abstammung der Rumänen von der ehemaligen römischen Bevölkerung Dakiens (die sog. Dako-romanische Kontinuitätstheorie). Die Siebenbürgische Schule hatte beträchtliche Auswirkungen auf das Selbstverständnis der Rumänen in Siebenbürgen und führte zu deren nationalen Erwachen. Aus dieser Schule geht auch das, auf dem lateinischen Alphabet basierende, rumänische Alphabet, welches 1860 das bis dahin benutzte Alphabet auf kyrillischer Basis ablöste, hervor. Die Aussprachregeln wurden vom Italienischen und Französischen abgeleitet. Durch Lautwandel wurde aus den Vokalen i, a und u teilweise der Vokal ɨ, aus dem sich später die Buchstaben î, â und û entwickeln sollten, um Wörter lateinischen Ursprungs dementsprechend schreiben zu können. So sollte beispielsweise rum. în mit î geschrieben werden, da es von lat. in abstammt, rum. sûnt mit û, da es von lat. sum abstammt und român mit â, da es auf lat. romanus zurückzuführen ist.

3 Cioran, zit. nach Heinz-Norbert Jocks, »Mir ist die Lust vergangen, auf das Universum zu schimpfen«. Ein Gespräch mit dem Apokalyptiker E. M. Cioran. In: Frankfurter Rundschau, Nr. 299, vom 24. Dezember 1994, S. ZB 3.

4 Cioran, zit. nach Michael Jakob, Gespräch mit Cioran. In: Ders., Aussichten des Denkens, München: Fink, 1994, S. 9, 10. Vgl. Cioran, Cahiers, 1957–1972, S. 79 (1962).

5 Cioran, zit. nach Jocks, »Mir ist die Lust vergangen, auf das Universum zu schimpfen«.

6 Cioran, Syllogismen der Bitterkeit, S. 45. Napoleons Soldaten sollen auf diese pietätlose Weise in Rom mit dem Schädel Beatrice Cencis verfahren sein.

7 Cioran, Cahiers, 1957–1972, S. 337 (1965).

8 Cioran, Leidenschaftlicher Leitfaden, aus dem Rumänischen und mit einer Nachbemerkung von Ferdinand Leopold, Frankfurt am Main: Suhrkamp, 1996, S. 80.

9 Cioran, Der Absturz in die Zeit, aus dem Französischen von Kurt Leonhard, Stuttgart: Klett, 1972, S. 40.

10 Cioran, Cahiers, 1957–1972, S. 478 (1967). Die argentinische Dichterin Alejandra Pizarnik (1936–1972), eine Tochter im Geiste, wird die »Trauer der Geburt« im Gedicht »Arbol de Diana 1« (Baum der Diana 1) beklagen (vgl. Alejandra Pizarnik, Cenizas — Asche, Asche. 1956–1971, herausgegeben und übertragen von Juana und Tobias Burghardt, Zürich: Ammann, 2002, S. 95).

11 Abū l-'Alā' al-Ma'arrī, Paradies und Hölle. Die Jenseitsreise aus dem »Sendschreiben über die Vergebung« [Risālat al-ġufrān], aus dem Arabischen und herausgegeben von Gregor Schoeler, München: Beck, 2002, S. 15.

12 Brief Ciorans an Gabriel Liiceanu, vom 12. Februar 1983 (vgl. Cioran, Scrisori către cei de-acasă, Nr. 569, S. 283f.), hier zit. nach Liiceanu, Itinéraires d'une vie: E. M. Cioran, S. 14.

13 Cioran, Cahiers, 1957–1972, S. 86 (1962).

14 Cioran, Leidenschaftlicher Leitfaden, S. 122.

15 Cioran, Syllogismen der Bitterkeit, S. 50.

16 Brief Ciorans an Constantin Noica, vom 29. Dezember 1979, zit. nach Liiceanu, Itinéraires d'une vie: E. M. Cioran, S. 13.

17 Brief Ciorans an Aurel Cioran, vom 23. Januar 1967 (vgl. Cioran, Scrisori către cei de-acasă, Nr. 86, S. 60), hier zit. nach Liiceanu, Itinéraires d'une vie: E. M. Cioran, S. 12.

18 Brief Ciorans an Aurel Cioran, vom 20. Juni 1967, zit. nach Erica Marenco, Repères biographiques. In: Magazine littéraire, Nr. 327 (Dezember 1994), S. 27.

19 Brief Ciorans an Aurel Cioran, vom 17. Oktober 1967 (vgl. Cioran, Scrisori către cei de-acasă, Nr. 83, S. 59), hier zit. nach Liiceanu, Itinéraires d'une vie: E. M. Cioran, S. 11.

20 Cioran, Cahiers, 1957–1972, S. 426 (18. Oktober 1966).

21 Cioran, ebenda, S. 330 (1965). »Unterton« im Original deutsch.

22 Cioran, ebenda, S. 925 (1970).

23 Brief Ciorans an Constantin Noica, vom 9. April 1980 (vgl. Cioran, Scrisori către cei de-acasă, Nr. 614, S. 310), hier nach Liiceanu, Itinéraires d'une vie: E. M. Cioran, S. 11.

24 Brief Ciorans an Gabriel Liiceanu, vom 28. Juni 1983 (vgl. Cioran, Scrisori către cei de-acasă, Nr. 614, S. 310), hier zit. nach Liiceanu, Itinéraires d'une vie: E. M. Cioran, S. 12f. Aurel, der schließlich Rechtsanwalt wurde, orientierte sich in puncto Weltanschauung zunächst am älteren Bruder: studierte Theologie, engagierte sich für die »Eiserne Garde«. Unter den Kommunisten verbüßte er als politischer Gefangener (1949–56) in Aiud sieben Jahre Haft. Seine Schwester Virginia war vier Jahre im Gefängnis. Emils Schuldgefühle müssen nicht besonders hervorgehoben werden, bedenkt man seine Zeit des politischen Aktivismus (s. Kap. 2). In den sechziger Jahren sollte Aurel damit beginnen, Dritten gegenüber zu behaupten, Emils Gedanken und ergo dessen Bücher seien sein Werk! 1980 befindet er sich erstmals stationär in der Neuropsychiatrie, offenbar stärkster Depressionen wegen. Nach Emils Tod wird er diverse thematische Auswahlsammelbände der Schriften des Bruders in Rumänien herausgeben (vgl. Bibliographie).

25 Cioran, Cahiers, 1957–1972, S. 478 (1967).

26 Vgl. Peter Bürger, Das Verschwinden des Subjekts. Fragmente einer Geschichte der Subjektivität, Frankfurt am Main: Suhrkamp, 2001.

27 Brief Maria von Herberts an Immanuel Kant, von Januar 1793, zit. nach Immanuel Kant, Briefwechsel. Auswahl und Anmerkungen von Otto Schöndörffer, bearbeitet von Rudolf Malter, [3]Hamburg: Meiner, 1986, S. 616f. Maria von Herbert (um 1770–1803), die Schwester Franz Paul von Herberts, nahm 1791 Briefkontakt mit Kant auf, dem sie mehrfach zu Fragen der Moralphilosophie schrieb, beging 1803 Selbstmord.

28 Cioran, zit. nach Jakob, Gespräch mit Cioran, S. 22.

29 Martin Heidegger, Was ist Metaphysik? [12]Frankfurt am Main: Klostermann, 1981, S. 31.

30 Cioran, zit. nach Jocks, »Mir ist die Lust vergangen, auf das Universum zu schimpfen«.

31 Cioran, zit. nach Jakob, Gespräch mit Cioran, S. 9.

32 Cioran, zit. nach Bachmann, Der Privatnachdenker, S. 27.

33 Vgl. Liiceanu, Itinéraires d'une vie: E. M. Cioran, S. 19. Daß sich seine Schulhefte mit den Lektüre-Exzerpten erhalten haben, verweist auf eine exzeptionelle Sammeltätigkeit Ciorans, die vom Reifezeugnis bis zum Jugendherbergsausweis, vom Studentenausweis bis zum Laborbefund reicht.

34 Cioran, Entretiens, Paris: Gallimard (Collection Arcades; 41), 1995, S. 269 (1982).

35 Cioran, Ein Gespräch mit Sylvie Jaudeau, aus dem Französischen von Verena von der Heyden-Rynsch, St. Gallen: Erker Galerie, 1992, S. 7f.

36 Cioran, zit. nach Jakob, Gespräch mit Cioran, S. 15f.

37 Vgl. Bernd Mattheus, Georges Bataille. Eine Thanatographie, Bd. I: Chronik 1897–1939, München: Matthes & Seitz, 1984, S. 60f.

38 Cioran, zit. nach Jocks, »Mir ist die Lust vergangen, auf das Universum zu schimpfen«.

39 Cioran, Cahiers, 1957–1972, S. 99 (1962).

40 Cioran, ebenda, S. 478 (1967).

41 Cioran, Leidenschaftlicher Leitfaden, S. 15.

42 Cioran, ebenda, S. 15; 83.

43 Cioran, ebenda, S. 15.

44 Cioran, ebenda, S. 59.

45 Cioran, zit. nach Liiceanu, Itinéraires d'une vie: E. M. Cioran, S. 91.

46 Brief Ciorans an Friedgard Thoma, vom 2. Mai 1981, zit. nach Friedgard Thoma, Um nichts in der Welt. Eine Liebe von Cioran, Bonn: Weidle, 2001, S. 31f. Dieses Geständnis kam qua Provokation zustande, da die hypochondrische Diätik und strikte Abstinenz des alten Cioran durchaus an Nietzsches Gepflogenheiten erinnerten.

47 Cioran, Cahiers, 1957–1972, S. 24 (1958).

48 Vgl. Brief Ciorans an Aurel Cioran, vom 25. Januar 1976. In: Cioran, Scrisori către cei de-acasă, Nr. 294, S. 141. ›Originale‹ meint Caféhaus- oder Kneipen-Philosophen, Gescheiterte, die in ihrem Biotop jedoch höchste An-

erkennung genießen einschließlich des Privilegs, freigehalten zu werden. Sie tauschen Gespräche gegen Getränke, die philosophische Praxis wird gewissermaßen in der Kneipe abgehalten.

49 Cioran, zit. nach Jocks, »Mir ist die Lust vergangen, auf das Universum zu schimpfen«. Sicher gehört »Omul mumii« zu einem der Portraitierten, womöglich auch sein Schulfreund Axente-Sever Popovici.

50 Cioran, Cahiers, 1957–1972, S. 367 (1966).

51 Cioran, Cahier de Talamanca. Ibiza, 31 juillet – 25 août 1966. Texte choisie et présenté par Verena von der Heyden-Rynsch, Paris: Mercure de France (Le petit Mercure), 2000, S. 43–45 (1966). Vgl. Ders., Cahiers, 1957–1972, S. 167 (1963), 547 (1967).

52 Cioran, zit. nach Bachmann, Der Privatnachdenker, S. 27.

53 Cioran, Der Absturz in die Zeit, S. 77.

54 Cioran, zit. nach Jakob, Gespräch mit Cioran, S. 12.

55 Cioran, zit. nach Bachmann, Der Privatnachdenker, S. 28. Der Tendenz nach zielt die Sentenz der Mutter in die Richtung von Ciorans Ausruf: »Wenn ich Jude wäre, würde ich auf der Stelle Selbstmord begehen.« (Cioran, Schimbarea la faţă a României, Bukarest: Editura Vremea, 1936) — angesichts des auf dem Volk lastenden Fluchs. Im Grunde reproduziert er die Reaktion der Mutter angesichts von menschlichem Leid.

56 Cioran, zit. nach Helga Perz, »Mein ganzes Leben war vom Tod beherrscht«. Ein Gespräch mit dem Schriftsteller E. M. Cioran. In: SÜDDEUTSCHE ZEITUNG, Nr. 231, vom 7./8. Oktober 1978, S. 112.

57 Cioran, Das Buch der Täuschungen, aus dem Rumänischen von Ferdinand Leopold, Frankfurt am Main: Suhrkamp (Bibliothek Suhrkamp; 1046), 1990, S. 151.

58 Cioran, Cafard. Originaltonaufnahmen 1974–1990, herausgegeben von Thomas Knöfel und Klaus Sander, mit einem Nachwort von Peter Sloterdijk, Köln: Supposé, 1998, Audio-CD, Track 3 (Reinisch, Paris 1985) – Track 4 (Heinrichs, Paris 1983).

59 Cioran, ebenda.

60 Brief Ciorans an Aurel Cioran, vom 10. Oktober 1967 (vgl. Cioran, Scrisori către cei de-acasă, Nr. 82, S. 59) und Brief Ciorans an Aurel Cioran, vom 31. Oktober 1967 (vgl. Cioran, ebenda, Nr. 84, S. 60), hier nach Liiceanu, Itinéraires d'une vie: E. M. Cioran, S. 30.

61 Posthum erscheint u. a. von Petre Ţuţea, Între Dumnezeu şi neamul meu (Zwischen Gott und meinem Volk), herausgegeben von Gabriel Klimowicz, Bukarest: Arta Grafică, 1992; Ders., Batrinetea şi alte texte filosofice, Bukarest: Viitorul Românesc, 1992; Ders., Proiectul de tratat: Eros, Braşov: Pronto, 1992; Ders., Reflecţii religioase asupra cunoaşterii, Bukarest: Nemira, 1992; Ders., Omul. Tratat de antropologie creştină, Iaşi: Timpul, 1992; Ders., 322 de vorbe memorabile ale lui Petre Tutea, cu o prefata de Gabriel Liiceanu, Bukarest: Humanitas, 1993; Ders., Lumea ca teatru. Teatrul seminar, Bukarest: Vestala, 1993; Ders., Filosofia nuantelor. Eseuri, profiluri, corespondenta, Iaşi: Timpul, 1995.

62 Brief Ciorans an Bucur Ţincu, vom 29. Dezember 1973 (vgl. Cioran, Scrisori către cei de-acasă, Nr. 628, S. 320), hier zit. nach Liiceanu, Itinéraires d'une vie: E. M. Cioran, S. 30.
63 Vgl. Mircea Eliade, Erinnerungen 1907–1937, aus dem Rumänischen von Ilina Gregori und Heinz Hermann, Frankfurt am Main: Suhrkamp (st 1877), 1991, S. 308.
64 Cioran, Manie épistolaire [1983]. In: NOUVELLE REVUE FRANÇAISE, Nr. 489 (Oktober 1993), S. 40–43.
65 Eliade, Erinnerungen 1907–1937, S. 342f. Eliade spottete nicht wenig über die spirituellen Inklinationen Sorana Ţopas, insbesondere deren Jiddu Krishnamurti-Verehrung. Cioran wird, selbst als er seinen hyperbolischen Stil verabschiedet hat, seine grundlegende Einschätzung der Person Eliades niemals revidieren. Ciorans Text »Mensch ohne Schicksal« in: Cioran, Solitude et destin, aus dem Rumänischen von Alain Paruit, Paris: Gallimard (Collection Arcades; 78), 2004, S. 281–286.
66 Eliade, Erinnerungen 1907–1937, S. 367.
67 Cioran, zit. nach Marta Petreu, An infamous past. E. M. Cioran and the rise of fascism in Romania, aus dem Rumänischen von Bogdan Aldea, Vorwort von Norman Manea, Chicago: Dee, 2005, S. 271.
68 Cioran, ebenda. Die internationale Abrüstungskonferenz des Völkerbunds tagte vom 2. Februar bis 10. Dezember 1932 mit Unterbrechungen in Genf.
69 Cioran, Ein Gespräch. Geführt von Gerd Bergfleth, Tübingen: Konkursbuchverlag, 1985, S. 20f.
70 Vgl. Nicolas de Staël, Lettres de Nicolas de Staël à Pierre Lecuire, Paris: Lecuire, 1966.
71 Cioran, Im Bann des inneren Fiebers, aus dem Französischen von Verena von der Heyden-Rynsch. In: ZEITMAGAZIN, Nr. 31, vom 29. Juli 1988, S. 28.
72 Cioran, zit. nach Liiceanu, Itinéraires d'une vie: E. M. Cioran, S. 94
73 Cioran, zit. nach Bachmann, Der Privatnachdenker, S. 28.
74 Cioran, Auf den Gipfeln der Verzweiflung, aus dem Rumänischen und Nachbemerkung von Ferdinand Leopold, Frankfurt am Main: Suhrkamp (Bibliothek Suhrkamp; 1008), 1989, S. 15.
75 Vgl. Cioran, ebenda, S. 111.
76 Cioran, ebenda, S. 57.
77 Cioran, ebenda, S. 78.
78 Cioran, ebenda, S. 21.
79 Vgl. Cioran, ebenda, S. 92f.
80 Vgl. Cioran, ebenda, S. 119.
81 Cioran, ebenda, S. 70; vgl. S. 120.
82 Cioran, ebenda, S. 106f.
83 Cioran, ebenda, S. 29.
84 Cioran, ebenda, S. 134.
85 Cioran, ebenda, S. 107.
86 Vgl. Cioran, ebenda, S. 172. In fast keinem Buch des Rumänen wird die Psychoanalyse nicht verworfen.

87 Cioran, ebenda, S. 85.
88 Cioran, ebenda, S. 121.
89 Cioran, ebenda, S. 162.
90 Cioran, ebenda, S. 115.
91 Cioran, ebenda, S. 76.
92 Chamfort, zit. nach: Die französischen Moralisten, Bd. 1: La Rochefoucauld, Vauvenargues, Montesquieu, Chamfort, übersetzt und herausgegeben von Fritz Schalk, Bremen: Schünemann (Sammlung Dieterich; 22), 1962, S. 272; vgl. Chamfort, Maximes et pensées. Caractères et anecdotes, herausgegeben von Jean Dagen, Paris: Garnier-Flammarion, 1968, Nr. 113.
93 Cioran, zit. nach Jocks, »Mir ist die Lust vergangen, auf das Universum zu schimpfen«.
94 Cioran, zit. nach Christian Bussy, Le friand du pire. L'interview de Cioran que vous ne verrez pas à la télévision. In: LE NOUVEL OBSERVATEUR, vom 22. bis 28. März 1990 [Teil-Transkription von: Entretien littéraire avec E. M. Cioran, RTBF (TV), Brüssel, 4. April 1973 (30 min.)], S. 123.
95 Cioran, zit. nach Bussy, ebenda, S. 122.
96 Persönliche Widmung in der Ausgabe von »Auf den Gipfeln der Verzweiflung« für Friedgard Thoma, zit. nach Thoma, Um nichts in der Welt, S. 7.
97 Cioran, Ein Gespräch. Geführt von Gerd Bergfleth, S. 24.
98 Vgl. Bernd Mattheus, Antonin Artaud, 1896–1948. Leben und Werk des Schauspielers, Dichters und Regisseurs, München: Matthes & Seitz, 2002, S. 123f.
99 Cioran, Ein Gespräch. Geführt von Gerd Bergfleth, S. 24, 27. Das Untersuchungsprotokoll des Dr. Albert Zink in Sibiu ist reproduziert in: Liiceanu, Itinéraires d'une vie: E. M. Cioran, S. 28, — wurde also aufbewahrt!
100 Cioran, Cahiers, 1957–1972, S. 776 (1969).
101 Cioran, Ein Gespräch. Geführt von Gerd Bergfleth, S. 35.
102 Brief Ciorans an Aurel Cioran, vom 5. Juli 1981. In: Cioran, Scrisori către cei de-acasă, Nr. 408, S. 189. Wenn nicht anders angemerkt, stammen die Übersetzungen aus dem Rumänischen von Magdalena Kubat.
103 Cioran, Œuvres, S. 17.
104 Cioran, Entretiens, S. 52 (1979).
105 Cioran, zit. nach Jakob, Gespräch mit Cioran, S. 35.
106 Brief Ciorans an Friedgard Thoma, vom 4. Juli 1981, zit. nach Thoma, Um nichts in der Welt, S. 63.
107 Cioran, Cahiers, 1957–1972, S. 19; 20 (1958).
108 Cioran, ebenda, S. 556 (1967).
109 Charles Baudelaire, Mon coeur mis à nu. Journal intime (1887), Fragment 60: »Tout enfant, j'ai senti dans mon coeur deux sentiments contradictoires: l'horreur de la vie et l'extase de la vie.« In Sibiu soll Cioran einen Vortrag über Baudelaire gehalten haben.
110 Vgl. Petreu, An infamous past, S. 272.
111 Brief Ciorans an Mircea Eliade, vom Dezember 1935. In: Cioran, Scrisori către cei de-acasă, Nr. 551, S. 272, 273.

112 Die der portugiesischen Nonne Soror Mariana Alcoforado (1640–1723) zugeschriebenen »Lettres portugaises« (Paris 1669) stammen vom angeblichen Übersetzer ins Französische, Gabriel-Joseph de La Vergne, comte de Guilleragues (1628–1685).
113 Cioran, Entretiens, S. 40 (1979).
114 Cioran, Das Buch der Täuschungen, S. 214.
115 Vgl. Cioran, ebenda, S. 137.
116 Vgl. Cioran, ebenda, S. 54.
117 Cioran, ebenda, S. 149.
118 Cioran, ebenda, S. 45.
119 Cioran, ebenda, S. 217. Cioran zitiert wohl aus der Autobiographie (Vida) der Teresa von Ávila.
120 Cioran, ebenda, S. 83.
121 Cioran, ebenda, S. 198f.
122 Vgl. Cioran, ebenda, S. 38, 52.
123 Vgl. Cioran, ebenda, S. 44.
124 Vgl. Cioran, ebenda, S. 164, 167.
125 Vgl. Bernd Mattheus, Georges Bataille. Eine Thanatographie, Bd. III: Chronik 1952–1962, Materialien, Synopsis, Bibliographie, Index, München: Matthes & Seitz, 1995.
126 Cioran, Das Buch der Täuschungen, S. 217.
127 Cioran, ebenda, S. 202.
128 Vgl. Criorans Brief an Mircea Eliade, vom 16. März 1937. In: Cioran, Scrisori către cei de-acasă, Nr. 557, S. 276. Im Verlag Georgescu Delafras' war Eliades »Şantier. Roman indirect« (Bukarest: Cugetarea, 1935) erschienen.
129 Cioran, Cafard, Audio-CD, Track 6 (Heinrichs, Paris 1983).
130 Cioran, ebenda, Track 1 (Reinisch, Paris 1974).
131 Cioran, zit. nach: Die Paradoxien des E. M. Cioran. Ein Gespräch mit Leonhard Reinisch. In: MERKUR, Nr. 338, Heft 6, 1976, S. 660.
132 Cioran, zit. nach Bachmann, Der Privatnachdenker, S. 27. Vgl. Cioran, Ein Gespräch. Geführt von Gerd Bergfleth, S. 45f. Bemerkenswert, mit welcher Präzision der Cioran dieser Jahre solche Anekdoten wiederholt, auch das Bemühen, sein Gegenüber zu amüsieren.
133 Cioran, zit. nach Bachmann, Der Privatnachdenker, S. 27.
134 Cioran, zit. nach Fritz J. Raddatz, Tiefseetaucher des Schreckens. Ein ZEIT-Gespräch mit E. M. Cioran. In: DIE ZEIT, Nr. 15, vom 4. April 1986, S. 50. Es handelte sich in Braşov um einen Theologiestudenten.
135 Cioran, zit. nach Irene Bignardi, Cioran cavaliere del malumore. In: LA REPUBBLICA, vom 13. Oktober 1982.
136 Cioran, Entretiens, S. 134f. (1984).
137 Cioran, zit. nach Liiceanu, Itinéraires d'une vie: E. M. Cioran, S. 106.
138 Cioran, Entretiens, S. 29f. (1977).
139 Cioran, Cahiers, 1957–1972, S. 478 (1978).
140 Cioran, Ein Gespräch mit Sylvie Jaudeau, S. 27.

II

1 Cioran, Auf den Gipfeln der Verzweiflung, S. 130.
2 Cioran, ebenda, S. 72.
3 Cioran, ebenda, S. 74.
4 Cioran, ebenda, S. 76f.
5 Cioran, ebenda, S. 146f.
6 Vgl. Cioran, Cahiers, 1957–1972, S. 133.
7 Cioran, Dasein als Versuchung, aus dem Französischen von Kurt Leonhard, Stuttgart: Klett-Cotta, 1983, S. 19.
8 Cioran, ebenda, S. 127. Im korrespondierenden Passus von Dostoevskijs »Dämonen« (Anhang Kap. IX, 2) bekundet Stavrogin: »Die Hauptsache war, das Leben ödete mich an bis zum Stumpfsinn. (...) In dieser Zeit kam mir ohne irgendeinen besonderen Anlaß der Gedanke, mein Leben irgendwie zu verunstalten, und zwar so widerlich wie nur möglich.« Ein Modus unter anderen, dem *ennui* zu entfliehen.
9 Cioran, hier zit. nach Rosa Maria Pereda, Cioran l'étranger, aus dem Spanischen von Jean-Marie Saint-Lu. In: MAGAZINE LITTÉRAIRE, Nr. 204, Februar 1984, S. 81.
10 Eine Wiederveröffentlichung dieser Texte erschien 1991, vgl. Cioran, Singurătate şi destin (Einsamkeit und Schicksal). Publicistică 1931–1944, herausgegeben von Marin Diaconu, Bukarest: Humanitas, 1991 (frz.: Ders., Solitude et destin). Die heiklen politischen Artikel, die Cioran in Deutschland schrieb, fehlen in der Sammlung.
11 Eliade, Erinnerungen 1907–1937, S. 347.
12 Cioran, Entretiens, S. 132f. (1984). Autor der »Moartea civilizaţiei capitaliste« war vermutlich Bucur Ţincu. Ciorans Erstling »Pe culmile disperării« war nicht nur im Verlag für Literatur und Kunst der ›Königlichen Stiftung Carol II.‹ erschienen, sondern wurde darüber hinaus 1934 mit dem 1. Preis der Königlichen Akademie für junge Autoren ausgezeichnet. Insofern kann man dem Autor Konformismus nicht nachsagen.
13 Corneliu Zelea Codreanu, in: Pământul strămoşesc, Nr. 2, vom 15. August 1927, zit. nach Armin Heinen, Die Legion »Erzengel Michael« in Rumänien — soziale Bewegung und politische Organisation. Ein Beitrag zum Problem des internationalen Faschismus, München: Oldenbourg, 1986, S. 142.
14 Vgl. Corneliu Zelea Codreanu, Pentru legionari (An meine Legionäre), Sibiu: Editura »Totul pentru tara«, 1936; dt. unter dem Titel: Eiserne Garde, Berlin: Brunnen Verlag Willi Bischoff, 1939.
15 Mihail Eminescu, zit. nach Heinen, Die Legion »Erzengel Michael« in Rumänien, S. 84.
16 Mihail Eminescu, Opere, Bd. 12: Publicistică, 1 ianuarie – 31 decembrie 1881, Bukarest: Editura Academiei Republicii Socialiste România, 1985, S. 359, 373, zit. nach William Totok, Die Generation von Mircea Eliade im Bann des rumänischen Faschismus. In: HALBJAHRESSCHRIFT FÜR SÜDOSTEUROPÄISCHE GESCHICHTE, LITERATUR UND POLITIK, 8 (1995) 1, S. 45f.

17 Zit. nach Heinen, Die Legion »Erzengel Michael« in Rumänien, S. 138.

18 Radu Gyr (Radu Demetrescu, 1905–1975), Imnul Tinereţii Legionare (Hymne der Gardistenjugend). »Nicadori« meint den 29. Dezember 1933, das Datum, an dem Ministerpräsidenten Ion Gheorghe Duca von Gardisten ermordet wurde.

19 Corneliu Zelea Codreanu, Prezent, Madrid: Virtudes, 1966, S. 420, zit. nach Totok, Die Generation von Mircea Eliade im Bann des rumänischen Faschismus, S. 45. Wie präsent der Mythos Codreanu ist, belegen zahlreiche ihm gewidmete Einträge im Internet. Nach 1989 beruft sich die ›Neue Rechte‹ auf die ›Legion‹, während sich die exklusiv gestaltete Archivseite der Bewegung mit den Namen ihrer einstigen Mitglieder schmückt, von Cioran bis Eliade. Insbesondere im Falle Ciorans scheute man sich nicht vor groben Fälschungen (das Foto des vermeintlichen Cioran in Uniform neben Codreanu, unterstellte anonyme pro-gardistische Beiträge etc.), um den Eindruck zu vermitteln, daß der einstige Sympathisant noch im Pariser Exil linientreu geblieben wäre.

20 Cioran, Entretiens, S.135 (1984).

21 Cioran, Brief an einen fernen Freund (1957), in: Ders., Geschichte und Utopie, autorisierte Übersetzung aus dem Französischen von Kurt Leonhard, Stuttgart: Klett (Versuche; 1), 1965, S. 9.

22 Heinen, Die Legion »Erzengel Michael« in Rumänien, S. 148.

23 Cioran, Brief an einen fernen Freund (1957), S. 19. Delikaterweise lebt Ciorans Adressat, Constantin Noica, 1957 im stalinistischen Rumänien, dessen Polizei wirklich nichts zu wünschen übrig ließ.

24 Cioran, ebenda, S. 11. Es sei angemerkt, daß die damaligen Leser nicht wissen konnten, daß Cioran Anhänger der »Garde«-Ideologie war. Zwar wird er sich in manchem Interview (François Bondy, Der untätigste Mensch in Paris. Besuch bei einem radikalen Pessimisten E. M. Cioran. In: DIE ZEIT, Nr. 15, vom 21. April 1970; Raddatz, Tiefseetaucher des Schreckens) zu dem Faktum äußern, ausführlichere Studien Dritter liegen erst ab 1991 vor. Vgl. insbesondere: Nicolas Tertulian, La période roumaine de Cioran. In: LA QUINZAINE LITTÉRAIRE, Nr. 351, vom 1. Juli 1981; Leon Volovici, Nationalist ideology and antisemitism. The case of Romanian intellectuals in the 1930s, translated from the romanian by Charles Kormos, Oxford/New York: Pergamon Press, 1991; Claudio Mutti, Les plumes de l'Archange. Quatre intellectuels rumains face à la Garde de Fer: Nae Ionescu, Mircea Eliade, Emil Cioran, Constantin Noica, Chalon-sur-Saône: Editions Hérode, 1993; Zigu Ornea, Anii treizeci. Extrema dreaptă românească, Bukarest: Ed. Fundaţiei Culturale Române, 1995; Totok, Die Generation von Mircea Eliade im Bann des rumänischen Faschismus; Nicolae Steinhardt, În genul lui. Cioran, Noica, Eliade, Bukarest: Humanitas, 1996; Alexandra Laignel-Lavastine, Le jeune Cioran ou l'inconvénient d'avoir été fasciste. In: LE DÉBAT, Nr. 93 (Januar/Februar 1997), S. 102–121, Marta Petreu, Un trecut deocheat sau »Schimbarea la faţă a Romaniei«, Cluj: Biblioteca Apostrof, 1999; et al.

25 Cioran, Dasein als Versuchung, S. 39.
26 Eliade, Erinnerungen 1907–1937, S. 369.
27 Eliade, ebenda, S. 308. Ausführlicher zum casus Eliade vgl. Totok, Die Generation von Mircea Eliade im Bann des rumänischen Faschismus.
28 Cioran, Cahiers, 1957–1972, S. 383.
29 Brief Ciorans an Mircea Eliade, vom 15. November 1933. In: Cioran, Scrisori către cei de-acasă, Nr. 548, S. 269, hier zit. nach Laignel-Lavastine, Le jeune Cioran ou l'inconvénient d'avoir été fasciste, S. 112.
30 Vgl. Briefe Ciorans an Nicolae Tatu, vom 1. und 27. Dezember 1933. In: Cioran, Scrisori către cei de-acasă, Nr. 619, 620, S. 313f. Der Philosoph Nicolae Tatu (geb. 1910) war mit Cioran seit der Gymnasialzeit in Sibiu befreundet und schrieb gemeinsam mit Sorin Pavel, Ioan Crăciunel, Gheorghe Tite und Petre Ercuţă ein »Manifest al revoluţiei naţionale« (1935).
31 Brief Ciorans an Petru Comarnescu, vom 27. Dezember 1933, zit. nach Laignel-Lavastine, Le jeune Cioran ou l'inconvénient d'avoir été fasciste, S. 109.
32 Cioran, Prin Universitatea din Berlin. In: Vremea, Nr. 316, vom 3. Dezember 1933, zit. nach Tertulian, La période roumaine de Cioran, S. 13. Über Heidegger mag ihm Noica berichtet haben, der derzeit dessen Vorlesungen in Freiburg hört.
33 Ludwig Klages, Rhythmen und Runen. Nachlaß. Herausgegeben von ihm selbst, Leipzig: Barth, 1944, S. 330 (1903).
34 Cioran, Ein Gespräch mit Sylvie Jaudeau, S. 6.
35 Cioran, Germania şi Franţa sau iluzia pacii. In: Vremea, Sonder-Nr. Weihnachten 1933, zit. nach Hans-Peter Kunisch, Der Akt des Denkens ist ein Giftbad. In: Literaturen, Nr. 7/8, 2001, S. 104.
36 Cioran, Dasein als Versuchung, S. 19.
37 Vgl. Cioran, Romania in faţa strainataţii. In: Vremea, Nr. 355, vom 29. April 1934.
38 Cioran, Cahiers, 1957–1972, S. 834. Apropos »Herrenrasse« sei daran erinnert, daß spätestens Autoren des 19. Jahrhunderts rassistische Theorien verfochten. Ein Alfred Rosenberg konnte sich auf Ernest Renan, Alphonse de Châteaubriant, Houston Stewart Chamberlain berufen. Letzterer gehörte zum Lektüre-Kanon der ›Jungen Generation‹ von Bukarest.
39 Brief Ciorans an Arşavir Acterian, vom 9. Januar 1936, zit. nach Laignel-Lavastine, Le jeune Cioran ou l'inconvénient d'avoir été fasciste, S. 112.
40 Cioran, Cahiers, 1957–1972, S. 321. Die Karl Bonhoeffer-Nervenklinik in Berlin-Wittenau wurde salopp »Bonnies Ranch« genannt.
41 Cioran, Autobiographische Notiz (ca. 1978), bestimmt für die deutsche Neuauflage der »Lehre vom Zerfall«, in: Cioran, Œuvres, S. 13.
42 Vgl. Brief Ciorans an Nicolae Tatu, vom 28. Januar 1934. In: Cioran, Scrisori către cei de-acasă, Nr. 621, S. 314. Zunächst schenkte man der »Eisernen Garde« in Deutschland wenig Beachtung. Erst im Januar 1941, während der Rebellion der »Statul National Legionar« (Nationalen Legion) und der Buka-

rester Pogrome, als Ion Antonescu Adolf Hitler vor die Wahl zwischen dem kriegsbereiten Flügel der rumänischen Regierung und der »Eisernen Garde« stellte, entschied sich Hitler, die »Eiserne Garde« zu unterstützen.

43 Cioran, Impresii din München. Hitler in conştiinţa germana. In: VREMEA, Nr. 346, vom 15. Juli 1934, zit. nach Kunisch, Der Akt des Denkens ist ein Giftbad, S. 103.

44 Cioran, Revolta satuilar (Die Revolte der Satten). In: VREMEA, Nr. 349, vom 5. August 1934, zit. nach Kunisch, Der Akt des Denkens ist ein Giftbad, S. 104.

45 Cioran, Cahiers, 1957–1972, S. 832 (1970). »Mein ganzes Leben …« bezieht sich wohl, wie Cioran an anderer Stelle anmerkt, auf eine unterstellte Intrige des Literatursoziologen Lucien Goldmann (1913–1970). Cioran ging davon aus, daß der rumänische Jude seine früheren politischen Pamphlete kannte und dies in Paris kolportierte. Er befreundete sich zwar spontan mit diesem während einer Begegnung bei Gabriel Marcel 1969, hielt aber auch noch nach Goldmanns Tod an dieser Vermutung fest (vgl. Cioran, ebenda, S. 695 und 853). Patrice Bollons Recherchen ergaben, daß dies unbegründet war.

46 Cioran, ebenda, S. 327.

47 Brief Ciorans (auf deutsch) an Friedgard Thoma, vom 28. August 1989, zit. nach Thoma, Um nichts in der Welt, S. 117.

48 Cioran, Œuvres, S. 13.

49 Cioran, In preajma dictaturii (Am Vortag der Diktatur). In: VREMEA, Nr. 476, vom 21. Februar 1937, zit. nach Liiceanu, Itinéraires d'une vie: E. M. Cioran, S. 32.

50 Cioran, zit. nach Liiceanu, ebenda, S. 36.

51 Brief Ciorans an Aurel Cioran, vom 31. März 1935 (vgl. Cioran, Scrisori către cei de-acasă, Nr. 41, S. 43), hier zit. nach Liiceanu, ebenda, S. 39.

52 Vgl. Eliade, Erinnerungen 1907–1937, S. 378f.

53 Brief Ciorans an Mircea Eliade, vom 10. Juni 1936 (vgl. Cioran, Scrisori către cei de-acasă, Nr. 552, S. 273), hier zit. nach Laignel-Lavastine, Le jeune Cioran ou l'inconvénient d'avoir été fasciste, S. 117.

54 Brief Ciorans an Mircea Eliade, vom 9. Dezember 1935 (vgl. Cioran, Scrisori către cei de-acasă, Nr. 549, S. 270), hier zit. nach Laignel-Lavastine, ebenda, S. 116.

55 Brief Ciorans an Mircea Eliade, vom 9. Dezember 1935 (vgl. Cioran, Scrisori către cei de-acasă, Nr. 549, S. 271), hier zit. nach Laignel-Lavastine, ebenda, S. 117. Vgl. Cioran, Das Buch der Täuschungen, S. 216, und die fast wörtliche Wiederholung »Bordellwächter«.

56 Cioran, Schimbarea la faţă a României, S. 46, 88, 96; zit. nach Patrice Bollon, Cioran l'hérétique, Paris: Gallimard, 1997, S. 111, 114.

57 Vgl. Octavian Buhociu, Cioran in Rumänien. In: CRITICÓN, Nr. 45 (Januar/Februar 1978), S. 38.

58 Cioran, Kleine Theorie des Schicksals. In: Ders., Dasein als Versuchung, S. 59. Mit diesem Statement stellt Cioran m.E. auch das Werk des Nationaldichters Eminescu in Frage.

59 Vgl. Cioran, Schimbarea la faţă a României, S. 113f., 50. Die Degradierung des Bauernstandes, dieses Detail, war mit der NS-Ideologie nicht kompatibel.
60 Cioran, ebenda, S. 41, zit. nach Bollon, Cioran l'hérétique, S. 114.
61 Cioran, ebenda, S. 132–134.
62 Cioran, ebenda, S. 130. Vgl. Kunisch, Der Akt des Denkens ist ein Giftbad, S. 104. Diese und vergleichbare Äußerungen wird der Autor später in seinem Exemplar rot durchstreichen, merkt Bollon an.
63 Cioran, ebenda, S. 132.
64 Cioran, ebenda, S. 125, 129, 131, zit. nach Totok, Die Generation von Mircea Eliade im Bann des rumänischen Faschismus.
65 Cioran, ebenda, S. 132f., zit. nach Bollon, Cioran l'hérétique, S. 116.
66 Cioran, ebenda, S. 128f., zit. nach Bollon, ebenda, S. 117.
67 Cioran, ebenda, S. 127f., zit. nach Bollon, ebenda, S. 115.
68 Vgl. Eugen Lovinescu, Istoria civilizaţiei române moderne, Bd. 1: Forţele revoluţionare, Bukarest: Ancora, 1924; Bd. 2: Forţele reacţionare, Bukarest: Ancora, 1925; Bd. 3: Legile formaţiei civilizaţiei române, Bukarest: Ancora, 1925.
69 Vladimir Tismăneanu, Rumäniens mystische Revolutionäre. In: SINN UND FORM, 48 (1996) 1, S. 55.
70 Cioran, Schimbarea la faţă a României, S. 143f., zit. nach Bollon, Cioran l'hérétique, S. 117.
71 Brief Corneliu Zelea Codreanus in der Legionärs-Zeitschrift BUNA VESTIRE (Verkündigung), vom 21. Januar 1941, hier zit. nach Laignel-Lavastine, Le jeune Cioran ou l'inconvénient d'avoir été fasciste, S. 116.
72 Cioran, Das Buch der Täuschungen, S. 202.
73 Cioran, ebenda, S. 213.
74 Cioran, ebenda, S. 201.
75 Cioran, Cahiers, 1957–1972, S. 579 (1968).
76 Cioran, ebenda, S. 761 (1969). Der Autor irrt sich bei der Datierung »1936«.
77 Cioran, ebenda, S. 696 (1969).
78 Cioran, Am Vortag der Diktatur. In: VREMEA, vom 21. Februar 1937, zit. nach Liiceanu, Itinéraires d'une vie: E. M. Cioran, S. 32.
79 Cioran, in: VREMEA, vom März 1937, zit. nach Totok, Die Generation von Mircea Eliade im Bann des rumänischen Faschismus, S. 44
80 Cioran, Verzicht auf die Freiheit. In: VREMEA, vom 21. Juli 1937, zit. nach Liiceanu, Itinéraires d'une vie: E. M. Cioran, S. 32, 35.
81 Brief Ciorans an Mircea Eliade, vom April 1937 (vgl. Cioran, Scrisori către cei de-acasă, Nr. 554, S. 275), hier zit. nach Laignel-Lavastine, Le jeune Cioran ou l'inconvénient d'avoir été fasciste, S. 116.
82 Brief Ciorans an Mircea Eliade, vom 13. Dezember 1937 (vgl. Cioran, Scrisori către cei de-acasă, Nr. 558, S. 277), hier zit. nach Dieter Schlesak, Cioran – ein Meister des Briefeschreibens. In: SINN UND FORM, 51 (1999) 1, S. 175.
83 Cioran, Innere Eigenschaften des Căpitans. In: GLASUL STRAMOŞESC vom 25. Dezember 1940, hier zit. nach Liiceanu, Itinéraires d'une vie: E. M. Cioran, S. 37.

84 Vgl. Cioran, Am Vortag der Diktatur. In: Vremea, vom 21. Februar 1937 (Liiceanu, Itinéraires d'une vie: E. M. Cioran, S. 32).

85 Cioran, Cahiers, 1957–1972, S. 761 (1969). Nicht zufällig schreibt dies Cioran nach der Studentenrevolte vom Mai 1968: wie viele Intellektuelle wurden nicht zu glühenden Verehrern Maos oder Fidel Castros. Der anti-imperialistische Kampf barg seine eigenen Tücken, sich verblenden zu lassen.

86 Vgl. Cioran, Siebenbürgen — ein rumänisches Preußen. In: Înaltarea, vom 1. Januar 1941 (Petreu, An infamous past, S. 278).

87 Horia Sima, der das gleiche Studium wie Cioran absolviert hatte, wird in jedem Land, das ihm Exil gewährt (Österreich, Italien, Frankreich, Spanien), eine rege pro-legionäre publizistische Aktivität entfalten. Zuletzt dozierte er gar an der Universität von Barcelona.

88 Mihail Sebastian, Journal, 1935–1944, aus dem Rumänischen von Alain Paruit, Vorwort von Edgar Reichmann, Paris: Stock, 1998, S. 267f. Ciorans Anwesenheit in dieser Zeit in Bukarest bestätigt auch Jeni Acterian in ihrem (postum publizierten) Tagebuch: So traf er am 27. Dezember 1940 bei Marietta Sadova und Haig Acterian mit den Freundinnen Sorana Ţopa, Jeni Acterian u.a. zusammen, vgl. Jeni Acterian, Jurnalul unei fiinte greu de mulţumit (Tagebuch einer Person, der man nicht genug danken kann), 1932–1949, herausgegeben von Arşavir Acterian und Doina Uricariu, Bukarest: Humanitas, 1991, S. 335.

89 Cioran, Cahiers, 1957–1972, 682 (1969).

90 Vgl. Sebastian, Journal, 1935–1944, S. 276. Wie man sieht, hat Cioran Freunde im gegnerischen ideologischen Lager, sogar mit jüdischer Herkunft.

91 Zum Vorfeld dieser Massaker gehört die Ermordung des Führers der nationalen Bauernpartei, Armand Călinescu, am 21. September 1939, durch die »Eiserne Garde«, in deren Vergeltung 252 Legionäre exekutiert werden. In unmittelbarer Folge der Regierungsübernahme durch die »Eiserne Garde« um General Ion Antonescu, am 4. September 1940, werden am 27. November mehr als 60 vormalige Würdenträger und Funktionäre im Gefängnis von Jilava hingerichtet, während sie auf ihren Prozeß warteten. Der Historiker und frühere Premierminister Nicolae Iorga und der Ökonom Virgil Madgearu, ebenfalls Minister der früheren Regierung, werden ohne Verhaftung ermordet. (Vgl. Laignel-Lavastine, Le jeune Cioran ou l'inconvénient d'avoir été fasciste, S. 119). Antonescu erklärte kurz nach seinem Amtsantritt die etwa 590000 Juden Rumäniens für staatenlos. Mit dem Kriegseintritt Rumäniens begannen im Februar 1941 die Massaker der »Eisernen Garde« an den Juden. Innerhalb kürzester Zeit wurden beispielsweise beim Massaker von Odessa über 60000 Juden umgebracht. Selbst nach dem Sturz der »Eisernen Garde« führte das Antonescu-Regime, nun verbündet mit dem Deutschen Reich, Massaker, Pogrome und Deportationen an Juden (und an Sinti und Roma) fort. Die Zahl der Opfer ist umstritten, die niedrigsten seriösen Schätzungen bewegen sich in den Ostregionen zwischen 100000 und 250000 Juden (und 25000 Sinti und Roma), während in Siebenbürgen von 150000 Juden

120000 (auch durch die Ungarn) starben. Zum Zeitpunkt der Kapitulation Rumäniens im August 1944 waren mehr als die Hälfte der Juden des Landes liquidiert. (Vgl. Claudia Schwartz, Eine Kerze, die langsam erlischt. Der Antisemitismus wuchert auch ohne Juden. In: NEUE ZÜRCHER ZEITUNG, Nr. 30, vom 6. Februar 2002, S. 33.)

92 Brief Ciorans an die Familie, 1946. In: Cioran, Scrisori către cei de-acasă, Nr. 5 (17.4.46), S. 17

93 Brief Ciorans an Aurel Cioran, vom 8. September 1946. In: Cioran, ebenda, Nr. 7, S. 19f.

94 Brief Ciorans an Aurel Cioran, 1947. In: Cioran, ebenda, Nr. 42, S. 43.

95 Brief Ciorans an die Eltern, 1948. In: Cioran, ebenda, Nr. 17, S. 27.

96 Cioran, Mon pays. In: LE MESSAGER EUROPÉEN, Nr. 9 (1996), S. 66. Posthum von Simone Boué veröffentlichtes Manuskript.

97 Cioran, ebenda. Der Vergleich mit Port-Royal, also der Verfolgung der Jansenisten durch die klerikale Obrigkeit im Frankreich des 17. Jahrhunderts, geht zurück auf eine Prophezeiung Professor Mircea Vulcănescus bezüglich des Schicksals der ›Jungen Generation‹, vgl. Brief Ciorans an Arşavir Acterian, vom 6. Januar 1972. In: Cioran, Scrisori către cei de-acasă, Nr. 435, S. 205.

98 Cioran, Mon pays, S. 67.

99 Cioran, Cahiers, 1957–1972, S. 694 (1969).

100 Cioran, Dasein als Versuchung, S. 86f.

101 Cioran, Cahiers, 1957–1972, S. 681.

102 Cioran, ebenda, S. 833 (1970). Codreanu wurde als Corneliu Zelinschi (Żieliński) geboren.

103 Cioran, ebenda, S. 447 (1966).

104 Vgl. Cioran, ebenda, S. 694.

105 Brief Ciorans an Aurel Cioran, vom 2. November 1973 (vgl. Cioran, Scrisori către cei de-acasă, Nr. 223, S. 114), hier zit. nach Liiceanu, Itinéraires d'une vie: E. M. Cioran, S. 39.

106 Vgl. Cioran, Schimbarea la faţă a României, Humanitas, Bukarest 1990, hier zit. nach Tismăneanu, Rumäniens mystische Revolutionäre, S. 55. Sollte Cioran denn so arglos gewesen sein, nicht vorherzusehen, daß ihn die Nationalisten vereinnahmen würden?

107 Cioran, Cahiers, 1957–1972, S. 695 (1969).

108 Cioran, zit. nach Bondy, Der untätigste Mensch in Paris.

109 Raddatz, Tiefseetaucher des Schreckens, S. 50.

110 Vgl. Cioran, Geschichte und Utopie, S. 9.

111 Die lateinischen Elemente der rumänischen Sprache verdanken sich übrigens dieser römischen Kolonisierung. Cioran soll, so will es die heutige Legendenschreibung der ›Bewegung‹, 1940 mit anderen intellektuellen Legionären im Pariser Exil an der Gründung einer Zeitschrift DACIA beteiligt gewesen sein. Vermutlich schlicht einer der zahlreichen fakes, d.h. Vereinnahmungsversuche.

112 Cioran, Cahiers, 1957–1972, S. 14 (1957).

III

1 Brief Ciorans an Aurel Cioran, vom 9. Mai 1979 (vgl. Cioran, Scrisori către cei de-acasă, Nr. 365, S. 171, hier zit. nach: Lettres choisies d'E. M. Cioran. In: MAGAZINE LITTÉRAIRE, Nr. 327 (Dezember 1994), S. 58.

2 Cioran, zit. nach Liiceanu, Itinéraires d'une vie: E. M. Cioran, S. 42. Cioran redigierte seinen Antrag auf französisch.

3 Cioran, Ein Gespräch mit Sylvie Jaudeau, S. 8.

4 Cioran, Cafard, Audio-CD, Track 5 (Ende der 1970er Jahre?)

5 Cioran, ebenda.

6 Cioran, Fragmente aus dem Quartier Latin. In: CUVÂNTUL, vom 3. November 1938; vgl. Cioran, Solitude et destin, S. 392. »So, also hierher kommen die Leute, um zu leben, ich würde eher meinen, es stürbe sich hier.« (Rainer Maria Rilke, Die Aufzeichnungen des Malte Laurids Brigge)

7 Cioran, zit. nach Hans-Jürgen Heinrichs, »Das Scheitern ist wichtiger als der Tod«. E. M. Cioran im Gespräch [1983]. In: Cafard. Originaltonaufnahmen 1974–1990, herausgegeben von Thomas Knöfel und Klaus Sander, mit einem Nachwort von Peter Sloterdijk, Köln: Supposé, 1998, Begleitheft, S. 22.

8 Cioran, Ein Gespräch. Geführt von Gerd Bergfleth, S. 27f.

9 Cioran, Cahiers, 1957–1972, S. 261 (1965).

10 Cioran, ebenda, S. 811 (1970).

11 Cioran, Ein Gespräch mit Sylvie Jaudeau, S. 9f. Die einschlägige Forschung berichtet sogar von Kinder-Ekstasen, die durch keine ›Lehre‹ präformiert sein konnten.

12 Cioran, Cahiers, 1957–1972, S. 75 (1961).

13 Cioran, ebenda, S. 646f. (1968).

14 Cioran, ebenda, S. 802 (1970). Der Passus bezieht sich auf Berlin.

15 Cioran, Cafard, Audio-CD, Track 22 (Reinisch, Paris 1974). Vgl. den fast identischen Wortlaut bei: Die Paradoxien des E. M. Cioran. Ein Gespräch mit Leonhard Reinisch, S. 657.

16 Cioran, Ein Gespräch mit Sylvie Jaudeau, S. 12.

17 Cioran, Umgang mit Mystikern, aus dem Französischen von Georges Schlokker. In: ANTAIOS. Zeitschrift für eine freie Welt, herausgegeben von Mircea Eliade und Ernst Jünger, Bd. III, Stuttgart: Klett, S. 129.

18 Cioran, ebenda.

19 Vgl. Cioran, Auf den Gipfeln der Verzweiflung, S. 50.

20 Vgl. Cioran, Das Buch der Täuschungen, S. 84.

21 Vgl. Sanda Stolojan, Au balcon de l'exil roumain à Paris: avec Cioran, Eugène Ionesco, Mircea Eliade, Vintilă Horia, Paris/Montréal: L'Harmattan, 1999, S. 228.

22 Vgl. Cioran, Von Tränen und von Heiligen, mit einem Nachwort von Sanda Stolojan, aus dem Französischen von Verena von der Heyden-Rynsch, Frankfurt am Main: Suhrkamp (Bibliothek Suhrkamp; 979), 1988, S. 44, 47, 48, 50, 55, 57, 58, 67, 78, 81, 83f.

23 Cioran, ebenda, S. 32.
24 Cioran, ebenda, S. 33.
25 Cioran, ebenda.
26 Cioran, ebenda, S. 40.
27 Cioran, ebenda, S. 70.
28 Cioran, ebenda, S. 77.
29 Cioran, ebenda, S. 40.
30 Vgl. Liiceanu, Itinéraires d'une vie: E. M. Cioran, S. 128.
31 Vgl. Liiceanu, ebenda, S. 130f.
32 Cioran, Ein Gespräch. Geführt von Gerd Bergfleth, S. 27f.
33 Cioran, Cahiers, 1957–1972, S. 63 (1960). Vgl. Jocks, »Mir ist die Lust vergangen, auf das Universum zu schimpfen«.
34 Cioran, Von Tränen und von Heiligen, S. 75.
35 Cioran, zit. nach Jakob, Gespräch mit Cioran, S. 17.
36 Vgl. Ciorans Gespräch 1990 mit Liiceanu, in: Liiceanu, Itinéraires d'une vie: E. M. Cioran, S. 130.
37 Vgl. Jakob, Gespräch mit Cioran, S. 17.
38 Cioran, Ein Gespräch mit Sylvie Jaudeau, S. 14.
39 Cioran, Cahiers, 1957–1972, S. 277 (1965).
40 Vgl. Maria Daraki, Une religiosité sans Dieu [Essai sur les stoïciens d'Athènes et Saint Augustin], Paris: La Découverte, 1989.
41 Fritz Mauthner, Der Atheismus und seine Geschichte im Abendlande, Bd. I: Einleitung. Erstes Buch: Teufelsfurcht und Aufklärung im sogenannten Mittelalter, Stuttgart: Deutsche Verlags-Anstalt, 1920.
42 Cioran, Ein Gespräch mit Sylvie Jaudeau, S. 14.
43 Cioran, ebenda, S. 22.
44 Cioran, zit. nach Pereda, Cioran l'étranger, S. 84.
45 Cioran, zit. nach Pereda, ebenda.
46 Vgl. Brief Ciorans an Mircea Eliade, 1937. In: Cioran, Scrisori către cei deacasă, Nr. 556, S. 276. Die vage Datierung »Braşov 1937« sagt lediglich aus, daß der Plan vor Erscheinen seines »Heiligen«-Buchs gefaßt wurde.
47 Brief Ciorans an Aurel Cioran, 14. Juni 1972 (vgl. Cioran, Scrisori către cei de-acasă, Nr. 184, S. 99), hier zit. nach Liiceanu, Itinéraires d'une vie: E. M. Cioran, S. 77.
48 Brief Ciorans an Arşavir Acterian, vom 28. August 1972 (vgl. Cioran, Scrisori către cei de-acasă, Nr. 438, S. 207), hier zit. nach: Lettres choisies d'E. M. Cioran, S. 53.
49 Cioran, Gedankendämmerung, aus dem Rumänischen von Ferdinand Leopold, Frankfurt am Main: Suhrkamp, 1993, S. 103.
50 Cioran, Cahiers, 1957–1972, S. 478 (1967).
51 Cioran, zit. nach Jakob, Gespräch mit Cioran, S. 32.
52 Cioran, zit. nach Liiceanu, Itinéraires d'une vie: E. M. Cioran, S. 120.
53 Vgl. Brief Ciorans an Jeni Acterian, vom 28. März 1938. In: Cioran, Scrisori către cei de-acasă, Nr. 478, S. 233f. Jeni Acterian erlag 1958 im Alter von

42 Jahren einer schrecklichen Krankheit, noch dazu in armseligen, demütigenden Verhältnissen. Cioran wird ihren Bruder Arşavir ermutigen, ihr Tagebuch zu veröffentlichen, vgl. Brief Ciorans an Arşavir Acterian, vom 9. März 1974. In: Cioran, Scrisori către cei de-acasă, Nr. 445, S. 211.

54 Cioran, Entretiens, S. 53 (1979). In der Tat umfaßt ihr von Anatole France mit einer biographischen Studie eingeleitetes Werk nur 68 Seiten, vgl. Lucile de Chateaubriand, Ses contes, ses poèmes, ses lettres, Paris: Charavey frères, 1879.

55 Vgl. Brief Ciorans an Jeni Acterian, vom 28. November 1938. In: Cioran, Scrisori către cei de-acasă, Nr. 480, S. 235.

56 Cioran, Gedankendämmerung, S. 115.

57 Brief Ciorans an Mircea Zapraţan, vom 22. April 1939. In: Cioran, Scrisori către cei de-acasă, Nr. 636, S. 326.

58 Vgl. Brief Ciorans an Jeni Acterian, vom 26. Juli 1939. In: Cioran, ebenda, Nr. 481, S. 236.

59 Cioran, Gedankendämmerung, S. 10.

60 Cioran, ebenda, S. 85.

61 Cioran, ebenda, S. 120.

62 Cioran, ebenda, S. 67.

63 Vgl. Cioran, ebenda, S. 93.

64 Cioran, ebenda, S. 83.

65 Cioran, zit. nach Perz, »Mein ganzes Leben war vom Tod beherrscht«. Cioran versichert glaubwürdig, seinerzeit das Buch dieses Selbstmörders nicht gekannt zu haben: »Seidels ›Bewußtsein als Verhängnis‹ habe ich in meiner Jugend nicht lesen können. Ich glaubte nicht, daß es ein gutes Buch sei. Der Titel aber war das Emblem meines Lebens.« (Brief Ciorans an Axel Matthes, vom 24. April 1981, Privatarchiv).

66 Vgl. Cioran, Gedankendämmerung, S. 119 f., 155, 187, 231, 220.

67 Vgl. Brief Ciorans an Constantin Noica, vom 21. Januar 1977. In: Cioran, Scrisori către cei de-acasă, Nr. 610, S. 308.

68 Cioran, Ein Gespräch mit Sylvie Jaudeau, S. 26.

69 Cioran, zit. nach Dieter Bachmann, Das Schmachten nach dem Schlimmsten. Ein Gespräch mit dem Philosophen und Schriftsteller E. M. Cioran. In: DU. Die Zeitschrift für Kultur, Nr. 12 (Dezember 1988), S. 96.

70 Cioran, zit. nach Jocks, »Mir ist die Lust vergangen, auf das Universum zu schimpfen«.

71 Vgl. Cioran, Ein Gespräch. Geführt von Gerd Bergfleth, S. 10ff.

72 Cioran, zit. nach Bondy, Der untätigste Mensch in Paris.

73 Brief Ciorans an Jeni Acterian, vom 15 . Januar 1940. In: Cioran, Scrisori către cei de-acasă, Nr. 482, S. 237.

74 Brief Ciorans an Mircea Eliade, vom 1. Januar 1940. In: Cioran, ebenda, Nr. 560, S. 279.

75 Brief Ciorans an Mircea Eliade, vom 20. Februar 1940. In: Cioran, ebenda, Nr. 561, S. 279.

76 Cioran, zit. nach Raddatz, Tiefseetaucher des Schreckens, S. 50.
77 Cioran, Cahiers, 1957–1972, S. 24 (1958).
78 »Eine ›Metaphysik des Abschieds‹ schreiben.« (Cioran, ebenda, S. 78 (1961).)
79 Cioran, Entretiens, S. 50 (1979).
80 Cioran, zit. nach Liiceanu, Itinéraires d'une vie: E. M. Cioran, S. 104f.
81 Cioran, zit nach Liiceanu, ebenda, S. 112f.
82 Brief Ciorans an Petru Comarnescu, vom 1. März 1941, zit. nach Petreu, An infamous past, S. 197. In dieser Beziehung unterschätzte sich Cioran gewaltig, formuliert er doch geradezu sein künftiges literarisches ›Programm‹, das sich nicht mehr nur an die Landsleute richten wird.
83 Vgl. Cioran, Despre Franta, Manuskript, 76 S., Bibliothèque littéraire ›Jacques Doucet‹, Paris, Fonds Cioran: CRN.MS 4.
84 Cioran, zit. nach Alexandra Laignel-Lavastine, Cioran, Eliade, Ionesco: l'oubli du fascisme. Trois intellectuels roumains dans la tourmente du siécle, Paris: PUF, 2002, S. 372.
85 Cioran, Cahiers, 1957–1972, S. 187 (1963). Gemeint ist die rumänische orthodoxe Kirche Des Saint Archanges, 9 bis, rue Jean de Beauvais (Paris V.).
86 Insofern ist der Titel der französischen Edition prägnanter: »Bréviaire des vaincus«.
87 Cioran, Leidenschaftlicher Leitfaden, S. 79.
88 Cioran, ebenda, S. 25.
89 Cioran, ebenda, S. 41.
90 Cioran, ebenda, S. 84.
91 Novalis, Dialoge (1798).
92 Cioran, zit. nach Jakob, Gespräch mit Cioran, S. 34.
93 Cioran, Leidenschaftlicher Leitfaden, S. 19.
94 Cioran, ebenda, S. 43.
95 Cioran, ebenda, S. 10.
96 Cioran, Cahiers, 1957–1972, S. 176 (1963).
97 Cioran, Leidenschaftlicher Leitfaden, S. 56.
98 Vgl. Gilbert Rouget, La musique et la transe. Esquisse d'une théorie générale des relations de la musique et de la possession, Paris: Gallimard, 1980.
99 Cioran, Leidenschaftlicher Leitfaden, S. 44.
100 Cioran, ebenda, S. 41.
101 Cioran, ebenda.
102 Cioran, Gedankendämmerung, S. 166f.
103 Cioran, Leidenschaftlicher Leitfaden, S. 85.
104 Cioran, Cahiers, 1957–1972, S. 186.
105 Cioran, Leidenschaftlicher Leitfaden, S. 6.
106 Brief Ciorans an Aurel Cioran, vom 20. November 1975 (vgl. Cioran, Scrisori către cei de-acasă, Nr. 288, S. 139), hier zit. nach Liiceanu, Itinéraires d'une vie: E. M. Cioran, S. 49.

107 Brief Ciorans an Aurel Cioran, vom 23. Juli 1981, zit. nach Liiceanu, ebenda. Aus der Korrespondenz geht hervor, daß der Bruder das Manuskript besitzt, aus dem er Emil Exzerpte zuschickt.

108 Cioran, Leidenschaftlicher Leitfaden, S. 46.

109 Cioran, ebenda, S. 118f.

110 Cioran, zit. nach Bachmann, Der Privatnachdenker, S. 34.

111 Cioran, Cafard, Audio-CD, Track 14 (Reinisch, Paris 1974). An dieser Stelle bricht das Auditorium unisono in Gelächter aus. Tatsächlich erging das Bordellverbot erst nach der Libération, 1946, (und ich frage mich, wie Cioran die Kosten von 2000–3000 Francs pro Sitzung aufbringen konnte). Vgl. auch: Die Paradoxien des E. M. Cioran. Ein Gespräch mit Leonhard Reinisch, S. 659.

112 Cioran, Cafard, Audio-CD, Track 15 (Heinrichs, Paris 1983).

113 Cioran (1990), zit. nach Liiceanu, Itinéraires d'une vie: E. M. Cioran, S. 134.

114 Vgl. Benjamin Fondane, Rimbaud le voyou (et l'expérience poétique), Paris: Denoël & Steele, 1933 (dt. Rimbaud der Strolch und die poetische Erfahrung, herausgegeben von Michel Carassou, aus dem Französischen von Michaela Messner, München: Matthes & Seitz, 1991); Ders., Baudelaire ou l'expérience du gouffre, Paris: Seghers, 1947. Faszinierend dürften für Cioran jedoch auch folgende Werke gewesen sein: La Conscience malheureuse (Nietzsche et la »suprême cruauté«. Gide »suivant Montaigne«. Bergson, Freud et les dieux. Husserl et l'oeuf de Colomb du réel. Heidegger devant Dostoïewski. Kierkegaard et la catégorie du secret. Léon Chestov, témoin à charge), Paris: Denoël & Steele, 1936, sowie Faux traité d'esthétique. Essai sur la crise de réalité, Paris: Denoël & Steele, 1938 (dt. Falscher Traktat über Ästhetik. Ein Versuch über die Krise der Wirklichkeit, aus dem Französischen von Peter Geble und Monika Petzenhauser, Berlin: Edition Plasma, 1991). Auffällig die Anlehnung des Titels von Ciorans erstem französischen Buch an den letzteren Titel.

115 Cioran, Widersprüchliche Konturen. Literarische Porträts, herausgegeben, aus dem Französischen und mit einem Nachwort versehen von Verena von der Heyden-Rynsch, Frankfurt am Main: Suhrkamp (Bibliothek Suhrkamp; 898), 1986, S. 59.

116 Vgl. Laignel-Lavastine, Cioran, Eliade, Ionesco: l'oubli du fascisme, S. 377f.

117 Cioran, zit. in Brief Marie-Dominique Moliniés an Cioran, 1945, hier zit. nach »Lettres à Cioran«, www.asett.com/cioran (kurz vor seinem Tod stellte Molinié zehn seiner Briefe an Cioran aus den Jahren 1944 bis 1947 ins Internet). Über das Priesterseminar von Saulchoir führte ihn der Weg ins Dominikaner-Kloster von Bordeaux.

118 Brief Marie-Dominique Moliniés an Cioran, 12. Januar 1947, ebenda.

119 Cioran, Bref portrait de Dino Noica. In: Cioran / Constantin Noica, L'ami lointain. Paris–Bucarest, Paris: Critérion, 1991, S. 75. Vgl. Cioran, Lehre

vom Zerfall. Essays, übertragen von Paul Celan, Stuttgart: Klett-Cotta, ²1979, S. 171 f.: »In einem Kloster«.

120 Cioran, zit. nach Raddatz, Tiefseetaucher des Schreckens, S. 50.

121 Cioran, Cahiers, 1957–1972, S. 328 (1966). Man beachte, daß Cioran zu Lebzeiten dezent genug war, solch freimütige Urteile nicht zu publizieren.

122 Brief Ciorans an Arşavir Acterian, vom 27. Februar 1973. In: Cioran, Scrisori către cei de-acasă, Nr. 441, S. 208. Vgl. auch: »der dicke Band Sartres über Genet wäre ein so monströses Phänomen wie Auschwitz.« (Cioran, Cahiers, 1957–1972, S. 413.)

123 Cioran, zit. nach Léonard Schwartz, E. M. Cioran: Entretien avec L. S. [1986]. In: CAHIERS BENJAMIN FONDANE, Nr. 6, Kfar-Saba, Jerusalem: Société d'Etudes Benjamin Fondane, 2003, S. 97.

124 Vgl. Mircea Eliade, Fragments d'un journal, Bd. 1: 1945–1969, aus dem Rumänischen von Luc Badesco, Paris: Gallimard, 1973, S. 8 ff.

125 Constantin Noica, Erinnerungen an Cioran [1985]. In: DER PFAHL. Jahrbuch aus dem Niemandsland zwischen Kunst und Wissenschaft, Nr. VII, München: Matthes & Seitz, 1993, S. 103.

126 Brief Ciorans an Mircea Vulcănescu, vom 3. Mai 1944. In: Cioran, Scrisori către cei de-acasă, Nr. 635, S. 325. Vgl. Mircea Vulcănescu, Dimensiunea românească a existenţei. Bd. 1: Pentru o nouă spiritualitate filosofică, Bd. 2: Chipuri spirituale, Bd. 3: Către fiinţa spiritualităţii româneşti, herausgegeben von Marin Diaconu, Bukarest: Editura Eminescu, 1992–96. »Mioriţa« meint ein Volkslied, das sich auf die Wallfahrten nach Maglavit bezieht: dort soll ein Schäfer eine Gottesvision gehabt haben. Cioran hatte sich 1935 bereits kritisch zu diesem Phänomen geäußert: »Maglavit und das andere Rumänien« (Cioran, Solitude et destin, S. 338–345).

127 Brief Ciorans an die Eltern, vom 8. September 1946 (vgl. Cioran, Scrisori către cei de-acasă, Nr. 7, S. 18 f.), hier zit. nach Liiceanu, Itinéraires d'une vie: E. M. Cioran, S. 65 f.

128 Cioran, zit. nach Jakob, Gespräch mit Cioran, S. 26.

129 Cioran, zit. nach: Die Paradoxien des E. M. Cioran. Ein Gespräch mit Leonhard Reinisch, S. 661.

130 Cioran, Cafard, Audio-CD, Track 5 (Ende der 1970er Jahre?).

131 Cioran, zit. nach: Importants manuscrits et lettres autographes: Céline, Char, Cioran, Eliade, Vente, Paris, Drouot Richelieu, salle 7, 2 décembre 2005, SVV MICA, Commissaire-priseur: Vincent Wapler, (Publication:) Paris: Bodin, 2005, Nr. 50 B 10, S. 57 (15. Oktober 1973). Vermutlich eine erste Fassung des »Précis de décomposition«, da er Auszüge aus dem aufgegebenen Werk »Răzne« (Divagations, ca. 1944–46) in der Zeitschrift LUCEAFARUL (1948–49) veröffentlichte, die sich partiell modifiziert in der französischer Übersetzung (»Précis de décomposition«) wiederfinden.

132 Brief Ciorans an die Eltern, vom 25. Juni 1948 (vgl. Cioran, Scrisori către cei de-acasă, Nr. 16, S. 27, hier zit. nach Liiceanu, Itinéraires d'une vie: E. M. Cioran, S. 66, Anm. 84.

133 Cioran, zit. nach Verena von der Heyden-Rynsch, Sprachwechsel als Erlebnis oder: Die sinnliche Beziehung zur Sprache. Verena von der Heyden-Rynsch über Gespräche mit dem rumänischen Schriftsteller E. M. Coran. In: DOKUMENTE. Zeitschrift für den deutsch-französischen Dialog, 38 (1982) 4, S. 366. Hinsichtlich des Datums des Sprachenwechsels schwanken Ciorans Angaben. Gewiß wechselt er nach Abschluß des »Leitfadens« (1945) definitiv das Idiom.

134 Cioran, zit. nach Pereda, Cioran l'étranger, S. 84. Dies erklärt, daß die rumänische Briefe-Edition (Cioran, Scrisori către cei de-acasă) zum größten Teil auf französisch redigierten Episteln beruht, die rückübersetzt wurden.

135 Cioran, zit. nach Heyden-Rynsch, Sprachwechsel als Erlebnis oder: Die sinnliche Beziehung zur Sprache, S. 366f.

136 Vgl. Brief Ciorans an Jeni Acterian, vom 2. Dezember 1946. In: Cioran, Scrisori către cei de-acasă, Nr. 483, S. 237f.

137 Vgl. Cioran, Exercices négatifs. En marge du »Précis de décomposition«, herausgegeben, mit einem Nachwort und Anmerkungen von Ingrid Astier, Paris: Gallimard (Les inédits de Doucet), 2005, S. 17.

138 Cioran, ebenda, S. 105.

139 Cioran, ebenda, S. 77.

140 Cioran, ebenda, S. 85.

141 Cioran, ebenda, S. 95.

142 Cioran, ebenda, S. 98.

143 Cioran, ebenda.

144 Mihail Eminescu (eigtl. Mihai Eminovici, 1850–1889) wurde in Ipoteşti, einem Dorf nahe der moldawischen Stadt Botoşani, als siebtes Kind des Gutsbesitzers Gheorghe Eminovici und seiner Frau Raluca geboren. Er besuchte die deutschsprachige Hauptschule und später das deutsche Obergymnasium in Czernowitz. Einer seiner Lehrer war Aron Pumnul, ein rumänischer Sprachforscher, der aufgrund seiner revolutionären Ideen aus Siebenbürgen emigriert war und nun seine Schüler, darunter auch den jungen Eminescu, von der großen Bedeutung der rumänischen Kultur und Sprache zu überzeugen suchte. 1869 gründete Eminescu mit Gleichgesinnten den literarischen Zirkel »Orientul« (Der Orient), der u.a. zum Ziel hatte, folkloristische Märchen und Gedichte zu sammeln. Im selben Jahr schickte der Vater ihn nach Wien, um dort ein Philosophiestudium zu absolvieren. Er las in dieser Zeit viele historische und philosophische Texte, wobei ihn besonders Schopenhauers »Die Welt als Wille und Vorstellung« beeindruckte. Der Pessimismus und die Misogynie Schopenhauers sind vielfach präsent in Eminescus dichterischem Werk, auch die Auseinandersetzung mit fernöstlichen Religionen hat ihren Ursprung in der Wiener Studienzeit. Von 1871 bis 1874 studierte Eminescu in Berlin Philosophie, Geschichte, Wirtschaft und Rechtswissenschaften. Neben philosophischen und historischen Texten las er deutsche Literatur, vor allem deutsche Lyrik. So beschäftigt er sich intensiv neben Schopenhauer mit Immanuel Kant und Friedrich Schiller. 1874 kehrte Eminescu

ohne ein Examen, geschweige denn einen akademischen Titel, nach Iaşi zurück und übernahm dort eine Stelle als Direktor der Zentralbibliothek. 1875 ist er Schulrevisor für Iaşi und das benachbarte Vaslui, wurde aber schon bald dieser Funktion enthoben. 1877 zog Eminescu nach Bukarest und engagierte sich bei der Zeitung Timpul (Die Zeit) als Redakteur, wobei er fast alle Artikel selbst schrieb, was ihn aber auf Dauer zu sehr seine Kräfte aushöhlte. Er tat sich in dieser Periode besonders durch seine politischen Artikel hervor, die seine nationalistische und xenophobe Einstellung zum Ausdruck brachten. Daneben entstanden in dieser Zeit viele seiner Gedichte. 1883 zeigten sich bereits die ersten Symptome seiner Geisteskrankheit. Man internierte ihn für einige Zeit in einer Klinik, und Titu Maiorescu kümmerte sich um den ersten Gedichtband Eminescus, der schließlich zum Jahreswechsel 1883/84 mit seinem Vorwort erschien. 1884 starb der Vater und einer seiner Brüder beging Selbstmord. Eminescu unternahm eine Genesungsreise nach Norditalien und nach seiner Rückkehr arbeitete er als Hilfsbibliothekar in der Bibliothek in Iaşi, deren Direktor er einst gewesen war. Die bibliothekarische Hilfstätigkeit wechselte sich in den folgenden Jahren mit Krankenhausaufenthalten ab. Schließlich starb Eminescu in der Nacht auf den 15. Juni 1889 in einem Bukarester Sanatorium.

145 Cioran, Exercices négatifs, S. 112.

146 Cioran, ebenda, S. 113.

147 Cioran, ebenda, S. 114.

148 So urteilt z.B. die NS-konforme Literaturgeschichtsschreibung 1935 im »Handbuch der Literaturwissenschaft«: »In allen seinen politischen Schriften leuchtet wahrhaft nationale Empfindung durch. Das ganze Leben eines Menschen soll von nationalen Gesichtspunkten geleitet sein. (...) Eminescu will, daß Richtung und Führung des nationalen Lebens einzig und allein durch das Wesen der rumänischen Seele bestimmt werde. (...) Seine politische Ideologie wirkt sich erst jetzt in vollem Maße aus. (...) Von Eminescu geht die antisemitische Ideologie eines Alexandru C. Cuza und eines Octavian Goga, eines Codreanu, von ihm die Ideologie eines Vaida Voivod und auch die der gemäßigten Linken, d.h. eines Bauernstaates, eines Ion Mihalache aus. In Eminescu finden sich sämtliche Gedankengänge aller einseitig, d.h. nur in einer Richtung schauenden Politiker von heute bereits vorgezeichnet.« (Martin Block, in: Die Romanischen Literaturen des 19. und 20. Jahrhunderts. Bd. II, Zweiter Teil: Die italienische und spanische Literatur von 1870 bis zur Gegenwart. Die rumänische Literatur (= Handbuch der Literaturwissenschaft, herausgegeben von Oskar Walzel), Potsdam: Akademische Verlagsgesellschaft Athenaion, 1935, S. 142). In seiner »Verklärung Rumäniens« hatte Cioran übrigens Eminescu kritischer als »Nationalpropheten gegen den Strich«, also rückwärtsgewandt, charakterisiert.

149 Cioran, Exercices négatifs, S. 120.

150 Cioran, ebenda.

151 Vgl. Cioran, Ein Gespräch. Geführt von Gerd Bergfleth, S. 15f.

152 Vgl. Cioran, Cafard, Audio-CD, Track 7 (Ende der 1970er Jahre?).

153 Vgl. Cioran, ebenda, Track 8 (Heinrichs, Paris 1983).

154 Vgl. Interview de Simone Boué. In: Lectures de Cioran, herausgegeben von Norbert Dodille und Gabriel Liiceanu, Centre culturel français de Iaşi, Paris, Montréal: l'Harmattan (Culture et diplomatie française), 1997, S. 32. Der Willkürsakt förderte so manche Spekulation, meist wurde die zweite Initiale als Michel oder Michael resp. Mihail (›Erzengel Michael‹!) gedeutet.

155 Cioran, Beim Wiederlesen der »Lehre vom Zerfall«, aus dem Französischen von Verena von der Heyden-Rynsch. In: AKZENTE, 26 (1979) 7, S. 332f.

156 Cioran, Lehre vom Zerfall, S. 110f.

157 Vgl. Cioran, ebenda, S. 157ff.

158 Vgl. Cioran, ebenda, S. 171f.

159 Cioran, ebenda, S. 92. Huysmans, Nietzsche, Strindberg, George, Jahnn, Bataille: alle faszinierte einmal das Kloster, die Religions-Stiftung, die Geheimgesellschaft, die dem Sozialen abgewandte elitäre Gemeinschaft.

160 Cioran, ebenda, S. 203.

161 Vgl. Cioran, ebenda, S. 35, 58f., 128f., 136, 181; 69, 90.

162 Vgl. Cioran, ebenda, S. 210f.: die Volte gegen Sartre (dessen Name freilich nicht fällt)

163 Cioran, zit. nach Jocks, »Mir ist die Lust vergangen, auf das Universum zu schimpfen«.

164 Cioran, zit. nach Raddatz, Tiefseetaucher des Schreckens, S. 50.

165 Cioran, zit. nach Gabriel Marcel, Un allié à contre-courant. In: LE MONDE, Nr. 7606, vom 28. Juni 1969. Ausgerechnet Dostoevskijs »Dämonen« sollte Camus unter dem Titel »Les Possédés« für die Bühne adaptieren.

166 Zit. nach Cioran, Entretiens, S. 22.

167 Vgl. Cioran, Cahiers, 1957–1972, S. 743 (1969).

168 Albert Caraco, Brevier des Chaos, aus dem Französischen von Isabel Matthes, München: Matthes & Seitz, 1986, S. 13, 14.

169 Caraco, ebenda, S. 155.

170 Brief Ciorans an die Eltern, vom 3. Juni 1949 (vgl. Cioran, Scrisori către cei de-acasă, Nr. 23, S. 32), hier zit. nach Liiceanu, Itinéraires d'une vie: E. M. Cioran, S. 54.

171 Cioran, Manie épistolaire, S. 42.

172 Brief Ciorans an die Eltern, vom 20. Januar 1950 (vgl. Cioran, Scrisori către cei de-acasă, Nr. 26, S. 34), hier zit. nach Liiceanu, Itinéraires d'une vie: E. M. Cioran, S. 59.

173 Vgl. Émile Henriot, Le Prix Rivarol. In: LE MONDE, vom 28. Juni 1950.

174 Vgl. Brief Ciorans an die Eltern, vom 30. November 1950. In: Cioran, Scrisori către cei de-acasă, Nr. 33, S. 38. Zum Vergleich: vor dem Krieg zahlte Cioran 400 Francs für sein Hotelzimmer im Monat, nun sind es 1200.

175 Cioran, Cafard, Audio-CD, Track 5 (Ende der 1970er Jahre?)

176 In diesen Jahren konnte man noch Hotels gleich einer Wohnung nutzen — und entsprechend bezahlen. Sartre und Simone de Beauvoir z. B. wählten diese Form des Wohnens aus Prinzip.

177 Im Rahmen der 1953/54 von Pierre Boulez ins Leben gerufenen Konzertreihe »Domaine musical« kamen neben Referenzwerken alter Meister, der Zweiten Wiener Schule und deren französischen Vorläufer, Oliver Messiaen oder Edgard Varèse, auch Komponisten der Generation um 1926, wie Karlheinz Stockhausen, Henri Pousseur oder auch Michel Fano zur Aufführung. Die Konzerte besuchten auch Paul Celan, Henri Michaux, Alberto Moravia, Octavio Paz, Susana Soca, Nicolas de Staël, Jules Supervielle.

178 Cioran, Entretiens, S. 121 (1983).

179 Brief Ciorans an Gabriel Liiceanu, vom 28. Juni 1983. In: Liiceanu, Itinéraires d'une vie: E. M. Cioran, S. 12f.

180 Cioran, Entretiens, S. 121. Vgl. den Prolog des vorliegenden Buches: unser Gespräch über Aborte in Frankreich und Spanien!

181 Cioran, Entretiens, S. 274 (1992).

182 Nicolaus Sombart, Pariser Lehrjahre. 1951–1954 (Leçons de sociologie), Hamburg: Hoffmann und Campe, 1994, S. 102f. Bei der Lektüre der weiteren Ausführungen wird deutlich, daß Sombart Cioran herabsetzen will.

183 Cioran, Cahiers, 1957–1972, S. 757 (1969). Vgl. auch S. 796f. und 798. In Arthur Adamovs Journal (L'homme et l'enfant, Paris: Gallimard, 1968) findet sich kein Hinweis auf Cioran.

184 Cioran, ebenda, S. 798 (1970). Mit Interesse verfolgte Cioran stets auch die Schicksale von Trinkern, Drogenabhängigen und/oder Selbstmördern in der Heimat.

185 Cioran, Syllogismen der Bitterkeit, S. 10.

186 Cioran, zit. nach Jocks, »Mir ist die Lust vergangen, auf das Universum zu schimpfen«.

187 Cioran, Entretiens, S. 104 (1982). Da die Griechen gegen Bezahlung philosophierten, gilt die Redewendung »auf dem Marktplatz philosophieren« als abschätziges Urteil. Ciorans Bettler indes tat nichts dergleichen: weil er eine gewisse Philosophie lebte, imponierte er dem Rumänen. Zu seiner Verblüffung kam der Flötist an manchem Abend auf 20000 alte Francs, entsprechend etwa dem Doppelten seiner künftigen Wohnungsmiete (vgl. Cioran, Cahiers, 1957–1972, S. 383).

188 Vgl. Cioran, Entretiens, S. 62.

189 Cioran, Cahiers, 1957–1972, S. 386 (1966).

190 Brief Ciorans an Aurel Cioran, vom 17. Februar 1976 (vgl. Cioran, Scrisori către cei de-acasă, Nr. 295, S. 141f., hier zit. nach Liiceanu, Itinéraires d'une vie: E. M. Cioran, S. 77.

191 Cioran, zit. nach P. B., Cioran s'explique [Athen-Gespräch]. In: Lire: Le magazine littéraire, November 1985, S. 112.

192 Brief Ciorans an Axel Matthes, vom 30. Oktober 1983, Privatarchiv.

193 Dem vorausgegangen war 1951 die Übersetzung eines Kapitels, vgl. Cioran, Abhandlung über den Zerfall, aus dem Französischen von Leonharda Gescher. In: Das Lot. Die Schriftenreihe internationaler Avantgarde, Nr. 5, Berlin: Henssel, 1951. Die von Alain Bosquet, Alexander Koval und Edouard

Roditi herausgegebene Publikation (6 Hefte, 1947–52) entwickelte sich zunehmend auch zu einem Forum für französische Dichtung. Ciorans illustre Nachbarschaft in der Ausgabe von 1951: Gottfried Benn, Peter Gan, Konstantínos Kaváfis, Henry Miller, Saint-John Perse, Francis Scott Fitzgerald.

194 Brief Paul Celans an Gisèle Celan-Lestrange, vom 29. März 1954. In: Paul Celan / Gisèle Celan-Lestrange, Briefwechsel. Mit einer Auswahl von Briefen Paul Celans an seinen Sohn Eric, aus dem Französischen von Eugen Helmlé, herausgegeben und kommentiert von Bertrand Badiou in Verbindung mit Eric Celan, Frankfurt am Main: Suhrkamp, 2001, Bd. I, Nr. 36, S. 47.

195 Celan / Celan-Lestrange, ebenda, Bd. II, S. 410.

196 Celan / Celan-Lestrange, ebenda, Bd. II, S. 433.

197 Cioran, Begegnungen mit Paul Celan, aus dem Französischen von Verena von der Heyden-Rynsch. In: Akzente, Nr. 4 (1989), S. 321.

198 Mündlicher Bericht von Gisèle Celan-Lestrange in: Celan / Celan-Lestrange, Briefwechsel, Bd. II, S. 557.

199 Vgl. Cioran, Cahiers, 1957–1972, S. 806f., 842, 937, 940.

200 Jean-Edern Hallier (1936–1997) leitete diese Reihe der Verlage Plon und Mouton.

201 Aufgenommen in Cioran, Der Absturz in die Zeit, S. 103ff.

202 Vgl. Cioran, Cahiers, 1957–1972, S. 41.

203 Cioran, Entretiens, S. 54.

204 Vgl. Cioran, Anthologie du portrait: de Saint-Simon à Tocqueville, Paris: Gallimard (Collection Arcades; 45), 1996, S. 7, Ciorans Vorbemerkung.

205 Eine gestraffte Version dieses Essays wird er unter dem Titel »Der Memoiren-Freund« in »Écartèlement« eingliedern.

206 Ciorans Auswahl: Comte de Beugnot, Comtesse de Boigne, Jacques Pierre Brissot de Warville, Philarète Chasles, Chateaubriand, Benjamin Constant, Marquis de Custine, Mme du Deffand, Étienne Dumont, Mme de Genlis, Baron von Grimm, Joseph Joubert, Duc de Lévis, Marmontel, Dominique Dufour de Pradt, Charles de Rémusat, Mme de Rémusat, Rivarol, Sainte-Beuve, Saint-Simon, Mme de Staël, Talleyrand, Tocqueville, Mme Vigée Le Brun.

207 Vgl. Cioran, Anthologie du portrait, S. 31.

208 Cioran, Entretiens, S. 55 (1979). Ich bemühe mich redlich, das Gegenteil zu belegen. Freilich findet sich die Verneinung einer Biographie auch bei Marguerite Duras, Nicolás Gómez Dávila, Fernando Pessoa oder Antonio Porchia (»Jede anonyme Person ist vollkommen«) — um nur auf Beispiele aus dem 20. Jahrhundert hinzuweisen.

209 Vgl. Cioran, Dasein als Versuchung, S. 55.

210 Cioran, zit. nach Liiceanu, Itinéraires d'une vie: E. M. Cioran, S. 120.

211 Cioran, zit. nach Verena von der Heyden-Rynsch, An den äußersten Grenzen des Sagbaren. Der Rumäne E. M. Cioran ist einer der faszinierendsten Denker und einer der bedeutendsten französischen Essayisten. In: Tages-Anzeiger, Zürich, vom 25. Januar 1995.

212 Cioran, zit. nach: Heyden-Rynsch, ebenda. Fügen wir noch hinzu, daß Eduardo Chillida, Manuel Arce Lago, Ricardo Gullón, Rafael Conte, Morante zu Ciorans spanischen Freunden zählen.
213 Cioran, Cahiers, 1957–1972, S. 102, 103 (1962).
214 Cioran, ebenda, S. 103.
215 Zwischen 1947 und 1955 sprach Bataille hier regelmäßig.
216 Cioran, Dasein als Versuchung, S. 157 f.
217 Cioran, La fin du roman. In: LA NOUVELLE REVUE FRANÇAISE, Nr. 12, 1953, S. 1013f.
218 Cioran, Cahiers, 1957–1972, S. 59 (1960).
219 Cioran, zit. nach Pereda, Cioran l'étranger, S. 84.
220 Antonio Porchia, Voces abandonadas / Verlassene Stimmen. Mit einem Essay von Laura Cerrato, herausgegeben, aus dem argentinischen Spanischen und mit einem Nachwort von Juana und Tobias Burghardt, Köln: Tropen, 2002, S. 83 (1948).
221 Vgl. Cioran, Dasein als Versuchung, S. 243.
222 Cioran, ebenda, S. 247.
223 Cioran, ebenda, S. 246.
224 Cioran, ebenda.
225 Cioran, ebenda.
226 Vgl. Georges Bataille, Die Einübung in die Todesfreude (1939), aus dem Französischen von Gerd Bergfleth. In: DER PFAHL. Jahrbuch aus dem Niemandsland zwischen Kunst und Wissenschaft, Bd. I, München: Matthes & Seitz, 1987, S. 237–245.
227 Cioran, Dasein als Versuchung, S. 181.
228 Cioran, ebenda.
229 Cioran, ebenda, S. 255.
230 Anonyme Überlieferung, zit. nach Tor Andrae, Islamische Mystiker, aus dem Schwedischen von Helmhart Kanus-Credé, Stuttgart: Kohlhammer, 1960, S. 84.
231 Cioran, Dasein als Versuchung, S. 256.
232 Brief Ciorans an Aurel Cioran, vom 10. November 1973, zit. nach Liiceanu, Itinéraires d'une vie: E. M. Cioran, S. 77.
233 Vgl. Cioran, Dasein als Versuchung, S. 249 f.
234 Saint-John Perse, zit. nach Verena von der Heyden-Rynsch (Hg.), Vive la littérature! Französische Literatur der Gegenwart, München / Wien: Hanser, 1989, S. 71.
235 Vgl. Cioran, Cahiers, 1957–1972, S. 699 (Notiz beim Blättern in alten Briefen).
236 Cioran, ebenda, S. 167 (1963).
237 Cioran, Entretiens, S. 283 (1992).

IV

1 Cioran, Cahiers, 1957–1972, S. 24: »Alles ist Schein — aber Schein wovon? Von nichts.« (1958)
2 Briefentwurf Jürgen von der Wenses an Heinrich Hauser, vom 21. April 1954. In: Jürgen von der Wense, Von Aas bis Zylinder. Werke 1, Frankfurt am Main: Zweitausendeins, 2005, S. 333.
3 Vgl. Joseph de Maistre, Du Pape et extraits d'autres oeuvres, presentation et choix de textes par E. M. Cioran, Paris: Pauvert (Libertés collection; 12), 1957; Monaco: Rocher, 1957.
4 Cioran, Essay über das reaktionäre Denken. Zu Joseph de Maistre. In: Ders., Über das reaktionäre Denken. Zwei Essays, aus dem Französischen von François Bondy, Frankfurt am Main: Suhrkamp (Bibliothek Suhrkamp; 643), 1980, S. 86.
5 Claude Mauriac, zit. nach Heyden-Rynsch (Hg.), Vive la littérature!, S. 71.
6 Cioran, Cahiers, 1957–1972, S. 18.
7 Cioran, ebenda, S. 26.
8 Cioran, ebenda, S. 34 (1959).
9 Cioran, ebenda, S. 76 (1961).
10 Cioran, ebenda, S. 60 (1960).
11 Cioran, ebenda, S. 61 (1960).
12 Cioran, zit. nach Liiceanu, Itinéraires d'une vie: E. M. Cioran, S. 108.
13 Cioran, zit. nach Jakob, Gespräch mit Cioran, S. 27. Zum Vergleich: ab den achtziger Jahren war schon ein Zimmer für Studenten nicht unter 800 Francs zu bekommen.
14 Cioran, Cahiers, 1957–1972, S. 61 (20. Juni 1960).
15 Cioran, Œuvres, S. 576. Erst 1961 kommt es zu einer Neuausgabe von »Précis de décomposition«.
16 Cioran, Cahiers, 1957–1972, S. 17 (1957).
17 Cioran, Widersprüchliche Konturen, S. 97.
18 Cioran, Cahiers, 1957–1972, S. 26 (1958).
19 Cioran war der Überzeugung, daß seine Briefe an den Freund die Zwangshaft zur Konsequenz hatten (vgl. Cioran, ebenda, S. 81). Der Heidegger-Schüler Noica ist eigentlich der philosophische Antipode Ciorans, mit Ausnahme der Rumänismus-Phase in den dreißiger Jahren. Der Exeget klassischer Philosophen, Übersetzer und Herausgeber einer rumänischen Edition der Werke Platons lebte zuletzt als Eremit in den Bergen bei Sibiu.
20 Cioran, Geschichte und Utopie, S. 26.
21 Cioran, ebenda, S. 41.
22 Cioran, ebenda, S. 50.
23 Cioran, ebenda, S. 60.
24 Cioran, ebenda, S. 70: »Odyssee der Rankünе«.
25 Abū l-'Alā' al-Ma'arrī, Die Notwendigkeit des Unnützen. Gedichte, deutsch von Cyrus Atabay. Graphik von Josua Reichert, Düsseldorf: Eremiten-Presse

1993, S. 28. Cioran kannte ihn damals noch nicht, denn gegenüber dem Dichter Adonis (Alī Ahmad Sa'īd) hatte er geäußert: »Wenn ich gewußt hätte, daß ihr einen Dichter wie al-Ma'arrī habt, hätte ich nicht geschrieben. Warum soll man nach ihm noch schreiben?« Eine französische Übersetzung des zitierten »Luzūm mā lā jalzam: al-Luzūmiyyāt« erschien unter dem Titel »Rets d'éternité« 1988 mit einem Vorwort von Adonis bei Fayard. Spätestens diese Ausgabe dürfte Cioran rezipiert haben.

26 Cioran, Geschichte und Utopie, S. 97 (»Mechanismus der Utopie«).

27 Cioran hatte unter dem Titel »Erwin Reisner şi concepţia religioasă a istoriei« in Gîndirea (11 (1931) 10, vom 10. Oktober 1931) zwei seiner Werke rezensiert: »Das Selbstopfer der Erkenntnis« (1927) sowie »Die Geschichte als Sündenfall und Weg zum Gericht. Grundlegung einer christlichen Metaphysik der Geschichte« (1929), vgl. Cioran, Solitude et destin, S. 41–49. Vgl. auch den Rekurs auf Reisner in: Cioran, Gevierteilt, aus dem Französischen von Bernd Mattheus, Frankfurt am Main: Suhrkamp (Bibliothek Suhrkamp; 799), 1982, S. 16.

28 Cioran, Geschichte und Utopie, S. 129 (»Das goldene Zeitalter«).

29 Cioran, Entretiens, S. 67 (1982).

30 Cioran, Ein Gespräch. Geführt von Gerd Bergfleth, S. 56.

31 Cioran, Cafard, Audio-CD, Track 30 (Reinisch, Paris 1974).

32 Cioran, Entretiens, S. 127 (1983).

33 Cioran, Cahiers, 1957–1972, S. 833 (1970).

34 Cioran, Entretiens, S. 25f. (1977).

35 Cioran, Cahiers, 1957–1972, S. 68 (1961).

36 Datiert 6. Dezember 1960. Aufgenommen in: Cioran, Gevierteilt (dort das Kap. »Dringlichkeit des Schlimmsten«).

37 In den Handel kamen 7 Exemplare des kleineren Formats (38 x 46 cm), gedruckt als Lithographie.

38 Cioran, Gevierteilt, S. 52. Diese Fokussierung verdient Beachtung, da an das heutige Ausmaß vom Unterhaltungselektronik in den sechziger Jahren nicht zu denken war. Doch bereits Blaise Pascal stöhnte über den Lärm der Fuhrwerke. Fortschritt, Beschleunigung, elektronische Medien und Lebensqualität schließen einander mitunter aus.

39 Vgl. »Nur noch ein Gott kann uns retten«. Spiegel-Gespräch mit Martin Heidegger, am 23. September 1966, posthum veröffentlicht in: Der Spiegel, vom 31. Mai 1976.

40 Cioran, Cahiers, 1957–1972, S. 109 (September).

41 Vgl. Brief Ciorans an Aurel Cioran, vom 2. August 1973. In: Cioran, Scrisori către cei de-acasă, Nr. 212, S. 109f. Etwas später, aus Montana schreibend, wo sie rumänische Freunde besuchen, erwähnt er gar ein Bankkonto in Lausanne (vgl. Brief Ciorans an Aurel Cioran, vom 27. August 1973. In: Cioran, ebenda, Nr. 216, S. 112).

42 Cioran, Das Buch der Täuschungen, S. 90.

43 Cioran, Dasein als Versuchung, S. 248.

44 Vgl. Cioran, Cahiers, 1957–1972, S. 41.
45 Vgl. Cioran, Der Absturz in die Zeit, S. 22, 42.
46 Cioran, ebenda, S. 22.
47 Cioran, ebenda, S. 20.
48 Vgl. Cioran, ebenda, S. 121.
49 Cioran, ebenda, S. 132.
50 Cioran, ebenda, S. 99.
51 Cioran, ebenda, S. 95.
52 Cioran, ebenda, S. 126.
53 Cioran, ebenda, S. 84.
54 Cioran, ebenda, S. 85.
55 Cioran, zit. nach Pereda, Cioran l'étranger, S. 84.
56 Cioran, Cafard, Audio-CD, Track 25 (Ende der 1970er Jahre?).
57 Cioran, ebenda.
58 Cioran, zit. nach Gespräch mit Axel Matthes, 1980er Jahre. Gleichsam eine Inversion der Definition Schopenhauers des Menschen. Dieser sei »etwas anderes als ein belebtes Nichts« (Schopenhauer, Arthur, Sämtliche Werke, nach der ersten, von Julius Frauenstädt besorgten Gesamtausgabe neu bearbeitet und herausgegeben von Arthur Hübscher, Leipzig, F. A. Brockhaus, 1937, Bd. 6, S. 288).
59 Vgl. Cioran, Der Absturz in die Zeit, S. 40.
60 Cioran, Der Absturz in die Zeit, S. 80.
61 Brief Ciorans an Constantin Noica, vom 6. April 1976. In: Cioran, Scrisori către cei de-acasă, Nr. 601, S. 303.
62 Brief Ciorans an Aurel Cioran, vom 24. April 1969, zit. nach Liiceanu, Itinéraires d'une vie: E. M. Cioran, S. 78.
63 Vgl. Brief Armel Guernes an Cioran, vom 31. Oktober 1965. In: Armel Guerne, Lettres de Guerne à Cioran, 1955–1978, herausgegeben von Sylvia Massias, Lectoure: Editions Le Capucin, 2001, S. 150.
64 Cioran, Cahiers, 1957–1972, S. 519 (1967).
65 Vgl. Interview de Simone Boué. In: Dodille, Liiceanu (Hg.), Lectures de Cioran, S. 36.
66 Cioran, Cahiers, 1957–1972, S. 294 (»Endzeiterwartung« im Original deutsch).
67 George Bălan sollte 1977 aus Rumänien nach Deutschland fliehen. 1979 gründete er die Internationale Musikschule ›Musicosophia‹ für die Ausbildung bewußten Musikhörens, die seit 1985 ihren Sitz in St. Peter im Schwarzwald hat. Bălan ist Autor einer Cioran-Monographie.
68 Cioran, zit. nach Liiceanu, Itinéraires d'une vie: E. M. Cioran, S. 124.
69 Cioran, zit. nach Jocks, »Mir ist die Lust vergangen, auf das Universum zu schimpfen«.
70 Cioran, zit. nach Liiceanu, Itinéraires d'une vie: E. M. Cioran, S. 124f.
71 Siehe die Cioran gewidmete Lithographie »o. T.« (1967) von Henri Michaux in: Cioran, Œuvres, S. 741.

72 Cioran, zit. nach Bussy, Le friand du pire, S. 123. Michaux' handschriftliche Dedikation in »Vents et poussières«: »Für Cioran, dem ich als Kamerad in seinen Büchern begegne und auch auf den Straßen dieses Viertels, das er dann sofort zu einer Steppe ausweitet.« (Henri Michaux, Vents et poussières, 1955–1962, Paris: Flinker, 1962; dt.: Wind und Staub, aus dem Französischen von Hildegard Baumgart, mit einem Nachwort von Helmut Heissenbüttel, Olten / Freiburg: Walter, 1965; vgl. Cioran, Œuvres, S. 1067).

73 Cioran, Œuvres, S. 1063.

74 Cioran, zit. nach Bussy, Le friand du pire, S. 123.

75 Der jüdische Schriftsteller und ehemalige Auschwitz-Häftling, seit 1947 in Paris lebend, veröffentlichte eine beißende Holocaust-Satire, vgl. Piotr Rawicz, Le sang du ciel, Paris: Gallimard, 1961 (dt. Blut des Himmels, aus dem Französischen von Heinz Winter, Frankfurt am Main: S. Fischer, 1963; mit einem Nachwort von Verena von der Heyden-Rynsch, München: Matthes & Seitz, 1996), und beging Suizid.

76 Paul Valet (eigtl. Georges Schwartz, 1905–1987), als Sohn einer polnischen Mutter und eines ukrainischen Vaters in Moskau geboren, wird zunächst Konzertpianist, ehe sich die Familie 1924 in Frankreich niederläßt. Nach einem erfolglosen Musikstudium praktiziert er bis 1970 in Vitry-sur-Seine als Arzt und veröffentlicht 1948 seine erste Gedichtsammlung. Er leidet unter Verwirrung und lernt die psychiatrischen Krankenhäuser kennen. Cioran schätzte den jüdischen Dichter, Übersetzer, Musiker und Maler: »Seine Sicht der Welt ist die eines Verdammten, der ins Paradies verbannt wurde. Dieses Paradox erklärt zumindest zum Teil die seltsame Koexistenz einer frenetischen Lyrik und einer ruhigen Überlegung. Seine Verse sind die eines Entfesselten, seine Äußerungen die eines Weisen.« (Cioran, L'ermite de Vitry. In: Paul Valet, Paroxysmes, Paris: Le Dilettante, 1988.)

77 Cioran, Cahiers, 1957–1972, S. 434.

78 Brief Ciorans an Aurel Cioran, vom 1. Oktober 1965. In: Cioran, Scrisori către cei de-acasă, Nr. 50, S. 47.

79 Vgl. Cioran, Cahiers, 1957–1972, S. 343 (1966).

80 Cioran, ebenda, S. 288 (Mai/Juni 1965).

81 Vgl. Cioran, ebenda, S. 318 (1966).

82 Cioran, zit. nach Bussy, Le friand du pire, S. 122.

83 Cioran, Cahiers, 1957–1972, S. 253 f. (1965).

84 Cioran, Entretiens, S. 47 f. (1979).

85 Cioran, Cahiers, 1957–1972, S. 346 (Februar 1966).

86 Cioran, ebenda, S. 350.

87 Cioran, ebenda, S. 357.

88 Vgl. Cioran, ebenda, S. 347 (1966).

89 Cioran, ebenda, S. 374 (25. Juni 1966).

90 Cioran, ebenda, S. 377 (6. Juli 1966).

91 Cioran, Aufzeichnungen aus Talamanca, aus dem Französischen von Verena von der Heyden-Rynsch. In: Akzente, Nr. 4, 1998, S. 341. Seltsame Koin-

zidenz: im Sommer 1932 hatte Walter Benjamin, der ebenfalls depressiv verstimmt war, auf Ibiza eine Art satori-Erlebnis.

92 Cioran, Cahiers, 1957–1972, S. 416 (5. Oktober 1966).

93 Vgl. Cioran, Cahier de Talamanca, S. 38, 52 und Ders., Widersprüchliche Konturen, S. 18.

94 Cioran, Cahiers, 1957–1972, S. 387.

95 Brief Ciorans an Aurel Cioran, vom 21. Januar 1967. In: Cioran, Scrisori către cei de-acasă, Nr. 66, S. 53.

96 Brief Ciorans an Aurel Cioran, vom 6. März 1967. In: Cioran, ebenda, Nr. 68, S. 54.

97 Vgl. Cioran, L'indélivré. In: Le vide, expérience spirituelle en occident et en orient, Paris: Éditions des Deux Océans (Hermès. Nouvelle série; 2), 1981, S. 258–270. Identisch mit dem Kap. »Der Unbefreite« in »Die verfehlte Schöpfung«?

98 Vgl. Brief Ciorans an Aurel Cioran, vom 8. Mai 1967. In: Cioran, Scrisori către cei de-acasă, Nr. 73, S. 56.

99 Cioran, Entretiens, S. 71 (1982).

100 Vgl. Brief Ciorans an Aurel Cioran, vom September 1967. In: Cioran, Scrisori către cei de-acasă, Nr. 81, S. 59.

101 Vgl. Cioran, Cahiers, 1957–1972, S. 533. In der deutschen Fassung des Essays von Susan Sontag ist von »arglosem Philosemitismus« die Rede, vgl. Susan Sontag, Wider sich denken. Reflexionen über Cioran, in: Dies., Im Zeichen des Saturn. Essays, aus dem Amerikanischen von Werner Fuld, Frankfurt am Main: S. Fischer (Fischer-Taschenbuch; 6486), 1983, S. 33. Korrektur oder Folge der Übersetzung? Vgl. Susan Sontag »Thinking Against Oneself:« Reflections on Cioran. In: E. M. Cioran, The temptation to exist, translated from the French by Richard Howard. Introduktion by Susan Sontag, Chicago: Quadrangle Books, 1968.

102 Vgl. Cioran, Cahiers, 1957–1972, S. 558f.

103 Cioran, ebenda, S. 872. Vgl. Ders., Vom Nachteil, geboren zu sein, aus dem Französischen von François Bondy, Frankfurt am Main: Suhrkamp (st 549), 1979, S. 135.

104 Vgl. Brief Ciorans an Aurel Cioran, vom 16. Mai 1968. In: Cioran, Scrisori către cei de-acasă, Nr. 93, S. 63.

105 Vgl. Cioran, Cahiers, 1957–1972, S. 605.

106 Vgl. Cioran, Cahiers, 1957–1972, S. 606.

107 Brief Ciorans an Aurel Cioran, vom 26. September 1968. In: Cioran, Scrisori către cei de-acasă, Nr. 101, S. 66.

108 Cioran, Cafard, Audio-CD, Track 21 (Reinisch, Paris 1985). Luthers Kommentar »An die Galater« (Ad Galatas), c. 3: »Wir alle aber sind mit unseren Körpern und unseren Dingen dem Teufel unterworfen und sind Fremdlinge auf der Welt, deren Fürst und Gott er ist.« Zitiert auch von Schopenhauer, Die Welt als Wille und Vorstellung, II, Kap. 46. Zum Bibelzitat vgl. 2 Kor 4,4.

109 Die Bogomilen, eine seit dem 10. Jahrhundert auf dem Balkan und in Kleinasien verstreute Sekte, geht auf die Lehren des bulgarischen Priesters Bogomil (übersetzt aus dem Altslawischen: Gottlieb, bog = Gott, milo = lieb) zurück. Bogomil entwickelte seine Lehre auf der Basis des Dualismus der in Bulgarien starken Paulikianer, gemildert und ergänzt um Lehren der dort ebenfalls mit Gemeinden vertretenen Messalianer, eine gnostisch-mystische Sekte syrischen Ursprungs mit manichäischem Gedankengut. Die Missionstätigkeit der Bogomilen in Italien und Südfrankreich gilt als Grundlage des Entstehens der lombardischen Patarener, der Waldenser und der Katharer.

110 Cioran, zit. nach François Bondy, Gespräche, Wien / München / Zürich: Europa, 1972, S. 111 f.

111 Vgl. Cioran, Die verfehlte Schöpfung, aus dem Französischen von François Bondy (das Kap. »Die neuen Götter« von Elmar Tophoven), Frankfurt am Main: Suhrkamp (st 550), 1979, S. 14.

112 Cioran, Cahier de Talamanca, S. 15–17. Das Zitat aus der »Refutatio omnium haeresium« (Widerlegung aller Häresien, ca. 230) des Presbyters Hippolyt (um 170–235) von Rom folgt Wolfgang Schultz, Dokumente der Gnosis, München: Matthes & Seitz, 1986, S. 147. Cioran irrte sich bezüglich der Autorschaft der »Philosophumena«.

113 Cioran, Die verfehlte Schöpfung, S. 119. Die Koinzidenz mit dem von André Breton im »Second Manifeste du Surréalisme« (Das Zweite Manifest des Surrealismus, 1930) Imaginierten ist frappierend: »Die schlichteste Tat des Surrealismus besteht darin, mit Revolvern in den Fäusten auf die Straße hinabzugehen und wahllos, ziellos, hemmungslos in die Passanten zu ballern.« Cioran malte sich gelegentlich allerdings auch das Gegenteil des Amoks aus, nämlich provozierte Selbstdemütigungen.

114 Cioran, ebenda, S. 61.

115 Vgl. Cioran, ebenda, S. 69. Die Analytikerin Françoise Dolto (1908–1988) wandte diese Methode (einmalig?) erfolgreich an, vgl. Dies., Solitude, Paris: Vertiges du Nord-Carrère, 1987 ([2]Paris: Gallimard, 2001, S. 186), Kap. »Silence, on écoute!«. Daß Cioran sie kannte oder vice versa ist unwahrscheinlich.

116 Cioran, Cahiers, 1957–1972, S. 732.

117 Cioran, Die verfehlte Schöpfung, S. 91.

118 Cioran, ebenda, S. 106.

119 Cioran, Cahiers, 1957–1972, S. 714.

120 Vgl. Brief Ciorans an Aurel Cioran, vom 7. Mai 1969. In: Cioran, Scrisori către cei de-acasă, Nr. 116, S. 72.

121 Vgl. Cioran, Cahiers, 1957–1972, S. 719 (Celans Name fällt indes nicht).

122 Brief Ciorans an Aurel Cioran, vom 28. Juni 1969, zit. nach Marenco, Repères biographiques, S. 30.

123 Gabriel Marcel, Un allié à contre-courant. In: Le Monde, Nr. 7606, vom 28. Juni 1969.

124 Vgl. Briefe Ciorans an Aurel Cioran, vom 28. Juni und 7. Juli 1969. In: Cioran, Scrisori către cei de-acasă, Nr. 121 und 122, S. 74.

125 Auch die deutsche Edition als Taschenbuch erreicht 21 000 Exemplare (1979–2002).

126 Brief Ciorans an Wolf von Aichelburg, vom 21. Dezember 1973. In: Cioran, Scrisori către cei de-acasă, Nr. 507, S. 250.

127 Brief Ciorans an Aurel Cioran, vom 6. Juni 1974. In: Cioran, Scrisori către cei de-acasă, Nr. 246, S 123.

128 Cioran, Vom Nachteil, geboren zu sein, S. 108.

129 Vgl. (Wapler) Importants manuscrits et lettres autographes: Céline, Char, Cioran, Eliade, Nr. 45, S. 49.

130 Brief Ciorans an Constantin Noica, vom 5. März 1970. In: Cioran, Scrisori către cei de-acasă, Nr. 592, S. 299.

131 Cioran, Cahiers, 1957–1972, S. 874.

132 Vgl. Brief Ciorans an Arşavir Acterian, vom 6. Januar 1971. In: Cioran, Scrisori către cei de-acasă, Nr. 430, S 201.

133 Brief Ciorans an Bucur Ţincu, vom 1. September 1971. In: Cioran, ebenda, Nr. 624, S. 317.

134 Brief Ciorans an Wolf von Aichelburg, vom 30. Dezember 1972. In: Cioran, ebenda, Nr. 500, S. 247.

135 Vgl. Cioran, Cahiers, 1957–1972, S. 949.

136 Vgl. Brief Ciorans an Constantin Noica, vom 2. Januar 1973. In: Cioran, Scrisori către cei de-acasă, Nr. 598, S. 302.

137 (Wapler) Importants manuscrits et lettres autographes: Céline, Char, Cioran, Eliade, Nr. 50 A XXXV, S. 56. Die Summe entspricht 80 € jährlich, ungeachtet der Kaufkraft.

138 Vgl. Briefe Ciorans an Arşavir Acterian, vom 11. Juli 1972 und 28. August 1972. In: Cioran, Scrisori către cei de-acasă, Nr. 437 und 438, S. 206f.

139 Ca. 2500 S. auf 18 Spiralkladden verteilt. Wie immer plünderte der Autor sie für seine Bücher. — Cioran muß die Hefte gut verborgen haben, denn erst nach dem Tod seiner Lebensgefährtin stieß ein Unternehmen für Wohnungsauflösungen auf diese und weitere Manuskripte. 2006 ist noch nicht klar, ob ein öffentliches Archiv den Nachlaß verwahren wird. Eine vorgesehene Auktion fand 2005 auf Gerichtsbeschluß nicht statt, da die Eigentumsfrage strittig war, vgl. den Auktionskatalog: (Wapler) Importants manuscrits et lettres autographes: Céline, Char, Cioran, Eliade.

140 (Wapler) Importants manuscrits et lettres autographes: Céline, Char, Cioran, Eliade, Nr. 50, S. 56.

141 Brief Ciorans an Constantin Noica, vom 2. Januar 1973, zit. nach Liiceanu, Itinéraires d'une vie: E. M. Cioran, S. 58.

142 Brief Ciorans an Aurel Cioran, vom 22. März 1973, zit. nach Marenco, Repères biographiques, S. 30.

143 Cioran, zit. nach Bussy, Le friand du pire, S. 122.

144 (Wapler) Importants manuscrits et lettres autographes: Céline, Char, Cioran, Eliade, Nr. 50 A XXXV, S. 56.

145 Ebenda.

146 Vgl. Ebenda, Nr. 46, S. 50.

147 Ebenda.

148 Vgl. Cioran, Vom Nachteil, geboren zu sein, S. 112. Die Formulierung findet sich bereits 1959, um alle seine Schriften zu charakterisieren (vgl. Cioran, Cahiers, 1957–1972, S. 37).

149 Vgl. Cioran, ebenda, S. 80.

150 Cioran, Die verfehlte Schöpfung, S. 124: »Erwürgte Gedanken«.

151 Vgl. Cioran, Vom Nachteil, geboren zu sein, S. 106, 115.

152 Vgl. Cioran, ebenda, S. 166. »To late« lautete übrigens eine der Devisen Barbey d'Aurevillys, die sein Briefpapier zierten.

153 Cioran, ebenda, S. 95.

154 Cioran, ebenda, S 136.

155 Cioran, ebenda, S. 150. Der hellenistisch geprägte Philosoph Hegesias von Magnesia (ca. 320–280 v. Chr.) bestimmte in pessimistischer Abwendung von dem Hedonismus der kyrenaischen Schule eine Indifferenz gegen jegliches Lust- und Glücksstreben als Ziel und Endzweck menschlichen Handelns — unter besonderer Betonung der Seins-Entsagung, weshalb ihm der Beiname »Peisithanatos« (d. h. »der zum Tode überredet«) gegeben wurde. Tatsächlich sollen sich einige Zuhörer nach vielen der Vorträge in seiner Akademie in Alexandria (Ägypten) das Leben genommen haben, weshalb sie geschlossen wurde. Seine Schrift »Apokarteron« (Von der Selbstaushungerung) ist verschollen. Sollte Cioran nicht auch Emmanuel Lévinas' (1906–1995) Essay »De l'évasion« (Ausweg aus dem Sein) in den RECHERCHES PHILOSOPHIQUES (Nr. 5, 1935/36) gelesen haben (vgl. Ders., De l'évasion, introduit et annoté par Jacques Rolland, Saint-Clément-la-Rivière: Fata Morgana, 1982)? Und sei es nur zur Inspiration des Titels seines Buchs?

156 Vgl. Cioran, ebenda, S. 76, 162, 166.

157 (Wapler) Importants manuscrits et lettres autographes: Céline, Char, Cioran, Eliade, Nr. 50 A XXXV, S. 56.

158 Vgl. Brief Ciorans an Aurel Cioran, vom 16. August 1973. In: Cioran, Scrisori către cei de-acasă, Nr. 215, S. 112.

159 Cioran, zit. nach Kurt Hirschburger, Meine Begegnungen mit E. M. Cioran. In: ALMANACH DEUTSCHSPRACHIGER SCHRIFTSTELLER-ÄRZTE (Marquartstein), 22 (1999), S. 335.

160 (Wapler) Importants manuscrits et lettres autographes: Céline, Char, Cioran, Eliade (29. August 1973)

161 Brief Ciorans an Bucor Ţincu, 1973 (vgl. Cioran, Scrisori către cei de-acasă, Nr. 627, S. 319), hier zit. nach Liiceanu, Itinéraires d'une vie: E. M. Cioran, S. 65.

162 (Wapler) Importants manuscrits et lettres autographes: Céline, Char, Cioran, Eliade (15.–18. September 1973) Vgl. Cioran, Gevierteilt, S. 88, und das gestrichene Notat in der dt. Ausgabe: »Sobald man auf die Straße geht, ist Ausrottung das erste Wort, das einem beim Anblick der Leute einfällt« (Cioran, Œuvres, S. 1456). Diese Anwandlungen hatte Cioran mehrmals (vgl. Ders.,

Der Absturz in die Zeit, S. 84; Ders., Cahiers, 1957–1972, S. 676, 812). In dieser Beziehung reiht er sich ein in die Linie Bloy – Artaud – Céline – Surrealisten – Caraco – Rolf Dieter Brinkmann et al.

163 (Wapler) Importants manuscrits et lettres autographes: Céline, Char, Cioran, Eliade, Nr. 50 B 10, S. 57 (15. September 1973).

164 Ebenda, Nr. 50 C, S. 58.

165 Ebenda (17. Oktober, 7. November, 8. November 1973).

166 Ebenda. Bestimmt für den Artikel Angelo Rinaldis »Le procureur Cioran« (L'Express, vom 18. März 1974). Die Folgen von Zugeständnissen an den Betrieb wird Cioran in »Gevierteilt« (S. 77) auf den Punkt bringen.

167 Ebenda (28. November 1973).

168 Brief Ciorans an Arşavir Acterian, vom 14. Dezember 1973. In. Cioran, Scrisori către cei de-acasă, Nr. 444, S. 211.

169 Brief Ciorans an Aurel Cioran, vom 1. April 1974. In: Cioran, ebenda, Nr. 239, S. 121. Ich merke an, daß der Suhrkamp-Verlag für seine Taschenbuch-Ausgabe 2001 immerhin eine Auflage von 26 Tsd. angibt.

170 Vgl. Briefe Ciorans an Aurel Cioran, vom 31. Oktober 1973 und 2. November 1973. In: Cioran, ebenda, Nr. 222 und 223, S. 114.

171 Vgl. Brief Ciorans an Aurel Cioran, vom 25. Februar 1969. In: Cioran, ebenda, Nr. 110, S. 70.

172 Vgl. Brief Ciorans an Arşavir Acterian, vom 10. September 1974. In: Cioran, ebenda, Nr. 449, S. 216 und Anm., S. 338. Der Herausgeber Dan C. Mihăilescu, verweist auf die von Claudio Mutti in: Les plumes de l'Archange. Quatre intellectuels rumains face à la Garde de Fer: Nae Ionescu, Mircea Eliade, Emil Cioran, Constantin Noica, zitierten Quellen.

173 Brief Ciorans an Aurel Cioran, vom 2. November 1973. In: Cioran, ebenda, Nr. 223.

174 Vgl. Cioran, Gevierteilt, S 140.

175 Vgl. (Wapler) Importants manuscrits et lettres autographes: Céline, Char, Cioran, Eliade, Nr. 50 C, S. 57.

176 Cioran, Notiz vom 7. Juni 1974. In: ebenda, S. 58.

177 Ebenda.

178 Brief Ciorans an Aurel Cioran, vom 26. Januar 1974. In: Cioran, Scrisori către cei de-acasă, Nr. 233, S. 118. Es dürfte sich um Bernard Pivots Sendereihe »Ouvrez les guillemets« im ersten Programm des ORTF gehandelt haben.

179 (Wapler) Importants manuscrits et lettres autographes: Céline, Char, Cioran, Eliade, Nr. 50 B 10, S. 56.

180 Vgl. Brief Ciorans an Aurel Cioran, vom 18. Januar 1974. In: Cioran, Scrisori către cei de-acasă, Nr. 232, S. 118.

181 Auffällig die Differenz von 10 Jahren! Möglicherweise handelt es sich um zwei Attacken.

182 Alain Bosquet, La mémoire ou l'oubli, Paris: Librairie générale française (Le Livre de poche; 9511), 1992, S. 117.

183 Bosquet, ebenda, S. 118.
184 Bosquet, ebenda.
185 Vgl. Cioran, Cahiers, 1957–1972, S. 131.
186 Martin Block, in: Die Romanischen Literaturen des 19. und 20. Jahrhunderts. Bd. II, Zweiter Teil: Die italienische und spanische Literatur von 1870 bis zur Gegenwart. Die rumänische Literatur, S. 148.
187 (Wapler) Importants manuscrits et lettres autographes: Céline, Char, Cioran, Eliade, Nr. 50 C, S. 58.
188 Ebenda.
189 Vgl. Brief Ciorans an Arşavir Acterian, vom 9. März 1974. In: Cioran, Scrisori către cei de-acasă, Nr. 445, S. 211. Das Tagebuch wird 1991 erscheinen, vgl. Jeni Acterian, Jurnalul unei fiinte greu de mulţumit, 1932–1949.
190 (Wapler) Importants manuscrits et lettres autographes: Céline, Char, Cioran, Eliade, Nr. 50 C, S. 58.
191 Ebenda. In seinen Zwanzigerjahren wollte er bereits nichts weniger als die Welt herausfordern.
192 Brief Ciorans an Bucur Ţincu, vom 29. April 1974, zit. nach Liiceanu, Itinéraires d'une vie: E. M. Cioran, S. 66.
193 (Wapler) Importants manuscrits et lettres autographes: Céline, Char, Cioran, Eliade, Nr. 50 C, S. 58. Ein Fragment dieser Äußerung wird in die »Aveux et anathèmes« Eingang finden.
194 1979 wird sie ihm eine Anthologie von ihr übersetzter griechischer Gedichte, »La Couronne et la Lyre« (Paris: Gallimard, 1979), mit diesen Worten widmen: »Für Cioran, der seine Verzweiflung zu leben bei mehr als einem griechischen Dichter wiederfinden wird. / Freundschaftliche Huldigung.«
195 (Wapler) Importants manuscrits et lettres autographes: Céline, Char, Cioran, Eliade, Nr. 50 C, S. 58.
196 Brief Ciorans an Bucur Ţincu, vom 1. August 1974. In: Cioran, Scrisori către cei de-acasă, Nr. 630, S. 322.
197 Brief Ciorans an Wolf von Aichelburg, vom 16. Juli 1973. In: Cioran, ebenda, Nr. 504, S. 249.
198 (Wapler) Importants manuscrits et lettres autographes: Céline, Char, Cioran, Eliade, Nr. 50 C, S. 58. Sogar in der ZEIT war von dieser Entmietungsdrohung zu lesen.
199 Vgl. Brief Ciorans an Aurel Cioran, vom 6. Oktober 1974. In: Cioran, Scrisori către cei de-acasă, Nr. 254, S. 126.
200 (Wapler) Importants manuscrits et lettres autographes: Céline, Char, Cioran, Eliade, Nr. 50 C, S. 58 (6. Oktober 1974).
201 Vgl. Brief Ciorans an Wolf von Aichelburg, vom 15. Oktober 1974. In: Cioran, Scrisori către cei de-acasă, Nr. 512, S. 252, und Brief Ciorans an Aurel Cioran, vom 27. Dezember 1974. In: Cioran, ebenda, Nr. 258, S. 128. Das Gespräch wurde im Januar 1975 im »Nachtstudio« des Bayerischen Rundfunks gesendet.
202 (Wapler) Importants manuscrits et lettres autographes: Céline, Char, Cioran, Eliade, Nr. 50 C, S. 58.

203 Cioran, Gevierteilt, S. 90.
204 Vgl. Brief Ciorans an Aurel Cioran, vom 14. Januar 1975. In: Cioran, Scrisori către cei de-acasă, Nr. 260, S. 128.
205 Das Buch zur Psychopathologie der gesunden Lebensführung harrt m.E. seines Autors. »Die Wahrheit ist, daß sich meine Sicht der Dinge nicht irgendeinem literarischen Einfluß verdankt, sondern meinen diversen Gebrechen, einer Art angeborenem Unbehagen.« (Brief Ciorans an Aurel Cioran, vom 27. Februar 1975, zit. nach Liiceanu, Itinéraires d'une vie: E. M. Cioran, S. 53.)
206 (Wapler) Importants manuscrits et lettres autographes: Céline, Char, Cioran, Eliade, Nr. 50 C, S. 59.
207 Ebenda.
208 Ebenda, Nr. 50 F, S. 59.
209 Vgl. Brief Ciorans an Arşavir Acterian, vom 8. März 1975. In: Cioran, Scrisori către cei de-acasă, Nr. 451, S. 217; vgl. Lettres choisies d'E. M. Cioran, S. 54.
210 Ebenda. Sartre wie auch André Breton verachteten aus eigener Anschauung die Neue Welt.
211 Brief Ciorans an Aurel Cioran, vom 5. April 1975, zit. nach Liiceanu, Itinéraires d'une vie: E. M. Cioran, S. 21.
212 (Wapler) Importants manuscrits et lettres autographes: Céline, Char, Cioran, Eliade, Nr. 50 F, S. 59.
213 Ebenda.
214 Vgl. die Ausarbeitung in: Cioran, Gevierteilt, S. 91.
215 Historisch: Graf Vladimir Alexandrovič Sollogub (1814–1882), russischer Diplomat und Schriftsteller; Fëdor Sologub (eigtl. Fëdor Kuzmič Teternikov, 1863–1927), russischer pessimistischer Dichter. Bei Cioran vermutlich der Spitzname für ein ›Original‹?
216 Vgl. die »Genie«-Episode in: Cioran, Gevierteilt, S. 71 f.
217 Brief Ciorans an Arşavir Acterian, vom 23. Juni 1975. In: Cioran, Scrisori către cei de-acasă, Nr. 452, S. 218f. Vgl. Lettres choisies d'E. M. Cioran, S. 54f.
218 (Wapler) Importants manuscrits et lettres autographes: Céline, Char, Cioran, Eliade, Nr. 50 G, S. 59.
219 Ebenda (1. August 1975). Um so besser versteht man die einstige Begeisterung für politische Publizistik.
220 Brief Ciorans an Arşavir Acterian, vom 24. August 1975, zit. nach Lettres choisies d'E. M. Cioran, S. 55.
221 (Wapler) Importants manuscrits et lettres autographes: Céline, Char, Cioran, Eliade, S. 60.
222 Brief Ciorans an Fernando Savater, vom 10. Dezember 1976, zit. nach: Cioran, Borges der Überkultivierte. In: Verena von der Heyden-Rynsch (Hg.) Riten der Selbstauflösung, München: Matthes & Seitz, 1982, S. 264–267.

223 Jean Rostand (1894–1977), Sohn des Dramaturgen Edmond Rostand und der Dichterin Rosemonde Gérard, Biologe, Philosoph, Wissenschaftshistoriker, Essayist, ab 1959 Mitglied der Académie française.

224 (Wapler) Importants manuscrits et lettres autographes: Céline, Char, Cioran, Eliade, Nr. 50 G, S. 60.

225 Cioran, Cahiers, 1957–1972, S. 955.

226 Cioran, zit. nach Perz, »Mein ganzes Leben war vom Tod beherrscht«. Im übrigen hatte er, nach der Stimme am Telefon urteilend, mit einer jüngeren Person gerechnet. In der ausführlicheren Darstellung dieser Heimsuchung heißt es: »Eines Nachmittags (...), als ich Beute eines Cafard-Anfalls wurde, spürte ich plötzlich das Verlangen, mir angenehme, beruhigende Lügen anzuhören, die mich dem Gefühl, der letzte Versager zu sein, den so hinterlistigen und überzeugenden Argumenten der Selbstverachtung entreißen könnten. Ich rief also die bewußte Dame an (erste Überraschung: eine hinreißende Stimme!) und sagte ihr, ich würde sie brauchen. (...) Als ich sie sah, ergriff mich ein Lachkoller, der sie nicht zu verwirren schien. Sie war alt, sehr alt, verwachsen, winzig, fast zwergenhaft, seltsam gekleidet, und obendrein trug sie dunkle Brillengläser. (...) Vier Stunden lang erzählte sie, stehend, ihr ganzes Leben, wild gestikulierend und in allen Einzelheiten (sie insistierte sogar auf ihrer Hochzeitsnacht), mit einem völlig unerwarteten Talent und einer teils ausgesuchten (denn sie war gebildet), teils vulgären Sprache. All dies brachte mich aus der Bestürzung in die Bewunderung, aus dem Verdruß in die Rührung. Wie schade, daß ich der einzige bin, der diese Wunderdinge und diese Exzesse auskosten darf, wiederholte ich mir fortwährend. (...) Wem oder was verdanke ich, diesem Schauspiel, diesem unvergleichlichen Meisterwerk beiwohnen zu dürfen? Einzig meiner morbiden Neugierde auf Menschen, meiner Manie, Briefe zu schreiben und die zu beantworten, die man mir schickt.« (Cioran, Kurzgefaßtes Bekenntnis, aus dem Französischen von Verena von der Heyden-Rynsch. In: Akzente, 26 (1979) 7, S. 134–136); vgl. Ders., Manie épistolaire (1983).

227 Vgl. Brief Ciorans an Aurel Cioran, vom 17. September 1975. In: Cioran, Scrisori către cei de-acasă, Nr. 281, S. 136.

228 »Dieser Dichter schreibt Blitze« (Cioran). Der Rumäne kennt Patrice Covo seit etwa 1973 und »Desesperanto« (1971) könnte ein Titel Ciorans sein. Bitter bis sarkastisch und suizidal, zugleich très dandy, stellt sich Covo als »Psycho« dar. Die Anekdote in »Écartèlement« vom Mann, der in einem Londoner Hotelzimmer die Wand anstarrt, bezieht sich auf Covo.

229 (Wapler) Importants manuscrits et lettres autographes: Céline, Char, Cioran, Eliade, Nr. 50 G, S. 59.

230 Cioran, zit. nach Stolojan, Au balcon de l'exil roumain à Paris, S. 12.

231 (Wapler) Importants manuscrits et lettres autographes: Céline, Char, Cioran, Eliade, Nr. 50 H, S. 60.

232 Ebenda, Nr. 50 H, S. 60; vgl. Cioran, Gevierteilt, S. 110.

233 Ebenda.

234 Ebenda.

235 Brief Ciorans an Aurel Cioran, vom 26. Dezember 1975, zit. nach Liiceanu, Itinéraires d'une vie: E. M. Cioran, S. 69.

236 Marie-Madeleine Marguerite d'Aubray, marquise de Brinvilliers (1630–1676), Libertine und mehrfache Giftmörderin aus Berechnung. Suchte sich vergebens der Justiz zu entziehen, teilweise durch abstruse Selbstentleibungsversuche per vaginam. Dürfte daher Sade inspiriert haben. Sie wurde vor großer Menge auf der Place des Grèves enthauptet und danach verbrannt. Mögliche Quellen Ciorans: Alexandre Dumas pére, La marquise de Brinvilliers, Paris: Marpon et Flammarion (Les crimes célèbres), 1856; Edmonde Pirot, La marquise de Brinvilliers. Récit de ses derniers moments. Notes et documents sur sa vie et son procès par Gustave Roullier, Paris: Lemerre, 1883; Henri Robert, Les Grands procès de l'histoire, Bd. 2: La Marquise de Brinvilliers (...), Paris: Payot, 1924; Robert Burnand, Vie et mort de la marquise de Brinvilliers, [2]Paris, Crémieu, 1931; Armand Praviel, Le Secret de la Brinvilliers, Paris: Éditions de France, 1933; Etienne Gril, La marquise de Brinvilliers, empoisonneuse, Paris, 1933; Jacques Saint-Germain, Madame de Brinvilliers, la marquise aux poisons, Paris: Hachette, 1971, und die Briefe der Marie de Rabutin-Chantal, marquise de Sévigné, Correspondance, texte établi, présenté et annoté par Roger Duchêne, 3 Bde., Paris: Gallimard, 1973–1980. Er erwähnt die Marquise de Brinvilliers in »Gevierteilt« (S. 100) — neben Teresa von Ávila jene schillernde Gestalt, über die er am häufigsten gelesen habe!

237 Vgl. (Wapler) Importants manuscrits et lettres autographes: Céline, Char, Cioran, Eliade, Nr. 50, S. 59f.

238 Brief Ciorans an Aurel Cioran, vom 5. Januar 1976. In: Cioran, Scrisori către cei de-acasă, Nr. 292, S. 140.

239 Brief Ciorans an Aurel Cioran, vom 26. August 1977. In: Cioran, ebenda, Nr. 334, S. 157.

240 Vgl. Brief Ciorans an Wolf von Aichelburg, vom 18. März 1976. In: Cioran, ebenda, Nr. 521, S. 256.

241 Brief Ciorans an Wolf von Aichelburg, vom 28. April 1976. In: Cioran, ebenda, Nr. 522, S. 257.

242 (Wapler) Importants manuscrits et lettres autographes: Céline, Char, Cioran, Eliade, Nr. 50 J, S. 60.

243 Brief Ciorans an Wolf von Aichelburg, vom 28. April 1976. In: Cioran, Scrisori către cei de-acasă, Nr. 522, S. 257.

244 Vgl. Brief Ciorans an Aurel Cioran, vom 17. Mai 1976. In: Cioran, ebenda, Nr. 301, S. 144.

245 Józef Czapski (1896–1993), polnischer Maler und Schriftsteller, hatte 1949 eines der ersten Zeugnisse über den GULag veröffentlicht, vgl. Ders,. Terre inhumaine, aus dem Polnischen von Adela Maria Bohomolec. Vorwort von Daniel Halévy, Paris: Éditions Self, 1949. Er lebte ab 1944 in Maisons-Lafitte, wo er die Literaturzeitschrift KULTURA herausgab.

246 Brief Ciorans an Aurel Cioran, vom 12. August 1976. In: Cioran, Scrisori către cei de-acasă, Nr. 306, S. 146. Hinzuweisen wäre auf den obligatorischen Gebrauch des Diminutivs: Aurel wird mit ›Relu‹ angesprochen, Emil zeichnet mit ›Luţ‹.

247 (Wapler) Importants manuscrits et lettres autographes: Céline, Char, Cioran, Eliade, Nr. 50 K, S. 61.

248 Ebenda, Nr. 50 L, S. 61 (19. Oktober 1976).

249 Ebenda (21. Oktober 1976). »Lebensgefühl« im Original deutsch.

250 Vgl. ebenda, S. 61.

251 Ebenda, Nr. 50 L, S. 62.

252 Brief Ciorans an Fritz J. Raddatz, vom 8. März 1986, zit. nach Dieter Schlesak, Auswahl Briefe von E. M. Cioran (Veröffentlichung auf Webseite nicht mehr vorhanden). Der Brief an den Feuilleton-Chef der ZEIT im Original deutsch. Cioran bezieht sich auf ein gemeinsames Gespräch in Paris.

253 Vgl. Brief Ciorans an Aurel Cioran, vom 18. April 1977. In: Cioran, Scrisori către cei de-acasă, Nr. 323, S. 153.

254 Brief Ciorans an Aurel Cioran, vom 8. Juni 1977, zit. nach Liiceanu, Itinéraires d'une vie: E. M. Cioran, S. 70.

255 Brief Ciorans an Aurel Cioran, vom 14. Juni 1977, zit. nach Marenco, Repères biographiques, S. 30. Die genannte Summe entspricht etwa 1500 €.

256 Damals 3000 Francs.

257 Brief Ciorans an Linde Birk, vom 9. September 1969, zit. nach Schlesak, Auswahl Briefe von E. M. Cioran. Linde Birk ist seine Lektorin bei S. Fischer, Frankfurt am Main.

258 Brief Ciorans an Linde Birk, vom 29. Dezember 1969, zit. nach Schlesak, ebenda.

259 Brief Ciorans an Linde Birk, vom Juni 1970, zit. nach Schlesak, ebenda.

260 Brief Ciorans an Aurel Cioran, vom 3. Februar 1977. In: Cioran, Scrisori către cei de-acasă, Nr. 318, S. 151.

261 Cioran, zit. nach P. B., Cioran s'explique, S. 115

262 Cioran, Entretiens, S. 190f. (1986). Die Episode, durch die mehrfachen Verneinungen recht verdächtig, wäre einen kleinen Exkurs wert. In seiner Jugend waren das Bordell und die Bibliothek die Fixpunkte seiner vitalen Interessen. Bis zur Libération frequentierte er die Freudenhäuser … In einer kritischen Phase seines Lebens stürzte Huysmans von der Kirche ins Bordell.

263 (Wapler) Importants manuscrits et lettres autographes: Céline, Char, Cioran, Eliade, Nr. 50 L, S. 62.

264 Vgl. Cioran, Entretiens, S. 68 (1982).

265 Cioran, ebenda, S. 29f. (1977).

266 Cioran, ebenda, S. 27.

267 (Wapler) Importants manuscrits et lettres autographes: Céline, Char, Cioran, Eliade, Nr. 50 L, S. 62.

268 Ebenda.

269 Ebenda.

270 Vgl. Brief Cioransan Aurel Cioran, vom 18. März 1978. In: Cioran, Scrisori către cei de-acasă, Nr. 348, S. 163.
271 Cioran, zit. nach Stolojan, Au balcon de l'exil roumain à Paris, S. 62. Der rumänische Geheimdienst, die Securitatea statului, verhinderte es wirksam. Sie setzte sogar Rumänen im Exil unter Druck.
272 (Wapler) Importants manuscrits et lettres autographes: Céline, Char, Cioran, Eliade, Nr. 50 L, S. 62.
273 Ebenda.
274 Ebenda.
275 (Wapler) Importants manuscrits et lettres autographes: Céline, Char, Cioran, Eliade, Nr. 50 L, S. 62 (4. Juli 1978).
276 Ebenda (20. Juli 1978).
277 Brief Cioransan Erwin Chargaff, vom 15. August 1978, zit. nach Schlesak, Auswahl Briefe von E. M. Cioran. Cioran bezieht sich auf die amerikanische Originalausgabe von »Heraclitean Fire«.
278 Brief Cioransan Erwin Chargaff, vom 20. Dezember 1982, zit. nach Schlesak, ebenda.
279 (Wapler) Importants manuscrits et lettres autographes: Céline, Char, Cioran, Eliade, Nr. 50 L, S. 62.
280 Cioran, zit. nach Perz, »Mein ganzes Leben war vom Tod beherrscht«. Die Rede vom Parasitentum des Schriftstellers ist reinster Sartre resp. radikalisierter Marx, für den Künstler unproduktiv waren. Cioran hatte Mühe, die gesellschaftliche Doxa zu überwinden, die Denken wie Schreiben nicht als Arbeit anerkennt. Im übrigen hatte er, an die Produktivität seiner jungen Jahre gedacht, nicht immer gemäß der Einsicht vom Unnützen gehandelt.
281 Vgl. Brief Cioransan Aurel Cioran, vom 6. November 1978. In: Cioran, Scrisori către cei de-acasă, Nr. 355, S. 166. Letzteres trifft für die gesendete Version nicht zu.

V

1 Cioran, Gevierteilt, S. 73.
2 Brief Cioransan Aurel Cioran, vom 6. Februar 1979, zit. nach Liiceanu, Itinéraires d'une vie: E. M. Cioran, S. 17. Gemeint ist der Berg (wörtlich: »Hundeknochen«) beim Heimatdorf Raşinari.
3 Brief Cioransan Aurel Cioran, vom 30. August 1979. In: Cioran, Scrisori către cei de-acasă, Nr. 372, S. 173.
4 Brief Cioransan Aurel Cioran, vom 11. April 1979. In: Cioran, ebenda, Nr. 364, S. 170.
5 Brief Cioransan George Bălan, vom 14. Februar 1979, zit. nach George Bălan, Emil Cioran. La lucidité libératrice?, herausgegeben von Alain Cophignon, Paris: Josette Lyon, 2003, S. 7.
6 (Wapler) Importants manuscrits et lettres autographes: Céline, Char, Cioran, Eliade, Nr. 50 I, S. 63.
7 Posthum veröffentlicht in: Cioran, Entretiens, S. 39–59.

8 Ainsi parlait Cioran. In: L'Imbécile, Nr. 8, 2005, S. 24. Vgl. auch: Cioran, Gevierteilt, S. 11, 12f.

9 Vgl. Cioran, Der zersplitterte Fluch. Aphorismen, aus dem Französischen von Verena von der Heyden-Rynsch (Autorisierte Übersetzung), Frankfurt am Main: Suhrkamp (Bibliothek Suhrkamp; 948), 1987, S. 14.

10 (Wapler) Importants manuscrits et lettres autographes: Céline, Char, Cioran, Eliade, Nr. 50 I, S. 63.

11 Aus der Essay-Sammlung »The Condemned Playground« (1927–1944), 1945. Der Dandy, Journalist und Kritiker der Londoner Sunday Times Cyril Vernon Connolly (1903–1974) hatte u.a. »The Unquiet Grave. A word cycle by Palinurus« (1944, dt. Palinurus, Das ruhelose Grab. Ein Wörterzyklus, Frankfurt am Main: Suhrkamp, 2006) veröffentlicht.

12 Fukuyama orakelt von einer Periode der Tristesse, dem Versiegen der Leidenschaften und in der Folge davon »Jahrhunderten voller Langeweile«. Mit dem Ende der Geschichte prophezeit er das Verschwinden von Kunst und Philosophie, schließlich das der Spezies Mensch schlechthin. Kojèves Ton war da entschiedenen sarkastischer. Kritisch dagegen die negativen Utopien in den Werken von Aldous Huxley oder Georges Orwell.

13 Cioran, Cahiers, 1957–1972, S. 941 (Mai 1971). Auch bei Wittgenstein findet sich Diskutables zur Atombombe.

14 Vgl. Cioran, Gevierteilt, S. 9.

15 »tyaktvā karmaphalāsangam nityatrpto nirāshrayah / karmany abhipravrtto 'pi naiva kimcit karoti sah« (Vierter Gesang, 20), hier zit. nach: Die Bhagavadgītā, aus dem Sanskrit und herausgegeben von Klaus Mylius, Leipzig 1980, S. 40.

16 Vgl. August Strindberg, Jakob ringt (Ein Fragment). Inferno, 3. Teil. In: Ders., Inferno/Legenden, München: Müller, 1923, S. 324ff. Cioran entdeckte Strindberg erst spät für sich.

17 Brief Ciorans an Aurel Cioran, vom 25. November 1979. In: Cioran, Scrisori către cei de-acasă, Nr. 376, S. 175.

18 Brief Ciorans an Constantin Noica, vom 29. Dezember 1979, zit. nach Liiceanu, Itinéraires d'une vie: E. M. Cioran, S. 63.

19 Der Autor ist als ›Quelle‹ mit Vorsicht zu genießen, da er häufig Werkzitate anderer nicht als solche kennzeichnet, sie häufig kompiliert. In seinem Essay »L'Exil intérieur: schizoïdie et civilisation« (1975) befindet er sich in Gedanken bei Freud, Georges Devereux oder auch Norbert Elias, vgl. auch »Les chemins de la désillusion« (1979), »La tentation nihiliste« (1989).

20 Roland Jaccard, Cioran et compagnie, Paris: Presses universitaires de France, 2005, S. 111.

21 Brief Ciorans an Patrice Covo, vom 19. Januar 1980, zit. nach Patrice Covo, Le baladin et le neuroleptique, Paris: Exils, 1998, S. 80f.

22 Brief Ciorans an Arşavir Acterian, vom 21. Januar 1980. In: Cioran, Scrisori către cei de-acasă, Nr. 466, S. 227; vgl. Lettres choisies d'E. M. Cioran, S. 56f.

23 Vgl. (Wapler) Importants manuscrits et lettres autographes: Céline, Char, Cioran, Eliade, Nr. 50 I, S. 63.

24 Vgl. Brief Ciorans an Constantin Noica, vom 9. April 1980. In: Cioran, Scrisori către cei de-acasă, Nr. 614, S. 310. »Lug und Trug« im Original deutsch.

25 Stolojan, Au balcon de l'exil roumain à Paris, S. 93 (1. April 1980).

26 (Wapler) Importants manuscrits et lettres autographes: Céline, Char, Cioran, Eliade, Nr. 50 I, S. 63. Cioran bleibt der psychiatrischen Terminologie des 19. Jahrhunderts treu.

27 Ebenda.

28 Cioran, zit nach Stolojan, Au balcon de l'exil roumain à Paris, S. 97 (7. Juli 1980).

29 Cioran, zit nach: ebenda.

30 (Wapler) Importants manuscrits et lettres autographes: Céline, Char, Cioran, Eliade, Nr. 50 II, S. 63.

31 Ebenda. Parallelen finden sich in den Notaten des älteren Ernst Jünger.

32 Brief Ciorans an Arşavir Acterian, vom 11. September 1980, zit. nach Lettres choisies d'E. M. Cioran, S. 57.

33 Vgl. Brief Ciorans an Arşavir Acterian, vom 15. März 1981. In: Cioran, Scrisori către cei de-acasă, Nr. 473, S. 230f. Die zeitliche Verzögerung erklärt sich aus den Verhältnissen, d.h. Cioran erfährt erst durch Freunde von Publikationen in Rumänien. Wir wissen, daß sich Eliade recht zurückhaltend zur »Garde« geäußert hat, um seinen Ruf nicht zu gefährden (vgl. Kap. 2 im vorliegenden Buch).

34 Vgl. Brief Ciorans an Arşavir Acterian, vom 26. Juni 1981. In: Cioran, ebenda, Nr. 474, S. 231.

35 Cioran, zit. nach Stolojan, Au balcon de l'exil roumain à Paris, S. 126 (10. September 1981).

36 Vgl. Stolojan, ebenda. Gemeint ist die Passage in: Istoria filozofiei româneşti, Bd. II: 1900–1944 (Redaktion: Dumitru Ghise, Nicolae Gogoneaţa u.a.), Bukarest: Editura Academiei Republicii Socialiste România, 1980, S. 742ff.

37 Cioran, Squartamento, trad. di Mario Andrea Rigoni, con una nota introduttiva di Guido Ceronetti, Milano: Adelphi (Biblioteca Adelphi; 106), 1981. Die Übersetzung von Ceronettis Text verdanken wir Irmengard Gabler.

38 Ciorans Eintrag im Gästebuch des Nietzsche-Hauses in Sils-Maria: »Ich denke an meine Gymnasiastenzeit[,] als ich Zarathustra in Sibiu rumänisch las und wieder las. / E. M. Cioran / + Ich hatte keine Brille, bitte um Verzeihung. Meine Augen sind fast so schlecht wie diejenigen des armen Meisters. / E. M. C.« (s. Abb.) Immerhin eine Art Hommage an den mehr als kritisch gesehenen Deutschen qua eingestandener physiologischer Defekte (Star): Nietzsche sah schlecht, ich sehe jetzt auch schlecht, ergo…

39 Friedgard Thoma, Eleganz der Angst. Der Literat Emile M. Cioran fast unbemerkt zu Gast in Köln. In: Kölner Stadtanzeiger, vom 12. November 1981 (vgl. Thoma, Um nichts in der Welt, S. 82).

40 Cioran, Syllogismen der Bitterkeit, S. 69. Vgl. auch Cioran, Der Absturz in die Zeit, S. 99. Wie hatte Cioran nicht über den alten Jean Piel (1902–1996), Schriftsteller und Herausgeber von Critique, gelästert wegen dessen regem Interesse an Studentinnen! (Gespräch in Paris, 1980er Jahre.)

41 Ferngespräche waren in diesen Jahren nicht nur kostspielig, sondern auch akustisch problematisch, d.h. kaum im normalen Ton zu führen.

42 Brief Ciorans an Friedgard Thoma, vom 10. Mai 1981, zit. nach Thoma, Um nichts in der Welt, S. 36.

43 Vgl. Cioran, Entretiens, S. 61–97.

44 Cioran, zit. nach Stolojan, Au balcon de l'exil roumain à Paris, S. 126.

45 Cioran, zit. nach Stolojan, ebenda, S. 143 (21. Februar 1982).

46 Vgl. Brief Ciorans an Aurel Cioran, vom 10. Februar 1982. In: Cioran, Scrisori către cei de-acasă, Nr. 413, S. 191.

47 Brief Ciorans an Friedgard Thoma, vom März 1982, zit. nach Thoma, Um nichts in der Welt, S. 93.

48 Brief Ciorans an Friedgard Thoma, vom 19. April 1982, zit. nach Thoma, ebenda, S. 95. Vgl. Cioran, Syllogismen der Bitterkeit, S. 66.

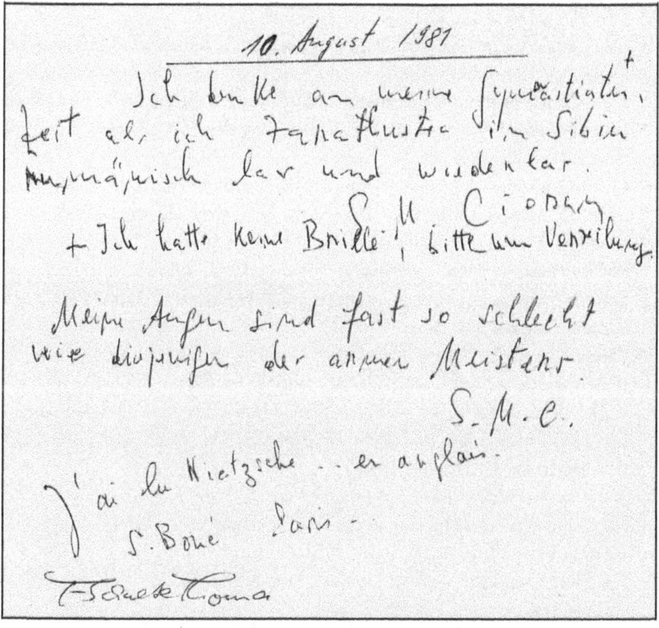

10. August 1981

Ich denke an meine Gymnasialzeit+, seit als ich Zarathustra in Sibiu rumänisch las und wiederlas.
E. M. Cioran

+ Ich hatte keine Brille!, bitte um Verzeihung.

Meine Augen sind fast so schlecht wie diejenigen des armen Meisters.
S. M. C.

J'ai lu Nietzsche .. en anglais.
S. Boué Paris.

[illegible] Thoma

Abb. Gästebuch-Eintrag von Cioran, Simone Boué und Friedgard Thoma im Nietzsche-Haus in Sils-Maria, 10. August 1981 (Montage).

49 Vgl. Brief Ciorans an Wolf von Aichelburg, vom 28. Juni 1982. In: Cioran, Scrisori către cei de-acasă, Nr. 543, S. 266. Das Wissenschaftskolleg in Berlin schmückte sich, wie es auch bei anderen Preisen und Auszeichnungen dieser Art üblich ist, ausnahmslos mit namhaften Künstlern oder Gelehrten.

50 Vgl. Cioran, Entretiens, S. 99–112.

51 Cioran, ebenda, S. 103.

52 Vgl. Cioran, ebenda, S. 99.

53 Cioran, zit nach: Sissi oder die Verwundbarkeit. Ein Gespräch mit E. M. Cioran (in deutscher Sprache geführt von Verena von der Heyden-Rynsch in Paris im Januar 1983), in: Elisabeth von Österreich. Tagebuchblätter von Constantin Christomanos. Nebst Beiträgen von E. M. Cioran und anderen, herausgegeben von Verena von der Heyden-Rynsch, München, Matthes & Seitz, 1983, S. 196; Reprise des Gesprächs in französischer Übersetzung, »Sissi ou la Vulnérabilité«, als Einleitung im Katalog: Vienne 1880–1938. L'Apocalypse joyeuse, herausgegeben von Jean Clair, Paris: Centre Georges Pompidou, 1986, sowie in: Cioran, Entretiens, S. 113–117. Mit »Angst« hatte Cioran den »Unterton« seines Lebens auf den Punkt gebracht.

54 Cioran, zit nach: ebenda, S. 201.

55 Cioran, zit nach: ebenda, S. 202. Zu den Besuchen in der Psychiatrie von Sibiu vgl. auch: Cioran, Der zersplitterte Fluch, S. 108.

56 Vgl. Cioran, Ce maudit moi. Dieses verfluchte Ich, französisch / deutsch (von Verena von der Heyden-Rynsch). Mit 4 Radierungen, 1 Kaltnadelradierung und 3 Holzschnitten von Eduardo Chillida sowie 1 Schallplatte, St. Gallen: Erker Galerie, 1983; seperate Veröffentlichung der dt. Übersetzung in: AKZENTE, Nr. 29, 1982.

57 Die Technik der Folienlithographie ersparte es dem Autor, de facto einen Stein zu ätzen. — Die Erker-Galerie in St. Gallen edierte Lesungen auf Schallplatte u.a. von Martin Heidegger (1969), Guiseppe Ungaretti (1970), Halldór Laxness (1972) und Eugène Ionesco (1973). Die Hülle von Ciorans Sprech-Platte ziert ein recht dandystisches Fotoportrait anno 1975 (vgl. Cioran, Œuvres, S. 1402).

58 Cioran, zit nach: Osterwalder, »Vom Nachteil, geboren zu sein.« Ein Gespräch mit dem französischen Schriftsteller E. M. Cioran. Unwillkürlich assoziiere ich Antithetisches zu Walter Benjamins Reflexionen über den »Angelus Novus« nach einem Bildmotiv von Paul Klee (vgl. Walter Benjamin, Über den Begriff der Geschichte, IX).

59 Stolojan, Au balcon de l'exil roumain à Paris, S. 143.

60 Die Publikation einer modifizierten Fassung dieses Textes, vgl. Cioran, Kurzgefaßtes Bekenntnis.

61 Vgl. Brief Ciorans an Gabriel Liiceanu, vom 30. Mai 1983. In: Cioran, Scrisori către cei de-acasă, Nr. 570 S. 284.

62 Brief Ciorans an Gabriel Liiceanu, vom 28. Juni 1983. In: Cioran, ebenda, Nr. 572, S. 285f., vgl. Liiceanu, Itinéraires d'une vie: E. M. Cioran, S. 7.

63 Vgl. Brief Ciorans an Gabriel Liiceanu, vom 25. Juli 1983. In: Cioran, ebenda, Nr. 573, S. 286.

64 Die ungekürzte Druckversion ist betitelt: »Das Scheitern ist wichtiger als der Tod«, in: Cioran, Cafard, Begleitheft S. 17–57.

65 Cioran, zit. nach Heinrichs, »Das Scheitern ist wichtiger als der Tod«, S. 40f.

66 Cioran, zit. nach Heinrichs, ebenda, S. 49. So manche Koinzidenz findet sich in Ernst Jüngers »Autor und Autorschaft« (1984). Beispielhaft Fernando Pessoa, Antonio Porchia, Jürgen von der Wense, die recht wenig dafür taten, ihr Weiterleben in einem veröffentlichten Werk zu manifestieren.

67 Cioran, zit. nach Heinrichs, ebenda.

68 Vgl. Pereda, Cioran l'étranger. Folglich wurden nicht alle Interviews in die Sammlung der »Entretiens« aufgenommen. Aus diesem Gespräch habe ich bereits gelegentlich im Kontext zitiert.

69 Vgl. Cioran, Cahiers, 1957–1972, S. 676 (1969).

70 Vgl. französische Übersetzung in: Cioran, Entretiens, S. 119–127.

71 Cioran, ebenda, S. 123. Paraphrasierungen des »omne animal post coitum triste«.

72 Cioran, Cahiers, 1957–1972, S. 606 (1968).

73 Vgl. Cioran, Œuvres, S. 1260 und Lettres choisies d'E. M. Cioran, Abb.

74 Cioran, Ein Gespräch. Geführt von Gerd Bergfleth, S. 55.

75 Cioran, ebenda, S. 56.

76 Cioran steuerte für die deutsche Edition einige Fotos bei, ferner einen Brief Henri Michaux' aus dem Jahre 1973. Im Anhang noch eine ›Studie zu Cioran‹ von Friedgard Schulte-Thoma (1981) — de facto ein paar Zeilen über die Arbeits- und Schlafkammer. Von der Tonbandaufzeichnung des Gesprächs soll nur ein kurzes Fragment erhalten geblieben sein (vgl. Cioran, Cafard, Audio-CD, Track 31, 36). Ciorans Auftritt in Tübingen wurde auch von der Lokalpresse gewürdigt: »Zu Besuch in Tübingen: E. M. Cioran. Essig im Blut.« (SÜDWEST PRESSE. SCHWÄBISCHES TAGBLATT, Nr. 131, vom 7. Juni 1984). Dort heißt es u.a., daß er den wachsenden Einfluß des Islam im Westen mit Besorgnis beobachte. (Eine analoge Ansicht vertrat Claude Lévi-Strauss, der den christlichen Okzident in die Defensive gedrängt sah.)

77 Brief Cioran an Octavian Vuia, vom 31. Juli 1984, zit. nach Schlesak, Auswahl Briefe von E. M. Cioran. Octavian Vuia (1914–1989) studierte in Cluj (Siebenbürgen) und war später Philosophieprofessor in Freiburg. Cioran kannte ihn seit den dreißiger Jahren und korrespondierte mit ihm seit 1957.

78 Titel: »Anarchia, disperazione, tenerezza«. Französische Übersetzung in: Cioran, Entretiens, S. 129–141.

79 Vgl. Cioran, Entretiens, S. 131.

80 Vgl. Kap. II im vorliegenden Buch. Die Anekdoten Ciorans freilich sind mit Vorsicht zu genießen, so wie bei seiner Darstellung der Ausreise aus Rumänien 1941 gegenüber Sanda Stolojan am 18. Januar 1981, vgl. Stolojan, Au balcon de l'exil roumain à Paris, S. 113f. Normalerweise hätte er nicht nach

Frankreich ausreisen können, da er einen Gestellungsbefehl hatte. Für seine Übersetzerin improvisiert er eine Anekdote von glücklichen Zufällen, um zu verschweigen, daß er als künftiger rumänischer Botschaftsmitarbeiter in Vichy problemlos ausreisen konnte. Er konnte fast gewiß sein, daß bis dato niemand von seinen politischen Tätigkeiten in den dreißiger Jahren wußte.

81 Vgl. Roberto Calasso, E. M. Cioran (1984). In: Ders., Hundert Briefe an einen unbekannten Leser, aus dem Italienischen von Roland H. Wiegenstein, München / Wien: Hanser, 2006, S. 144.

82 Calasso, ebenda, S. 145.

83 Vgl. Jean-Pierre Martin, Henri Michaux, Paris: Gallimard, 2003, S. 666.

84 Cioran, Der zersplitterte Fluch, S. 135. Es handelt sich nicht um eine Ausnahme, sondern eher die Regel. Naturgemäß nahm Cioran immer häufiger an Bestattungen teil.

85 Brief Henri Michaux' an Cioran, vom 1. Januar 1973, zit. nach Heyden-Rynsch (Hg.), Vive la littérature! 1989, S. 71. Vgl. den Brief in extenso, in: Cioran, Ein Gespräch. Geführt von Gerd Bergfleth, S. 60–62.

86 Französische Übersetzung in: Cioran, Entretiens, S. 159–165.

87 Brief Ciorans an Bucur Ţincu, vom 19. Februar 1985, zit. nach Liiceanu, Itinéraires d'une vie: E. M. Cioran, S. 17.

88 Cioran, zit. nach Hirschburger, Meine Begegnungen mit E. M. Cioran, S. 336.

89 Vgl. P. B., Cioran s'explique.

90 Briefkarte Ciorans an Friedgard Thoma, vom 6. Oktober 1985 aus Korfu, zit. nach Thoma, Um nichts in der Welt, S. 108.

91 Vgl. Stolojan, Au balcon de l'exil roumain à Paris, S. 236.

92 Vgl. Stolojan, ebenda, S. 260 (29. Juni 1986)

93 »Nichts anstaunen« (Horaz, Epistulae I 6,1). »Nil admirari prope res est una, Numici, / solaque, quae possit facere et servare beatum.« (Nichts anstaunen: dies ist das einzige, mein Numicius, / das allein kann glücklich machen und erhalten.) Das »nichts anstaunen« wird hier im Sinne von »sich nicht überraschen lassen«, »nicht zuviel erwarten« verwendet.

94 Vgl. Interview de Simone Boué. In: Dodille, Liiceanu (Hg.), Lectures de Cioran, S. 32.

95 Cioran, Vom Nachteil, geboren zu sein, S. 79.

96 Cioran, Cahiers, 1957–1972, S. 49 (1960).

97 Cioran, zit. nach Jocks, »Mir ist die Lust vergangen, auf das Universum zu schimpfen«.

98 Vgl. Cioran, Widersprüchliche Konturen, S. 68f. Der 1969 entstandene Text blieb in Frankreich unveröffentlicht. Er erschien erstmals 1984 in den USA, vgl. Ders., Gabriel Marcel: Notes for a Character Sketch. In: The Philosophy of Gabriel Marcel, edited by Paul Arthur Schilpp and Lewis Edwin Hahn [The Library of Living Philosophers; 17], La Salle, Illinois: Open Court, 1984, S. 75f.

99 Cioran, zit. nach Stolojan, Au balcon de l'exil roumain à Paris, S. 228 (Juni 1985).

100 Vgl. Cioran, Cahiers, 1957–1972, S. 810 (13. Juni 1970). Die Publikationshinweise in »Widersprüchliche Konturen« (S. 98) ignorieren diese Erstveröffentlichung und führen die »Cahiers de l'Herne« (1976) an.

101 Cioran dürfte Fitzgeralds Absturz-Bericht 1951 kennengelernt haben, denn er wurde unter dem Titel »Zusammenbruch« in: Das Lot. Die Schriftenreihe internationaler Avantgarde, Nr. 5, 1951, neben Auszügen aus seiner »Lehre vom Zerfall«, veröffentlicht. Vgl. Francis Scott Fitzgerald, Der Knacks, aus dem Amerikanischen von Walter Schürenberg. In: Ders., The Crack-Up, Berlin: Merve, 1984.

102 Cioran, Widersprüchliche Konturen, S. 53.

103 Cioran, ebenda, S. 52f.

104 Vgl. Martin, Henri Michaux, S. 656.

105 Vgl. Cioran, Widersprüchliche Konturen, S. 38f.

106 Cioran, ebenda, S. 42.

107 Cioran's Text war ihm selbstverständlich bekannt, war er doch 1978 in dem Eliade gewidmeten »Cahier de l'Herne« bereits erschienen.

108 Brief Cioran an Constantin Noica, vom 4. Mai 1986. In: Cioran, Scrisori către cei de-acasă, Nr. 618, S. 312. Cioran wußte nicht, daß Eliade bereits verstorben war.

109 Vgl. Cioran, Endlich eine gelungene Existenz [zu Mircea Eliade], aus dem Französischen von Verena von der Heyden-Rynsch. In: Akzente, Nr. 4, 1988, S. 328f.

110 Cioran, ebenda, S. 329. Wer ahnte damals schon etwas von den einstigen politischen Ambitionen Eliades?

111 Liduina (1380–1433) aus Schiedam bei Rotterdam brach sich mit 15 Jahren eine Rippe, worauf sie den größten Teil ihres Lebens das Bett hüten mußte. Sie bekam Geschwülste, und blutende Wunden, darunter auf den Händen und Füßen die Stigmata (die Wunden in der Form der Kreuzwunden Christi). Als Blut aus ihren Wunden trat, wurden andere Kranke, die zu Besuch waren, durch die Berührung mit Liduinas Blut oft wundersam geheilt. Vgl. Joris-Karl Huysmans, Sainte Lydwine de Schiedam (1901).

112 Erstveröffentlichung unter dem Titel: Ellen'était pas d'ici. In: Entregas de la Licorne, Nr. 16 (Montevideo 1961). In »Widersprüchliche Konturen« heißt es abweichend: »1959 geschrieben, 1965 gedruckt«.

113 Cioran, Widersprüchliche Konturen, S. 92. Vgl. ihr Foto-Portrait vor dem Picasso-Gemälde ihres Antlitzes stehend, in: Martin, Henri Michaux, Abb. 11. — Der zitierte Vasilij Vasil'evič Rozanov (1856–1919) ist in manchen seiner Aphorismen ein Geistesverwandter Cioran.

114 Vgl. Cioran, Œuvres, S. 1625–1630 und ders., Exercices d'admiration.

115 Raddatz, Tiefseetaucher des Schreckens, S. 50.

116 Vgl. die Gesprächsnotiz im Prolog dieses Buchs.

117 Vgl. Cioran, Entretiens, S. 189–205.
118 Vgl. Jocks, »Mir ist die Lust vergangen, auf das Universum zu schimpfen«.
119 Brief Ciorans an Arşavir Acterian, vom 13. Juli 1986, zit. nach Lettres choisies d'E. M. Cioran, S. 57.
120 Vgl. Stolojan, Au balcon de l'exil roumain à Paris, S. 264 (1. August 1986). Cioran spottete über Jüngers Hang, sich feiern und ehren zu lassen.
121 ›Klappentext‹, d.h. hintere Umschlagseite von »Aveux et anathèmes«.
122 Cioran, Der zersplitterte Fluch, S. 61.
123 Brief Ciorans an Gabriel Liiceanu, vom 28. Januar 1987, zit. nach Liiceanu, Itinéraires d'une vie: E. M. Cioran, S. 55.
124 Vgl. Stolojan, Au balcon de l'exil roumain à Paris, S. 278f.
125 Brief Ciorans an Friedgard Thoma, vom 18. August 1987, zit. nach Thoma, Um nichts in der Welt, S. 110.
126 Brief Cioran an Aurel Cioran, vom 22. Oktober 1987, zit. nach Liiceanu, Itinéraires d'une vie: E. M. Cioran, S. 77.
127 Vgl. die Abb. in Cioran, Œuvres, S. 1511.
128 Vgl. Cioran, Cahiers, 1957–1972, S. 32 (12. Januar 1959). Der englische Dichter Ernest Dowson (1867–1900) erlag wahrscheinlich dem Alkohol.
129 Zit. nach Petreu, An infamous past, S. 285.
130 Cioran, Ein Gespräch mit Sylvie Jaudeau, S. 19f. Vgl. auch: Cioran, Der Absturz in die Zeit, S. 52ff., 66f.
131 Das Interview wurde erst 1994 in einem Sammelband publiziert, vgl. Jakob, Gespräch mit Cioran, S. 9–38. Vgl. auch die Hörbeispiele in: Cioran, Cafard, Audio-CD, Track 2, 16–19, 26.
132 Fritz J. Raddatz, Pariser Tagebuch (3). In: DIE ZEIT, Nr. 11, vom 11. März 1988, S. 101. Die erwähnte »schwere Operation« meint die Entfernung eines malignen Tumors aus der Brust. Vgl. Interview de Simone Boué. In: Dodille, Liiceanu (Hg.), Lectures de Cioran, S. 28.
133 In Ciorans eigener deutscher Übersetzung: »... das Schmachten nach dem Schlimmsten.« Vgl. Cioran, L'élan vers le pire. Photographies d'Irmeli Jung, Paris: Gallimard, 1988.
134 Dem Essay angehängt wurde die französische Übersetzung des Tübinger Gesprächs zwischen Cioran und Bergfleth (vgl. Cioran, Ein Gespräch. Geführt von Gerd Bergfleth), um dem Bändchen mehr Volumen zu geben.
135 Brief Cioran an Mariana Şora, vom 12. Juni 1979, zit. nach Schlesak, Auswahl Briefe von E. M. Cioran. Vintilă Horia (1915–1992), ein einstiger Unterstützer der »Eisernen Garde«, lebte später in Italien, Argentinien, darauf in Spanien. Der Romancier, Essayist und Dichter schrieb seine Romane auf französisch. Der ihm 1960 erst zuerkannte ›Prix Goncourt‹ für »Dieu est né en exil« wurde ihm aufgrund seiner Vergangenheit nicht verliehen.
136 Brief Cioran an Mariana Şora, vom 29. September 1987, zit. nach Schlesak, Auswahl Briefe von E. M. Cioran.
137 Vgl. Stolojan, Au balcon de l'exil roumain à Paris, S. 324.
138 Vgl. Stolojan, ebenda, S. 335. Ähnliches hatte er einstmals mit »Schimbarea la faţă a României« intendiert.

139 Cioran, Zu Mihail Eminescus »Gebet eines Dakers«, aus dem Französischen von Verena von der Heyden-Rynsch und dem Rumänischen von Oskar Pastior. In: AKZENTE, 37 (1990) 2, S. 107.

140 Vgl. Siegfried Unseld, Das letzte Mal Beckett. In: DIE ZEIT, Nr. 2, vom 5. Januar 1990, S. 39. Beckett starb am 22. Dezember 1989: die Vertrauten hielten dies vorerst geheim, um ihre Intimität zu bewahren.

141 Stolojan, Au balcon de l'exil roumain à Paris, S. 335. Die Beobachtungen beziehen sich implizit auf die vorausgegangene Brustkrebs-Operation Ciorans. — Zuletzt hatte Cioran am 14. Januar 1980 den »Grand Prix de Littérature ›Paul Morand‹« (300 000 Francs) der Académie française refüsiert.

142 Brief Ciorans an Norman Manea, von 18. Oktober 1989, zit. nach Schlesak, Auswahl Briefe von E. M. Cioran. Der rumänische Romancier und Essayist jüdischer Herkunft lebt seit 1988 als erfolgreicher Schriftsteller und Professor in New York. — Ciorans Text über Celan war in der gleichen Ausgabe der AKZENTE (Nr. 4, 1989) erschienen.

143 Vgl. die Fotos hierzu in: Cioran, Cafard, Begleitheft.

144 Cioran, Entretiens, S. 214. Post mortem bewahrheitete sich, daß Mitterrands Erfolg de facto auf einer Legende basierte, da der Résistant zugleich auch ein Vichy-Getreuer war. — In den »Entretiens« erschien das ungekürzte Interview erstmals.

145 Vgl. Cioran, ebenda, S. 210.

146 Cioran, ebenda, S. 213.

147 Cioran, ebenda, S. 211.

148 Stolojan, Au balcon de l'exil roumain à Paris, S. 337. — 2006 wird man die Bedingungen für Immigranten in Frankreich drastisch verschärfen. Entstanden ist eine Art ›Festung Westeuropa‹, die den Rumänen Cioran heute nur einlassen würde, wenn die Volkswirtschaft seiner bedürfte, er als nützlicher ›Spezialist‹ erwünscht wäre.

149 Norman Manea, Die Aufzeichnungen von E. M. Cioran. In: SINN UND FORM, 51 (1999) 5, S. 761.

150 Vgl. den Dialog in extenso in: Liiceanu, Itinéraires d'une vie: E. M. Cioran, S. 83–198: »Les continents de l'insomnie«; Teilabdruck der französischen Übersetzung in: Cioran, Entretiens, S. 235–244.

151 Die später erschienene CD (Bukarest 2003) wurde im Video-Teil (ca. 20 min.) gleich einer Reportage gestaltet: historische Aufnahmen von Bukarest, König Carol, die Buchumschläge von Ciorans Werken in diversen Übersetzungen, die Wohnung in der Rue de l'Odéon, Cioran im Luxembourg etc. Zusätzlich enthält sie Exzerpte von Gesprächen, eine Foto-Galerie und desweitere ein Video-Gespräch mit dem greisen Petre Ţuţea.

152 Cioran, zit. nach Liiceanu, Itinéraires d'une vie: E. M. Cioran, S. 133.

153 Brief Ciorans an Friedgard Thoma, vom April 1981, zit. nach Thoma, Um nichts in der Welt, S. 76.

154 Cioran, Cahiers, 1957–1972, S. 824 (1970).

155 Brief Ciorans an János Gyarmath, vom 9. Juli 1990. In: NU, Nr. 20 (4.–11. August 1990), zit. nach Richard Wagner, Sonderweg Rumänien. Bericht aus

einem Entwicklungsland, Berlin: Rotbuch, 1991, S. 119. Sowohl ›Gesichtswandel‹ wie auch ›Verklärung‹ stellen eine gültige Übersetzung von »Schimbarea la faţă a României« dar.

156 Cioran, Die negative Seite des Fortschritts, aus dem Französischen von Verena von der Heyden-Rynsch. In: Peter Sloterdijk (Hg.), Vor der Jahrtausendwende. Berichte zur Lage der Zukunft, Frankfurt am Main: Suhrkamp (es 1550), 1990, Bd. 2, S. 667.

157 Vgl. Ciorans Würdigung von Epikur in: Ders., Gevierteilt, S. 71,120, 164 f. Ferner sein Bekenntnis zu 'Umar Haiyām (Omar Chayyām).

158 Brief Ciorans an Gabriel Liiceanu, vom 22. Februar 1991. In: Cioran, Scrisori către cei de-acasă, Nr. 581, S. 290f. Cioran muß mit Constantin Tacou eine französische Übersetzung von »Schimbarea la faţă a României« bei Editions de l'Herne vereinbart haben. Er selbst übersetzte probeweise ein paar Seiten ins Französische und machte einige Anmerkungen zu dem Opus, so daß auf den gesamten 208 Seiten die »Eiserne Garde« nicht einmal erwähnt wird. Der designierte Übersetzer war sein Freund Alain Paruit, der diese Manuskripte aufbewahrte. (Vgl. Petreu, An infamous past, S. 310, Anm. 73) Der Nachlaßverwalter, Yannick Guillou, wird 1999 das Projekt unterbinden.

159 Ion Vartic, zit. nach: Schlesak, E. M. Cioran und die negative Mystik. In: www.geocities.com/Area51/Shadowlands/7860. Bei der Mitteilung der Anekdote kam es zu einigen Verwechslungen. Cioran hatte sie am 31. Oktober 1969 notiert. Das Gebet sprach folglich nicht »Omul mumii«, der Mumienmensch, sondern Mircea Zapraţan, der seinerzeit kräftig trank (vgl. Cahiers, 1957–1972, S. 757). Zum Komplex der kleinen Nationen vgl. auch Ciorans Gespräch: »Je souffrais tant d'être roumain«. In: Le Nouvel Observateur, vom 28. Dezember 1989.

160 Cioran, zit. nach Thoma, Um nichts in der Welt, S. 120.

161 Cioran, zit. nach Klaus Dermutz, Abrechnung mit Gott. Zum 80. Geburtstag E. M. Ciorans. In: Die Zeit, vom 5. April 1991, S. 50.

162 Vgl. Brief Ciorans an Gabriel Liiceanu, vom 21. September 1991. In: Cioran, Scrisori către cei de-acasă, Nr. 582, S. 291 (»unglücklicherweise« auf rumänisch).

163 Vgl. Amparo Osorio / Gonzalo Márquez Cristo, Sólo se suicidan los optimistas (1991, Veröffentlichung auf Webseite nicht mehr vorhanden). — Immerhin ist Cioran inzwischen Ehrenmitglied des rumänischen Schriftstellerverbands.

164 Diese Aussage bestätigt die selbstvernichtende, weiter oben zitierte Dedikation für Friedgard Thoma. Nichtsdestotrotz wurde das Buch in sieben Sprachen übersetzt.

165 Vgl. Beckett, Warten auf Godot: »Besser scheitern ...«

166 Vgl. Cioran, Œuvres, Abb. auf dem Cover.

167 Cioran, zit. nach Interview de Simone Boué. In: Dodille, Liiceanu (Hg.), Lectures de Cioran, S. 36.

168 Vgl. Cioran, Das posthume Dasein. In: La règle du jeu. Littérature, philosophie, politique, Nr. 6, Januar 1992 (Cioran, Entretiens, S. 245f.).

169 Ich merke an, daß Cioran in seinem Fall nichts dergleichen festlegte. Er konnte nicht voraussehen, daß für Testamentarisches die Zeit knapp wurde. Andererseits hatte er immerhin in seinen Cahiers häufig Initialen verwendet.

170 Vgl. Alain de Benoist, Un fanatique sans credo. Entretien avec E. M. Cioran. In: ORIENTATIONS, Nr. 13, 1991/92, S. 8f.. Die Überschrift »Fanatiker ohne Credo« zitiert Cioran selbst (vgl. Cioran, Gevierteilt, S. 77). Cioran hat offenbar nicht bedacht, daß die Position des Zweifelns, also ein generelles Non credo, letztlich auch eine (negative) Affirmation ist.

171 Vgl. Georg Carpat-Focke, Im Zeitalter der Epigonen. »Ich verzweifle, also bin ich«. Ein Gespräch mit dem Philosophen Emil Cioran. In: NEUER WEG, vom 10. und 17. April 1992 (franz. Übersetzung in: Cioran, Entretiens, S. 247–260).

172 Cioran, zit. nach: Carpat-Focke, ebenda (10. April 1992), S. 4.

173 Cioran, Cahiers, 1957–1972, S. 28.

174 Letzteres meint Senecas »non serviam« in seinen Briefen an Lucilius: »Qui mori didicit, servire dedidicit. Supra omnem potentiam est, certe extra omnem. Quid ad illum carcer et custodia et claustra? Liberum ostium habet.« (Ad Lucilium, Epistulae morales. Liber tertius, Ep. XXVI, 10: Wer zu sterben gelernt hat, der hat verlernt, Sklave zu sein; er steht über aller Gewalt, mindestens jenseits von aller Gewalt. Was bedeuten ihm Kerker und Wachen und Verschlüsse? Der Ausgang steht ihm frei.)

175 Cioran, zit. nach Carpat-Focke, Im Zeitalter der Epigonen (17. April 1992).

176 Cioran, zit. nach Carpat-Focke, ebenda.

177 Cioran, Entretiens, S. 273. Das Gespräch mit Branka Bogavac erschien im April 1992 in der Belgrader Literatur-Zeitschrift KNJIŽENA REČ.

178 Cioran, ebenda, S. 266.

179 Cioran, Cahiers, 1957–1972, S. 18.

180 Cioran, Entretiens, S. 281.

181 Cioran, Syllogismen der Bitterkeit, S. 28.

182 Thoma, Um nichts in der Welt, S. 122.

183 Brief Ciorans an Kurt Hirschburger, 1992, zit. nach Hirschburger, Meine Begegnungen mit E. M. Cioran, S. 337.

184 Cioran, zit. nach Hirschburger, ebenda, S. 336.

185 Cioran, zit. nach François Fejtő, Je doute, donc je suis. In: LE MONDE, vom 28. Juli 1995. Fejtő bezieht sich auf ein Telefonat vom Herbst 1992 mit Cioran.

186 Hirschburger, Meine Begegnungen mit E. M. Cioran, S. 337.

187 Cioran, zit. nach Thoma, Um nichts in der Welt, S. 126. Vgl. auch Schlesak 2003, S. 108

188 Für Außenstehende mag das vermeintliche Abschieben eines Demenzkranken nicht immer nachvollziehbar sein. Ich gebe zu bedenken, daß gerade die große Verbundenheit Partner oder Angehörige maßlos überfordert, die Pflege – 24 Stunden pro Tag – selbst auf sich zu nehmen.

189 Hirschburger, Meine Begegnungen mit E. M. Cioran, S. 338f. Das erwähnte »junge Mädchen« dürfte eine Studentin sein, die über Cioran arbeitet.

190 Brief Simone Boués an Friedgard Thoma, vom 11. August 1993, zit. nach Thoma, Um nichts in der Welt. S. 127.
191 Cioran, Cahiers, 1957–1972, S. 774 (1969).
192 Cioran, Der Absturz in die Zeit, S. 130.
193 Vgl. z.B. Cioran, Cafard, Audio-CD, Track 29 (Heinrichs, Paris 1983); Ders., Cahiers, 1957–1972, S. 532.
194 Simone Boué, zit. nach Hirschburger, Meine Begegnungen mit E. M. Cioran, S. 339.
195 Ion Vartic, zit. nach Manea, Die Aufzeichnungen von E. M. Cioran, S. 762. Scharfsinn oder nicht vielmehr Reduktionismus, Zynismus und Frivolität?
196 Vgl. Cioran, Cafard, Begleitheft. Das Zitat bezieht sich auf den ›Proustschen Fragebogen‹, vom FAZ-Magazin übernommen, den Cioran ausfüllte, um Leonhard Reinisch zum 60. Geburtstag eine Freude zu machen. Cioran bedingte sich aus, daß seine Repliken erst post mortem veröffentlicht würden.
197 Cioran, Cahier de Talamanca, S. 58.

VI

1 Guido Ceronetti, Cioran addio. In: Ders., Cara incertezza, Milano: Adelphi, 1997, S. 242 ff.
2 arte wiederholt am 25. Juni 1995 Ciorans Gespräch mit Christian Bussy von 1973 (Entretien littéraire avec E. M. Cioran, RTBF (TV), Brüssel, 30 min.).
3 Vgl. hierzu Kap. 2 im vorliegenden Band.
4 Die deutsche Übersetzung dieser Cahiers, eine Auswahl von knapp einem Drittel des Originaltextes, entspricht offensichtlich nicht ausschließlich ökonomischen, sondern auch ideologischen Kriterien. Möglichst vermieden werden sollten u.a. Notate zu Ciorans »Gardisten«-Zeit.

Bibliographie

Schriften Ciorans

1. Bücher

Pe culmile disperării, Bukarest: Fundaţia pentru literatură şi artă »Regele Carol II«, 1934; Paris: Éditions de l'Herne, 1988 (Faksimile der Erstausgabe); Neuausgabe: Bukarest: Humanitas, 1990, ²1993; dt. Auf den Gipfeln der Verzweiflung, aus dem Rumänischen und Nachbemerkung von Ferdinand Leopold, Frankfurt am Main: Suhrkamp (Bibliothek Suhrkamp; 1008), 1989, ²1989, ³1991; frz.: Sur les cimes du désespoir, aus dem Rumänischen von André Vornic, Paris: Éditions de l'Herne, 1990.

Cartea amăgirilor, Bukarest: Editura Cugetarea, 1936; Neuausgabe: Bukarest: Humanitas, 1991, ²1996, ³2000; dt.: Das Buch der Täuschungen, aus dem Rumänischen von Ferdinand Leopold, Frankfurt am Main: Suhrkamp (Bibliothek Suhrkamp; 1046), 1990, ²1994; frz.: Le livre des leurres, aus dem Rumänischen von Grazyna Klewek und Thomas Bazin, Paris: Gallimard (Collection Arcades), 1992, ²1996.

Schimbarea la faţă a României, Bukarest: Editura Vremea, 1936, ²1941; gekürzte Neuausgabe: Humanitas, Bukarest 1990, ²1993, ⁵1998, ⁶2001.

Lacrimi şi sfinţi, Bukarest 1937; Paris: C.F.I. / Corbeil-Franţa, 1972 (Faksimile der Erstausgabe); Neuausgabe: Bukarest: Humanitas, 1991, ²1995, ³1998, ⁴2001; frz.: Des larmes et des saints, aus dem Rumänischen und Vorwort von Sanda Stolojan, Paris: Éditions de l'Herne (Méandres), 1986, ²2002, ³(Carnets de l'Herne) 2006; Paris: Librairie générale française (Le Livre de poche. Biblio essais), 1988; dt.: Von Tränen und von Heiligen, mit einem Nachwort von Sanda Stolojan, aus dem Französischen von Verena von der Heyden-Rynsch, Frankfurt am Main: Suhrkamp (Bibliothek Suhrkamp; 979), 1988, ²1990.

Amurgul gîndurilor, Sibiu 1940; Neuausgabe: Bukarest: Humanitas, 1991, ²1994, ³1996, ⁴1998, ⁵2001; frz.: Le crépuscule des pensées, aus dem Rumänischen von Mirella Patureau-Nedelco, Paris: L'Herne (Méandres), 1991; Paris: Librairie générale française (Biblio essais; 4185), 1993, ²1995; dt.: Gedankendämmerung, aus dem Rumänischen von Ferdinand Leopold, Frankfurt am Main: Suhrkamp, 1993, (Bibliothek Suhrkamp; 1201) 1995.

Précis de décomposition, Paris: Gallimard (Collection Les Essais; 35), 1949, [2]1959, [3]1961, (Collection Idées; 94) 1966, (Collection Tel; 18) 1977, [2]1997; mit Vorwort von Jean-Paul Enthoven, Paris: France Loisirs (La bibliothèque du XXe siècle), 1991; dt.: Lehre vom Zerfall. Essays, übertragen von Paul Celan, Hamburg: Rowohlt, 1953; Stuttgart: Klett-Cotta, 1978, [2]1979, (Sonderausgabe) 1987, [2]1988, [3]1994, [4]1998, [5]2002.

Syllogismes de l'amertume, Paris: Gallimard (Collection Les Essais; 52), 1952, (Collection Idées; 361) 1976, [2]1986, (Collection Folio. Essais; 79) 1987, [2]1993; dt. Syllogismen der Bitterkeit, aus dem Französischen von Kurt Leonhard, Frankfurt am Main: S. Fischer, 1969; (bearbeitete Übersetzung) Frankfurt am Main: Suhrkamp (st 607), 1980, [2]1983, [3]1986, [4]1988, [5]1990, [6](Bibliothek Suhrkamp; 1177) 1995.

La tentation d'exister, Paris: Gallimard (Collection Les Essais; 82), 1956, [2]1961, [3]1974, (Collection Idées; 327) 1974, (Collection Tel; 99) 1986, [2]1988, [3]1990, [4]1994; dt.: Dasein als Versuchung, aus dem Französischen von Kurt Leonhard, Stuttgart: Klett-Cotta, 1983, [2]1993.

Histoire et utopie, Paris: Gallimard (Collection Les Essais; 96), 1960, [2]1974, (Collection Idées; 383) 1977, (Collection Folio. Essais; 53) 1987, [2]1995; dt.: Geschichte und Utopie, autorisierte Übersetzung aus dem Französischen von Kurt Leonhard, Stuttgart: Klett (Versuche; 1), 1965, [2]Stuttgart: Klett-Cotta, 1979.

La chute dans le temps, Paris: Gallimard (Collection Les Essais; 114), 1964, [2]1966, [3]1976 [4]1978, [5]1981, [6]1985, [7]1990; dt.: Der Absturz in die Zeit, aus dem Französischen von Kurt Leonhard, Stuttgart: Klett, 1972, [2](Klett-Cotta) 1980.

Le mauvais démiurge, Paris: Gallimard (Collection Les Essais; 147), 1969, [2]1979, [3]1982, [4]1985 (NRF essais) 1989, [2]1992; dt.: Die verfehlte Schöpfung, aus dem Französischen von François Bondy (das Kap. »Die neuen Götter« von Elmar Tophoven), Wien: Europa, 1973; Frankfurt am Main: Suhrkamp (st 550), 1979, [2]1981 [3]1984, [4]1986, [5]1989, [6]1991, [7]1994, [8]1997, [9]2002.

Valéry face àt ses idoles, Paris: L'Herne (Glose; 5), 1970, [2]2006; dt. in: Über das reaktionäre Denken. Zwei Essays, aus dem Französischen von François Bondy, Frankfurt am Main: Suhrkamp (Bibliothek Suhrkamp; 643), 1980, [2]1990, [3]1996.

De l'inconvénient d'être né, Paris: Gallimard (Collection Les Essais; 186), 1973, [2]1974, [3]1979, [4]1987, (Collection Idées; 480) 1983, (Collection Folio. Essais; 80) 1987, [2]1989, [3]1990, [4]1991, [5]1994, (NRF essais) 1990, [2]2002; dt.: Vom Nachteil, geboren zu sein, aus dem Französischen von François Bondy, Wien / München / Zürich: Europa, 1977; Frankfurt am Main: Suhrkamp (st 549), 1979, [2]1981, [3]1983, [4]1986, [5]1987, [6]1989, [7]1991, [8]1994, [9]1994, [10]1999, [11]2001, [12]2003.

Essai sur la pensée réactionnaire. À propos Joseph de Maistre. Paris, Montpellier, Fontfroide-le-Haut, Saint-Clément-la-Rivière: Fata Morgana, 1977; dt. in:

Über das reaktionäre Denken. Zwei Essays, aus dem Französischen von François Bondy, Frankfurt am Main: Suhrkamp (Bibliothek Suhrkamp; 643), 1980, ^{2}1990, ^{3}1996 (auch in: Joseph de Maistre Über das Opfer, aus dem Französischen von Cornelia Langendorf, Wien/Leipzig: Karolinger, 1997).

Écartèlement, Paris: Gallimard (Collection Les essais; 207), 1979, ^{2}1986, (NRF essais) 1990, ^{2}1993; dt.: Gevierteilt, aus dem Französischen von Bernd Mattheus, Frankfurt am Main: Suhrkamp (Bibliothek Suhrkamp; 799), 1982, ^{2}1983, ^{3}1989, (st 1838) 1991, ^{2}2003.

Exercices d'admiration. Essais et portraits (Samuel Beckett, Jorge Luis Borges, Roger Caillois, Mircea Eliade, Francis Scott Fitzgerald, Benjamin Fondane, Joseph de Maistre, Henri Michaux, Saint-John Perse, Otto Weininger, Maria Zambrano), Paris: Gallimard (Collection Arcades; 8), 1986, ^{2}1987, ^{3}1995; dt.: Widersprüchliche Konturen. Literarische Porträts, herausgegeben, aus dem Französischen und mit einem Nachwort versehen von Verena von der Heyden-Rynsch, Frankfurt am Main: Suhrkamp (Bibliothek Suhrkamp; 898), 1986, ^{2}1989, ^{3}2005.

Aveux et anathèmes, Paris: Gallimard (Collection Arcades; 11), 1987, ^{2}1987, ^{3}1988, ^{4}1989, ^{5}1991, ^{6}1993, ^{7}1995; dt.: Der zersplitterte Fluch. Aphorismen, Aus dem Französischen von Verena von der Heyden-Rynsch (Autorisierte Übersetzung), Frankfurt am Main: Suhrkamp (Bibliothek Suhrkamp; 948), 1987, ^{2}1989.

Eseuri. Antologie, traducere si cuvînt înainte de Modest Morariu, Bukarest: Cartea romaneasca, 1988.

L'élan vers le pire. Photographies d'Irmeli Jung, Paris: Gallimard, 1988.

Revelațiile durerii: eseuri (Schmerzhafte Offenbarungen. Essays), herausgegeben von Mariana Vartic und Aurel Sasu. Vorwort von Dan C. Mihailescu, Cluj: Editura Echinox (Colectia Eseu), 1990 (Anthologie von Essays aus Ciorans rumänischer Zeit).

(mit Constantin Noica), L'ami lointain. Paris–Bucarest, Paris: Critérion, 1991 (dt. Teilübersetzung in: Cioran, Geschichte und Utopie, autorisierte Übersetzung aus dem Französischen von Kurt Leonhard, Stuttgart: Klett (Versuche; 1), 1965).

Singurătate și destin (Einsamkeit und Schicksal). Publicistică 1931–1944, herausgegeben von Marin Diaconu, Bukarest: Humanitas, 1991; frz.: Solitude et destin, aus dem Rumänischen von Alain Paruit, Paris: Gallimard (Collection Arcades; 78), 2004.

Îndreptar pătimaș (1940–1944), Bukarest: Humanitas, 1991, ^{2}1997; frz.: Bréviaire des vaincus, aus dem Rumänischen von Alain Paruit, Paris: Gallimard (Collection Arcades; 31), 1993; dt.: Leidenschaftlicher Leitfaden, aus dem Rumänischen und mit einer Nachbemerkung von Ferdinand Leopold, Frankfurt am Main: Suhrkamp, 1996, ^{2}(Bibliothek Suhrkamp; 1273) 1998.

Scrisori către cei de-acasă (Briefe an die zu Hause Gebliebenen), hrsg. von Dan C. Mihăilescu, unter Mitarbeit von Gabriel Liiceanu und Theodor Enescu, aus dem Französischen von Tania Radu, Bukarest: Humanitas, 1995.

Entretiens (avec François Bondy, Fernando Savater, Helga Perz, Jean-François Duval, Léon Gillet, Luis Jorge Jalfen, Verena von der Heyden-Rynsch, J.-L. Almira, Lea Vergine, Gerd Bergfleth, Esther Seligson, Fritz J. Raddatz, François Fejtő, Benjamin Ivry, Sylvie Jaudreau, Gabriel Liiceanu, Bernard-Henri Lévy, Georg Carpat-Focke, Branka Bogavac Le Comte, Michael Jakob), Paris: Gallimard (Collection Arcades; 41), 1995.

Œuvres, bearbeitet von Yves Peyré, Paris: Gallimard (Quarto), 1995.

Anthologie du portrait: de Saint-Simon à Tocqueville, Paris: Gallimard (Collection Arcades; 45), 1996.

Ţara mea / Mon pays, Bukarest: Humanitas, 1996.

Carnet pour sténographie / Carnet pentru stenografie. Traduction française, introduction et notes Eugène van Itterbeek [Cahiers de Louvain; 162], Leuven: Éditions Les Sept Dormants, 2000.

Cahiers, 1957–1972, avant-propos de Simone Boué, Paris: Gallimard (Collection Blanche), 1997; dt.: Cahiers, 1957–1972, ausgewählt und aus dem Französischen von Verena von der Heyden-Rynsch, Frankfurt am Main: Suhrkamp, 2001.

Cahier de Talamanca. In: Cahiers de la Bibliothèque littéraire Jacques Doucet, Nr. 1, Paris 1997; Cahier de Talamanca. Ibiza, 31 juillet – 25 août 1966. Texte choisie et présenté par Verena von der Heyden-Rynsch, Paris: Mercure de France (Le petit Mercure), 2000; dt. Auszüge: Aufzeichnungen aus Talamanca, aus dem Französischen von Verena von der Heyden-Rynsch. In: Akzente, Nr. 4, 1998, S. 341–358.

Ébauches de vertige [aus: Écartèlement], Paris: Gallimard (Collection Folio, Folio 2 euros), 2004.

Exercices négatifs. En marge du »Précis de décomposition«, édition, avec postface, établie et annotée par Ingrid Astier, Paris: Gallimard (Les inédits de Doucet), 2005.

2. Einzelveröffentlichungen (Auswahl)

Răzne (Divagations, ca. 1944–46). In: Luceafarul, 1948–49.

Abhandlung über den Zerfall, aus dem Französischen von Leonharda Gescher. In: Das Lot. Die Schriftenreihe internationaler Avantgarde, Nr. 5, Berlin: Henssel, 1951 (Teilübersetzung).

Lettre sur quelques impasses. In: La Table Ronde, Nr. 50, 1952.

Avantages et inconvénients de l'exil. In: La Table Ronde, Nr. 52, 1952.

Pour et contre l'histoire. In: LA TABLE RONDE, Nr. 63, 1953.

La fin du roman. In: LA NOUVELLE REVUE FRANÇAISE, Nr. 12, 1953, S. 1003–1016.

Nicolas Machiavel, Le Prince, Vorwort und Anmerkungen von E. M. Cioran, Paris: Delmas, 1955

La clef de l'abîme. In: L'Apocalypse (catalogue; exposition Mars–Mai 1961, Musée d'art moderne de la ville de Paris), Paris: Forêt, 1961.

Umgang mit Mystikern, aus dem Französischen von Georges Schlocker. In: ANTAIOS. Zeitschrift für eine freie Welt, herausgegeben von Mircea Eliade und Ernst Jünger, Bd. III, Stuttgart: Klett, S. 125–137.

Beitrag in: Variations sur l'imaginaire. Texte inédits et lithographies originales, présentation d'Alain Bosquet, 2 Vol., Paris: Club du Livre, Philippe Lebaud, 1972 (mit Texten bzw. Lithographien von: E. M. Cioran – Cremonini; Claude Roy – Man Ray; Jean Grosjean – Jacques Hérold; Pierre Oster – Lamy; Jean Cayrol – Joachim Ferrer; Alain Bosquet – François Lunven; Jean-Claude Renard – Lucien Coutaud; Luc Estang – Delmotte; Pierre Gascar – Bernard Dufour; Michel Degui – Léonor Fini; Robert Sabatier – Stanislas Lepri; Max-Pol Fouchet – Georges Rohner; Yves Berger – Gilles Aillaud; Jean Follain – Jean Hélion; Daniel Boulanger – Félix Labisse; René de Obaldia – Enrio Baj; Miguel Angel Asturias – André Masson; Guillevic – Pierre Monory; Pierre Emmanuel – Cesare Peverelli; Pierre Dalle Nogare – Fred Deux).

Sur l'inutilité des révolutions. In: LA NOUVELLE REVUE FRANÇAISE, Nr. 233, 1972, S. 1–9; Nr. 234, 1972, S. 29–42.

Julien Green, Dem Unsichtbaren zu. Auswahl aus den Tagebüchern [1955–1972]. Zusammengestellt von E. M. Cioran, aus dem Französischen von Bertrand A. Egger, Wien: Europa, 1975 (Orig.-Ausg.: Ders., Le bel aujourd'hui; Ders., Vers l'invisible, Ders., Ce qui reste de jour).

Schismes. Mit 4 Lithographien von Pierre Alechinsky, Paris: Maeght, 1978.

Voltaire, Mahomet; ou, Le fanatisme, précédé d'un extrait du Traité sur la tolérance et de Généalogie du fanatisme par E. M. Cioran, Nantes: Le Temps singulier (Collection l'immortel), 1979.

Confession en raccourci; dt.: Kurzgefaßtes Bekenntnis, aus dem Französischen von Verena von der Heyden-Rynsch. In: AKZENTE, 26 (1979) 7, S. 134–136 (Exercices d'admiration, Œuvres, S. 1625 f.).

En relisant...; dt.: Beim Wiederlesen der »Lehre vom Zerfall«, aus dem Französischen von Verena von der Heyden-Rynsch. In: AKZENTE, 26 (1979) 7, S. 137–143 (Exercices d'admiration, Œuvres, S. 1627–1630).

Vacillations. Mit 32 Lithographien von Pierre Alechinsky, Paris: Fata Morgana, 1979; Normalausgabe 1998. [Aphorismen u.a. aus »Écartèlement«.]

L'indélivré. In: Le vide, expérience spirituelle en occident et en orient, Paris: Éditions des Deux Océans (Hermès. Nouvelle série; 2), 1981, S. 258–270.

Borges der Überkultivierte. In: Verena von der Heyden-Rynsch (Hg.), Riten der Selbstauflösung, München: Matthes & Seitz, 1982, S. 264–267.

Ce maudit moi; dt.: Dieses verfluchte Ich, aus dem Französischen von Verena von der Heyden-Rynsch. In: Akzente, 29 (1982), S. 7–20. [Kap. I von »Aveux et anathèmes«].

Ce maudit moi / Dieses verfluchte Ich, französisch/deutsch (von Verena von der Heyden-Rynsch). Mit 4 Radierungen, 1 Kaltnadelradierung und 3 Holzschnitten von Eduardo Chillida sowie 1 Schallplatte, St. Gallen: Erker Galerie, 1983.

Die radikale Einsamkeit. Über die Verführung der Schrift, aus dem Französischen von Verena von der Heyden-Rynsch. In: Neue Zürcher Zeitung, Nr. 146, vom 25./26. Juni 1983.

Ein verdammt aktuelles Gespräch. In: Der Verleger und seine Autoren. Siegfried Unseld zum 60. Geburtstag, Frankfurt am Main: Suhrkamp, 1984, S. 221–223.

Face aux instants. Mit einer Radierung von Eduardo Chillida, Chateauroux: L'Ire des vents, 1985.

À l'orée de l'existence. Mit 3 Abb., Paris: Marchant Ducel, 1985. [Kap. I von »Aveux et anathèmes«].

Faszination der Asche, aus dem Französischen von Verena von der Heyden-Rynsch. In: Neue Zürcher Zeitung, vom 5. Juni 1985; auch in: Ich gestatte mir die Revolte, hrsg. von Bernd Mattheus und Axel Matthes, München: Matthes & Seitz, 1985, S. 143–146.

Beitrag in: Témoignages sur Apostu, Paris: Les Amis de George Apostu, 1987 (Texte zum rumänischen Bildhauer George Apostu (1934–1986)).

Endlich eine gelungene Existenz [zu Mircea Eliade], aus dem Französischen von Verena von der Heyden-Rynsch. In: Akzente, Nr. 4, 1988, S. 328f.

Encounters with Paul Celan, aus dem Französischen von Norma Cole. In: Acts, Nr. 8/9 (San Francisco 1988), S. 151–153; dt.: Begegnungen mit Paul Celan, aus dem Französischen von Verena von der Heyden-Rynsch. In: Akzente, Nr. 4 (1989), S. 319–321.

Im Bann des inneren Fiebers [über Nicolas de Staël], aus dem Französischen von Verena von der Heyden-Rynsch. In: Zeitmagazin, Nr. 31, vom 29. Juli 1988, S. 28.

L'ermite de Vitry. In: Paul Valet, Paroxysmes, Paris: Le Dilettante, 1988.

Chance de l'échec. Mit 10 Radierungen von Wanda Mihuelac, Bukarest: Mihuleac, 1988.

Brief an François Mauriac [1957], aus dem Französischen von Verena von der Heyden-Rynsch. In: DER PFAHL. Jahrbuch aus dem Niemandsland zwischen Kunst und Wissenschaft, Nr. III, München: Matthes & Seitz, 1989, S. 95.

Texte in: Poursuivis par nos origines, herausgegeben von Gabriel Liiceanu und Theodor Enesco. Mit Holzschnitten von Ion Nicodim, Longjumeau: Éditions de la Grand'rue, 1990.

Zu Mihail Eminescus »Gebet eines Dakers«, aus dem Französischen von Verena von der Heyden-Rynsch und dem Rumänischen von Oskar Pastior. In: AKZENTE, 37 (1990) 2, S.107f.

Die negative Seite des Fortschritts, aus dem Französischen von Verena von der Heyden-Rynsch. In: Peter Sloterdijk (Hg.), Vor der Jahrtausendwende. Berichte zur Lage der Zukunft, Frankfurt am Main: Suhrkamp (es 1550), 1990, Bd. 2, S. 660–667.

Brief an (Mircea) Vulcănescu [1968]. In: DER PFAHL. Jahrbuch aus dem Niemandsland zwischen Kunst und Wissenschaft, Nr. VI, München: Matthes & Seitz, 1991, S. 10–12.

Jorge Luis Borges [1976]. In: Winfried H. Müller-Seyfarth (Hg.), Die modernen Pessimisten als »décadents«, von Nietzsche zu Horstmann. Texte zur Rezeptionsgeschichte von Philipp Mainländers Philosophie der Erlösung, Würzburg: Königshausen & Neumann, 1993.

Manie épistolaire [1983]. In: NOUVELLE REVUE FRANÇAISE, Nr. 489 (Oktober 1993), S. 40–43.

Lettres choisies d'E. M. Cioran. In: MAGAZINE LITTÉRAIRE, Nr. 327 (Dezember 1994), S. 51–58.

L'âge d'or. Mit Illustrationen von René Bonargent, Châteauroux: Bonargent (Indifférences; 50), 1995. [Auszug aus »Histoire et utopie«].

12 scrisori de »Pe culmile disperării«, însoţite de 12 scrisori de bătrîneţe şi alte texte, herausgegeben von Marta Petreu und Ana Cornea, [dosar îngrijit de Ion Vartic], Cluj: Uniunea Scriitorilor din România (Bibliotheca Apostrof; 12), 1995 [12 Briefe zu »Pe culmile disperării« (Auf den Gipfeln der Verzweiflung) an Bucur Ţincu, 1930–33.]

Mon pays. In: LE MESSAGER EUROPÉEN, Nr. 9 (1996), S. 65–69.

Cioran şi muzica, selecţia textelor de Aurel Cioran; ediţie îngrijită de Vlad Zografi, Bukarest: Humanitas, 1996 [thematische Textsammlung zur Musik].

Cioran despre Dumnezeu, selecţia textelor de Aurel Cioran; ediţie îngrijită de Vlad Zografi, Bukarest: Humanitas, 1997 [thematische Textsammlung zu Gott].

Über Simone Weil, aus dem Französischen von Verena von der Heyden-Rynsch. In: AKZENTE, Nr. 4, 1998, S. 293–297 [aus den »Cahiers«].

Zersplitternde Gewißheiten. Ein E. M. Cioran-Lesebuch, herausgegeben und mit einem Vorwort von Thomas und Simone Stölzel, Frankfurt am Main: Suhrkamp (st 3278), 2002.

La tragédie des petites cultures. In: Seine et Danube. Revue de littératurenetique littéraire et philosophie, Nr. 1 (Paris 2003), S. 25–59 [ein Kapitel aus »Schimbarea la faţă a Romaniei« in französischer Übersetzung].

L'intuitionnisme contemporain. In: Cahiers Emil Cioran. Approches critiques, herausgegeben von Eugène van Itterbeek, Bd. 7, Sibiu: Ed. Universităţii »Lucian Blaga« / Leuven: Editions »Les Sept Dormants«, 2006. [Französische Übersetzung der Diplomarbeit.]

3. Gespräche / Interviews (chronologisch)

François Bondy, Der untätigste Mensch in Paris. Besuch bei einem radikalen Pessimisten, E. M. Cioran. In: Die Zeit, Nr. 15, vom 21. April 1970.

—, Gespräche (mit James Baldwin, Carl J. Burckhardt, Mary McCarthy, E. M. Cioran, Witold Gombrowicz, Eugène Ionesco, Karl Jaspers, Hans Mayer, Sławomir Mrożek, Nathalie Sarraute, Ignazio Silone, Jean Storobinski), Wien / München / Zürich: Europa, 1972, S. 109–115.

Louis Nucera, Rencontre avec Cioran. In: L'Express, vom November 1973.

Die Paradoxien des E. M. Cioran. Ein Gespräch mit Leonhard Reinisch. In: Merkur, Nr. 338, Heft 6, 1976, S. 654–664 [Transkription von: Leonhard Reinisch im Gespräch mit E. M. Cioran, Paris 1974, Sendung: Bayerischer Rundfunk, Januar 1975].

Fernando Savater, Escribir para despertar. In: El País, Nr. 2, 1977.

Helga Perz, »Mein ganzes Leben war vom Tod beherrscht«. Ein Gespräch mit dem Schriftsteller E. M. Cioran. In: Süddeutsche Zeitung, Nr. 231, vom 7./8. Oktober 1978, S. 112.

Dieter Bachmann, Der Privatnachdenker. In: Tages-Anzeiger Magazin, Nr. 6 (1982), S. 25–29, 34; auch in: Information Philosophie, Heft 2, April 1983, S. 4–15.

Sissi oder die Verwundbarkeit. Ein Gespräch mit E. M. Cioran (in deutscher Sprache geführt von Verena von der Heyden-Rynsch in Paris im Januar 1983), in: Elisabeth von Österreich. Tagebuchblätter von Constantin Christomanos. Nebst Beiträgen von E. M. Cioran und anderen, herausgegeben von Verena von der Heyden-Rynsch, München, Matthes & Seitz, 1983, S. 193–207.

Josef Osterwalder, »Vom Nachteil, geboren zu sein.« Ein Gespräch mit dem französischen Schriftsteller E. M. Cioran. In: St. Galler Tagblatt, vom 28. März 1983.

P. B., Cioran s'explique [Athen-Gespräch]. In: LIRE: Le magazine littéraire, November 1985, S. 110–112, 115–118.

Ein Gespräch. Geführt von Gerd Bergfleth. (Mit Bildbeigaben und dem Faksimile eines Briefes von Henri Michaux), Tübingen: Konkursbuchverlag, 1985.

Anca Visdei, Cioran parle. Un entretien exclusif avec le plus secret des écrivains français. In: LES NOUVELLES LITTÉRAIRES, Nr. 3 (Februar 1986), S. 8–10.

—, L'avenir appartient à l'impur. In: JOURNAL DE GENÈVE & GAZETTE DE LAUSANNE (supplément »Le Samedi littéraire«), vom 1. Februar 1986.

Fritz J. Raddatz, Tiefseetaucher des Schreckens. Ein ZEIT-Gespräch mit E. M. Cioran. In: DIE ZEIT, Nr. 15, vom 4. April 1986, S. 49f.

Alfred Koch, Ein vom Humor verwüsteter Engel. Ein Gesprach mit E. M. Cioran. In: FALTER. Zeitschrift trotz Österreich, Nr. 9, 1986, S. 17–19.

Dieter Bachmann, Das Schmachten nach dem Schlimmsten. Ein Gespräch mit dem Philosophen und Schriftsteller E. M. Cioran. In: DU. Die Zeitschrift für Kultur, Nr. 12 (Dezember 1988), S. 96f.

Hervé de Saint-Hilaire, E. M. Cioran: »Le journalisme! C'est affreux«. In: LE FIGARO, vom 15. Oktober 1990.

Je souffrais tant d'être roumain. In: LE NOUVEL OBSERVATEUR, vom 28. Dezember 1989.

Christian Bussy, Le friand du pire. L'interview de Cioran que vous ne verrez pas à la télévision. In: LE NOUVEL OBSERVATEUR, vom 22. bis 28. März 1990 [Teil-Transkription des Interviews: Entretien littéraire avec E. M. Cioran, RTBF (TV), Brüssel, 4. April 1973 (30 min.)].

Jason Weiss, Writing at Risk. Interviews in Paris with uncommon writers (E. M. Cioran, Julio Cortázar, Brion Gysin, Eugène Ionesco, Carlos Fuentes, Jean-Claude Carrière, Milan Kundera, Nathalie Sarraute, Edmond Jabès), Iowa City: University of Iowa Press, 1991.

Entretiens avec Sylvie Jaudeau (suivis d'une analyse des oeuvres), Paris: Corti (En lisant en écrivant), 1990; dt.: Ein Gespräch mit Sylvie Jaudeau, aus dem Französischen von Verena von der Heyden-Rynsch, St. Gallen: Erker Galerie, 1992.

Amparo Osorio / Gonzalo Márquez Cristo, Sólo se suicidan los optimistas (1991, Veröffentlichung auf Webseite nicht mehr vorhanden).

Alain de Benoist, Un fanatique sans credo. Entretien avec E. M. Cioran. In: ORIENTATIONS, Nr. 13, 1991/92, S. 8f.

Georg Carpat-Focke, Im Zeitalter der Epigonen. »Ich verzweifle, also bin ich«. Ein Gespräch mit dem Philosophen Emil Cioran. In: NEUER WEG, vom 10. und 17. April 1992.

Arta Luçescu-Boutcher, Extraits d'un entretien avec E. M. Cioran [1992]. In: BULLETIN de la Société d'Études Benjamin Fondane, Nr. 2 (Jerusalem 1994), S. 12–18.

Michael Jakob, Gespräch mit Cioran. In: Ders., Aussichten des Denkens (Gespräche mit Emmanuel Lévinas, George Steiner, Jean Starobinski, Cioran, Michel Serres, René Girard, Pierre Klossowski, André DuBouchet, Paul Virilio), München: Fink, 1994, S. 9–38.

Heinz-Norbert Jocks, »Mir ist die Lust vergangen, auf das Universum zu schimpfen«. Ein Gespräch mit dem Apokalyptiker E. M. Cioran. In: FRANKFURTER RUNDSCHAU, Nr. 299, vom 24. Dezember 1994, S. ZB 3.

—, Verdammt zur Nacht. Ein Gespräch mit E. M. Cioran. In: FOGLIO. Seiten der Sinne, Nr. 5 (Köln 1995), S. 46f.

Hans-Jürgen Heinrichs, »Das Scheitern ist wichtiger als der Tod.« E. M. Cioran im Gespräch [1983]. In: Cafard. Originaltonaufnahmen 1974–1990, herausgegeben von Thomas Knöfel und Klaus Sander, mit einem Nachwort von Peter Sloterdijk, Köln: Supposé, 1998, Begleitheft, S. 17–57; Teilabdruck: »Alles muß scheitern.« In: LETTRE INTERNATIONAL, Nr. 85, 1998, S. 85–88.

Léonard Schwartz, E. M. Cioran: Entretien avec L. S. [1986]. In: CAHIERS BENJAMIN FONDANE, Nr. 6, Kfar-Saba, Jerusalem: Société d'Etudes Benjamin Fondane, 2003, S. 94–97.

4. Audiovisuelle Dokumente

François Bondy, Nouveau réalisme. Sendung Schweizer Fernsehen für Deutsche und Rätoromanische Schweiz (SF DRS), 1971 (ca. 15 min.)

Christian Bussy, Entretien littéraire avec E. M. Cioran. Sendung Radio-Télévision belge de la Communauté française (RTBF), 4. April 1973 (30 min.).

Leonhard Reinisch im Gespräch mit E. M. Cioran, Paris 1974, Sendung: Bayerischer Rundfunk, Januar 1975.

Zur Ansicht. Ivo Frenzel und Leonhard Reinisch im Gespräch mit E. M. Cioran. Sendung Westdeutsche Rundfunk, Drittes Programm, 15. Dezember 1978 (43 min.).

Ce maudit moi [Lesung Ciorans]. In: Ce maudit moi. Dieses verfluchte Ich, französisch/deutsch, 1 Schallplatte (ca. 41 min.), St. Gallen: Erker Galerie, 1983.

»Ich bin nur der Sekretär meiner Empfindungen gewesen.« Gespräch mit Alfred Koch und Andreas Isenschmid [1986]. Sendung Radio DRS, Zürich, 26. Februar 1988 (43 min.), [Übernahme vom ORF, Wien].

Georges Walter, Entretien avec E. M. Cioran. Sendung Radio France Culture, 13. April 1991 (52 min.).

Cafard. Originaltonaufnahmen 1974–1990, herausgegeben von Thomas Knöfel und Klaus Sander, mit einem Nachwort von Peter Sloterdijk, Köln: Supposé, 1998 (Audio-CD, 75 min. + Begleitheft).

Emil Cioran. (Redaktion Andrei Găitănaru), Bukarest: Humanitas Multimedia, 2003 (CD-ROM u.a. mit Ausschnitten aus dem letzten Interview mit Cioran als Video, 20 min.)

Sekundärliteratur

Monographien

George Bălan, În dialog cu Emil Cioran, Bukarest: Editura Cartea românească, 1996.

—, Emil Cioran. La lucidité libératrice?, herausgegeben von Alain Cophignon, Paris: Josette Lyon, 2003.

Patrice Bollon, Cioran l'hérétique, Paris: Gallimard, 1997; dt.: Cioran, der Ketzer, aus dem Französischen von Ferdinand Leopold, Frankfurt am Main: Suhrkamp, 2006.

Nicolas Cavaillès, Cioran à l'oeuvre. Hasard et nécessité dans la genèse du précis de décomposition, Lyon 2004.

—, Le corrupteur corrompu. Barbarie et méthodo de dans l'écriture de Cioran, Paris: Le Manuscrit, 2005.

Livius Ciocârlie, Bătrâneţe şi moarte în mileniul trei, Bukarest: Humanitas, 2005.

Sylvain David, De l'inconvénient d'être moderne l'héroisme négatif de Cioran, (Diss.,) Montréal: Université du Quebec à Montréal, 2005; Presses de l'Université de Montréal, 2006.

Armel Guerne, Lettres de Guerne à Cioran, 1955–1978, herausgegeben von Sylvia Massias, Lectoure: Editions Le Capucin, 2001.

Rupert Guth, Die Philosophie der einmaligen Augenblicke: Überlegungen zu E. M. Cioran, Würzburg: Königshausen & Neumann, 1990.

Cornelius Hell, Skepsis, Mystik und Dualismus. Eine Einführung in das Werk E. M. Ciorans, Bonn: Bouvier, 1985.

Doris Heres, Die Beziehungen der französischen Werke Emil Ciorans zu seinen ersten rumänischen Schriften, Bochum: Brockmeyer, 1988.

Eugène van Itterbeek, Cioran, lecteur de Spengler, Sibiu: Ed. Universităţii »Lucian Blaga« / Leuven: Ed. Les Sept Dormants, 2002.

Sylvie Jaudeau, Cioran, ou le dernier homme, Paris: Corti, 1990, [2]2001.

William Kluback/Michael Finkenthal, The temptations of Émile Cioran, New York/Berlin u.a.: Lang, 1997.

Alexandra Laignel-Lavastine, Cioran, Eliade, Ionesco: l'oubli du fascisme. Trois intellectuels roumains dans la tourmente du siécle, Paris: PUF, 2002.

Gabriel Liiceanu, Itinéraires d'une vie: E. M. Cioran suivi de Les continents de l'insomnie, aus dem Rumänischen von Alexandra Laignel-Lavastine, Paris: Michalon, 1995 (Itinerariile unei vieţi: E. M. Cioran, apocalipsa după Cioran, trei zile de convorbiri 1990, Bukarest: Humanitas, 1995).

Silvana Lindner, Mystik des Nihilismus? Auseinandersetzungen mit E. Ciorans Werk aus systematisch-theologischer Perspektive orthodoxer Prägung, Frankfurt am Main / Berlin u.a.: Lang, 2006.

Simona Modreanu, Le dieu paradoxal de Cioran, Monaco: Editions du Rocher, 2003.

—, Cioran, Paris: Oxus, 2003.

Claudio Mutti, Les plumes de l'Archange. Quatre intellectuels rumains face à la Garde de Fer: Nae Ionescu, Mircea Eliade, Emil Cioran, Constantin Noica, Chalon-sur-Saône: Editions Hérode, 1993; dt.: Mircea Eliade und die Eiserne Garde. Rumänische Intellektuelle im Umfeld der Legion Erzengel Michael, Straelen: Regin, 2007.

Ionel Necula, Cioran, scepticul nemântuit, Tecúci: Editura Demiurg, 1995.

—, Cioran de la identitatea popoarelor la neantul valah, Bukarest: Editura Saeculum I.O., 2003.

—, Căderea după Cioran, Bukarest: Editura Fundaţiei Culturale Ideea Europeană, 2005.

Nicole Parfait, Cioran ou le défi de l'être, Paris: Desjonquères, 2001.

Rossano Pecoraro, La filosofia del voyeur: estasi e scrittura in Emile Cioran, Salerno: Il sapere, 1999.

Armando Pereira, La otra memoria del cuerpo, (Diss.), México: Universidad Autónoma Metropolitana, Unidad Iztapalapa, 1985.

Marta Petreu, Un trecut deocheat sau »Schimbarea la faţă a Romaniei«, Cluj: Biblioteca Apostrof, 1999; engl.: An infamous past. E. M. Cioran and the rise of fascism in Romania, aus dem Rumänischen von Bogdan Aldea, Vorwort von Norman Manea, Chicago: Dee, 2005.

Richard Reschika, E. M. Cioran zur Einführung, Hamburg: Junius, 1995.

Fernando Savater, Ensayo sobre Cioran, Madrid: Taurus, 1974; Madrid: Espasa Calpe, 1992, ²2002; dt.: Versuch über Cioran, aus dem Spanischen von Claus-Bernhard Schmidt. Vorwort von Wolfgang Zängl, Geleitbrief von E. M. Cioran, München: Raben, 1985.

Mariana Şora, Cioran jadis et naguère. Cioran, Entretien à Tübingen, Paris: L'Herne, 1988

Nicolae Steinhardt (Antisthius), În genul lui. Cioran, Noica, Eliade. Nachwort von Dan C. Mihăilescu, Bukarest: Humanitas, 1996.

Thomas Stölzel, Säulenheiliger ohne Säule. Begegnungen mit E. M. Cioran, Graz/Wien: Droschl, 2001.

Friedgard Thoma, Um nichts in der Welt. Eine Liebe von Cioran, Bonn: Weidle, 2001.

Philippe Tiffreau, Cioran ou La dessection du gouffre, Paris: Veyrier, 1991.

Anna Maria Tripodi, Cioran, metafisico dell'impossibile, L'Aquila: Japadre, 1987.

Simion Ghinea Vrancea, Mircea Eliade şi Emil Cioran în tinereţe, Bukarest: Elisavaros, 1998.

(Vincent Wapler) Importants manuscrits et lettres autographes: Céline, Char, Cioran, Eliade, Vente, Paris, Drouot Richelieu, salle 7, 2 décembre 2005, SVV MICA, Commissaire-priseur: Vincent Wapler, (Publication:) Paris: Bodin, 2005.

Franz Winter, Emil Cioran und die Religionen. Eine interkulturelle Perspektive, Nordhausen: Bautz, 2007.

Aufsätze (Auswahl)

Irene Bignardi, Cioran cavaliere del malumore. In: La Repubblica, vom 13. Oktober 1982.

Patrice Bollon, Cioran, l'aristocrate du doute. In: City Magazine, Nr. 19 (Paris, Februar 1986).

François Bondy, E. M. Ciorans lyrischer Zynismus. In: Ders., Aus nächster Ferne. Berichte eines Literaten in Paris, München: Hanser, 1970, S. 167–172.

—, E. M. Cioran. In: Akzente, Nr. 27, 1980, S. 5–17.

—, Skeptiker und Mystiker. Zum 70. Geburtstag von E. M. Cioran. in: Süddeutsche Zeitung, vom 8. April 1981, S. 11.

Octavian Buhociu, Cioran in Rumänien. In: Criticón, Nr. 45 (Januar/Februar 1978), S. 36–38.

Roberto Calasso, E. M. Cioran (1984). In: Ders., Hundert Briefe an einen unbekannten Leser, aus dem Italienischen von Roland H. Wiegenstein, München/Wien: Hanser, 2006, S. 143–145.

Guido Ceronetti, Cioran addio. In: Ders., Cara incertezza, Milano: Adelphi, 1997, S. 242ff.

Gerhard Damblemont, Zur Schopenhauer-Rezeption E. M. Ciorans. In: Schopenhauer-Jahrbuch 67, im Auftrag des Vorstandes der Schopenhauer-Gesellschaft herausgegeben von Rudolf Malter, Wolfgang Seelig und Heinz-Gerd Ingenkamp, Frankfurt am Main: Kramer, 1986, S. 17f., 131–144.

Klaus Dermutz, Abrechnung mit Gott. Zum 80. Geburtstag E. M. Ciorans. In: DIE ZEIT, vom 5. April 1991, S. 50.

François Fejtő, Emile Cioran oder: Denken jenseits von Klassifizierungen. In: DIE NEUE GESELLSCHAFT. FRANKFURTER HEFTE, 42 (Bonn 1995) 12, S. 1129–1132.

—, Je doute, donc je suis. In: LE MONDE, vom 28. Juli 1995.

Pietro Ferrua, Les racines roumaines de Cioran. In: ROMANISTISCHE ZEITSCHRIFT FÜR LITERATURGESCHICHTE, 11 (Heidelberg 1987) 3–4, S. 430–435.

Ivo Frenzel, Die Zukunft überflüssig machen... Ciorans Philosophie der Lebensverachtung. In: SÜDDEUTSCHE ZEITUNG, vom 30. März 1977, S. V.

Ilina Gregori, Der frühe Cioran und die deutsche Philosophie im Hinblick auf die Todesproblematik. In: Klaus Heitmann (Hg.), Rumänisch-deutsche Interferenzen (Akten des Bukarester Kolloquiums über Literatur- und Geistesbeziehungen zwischen Rumänien und dem deutschen Sprachraum vom 13.–15. Oktober 1983), Heidelberg: Winter, 1986, S. 185–202.

Verena von der Heyden-Rynsch, Sprachwechsel als Erlebnis oder: Die sinnliche Beziehung zur Sprache. Verena von der Heyden-Rynsch über Gespräche mit dem rumänischen Schriftsteller E. M. Coran. In: DOKUMENTE. Zeitschrift für den deutsch-französischen Dialog, 38 (1982) 4, S. 365–368.

—, An den äußersten Grenzen des Sagbaren. Der Rumäne E. M. Cioran ist einer der faszinierendsten Denker und einer der bedeutendsten französischen Essayisten. In: TAGES-ANZEIGER, Zürich, vom 25. Januar 1995.

Kurt Hirschburger, Meine Begegnungen mit E. M. Cioran. In: ALMANACH DEUTSCHSPRACHIGER SCHRIFTSTELLER-ÄRZTE (Marquartstein), 22 (1999), S. 330–340.

Sigrid Irimia-Tuchtenhagen, Emile Michel Cioran. In: Biographisch-Bibliographisches Kirchenlexikon, bearbeitet und herausgegeben von Friedrich Wilhelm Bautz, Bd. XVI, Herzberg: Bautz, 1999, S. 261–267.

Roland Jaccard, Cioran et compagnie, Paris: Presses universitaires de France, 2005.

Hermann Jandl, Einübung in den Zweifel. Begegnungen mit dem Werk Ciorans. In: LITERATUR UND KRITIK, Nr. 22 (1986), S. 161–272.

Hans-Peter Kunisch, Der Akt des Denkens ist ein Giftbad. In: LITERATUREN, Nr. 7/8 (2001), S. 100–106.

Alexandra Laignel-Lavastine, Le jeune Cioran ou l'inconvénient d'avoir été fasciste. In: LE DÉBAT, Nr. 93 (Januar/Februar 1997), S. 102–121.

Kurt Leonhard, Der Lehrer vom Zerfall. In: DER MONAT, Nr. 2, 1982, S. 116–120.

Bernard-Henri Lévy, La seconde mort de Cioran [1995]. In: Ders., Récidives, Paris: Grasset, 2004, S. 27–30.

Norman Manea, Die Aufzeichnungen von E. M. Cioran. In: Sinn und Form, 51 (1999) 5, S. 760–767.

Gabriel Marcel, Un allié à contre-courant. In: Le Monde, Nr. 7606, vom 28. Juni 1969.

Erica Marenco, Repères biographiques. In: Magazine littéraire, Nr. 327 (Dezember 1994), S. 27–30.

Günter Maschke, Das Erkennen des Lebens macht das Leben zunichte. E. M. Ciorans »Lehre vom Zerfall«. Neu nach 25 Jahren. In: Frankfurter Allgemeine Zeitung, vom 12. Dezember 1978.

Bernd Mattheus, Nein, nichts. Buddhismusspuren bei Bataille, Masson, Panikkar, Cioran, Wense u.a. In: Der Pfahl. Jahrbuch aus dem Niemandsland zwischen Kunst und Wissenschaft, Nr. IX, München: Matthes & Seitz, 1995, S. 124–134.

—, Sein Leben verunstalten. Émile Cioran, die Eiserne Garde und die Versuchung des Faschismus. In: Lettre international, Nr. 63 (Berlin 2003), S. 96–103.

Gabriel Matzneff, L'immense écrivain que vous ne connaissez pas. In: Le Figaro Magazine, vom 31. Januar 1987.

—, Maîtres et complices, Paris: Lattès, 1994.

Dieter Mersch, Gedanken, bitter wie Zähren. E. M. Cioran zum 80. Geburtstag am 8. April. In: Freitag, Nr. 15, vom 5. April 1991, S. 22.

Claudio Mutti, Entretien avec Aurel Cioran. In: Origini, Nr. 13 (Februar 1996).

Roger Nimier, Avez-vous lu Cioran? In: Arts, Nr. 77 (1960).

Constantin Noica, Erinnerungen an Cioran [1985]. In: Der Pfahl. Jahrbuch aus dem Niemandsland zwischen Kunst und Wissenschaft, Nr. VII, München: Matthes & Seitz, 1993, S. 101–106.

Rosa Maria Pereda, La España que yo amo. In: Cambio 16, 26. September 1983, S. 98–102; frz.: Dies., Cioran l'étranger, aus dem Spanischen von Jean-Marie Saint-Lu. In: Magazine littéraire, Nr. 204 (Februar 1984), S. 80–84.

Richard Reschika, Bewußtsein als Verhängnis — E. M. Ciorans luzide Nachtgedanken. In: Ders., Philosophische Abenteurer. Elf Profile von der Renaissance bis zur Gegenwart, Tübingen: Mohr Siebeck, 2001.

Jean-François Revel, Cioran l'incommentable. In: L'Express, Nr. 1479, 1979, S. 28–30.

Dieter Schlesak, Begegnungen mit E. M. Cioran. Briefe, Erinnerungen, Gedanken. In: Sinn und Form, 48 (1996) 1, S. 78–92.

—, Cioran – ein Meister des Briefeschreibens. In: Sinn und Form, 51 (1999)1, S. 173–183.

—, E. M. Cioran und die negative Mystik [Essays, Sendungen und bisher unveröffentlichte Briefe Ciorans an Schlesak]. In: www.geocities.com/Area51/Shadowlands/7860.

—, Auswahl Briefe von E. M. Cioran (1970–1989), aus dem Französischen und Rumänischen von Linde Birk und Dieter Schlesak (Veröffentlichung auf Webseite nicht mehr vorhanden).

Heinz Robert Schlette, Ein Skeptiker als Mystiker. Zur Einführung in das Werk E. M. Ciorans. In: ORIENTIERUNG, Nr. 46 (Zürich 1982), S. 143–148.

Peter Sloterdijk, Der selbstlose Revanchist. Notiz über Cioran [1998]. In: Ders., Nicht gerettet. Versuche nach Heidegger, Frankfurt am Main: Suhrkamp, 2001, S. 388–395.

Susan Sontag, »Thinking Against Oneself:« Reflections on Cioran (1967), in: Dies., Styles of Radical Will, New York: Farrar, Straus & Giroux, 1969; dt.: Wider sich denken. Reflexionen über Cioran, in: Dies., Im Zeichen des Saturn. Essays, aus dem Amerikanischen von Werner Fuld, München/Wien Hanser, 1981; Frankfurt am Main: S. Fischer, 1983, S. 19–41.

Thomas Stölzel, Begegnungen mit Cioran. In: SINN UND FORM, 50 (1998) 2, S. 289–297.

Nicolas Tertulian, La période roumaine de Cioran. In: LA QUINZAINE LITTÉRAIRE, Nr. 351, vom 1. Juli 1981, S. 12f.

Vladimir Tismăneanu, Rumäniens mystische Revolutionäre. In: SINN UND FORM, 48 (1996) 1, S. 48–58.

Imre Toth, Autour d'Emil Cioran. In: L'ALEPH, Nr. 2, 1998.

William Totok, Die Generation von Mircea Eliade im Bann des rumänischen Faschismus. In: HALBJAHRESSCHRIFT FÜR SÜDOSTEUROPÄISCHE GESCHICHTE, LITERATUR UND POLITIK, 8 (1995) 1, S. 42–55.

Cristina Tudorica, »Das Universum ist Asche, die sich wandelt und deren Sinn keiner versteht...« In: BERLINER LESE ZEICHEN, Nr. 2 (2001).

René Wintzen, Emile M. Cioran. Tragisches Denken und die Sehnsucht nach dem Absoluten. In: DOKUMENTE. Zeitschrift für den deutsch-französischen Dialog, 52 (Bonn 1996) 2, S. 152–156.

Adam Zagajewski, Französische Grammatik. In: SINN UND FORM, 58 (2006) 6.

Textsammlungen

SECOLUL 20, Nr. 328–330 (Bukarest 1991): Susan Sontag, Inscripţii, S. 11; Mariana Şora, Ideile şi cuvintele (Viaţa şi literele), S. 115–117; Valentin Dumitrescu, Lecţia de perplexitate a lui Emil Cioran, S. 152–159; Vlad Russo: Un martor printre poeţi, S. 159–165 u.a.

Orientations, Nr. 13 (Wezembeek-Oppem, Belgien 1991/92): Dossier Cioran, S. 3–12; Dossier Codreanu / Garde de Fer, S. 13–21.

Magazine littéraire, Nr. 327 (Dezember 1994): Dossier »Cioran, aristocrate du doute«, S. 16–61.

Lectures de Cioran, herausgegeben von Norbert Dodille und Gabriel Liiceanu, Centre culturel français de Iaşi, Paris, Montréal: l'Harmattan (Culture et diplomatie française), 1997.

Pro şi contra Emil Cioran: între idolatrie şi pamflet, antologie, cuvînt înainte şi note de Marin Diaconu, Bukarest: Humanitas, 1998.

Cahiers Emil Cioran. Approches critiques, herausgegeben von Eugène van Itterbeek, 8 Bde., Sibiu: Ed. Universităţii »Lucian Blaga« / Leuven: Editions Les Sept Dormants, 1998–2007.

Essays on E. M. Cioran, herausgegeben von Aleksandra Gurzinska, Costa Mesa, CA: ARA, 1999.

Apostrof II, Nr. 10 (Cluj 2000): »Dosar Cioran«.

Seine et Danube, Nr. 1 (Paris 2003): »Dossier Cioran«, S. 15–128.

Allgemeine Sekundärliteratur

Jeni Acterian, Jurnalul unei fiinte greu de mulţumit, 1932–1949, herausgegeben von Arşavir Acterian und Doina Uricariu, Bukarest: Humanitas, 1991.

Abū l-ʿAlāʾ al-Maʿarrī, Die Notwendigkeit des Unnützen. Gedichte, deutsch von Cyrus Atabay. Graphik von Josua Reichert, Düsseldorf: Eremiten-Presse 1993.

—, Paradies und Hölle. Die Jenseitsreise aus dem »Sendschreiben über die Vergebung« [Risālat al-ġufrān], aus dem Arabischen und herausgegeben von Gregor Schoeler, München: Beck, 2002.

Tor Andrae, Islamische Mystiker, aus dem Schwedischen von Helmhart Kanus-Credé, Stuttgart: Kohlhammer, 1960.

Christophe Bident, Maurice Blanchot. Partenaire invisible. Essai biographique, Seyssel: Champ Vallon, 1998.

Martin Block, in: Die Romanischen Literaturen des 19. und 20. Jahrhunderts. Bd. II, Zweiter Teil: Die italienische und spanische Literatur von 1870 bis zur Gegenwart. Die rumänische Literatur (= Handbuch der Literaturwissenschaft, herausgegeben von Oskar Walzel), Potsdam: Akademische Verlagsgesellschaft Athenaion, 1935, S. 124–154.

Alain Bosquet, La mémoire ou l'oubli, Paris: Grasset, 1990; Paris: Librairie générale française (Le Livre de poche; 9511), 1992.

Paul Celan / Gisèle Celan-Lestrange, Briefwechsel. Mit einer Auswahl von Briefen Paul Celans an seinen Sohn Eric, aus dem Französischen von Eugen Helmlé, herausgegeben und kommentiert von Bertrand Badiou in Verbindung mit Eric Celan, Frankfurt am Main: Suhrkamp, 2001, 2 Bde.

Petru Comarnescu, Pagini de jurnal, editie îngrijita de Traian Filip, Mircea Filip si Adrian Muntiu; prefata de Dan Grigorescu, Bd. I: 1923–1947, Bukarest: Naul Orfeu, 2003.

Antoine Compagnon, Les antimodernes: de Joseph de Maistre à Roland Barthes, Paris: Gallimard, 2005.

Patrice Covo, Le baladin et le neuroleptique, Paris: Exils, 1998.

Gerhardt Csejka, »Verwüstet ist der Geist des Westens. Stolz sollt ihr sein und fern der Politik«: Constantin Noica, Ziehvater der rumänischen Intellektuellen. In: FRANKFURTER ALLGEMEINE ZEITUNG, vom 3. August 1991.

Mircea Eliade, Les promesses de l'équinoxe: 1907–1937, aus dem Rumänischen von Constantin N. Grigoresco, Paris: Gallimard, 1980; dt.: Erinnerungen 1907–1937, aus dem Rumänischen von Ilina Gregori und Heinz Hermann, Frankfurt am Main: Suhrkamp (st 1877), 1991.

—, Fragments d'un journal, Bd. 1: 1945–1969, aus dem Rumänischen von Luc Badesco, Paris: Gallimard, 1973.

—, Fragments d'un journal, Bd. 2: 1970–1978, aus dem Rumänischen von Constantin N. Grigoresco, Paris: Gallimard, 1981.

—, Fragments d'un journal, Bd. 3: 1979–1985, aus dem Rumänischen von Alain Paruit, Paris: Gallimard, 1991.

Martin Heidegger, Was ist Metaphysik? (Antrittsvorlesung, die am 24. Juli 1929 in der Universität Freiburg i. Br. gehalten wurde), [12] Frankfurt am Main: Klostermann, 1981.

Armin Heinen, Die Legion »Erzengel Michael« in Rumänien — soziale Bewegung und politische Organisation. Ein Beitrag zum Problem des internationalen Faschismus, München: Oldenbourg, 1986.

Gustaw Herling, Tagebuch bei Nacht geschrieben, ausgewählt und aus dem Polnischen von Nina Kozlowski, München/Wien: Hanser, 2000, S. 233f., 249f.

Verena von der Heyden-Rynsch (Hg.), Vive la littérature! Französische Literatur der Gegenwart, München/Wien: Hanser, 1989.

Ulrich Horstmann, Das Untier. Konturen einer Philosophie der Menschenflucht, Wien/Berlin: Medusa, 1983.

Ludwig Klages, Rhythmen und Runen. Nachlaß. Herausgegeben von ihm selbst, Leipzig: Barth, 1944.

James Knowlson, Samuel Beckett. Eine Biographie, aus dem Englischen von Wolfgang Held, Frankfurt am Main: Suhrkamp, 2001.

Alexandra Laignel-Lavastine (Alexandra Carreau Hurezeanu), La philosophie nationaliste roumaine: une figure emblématique: Constantin Noica (1909–1987), (Diss.), Paris: Univ. 4, 1995; Filozofie şi naţionalism: paradoxul Noica, trad. din franceză de Emanoil Marcu, Bukarest: Humanitas, 1998.

Emmanuel Lévinas, Ausweg aus dem Sein, französisch / deutsch, mit den Anm. von Jacques Rolland, aus dem Französischen, einer Einleitung und Anm. von Alexander Chucholowski, Hamburg: Meiner, 2005.

Arta Luçescu, Fondane au-delà de la philosophie. In: EUROPE, Nr. 827 (1998), S. 15–23.

Olivier de Magny, Cioran. In: Bernard Pingaud (Hg.), Schriftsteller der Gegenwart. Französische Literatur, Olten / Freiburg: Walter, 1965, S. 84–86.

Jean-Pierre Martin, Henri Michaux, Paris: Gallimard, 2003.

Bernd Mattheus, Georges Bataille. Eine Thanatographie, Bd. I: Chronik 1897–1939, München: Matthes & Seitz, 1984.

—, Heftige Stille. Andere Notizen, München: Matthes & Seitz, 1986.

—, Georges Bataille. Eine Thanatographie, Bd. II: Chronik 1940–1951, München: Matthes & Seitz, 1988.

—, »die wüste wächst« (IV). In: DER PFAHL. Jahrbuch aus dem Niemandsland zwischen Kunst und Wissenschaft, Nr. III, München: Matthes & Seitz, 1989, S. 166.

—, »die wüste wächst« (VII). In: DER PFAHL. Jahrbuch aus dem Niemandsland zwischen Kunst und Wissenschaft, Nr. VIII, München: Matthes & Seitz, 1994, S. 211 f.

—, Georges Bataille. Eine Thanatographie, Bd. III: Chronik 1952–1962, Materialien, Synopsis, Bibliographie, Index, München: Matthes & Seitz, 1995.

Mathurin Maugarlonne, À la rencontre des disparus, Paris: Grasset, 2004.

Dora Mezdrea, Nae Ionescu: biografia, Bukarest: Editura Universal-Dalşi, 2001–2005, 4 Bde.

Winfried H. Müller-Seyfarth (Hg.), Die modernen Pessimisten als »décadents«, von Nietzsche zu Horstmann. Texte zur Rezeptionsgeschichte von Philipp Mainländers Philosophie der Erlösung, Würzburg: Königshausen & Neumann, 1993.

Zigu Ornea, Anii treizeci. Extrema dreaptă românească, Bukarest: Ed. Fundaţiei Culturale Române, 1995; engl.: The Romanian extreme right. The nineteen thirties, english translation by Eugenia Maria Popescu, New York: Columbia University Press, 1999; Boulder, Co.: East European Monographs, 1999.

Petre Pandrea, Garda de Fier. Journal de filosofie politică. Memorii penitenciare, ediţie îngrijită de Nadia Marcu-Pandrea, Bukarest: Vremea, 2000.

Wolfgang Schultz, Dokumente der Gnosis, Jena: Diederichs, 1910; (Nachdruck, mit Aufsätzen von Georges Bataille und Henri-Charles Puech) München: Matthes & Seitz, 1986.

Mihail Sebastian, Journal, 1935–1944, aus dem Rumänischen von Alain Paruit, Vorwort von Edgar Reichmann, Paris: Stock, 1998; dt.: »Voller Entsetzen, aber nicht verzweifelt«. Tagebücher 1935–1944, aus dem Rumänischen und herausgegeben von Edward Kanterian, Berlin: Claassen, 2005.

Nicolaus Sombart, Pariser Lehrjahre. 1951–1954 (Leçons de sociologie), Hamburg: Hoffmann und Campe, 1994, S. 101–107.

Sanda Stolojan, Au balcon de l'exil roumain à Paris: avec Cioran, Eugène Ionesco, Mircea Eliade, Vintilă Horia, Paris/Montréal: L'Harmattan, 1999.

Michel Surya (Hg.), Georges Bataille, une liberté souveraine, Paris: Fourbis, 1997.

Florin Ţurcanu, Mircea Eliade, der Philosoph des Heiligen oder im Gefängnis der Geschichte. Eine Biographie, aus dem Französischen von Silke Lührmann, Schnellroda: Antaios, 2006.

Leon Volovici, Nationalist ideology and antisemitism. The case of Romanian intellectuals in the 1930s, translated from the romanian by Charles Kormos, Oxford/New York: Pergamon Press, 1991.

Richard Wagner, Sonderweg Rumänien. Bericht aus einem Entwicklungsland, Berlin: Rotbuch, 1991.

Interpretationen (Musik)

Lydia Lunch, A Short History of Decay, Pts. 1 & 2. CD, Widowspeak, Pilot 1997 (Dynamic 1998; New Millenium 1998) (Lydia Lunch mit J. F. Coleman & Joseph Budenholzer).

Lydia Lunch, Matrikamantra. CD, Atavistic/Figurehead Records, 1998.

Von Thronstahl, Pessoa/Cioran. CD, Terra Fria 2004 (Split-CD mit: The Days of the Trumpet Call).

Abbildungsnachweise

S. 2, 8 © Irmeli Jung.
S. 249 © A. P. P. M. Louis Monier, Paris.
S. 261 © Marc Trivier, Collection du Centre Régional de la Photographie Nord – Pas-de-Calais.

Namensregister

Matthes & Seitz Berlin · Paperback · 065

Erste Auflage dieser Ausgabe 2024

Großbeerenstr. 57A, 10965 Berlin
info@matthes-seitz-berlin.de

Umschlaggestaltung: Pauline Altmann, Palingen
Satz: Torsten Metelka
Druck und Bindung: GGP Media GmbH, Pößneck
ISBN 978-3-95757-932-4
www.matthes-seitz-berlin.de